# 21世紀の消費

無謀、絶望、そして希望

間々田孝夫
［著］

ミネルヴァ書房

# まえがき

海外旅行にたびたび出かけて見知らぬ世界に身を置こうとする、美味しい料理店で食事をすることに生きがいを感じる、スマートフォンで友達と連絡を取ることにいつの間にか多くの時間を費やしてしまう、自分のコレクションのためなら何十万円の出費も厭わないなど、私たちは消費に並々ならぬ情熱を傾けることが少なくない。このような必ずしも必要とは言えない消費が、現在では私たちの日常に根をおろし、大きく深い意味をもつようになった。

他方で私たちは、現代の消費が過剰で無駄に満ちていることを感じることが多い。そこで私たちは、リサイクルに協力したり、ハイブリッドカーに乗ったり、フェアトレードの商品を買ったりする。消費は、もはや単純に幸福をもたらすものではなく、その負の側面に配慮しなければならないものとなっている。

本書が特に注目し、分析の中心にするのは、二一世紀における消費のこういった側面である。それに対して、二〇世紀の消費研究では、こういった側面が意外なほど研究対象とされてこなかった。消費現象の中でも、全く異なる側面に目を向けていた。

二〇世紀末に有力だったのは、消費を自己顕示の手段や地位のシンボルとしてとらえようとする見方であった。あるいは、消費は、企業が次々に作り出す目新しい商品を追い求めるだけの、空しい行為と考えられた（消費記号論）。さらには、消費を社会の合理化過程の一部としてとらえようとする見方もあった。私たちは、ファストフードやコンビニエンスストアなど、合理的に消費するためのさまざまな商品や店舗に取り囲まれており、効率的だが、機械のように単調な消費生活を送っていると考えられた（マクドナルド化論）。

これらの見方は、確かに消費生活のある側面を、批判的に、鋭く指摘するものであった。

しかしながら、筆者は、世紀の変わり目頃から、それらがポイントを外しているのではないかと疑うようになった。二一世紀の消費は、すでにそれらの見方が強調するのとは異なる方向に向かっており、従来の見方のままでは、現在の消費の最も重要な部分を見落としてしまう。その最重要部分をきちんと取り上げなければ、現在の消費文化を理解したことにならないのではないか。——筆者はこの十数年ずっとそう考えてきたのである。

もう一つ、最近になって筆者が痛感しているのは、消費をこれからどうすればいいかということが、驚くほど論じられていないということである。これまで、消費を批判的にとらえた研究は山ほどあったが、それならば消費をどのような方向に導けばいいのか、ということについてはほとんど何も語られなかった。もちろん、一般書の中では、過剰な消費はやめようとか、幸福につながる消費とはこのようなものだといったことが、しばしば断片的に語られてきた。しかし、消費社会のこれまでの歩みや消費の現状をふまえた上で、学術的に消費の将来ヴィジョンが語られることは、ほとんどなかったと言ってよかろう。

その結果、これだけ高い生産力を誇り、多くの消費対象を生み出している社会でありながら、消費社会は方向性が定まらず、やみくもに作れるものを作り、売れるものを売り、その時々に買いたくなったものを買うという、行き当たりばったりの生産‐消費過程を繰り返している。その結果、人々は豊かな割には幸福を実感できないと言われている。また、消費の豊かさの陰で、環境問題や国内外の格差問題など、さまざまな問題が噴出している。

筆者は、消費社会が肥大化し、人々の精神と社会に及ぼす影響が大きくなった今日では、消費を通じて自分たちが何を目指すのかを自問し、消費生活のヴィジョンを描くことなしには、もはや社会の発展はありえないのではないかと考えている。

本書は、このような二つの問題意識に基づいて書かれたものである。

問題意識に沿って、本書では二つの研究課題を追究している。一つは、「消費文化」という概念を中心として、複雑で多様な現代の消費現象を、偏らず全体的に分析できるような分析枠組を整えることである。もう一つは、その作業の中から浮かび上がってくる新しい消費文化に注目しつつ、二一世紀の消費社会のヴィジョンを描くことである。

前者については、序章で基本的な概念を示したのち、一章から四章まで、順次四つの消費文化について論じていく。そして五章では、それら四つの消費文化の相互関係を通じて消費社会を分析する「消費三相理論」の概要を説明する。

後者については、三章で「第三の消費文化」という新しい消費文化について論じ、それを承けて六章で文化的価値を実現する消費について、七章で社会的影響に配慮した消費について、掘り下げた分析を行なう。そして八章では、消費社会を研究する上での、第三の消費文化の意義を明らかにする。

本書では、従来消費文化研究の定番であった、顕示的消費、記号的消費、ポストモダン消費、生産者主権論といった用語はなるべく用いないという方針をとった。それは、長年消費文化に関するさまざまな概念につきあう間に筆者が確信するようになった、一つの結論に基づくものである。その結論とは、消費文化に関する従来の概念は、あまりにもあいまいで、多義的なものであるということである。概念があいまいで多義的であるために、これまでの消費文化の研究は、記述内容が明晰さを欠くことが多かった。それを避けるため、本書では明確な概念（意味内容）を示す用語を自分で作り、それを用いて論を展開するという方針をとったのである。

本書の記述にあたっては、これまでの筆者のポリシーにしたがって、一つ一つの文章を明快・明晰なものとし、各部分の相互関係も明確にするよう心がけたが、このように筆者特有の用語を駆使して書いているため、読者がこれまでの筆者の著作よりも難しいと感じるおそれがある。それらの用語は、常識的に意味のわかるものではないために、最初の方で示した定義を理解していないと、後の章での記述がさっぱりわからなくなるおそれがある。読者には、ぜひ序章を読んだ上で、後の章を読んでいただければ幸いである。

はじめはとっつきにくく、基本用語を頭に入れないと理解しにくいかもしれないが、いったんそれをのみこみさえすれば、類書よりは速やかに、すっきりと消費文化について理解できると筆者は確信している。

なお、従来の用語やそれによる消費のとらえ方を、筆者がどう見ているかについては、当該用語が話題になった箇所できちんと説明しているので、索引を利用するなどして、それを参照していただければと思う。

本書を読んでいただく上で、もう一点断っておかなければならないのは、基本用語について、筆者のこれまでの用語法から変更したものがいくつかあるということである。研究を進めていくうちに、関係的価値、文化的価値、精神的価値、文化的消費、社会的消費といった用語については、従来のままではどうしても不都合あるいは不十分と思うようになった。そこで、言葉を置き換えたか、同じ用語で別の意味内容を表わしている。これらについても、適宜そのことを説明した箇所を参照されたい。

ご覧の通り、本書は非常に大部の書物となった。これだけ大部のものとなったのは、おそらく、筆者が消費文化の要素をすべて視野にいれ、それらの全体として消費文化をとらえることを重視したからであろう。従来の消費文化研究は、特定の関心に基づいて、特定の用語により、特定の対象にのみ当てはまるような主張を繰り返してきた。しかし、現在の消費文化は非常に複雑化し、また日々変化を続けている。こういった状況のもとでは、従来のような部分的な分析では、消費の現実をとらえきれないであろう。従来の諸言説はいったん解体され（脱構築され）、新しい概念を用いて、その全体を組み立て直されなければならない。――そのような考えのもと、多くのことを論じた結果、非常に大部の書物となったのである。

本書は、大部ではあるが決して読みにくいものではない。文章は比較的わかりやすく、さまざまな実例を示しており、適度にストーリー性ももたせているので、筆者としてはぜひ読み通していただければと思う。

二一世紀における消費の全体像を把握し、またそれを方向づけるのに、本書が少しでも役立てば幸いである。

21世紀の消費——無謀、絶望、そして希望

# 目次

# 序章　消費文化研究の現代的課題

## 1　消費文化研究の失われた三〇年

### 成長主義的消費観

二〇世紀は「消費の世紀」であったと言っても過言ではない。産業革命は多くの先進国で一九世紀に起こったが、引き続いて諸産業が発展し、幅広い社会層の消費生活にその影響が及んだのは、二〇世紀であった。

視覚的に最も目立った変化は、機械製品が著しく普及したことだっただろう。洗濯機、掃除機、冷蔵庫などの電化製品が家事労働の時間を大幅に削減し、ラジオ、テレビ、テープレコーダーなどは新しい余暇の過ごし方をもたらした。自家用車の普及は、通勤や買い物、そして余暇活動の行動範囲を著しく広げていった。

産業化の進行は、もっと地味だがより本質的で重要な変化をもたらした。農業生産力が増大し、豊富に食糧が供給され、人々は人類生誕以来の飢えのおそれから、ほぼ解放された。また、繊維原料の収穫量も著しく増大し、人々は、寒さをしのぐに足るのみならず、ファッション性を備えた衣類を十分手に入れることが可能になった。住居も、適度な広さで寒暖の調整が可能な家へと、次第にレベルアップしていった。

人類の歴史上は、機械製品の普及よりこのような衣食住の水準向上の方がはるかに大きな出来事であっただろう。それに加えて、健康にかかわる薬品や衛生用品、雇用を確保し社会的地位の向上をもたらす教育支出、趣味的活動、娯楽、スポーツ、旅行などの余暇関連支出も大幅に伸び、生活の快適さ、楽しさを増加させるようなさまざまな消費が可能になっていった。

このような消費生活の大きな変化が大衆的規模で生じた二〇世紀は、それまでのつつましく貧しい生活を一変させたという意味で、まさに「消費の世紀」であり、人類史上画期的な世紀だったと言えるだろう。二度に亘る世界大戦やさまざまな国際紛争に見舞われ、精神的ストレスの多い仕事や、不安定な労働を生み出したとはいえ、消費生活向上の部分だけを見れば、先進諸国において史上最も幸福度が上昇した時代が二〇世紀だったのかもしれない。

二一世紀に入った現在も、産業発展と消費水準の上昇がもたらしたこのような恩恵は基本的に維持されているので、多くの人々は、消費は生活を幸福にする好ましいものであり、より豊かな消費生活を実現することは望ましいとする価値観を共有している。そしてそれは、消費生活の向上を実現するための生産性向上と所得上昇、それを実現する経済成長と結びつけられ、成長主義や物質主義といった先進資本主義国に共通のイデオロギーを形成してきた。

ここではこのような消費観（消費についての価値観、考え方）を「成長主義的消費観」と呼ぶことにしよう。

成長主義的消費観は、今日ではあえて指摘するまでもない常識であり、そのためか学問的に明確に定式化されたものではないが、改めてこの見方を構成する基本的な要素を取り出し、まとめてみると次のようになるだろう。

第一にあげられるのは、消費は量的に増大するとともに価値を高める（A1）、という見方であろう。乏しい穀物より豊富な穀物の方が明らかに高い価値をもつように、あらゆる消費財は量が多いほど価値があり、人間により多くの満足や幸福をもたらすというのが、成長主義的消費観の大前提であった[1]。

第二に、A1のように消費は幸福をもたらし、消費者は幸福を求めるから、消費は絶え間なく、おそらく果てしなく増大するという見方である（A2）。消費者は限りなく多くの消費財を求め、そのために収入を上げようとし、企業はそれを満たすべく限りなく多くの消費財を供給する。その結果、物的消費の増大はいつまでも続いていくことになる。

第三に、消費の性善説とでも呼ぶべき認識がある。Ａ１のように消費は善いことであり、好ましい結果を生むものであって、その逆に消費が好ましくない結果を生むというケースは想定されない（Ａ３）。消費が悪影響を与えるということは基本的にありえないと考えられている。それゆえ、成長主義的消費観をもつ人は、消費および消費財についてはその効用、プラスの価値だけに注目し、それ以外の面には関心をもたないのである。

第四に、消費の個人主義と言うべき基本認識がある。消費は個人の主体的判断に基づく行為であり、誰かに命じられたり、そそのかされたりしたのではなく、個人の意思で行なわれたものだ（Ａ４）、という考え方である。この見方が成り立たなければ、消費の増大と幸福とがきちんと結びつかなくなってしまうだろう[2]。

さらにこの見方からは、消費の価値は個人ごとに違い、社会的に共通した価値や意味があるわけではなく、それを探ることにはあまり意味がないという判断も派生してくる。

以上Ａ１～Ａ４の認識は、遅くとも二〇世紀の初め頃には常識化したものであり、一般市民の精神に深く根を下ろしたものである。現代のふつうの消費者は、消費の増大が幸福につながるので、何とかして所得と消費の水準を上げようと努力するし、消費のマイナス面については考えない。そして、消費は自分の判断に基づいて自分を幸福にするために行なわれたものだと信じて、自分の消費に満足するのである。

**批判的消費観**

しかしながら、それとは逆に、二〇世紀における消費の発展を好ましくないもの、警戒すべきものとしてとらえる見方も存在した。単に存在するどころか、そのような風潮は思いのほか強固で根強いものであった。

世界宗教と呼ばれる仏教、イスラム教、キリスト教はいずれも過度の物質的関心、豊かな生活への渇望、消費への耽溺などを忌避し、禁欲的生活態度を奨励する教義を含んでおり、もともと反消費主義的な要素を少なからずもっていた[3]。

世界宗教の影響力は、近代社会の成立後、いわゆる世俗化とともに衰えてゆき、それと入れ替わるように成長主義的消費観が台頭するのだが、このような反消費主義的な考え方は、その間も、宗教を離れて道徳、思想、教育、学問の世界に引き継がれ、根強く残存してきた。

そして二〇世紀になると、このような反消費主義的な考え方を引き継いで、目覚ましい消費の拡大を批判的にとらえようとする見方が、少なからぬ影響力を発揮し始めた。消費水準の上昇自体が正面切って否定されることは少なかったが、それに伴って大衆的規模で発生してきた物欲、華美、ぜいたくなどは否定的にとらえられた。消費に積極的な関心をもつこと自体も好ましいことではなく、優れた人間が精神的生活を軽視し、そのような関心に囚われることは感心しないことと考えられた。消費を支える工業や商業についても、消費を促進することから、価値の高いものとは見なされなかった。

本書では、こういった考え方を「批判的消費観」と称することにしたい。

批判的消費観は、保守的か進歩的か、あるいは国家主義的か社会主義的かを問わず[4]、多くの知識人に共有されていた。欧米では、マックス・ウェーバーの言う「プロテスタンティズムの倫理」のほか、さまざまなキリスト教的禁欲主義、反消費主義のエートスが生き残り、無制限な消費の豊かさの追求を抑制した[5]。

日本では、宗教の影響はそれほど強くなかったものの、近世以来の世俗道徳と富国強兵の国策が結びついて、近代化が始まったのちも反消費主義的風潮が強くみられた。反消費主義教育、反消費主義的キャンペーンは、社会が安定しているときは緩やかに、非常時には厳しく、人々に訴えかけた。太平洋戦争までの日本では、平常時でも多くの学校に二宮金次郎（尊徳）の像が置かれ、刻苦勉励、勤倹貯蓄が奨励され、消費主義は遠ざけられた。太平洋戦争中には、「ぜいたくは敵だ」といったキャンペーンが張られ、反消費主義が徹底されたことがよく知られている。

日本の高度成長の初めの時期に、石井金之助という人が『消費は美徳デアル』という本を書いたが[6]、このような本が出たということ自体、消費は好ましくないという風潮が、戦後も残存していたことを物語っている。

批判的消費観は、消費の学問的研究において大きな影響力をもち続けた。消費の豊かさが急速に実現される中で、消費の不合理さや価値の乏しさ、人間精神への影響など、さまざまな問題が指摘され続けた。ヴェブレンの『有閑階級の理論』、ガルブレイスの『豊かな社会』、ボードリヤールの『消費社会の神話と構造』などはその代表的なものである。[7]

もちろん、そのような立場に立たない消費研究も多く存在する。理論経済学（近代経済学）や経営学、心理学などにおいては、おそらく成長主義的な消費観に基づいて研究がなされているといってよかろう。[8]しかし、これらの学問は、多くの場合消費現象を形式的あるいは技術的にとらえており、消費の意味を問うような研究とは言えない。

それに対して、消費が人間と社会にとってどのような意味をもつのか、どのような消費のあり方が人間の幸福と結びつくのかというより根本的な問題を探求する、いわゆる「消費社会論」の分野では、批判的消費観に基づいた研究が大きな力をもった。

一九八〇年代以降、新自由主義的政策によって消費生活の活性化が見られたヨーロッパでは、消費社会の研究が盛んになったが、その当初はマルクス主義の影響が強く、批判的消費観に依拠するものが多かった。[9]それにやや先立って盛んになった日本の消費社会研究でも、ほぼ同様の傾向が見られた。[10]それに対して消費主義の浸透したアメリカでは、はっきりした批判的消費観は見られないものの、労働経済学者ジュリエット・ショアや、一章で取り上げるジョージ・リッツァら一部の研究者が、非マルクス主義的な立場から、過度の消費主義に対して警告を発している。[11]

立場の違いはあるものの、これら批判的消費観の学問的主張には、いくつかの共通する基本認識があるように思われる。それをまとめてみると、次のようになるだろう。

まず最も基本的な認識は、生活上の必要を満たす以外の消費は特段の価値をもたず、むしろ否定的にとらえるべきものである（N1）、というものであろう。批判的消費観は、基本的に反物質主義的あるいは精神主義的な立場に立っていて、物質的なものに大きな価値を認めない。価値を認めるとすれば、それは生活上の必要を満たすものだと考えられる。生活上必要とはどういうことかを考え始めると、複雑で難しい問題にぶつかるのだが、それはさておき、それを越えた消費は、おおむね価値に乏しく、警戒が必要であり、肯定的に評価しかねるものと考えられている。

それにもかかわらず、現代消費社会においては、実際に生活上の必要性をはるかに越えた消費が行われている。この現状を批判的消費観はどのように解釈するのだろうか。

一つの答えは、消費者は企業によって作られた欲望によって過剰な消費を行なっているだけであり、本来消費者自身が望んだものではないという、しばしば「生産者主権論」と呼ばれる見方である（N2）。企業は広告、宣伝やさまざまなマーケティング手段で消費者をさらなる消費に導こうとし、それによって消費者は本来買いたくもない商品を買わされてしまうと考えるのである。

もう一つの答えは、社会的な競争や同調というメカニズムにより、もともと必要でないものを多く消費しているというものである（N3）。見栄を張って車を買う、上司に評価されるようにきちんとアイロンのかかったスーツを着る、流行に合わせて洋服を買う、周囲の人たちと差別化するために変わったアクセサリーをつけるといった、顕示的消費とか記号的消費とか呼ばれるものが、消費を必要以上の水準に押し上げているという見方がそれにあたる。

そして、以上のような消費者行動のとらえ方から、企業の販売促進や消費者の競争等を通じて、消費が際限なく増大し続ける（N4）、という見方が導かれる。企業は利益追求のため、ひたすら消費者に多くの消費財を買わせようとし、消費者はそれにのせられて消費財を買い続ける。また、消費者はおのれの地位の高さや優越性を示すために競争的に消費財を求める。そのため、需要は限りなく喚起され、消費が増え続けることになる。

以上のような批判的消費観は、二〇世紀末までにさまざまな形で流布され、それを支持する人々（おもに知識人）の間では、やはり常識化したものとなった。これらを一般市民から見ると、少々誇張したものではあるが、全面的に否定できるものではなく、少なくとも一部は思い当たる節もあるといった印象をもつことだろう。それゆえ、一般市民にもある程度認められ、広く知られた見方となっているように思われる。(12)

## 二つの消費観の対立とその硬直化

成長主義的消費観と批判的消費観を見比べると、消費という身近な行為でありながら、なぜこんなにも大きく違う見方ができるのかと不思議に感じられる。前者は消費のすべてに価値があると考えるが（A1）、後者は現代の膨大な消費の多くは価値がないと考える（N1）。前者は消費者の主体性を認めるが（A4）、後者では消費者は操られていると考える（N2）。二つの消費観は、厳密に対照的な見方をしているとは言えないものの、一方の常識は他方の非常識となっているところが多く、全体として反対の見方をしているという印象が強い。

実際、両者は同じ現象に対して正反対の解釈をくだすことが多い。たとえば、戦後非常に高い頻度で自家用車が買い替えられたことに対して、成長主義的消費観の側からは、消費者が積極的に性能やデザインのいい車を求めた結果だと評価されるのに対して、批判的消費観の側からは、消費者は企業の宣伝やモデルチェンジに刺激されて、まだ使える車を買い替えさせられたのだと、否定的な見方がなされるだろう。

このような対照的な見方ゆえに、これまで批判的消費観は成長主義的消費観の批判者という役回りを演じてきた。二〇世紀半ば以降主流となり、一般市民の常識と化し、さまざまな経済活動や社会的制度の中に深く浸透してきたのは、成長主義的消費観であった。二〇世紀の途方もない消費水準の上昇は、成長主義的消費観を急速に浸透させた。これに対して、従来からの反消費主義的なエートスをもつ知識人たちは疑念を強め、成長主義的消費観という新しい常識に批判を加えようとした。それが、批判的消費観に基づくさまざまな学問的営みだったのである。

A1で示された消費と幸福の結びつきは、最近ではさまざまなデータや日常生活の実感によって疑われている。N1の、人間にとっては生活の必要を越えた消費が幸福に結びつかないという主張は、それを先取りして警告するものであった。A3で消費社会の前提とされた個人主義的な消費行為は、N2で主張された企業の影響力や、N3で示された競争としての消費を考えると、幻想でしかないようにも思える。実際、自分の意思で幸福を追求したとは信じられない、何かの力によって導かれたような消費を、われわれは自分自身で経験することがあるし、それが幸福ではなく空しさや虚脱感を与える場合があることも理解できる。

そういった点で、批判的消費観は、成長主義的消費観を牽制し、反省を迫る役割をもった。人文諸科学や社会学、一部の経済学は、もともと近代文明や近代社会を冷静に、批判的に受け止め、その暴走を食い止めようとする志向性をもっていた。それを消費に向けたのが、批判的消費観に立つさまざまな学問的営みであり、いわゆる消費社会論だったと言ってもよかろう。

二〇世紀、大恐慌や大戦でつまずきながらも、資本主義経済は成長し続け、消費水準を引き上げていった。その中で成長主義的消費観は一般常識と化し、意識に上らないほど現代人の精神に深く根をおろした。だがそこにはさまざまな現実の美化や誇張、思い違いが含まれていた。批判的消費観は、それを明るみにだし、警鐘を鳴らすために、対立的な言説を展開したのである。

しかしここで注目すべきは、このような対立は、対立であると同時に一種の補完関係でもあったということである。批判的消費観は、現状の消費社会のあり方を批判的にとらえるものの、二〇世紀後半まで、実際の社会でそれに対抗する社会運動を誘発することは少なかった(13)。そのため、現実の消費を動かしている成長主義的消費観の方は、それを聞き流し、あるいは無視しても痛痒を感じなかった。批判的消費観の立場に立つ知識人は、主流派の人々に警告を発したのだが、その内容はおおむね「身に覚えのある」ことだったから、主流派の人々の理解が得られ、反発を受けることは少なかった。そして批判的消費観の立場に立つ知識人は、ある程度の注目を浴び、評価を得ることができたから、それ以上のことをする動機は生じなかった。

このような次第で、両者は、第三者から見れば、多数派が少数派の意見を容認してバランスをとるといった類の、ある種の補完関係に立つことになったのである。

以上が、二〇世紀における消費観の基本的な構図であるが、本書で主張したいことは、このような補完関係が凝固、あるいは硬直化してしまったこと、そのために、二〇世紀末から二一世紀にかけて生じたさまざまな変化に対応できず、消費文化が正しく理解されなくなってしまったということである。

二〇世紀末以降、現代社会はますますせわしなく変化し、それにつれて消費のあり方も大きく変わっている。しかし、そのような現実に対して、二つの消費観は二〇世紀の後半からほとんど変化していない。一方は常識化して意識に上らず、黙々と現実を動かし続け、他方は学問や評論の世界で定番化した言説となり、口うるさい年寄りのように苦言を発し続ける。しかしその両者とも、特に他方を排除する必要もなく、現状で居心地は悪くない。双方ともそれぞれの役割を心得てそこに安住し続ける。――そんな様子なのである。

しかし、その間に消費のありようは激しく変化し、この二つの消費観のセットでは消費の実態をとらえきれなくなってきた。――それが、筆者が二一世紀に入ってから強く感じてきたことであった。

## 変わる消費と変わらぬ消費観

どんなものが消費されているか、それによって消費者は何を実現しているか、企業はどんな商品をどのような思いで作り、販売しているかなどを消費文化という言葉で表わすとすれば、消費文化の変遷には実にめまぐるしいものがある。二〇世紀後半までに、いわゆる消費社会が形を整えた後も、消費文化は引き続き変化を続けている。

その中で、何より注目すべきことは、消費の限りない増大という成長主義的消費観、批判的消費観に共通した認識（A２、N４）が揺らいでいることであろう。二つの消費観は、おおむね対立的な見方をとっていたものの、この点については同じような見方をとっていた。しかし、まさにそのような大常識が、最近の消費社会では怪しくなってきたのである。

すでに長い間、「モノ離れ」がマーケティング関係者の間でささやかれてきた[14]。その見方の通り、先進諸国では、消費分野によっては、必要が満たされ消費量が頭打ちになったものが少なくない。筆者が『消費社会論』で指摘したように[15]、食料や衣類、白物家電（冷蔵庫、洗濯機など）については、消費の増加はほぼ止まっている。

他方で、エコやグリーンというキャッチフレーズのもとで、環境に配慮しないもの、あるいは実質的に役に立たず無駄なものを購入しないという動きが活発になり、その点から消費にブレーキがかかったものもある。大型で燃費の悪い車や、自他ともに健康被害を引き起こすと考えられる煙草などでは、明らかに消費の減少傾向が生じたのである。最近の日本では、若者の消費離れというトピックが注目を集めた(16)。消費離れといっても、すべての消費を離れるわけではなく、従来から若者のシンボルであった車、酒、海外旅行など、特定の消費財についての消費が減少しただけではあるが、消費をリードする若者というイメージを崩したという点で、世間に大いに刺激を与えたのであった。

こういった一連の動きは、Ａ２やＮ４の妥当性を疑わせるものであるにもかかわらず、両消費観がそれを取り入れて変化するという様子は見られない。まさに硬直化現象である。筆者は、近年その問題を「脱物質主義」というテーマのもとに論じてきたのだが(17)、反応は大きいものではなく、まだまだ旧態然たる認識が幅をきかせている。

脱物質主義化の一つのきっかけとなった環境問題は、消費が基本的に善であるという成長主義的消費観の認識（Ａ３）にも大きな変更を迫ることになった。消費は個々人にとってはともかく(18)、社会全体にとっては好ましくない影響を与えることが少なくない。このような、考えようによっては当たり前のことを、最近の地球環境問題は人々に改めて気づかせた。環境問題をきっかけに、自然保護、動物愛護、児童労働の回避、社会的公正など、消費社会が引き起こすさまざまな問題が注目を浴びるようになった。

そして、こういった問題を契機として、消費社会で生じた問題に対処し、その解決を目指すグリーンコンシューマリズム、フェアトレード、エシカルコンシューマリズムなど、さまざまな消費文化の動きが発生してきた。

こういった問題については、本来なら批判的消費観の論者が注目し、熱心に取り上げてもおかしくないものである。しかし、時代の制約もあって、彼らは、最近までＡ３に対立する認識を強く打ち出してこなかった。消費社会が引き起こす問題を論ずるというよりは、Ｎ１で示されたような消費社会の消費の無益さや、Ｎ２、Ｎ３で示した欲望の虚構性を指摘することに熱心であった。消費社会の諸問題に言及することはあっても、それを詳細に分析したり、その解決を目指した動きに注目したりすることは、少なかったのである。[19]

以上述べてきた、脱物質主義化によるモノ消費の停滞、環境問題の制約、消費社会の諸問題に対処する動きなどは、何か不活発で停滞的な消費社会の到来を連想させるものである。しかしながら、二〇世紀の末から二一世紀にかけて、消費社会には、停滞ではなく著しい変化、肯定的な表現を使えば「深化」も同時に起こっている。

先進諸国の消費は、量的には確かに停滞している。統計数値のみを追って、その内容に立ち入らない分析をしている人にとっては、最近の消費社会は停滞的であり、それこそ「失われた二〇年」の様相を呈していると言えるだろう。しかし、消費の質や対象に注目するならば、この間無視できない大きな変化が生じたと言える。

食生活の分野では、特に嗜好品的な食品について、目覚ましい品質の向上や多様化が見られる。一方ではファストフードや調理済食品によって食生活が単純化したと言われるものの、他方では成熟した成人の食物に対する関心は著しく高まり、味覚は鋭さを増し、食材や調理方法に対する目は厳しくなった。それに対応して、外食店や食品店が提供する食品には、かつてないほど高品質のものが登場してきた。また、世界中の食材や料理に関心が寄せられ、取り入れられて、食生活はかつてないほどグローバル化した。

衣類の分野は、批判的消費観の見方が最もよく当てはまりそうな分野であり、一方では、自己顕示のための消費、地位のシンボルである消費がはびこっているものの（N3）、若者の間では、その解釈には収まらない自分を表現するため、あるいは自分の趣味を実現するための装いが見られるようになった。また、下着や部屋着など、やはり社会的な競争や同調といった観点（N3）からは解釈しにくい分野でのファッション化が進んだ。さらに、古着店、エスニック雑貨店、小規模アパレル業者などが一定の販路を確保し、企業のマーケティング戦略によるもの（N2）としては解釈しがたい衣類の消費が活発化した。

文化的商品については、音楽ソフト、映画、小説、漫画などの消費が活発化し、極めて多様なジャンルの、多様な商品が供給されるようになった。また、これら複製的な文化ではなく、演劇、美術館、音楽演奏会（ライブ）などの実演的文化への参加や、美術館、博物館などの利用も一段と盛んになった。いずれの分野でも、それを鑑賞する消費者の鑑賞能力は向上し、消費者は鋭い批評をインターネット等に発信し、また自ら制作（実演）を試みるようになった。生産者側は、そういった水準の高い消費者に向けて、より高度で技術とアイディアを凝らした商品を、絶え間なく供給せざるをえなくなっている。

これらの文化的な消費は、消費金額としてはそれほど多額なものではなく、また物質的経済活動としての意味はあまり強くないが、消費者に精神的充足感をもたらし、生活の質向上に大きな役割を果たすようになった。

旅行、スポーツ、その他の趣味など、ほかの分野でもさまざまな例をあげられるだろうが、総じて消費社会はますます成熟の度を増し、「質的深化」と呼べるような複雑で多様な消費行為が見られるようになった。

こういった現象は、成長主義的消費観の方では、量的拡大をあまり伴わない質的変化であるために、また個人の意思決定と見なし、消費をまとまった文化的な現象としてとらえない傾向（A4）によって見過ごされがちである。

また、批判的消費観の方では、あくまで企業の販売拡大のための製品多様化（N2）、あるいは消費者の自己顕示や記号的消費（N3）といった枠組で解釈し、冷淡に取り扱う傾向にあった。そしてその背景には、生活上の必要性を越えた消費には、所詮それほどの価値はないという基本的前提（N1）が潜んでいるようである。

しかし筆者は、現代の複雑化し質的に深化した消費について、そのような単調な解釈枠組を適用することに、大きな疑問を感じている。これまでの消費の解釈枠組は、基本的には消費が量的に増加していることを前提に、そのことを解釈ないし説明することを目的としていた。それに対して、質的な変化や複雑性の増大に対しては、ほとんど何の理論的準備もなく、型にはまった従来の枠組による解釈を繰り返すだけであった。これでは、消費が単なる物資の供給という域を越えて、複雑な人間的欲求を実現するようになった現代の状況に対応できず、人間にとっての消費の意味を、うまくすくい取れないのではないかと思われるのである。

既存の消費観の解釈枠組は、二〇世紀の末からの情報革命によって、さらにその現実適合性が疑われるようになった。

インターネットはこれまでの情報の流れを大きく変化させている。批判的消費観が前提とした、企業側からの広告的、マーケティング的情報は、インターネットの普及とともに相対的な効力を失い、インターネットのソーシャルネットワーク上の情報次第で、企業の売り上げが左右されるようになったと言われる[20]。消費者は、企業からの情報にも目を通すが、それをネット上の情報というフィルターにかけ、誇大であったり、いかがわしかったりする広告は無視してしまう。また、評価の低い商品や問題を起こした商品は、いかに広告が巧みでも買おうとしない。購買の決め手は、広告でも店員の勧誘でもなく、ネット上の情報なのである。こういった現象は、前項で示した消費者への企業からの影響を強調する見方（N2）に疑問を抱かせるものであろう。

また、インターネットを通じた情報行動は、それ自体が一つの消費行動となるが、その消費は従来の解釈枠組を越える面をもっている。消費者は、ネット上のホームページ、ブログ、フェイスブック、ツイッター、ユーチューブなどを、はっきりした目的もなく眺めて時間を過ごす。また、メールやライン（LINE）で他愛のないメッセージを頻繁にやりとりする。これらの行為には、現在極めて多くの時間が投入され、一部の消費者は生活上の満足や幸福のほとんどを、ネットの画面から得ているようにすら思える。

しかしネットへの接続は多くの場合料金が定額であり、ネット情報への熱中が消費金額に反映される部分は少ない。また、機器の消耗と少々の電気代を除いてほとんど物的消費量の増大を伴わない。これは、おもに物的な消費の継続的増大という想定（A2、N4）と不整合で、解釈に戸惑う現象となっている。

また、ネット上の閲覧は、基本的に個人の気まぐれな選択に任されており、批判的消費観におけるマスメディアを通じた消費促進（N2）や、人間関係に配慮した消費（N3）では解釈できないもののように思われる。

これまで述べてきたのは、消費の量的停滞、消費の社会的影響と倫理、消費の質的深化、情報消費に見られる新しい消費の形という四つの現象であったが、そのほかにも、のちに紹介するように（三章、六章、七章）、現在の消費文化は、非常に多様で複雑な現象を生み出している。それにもかかわらず、消費の基本的な見方＝解釈枠組は、二〇世紀後半のある時期に硬直化して、基本的には変化していない。筆者は、そのことが二一世紀における消費研究の方向を迷わせ、遅滞させていると考えている。

興味深く、社会的意味のある消費現象は数限りなく発生している。日本経済は失われた二〇年かもしれないが、日本の消費は決して失われた二〇年ではない。失われたのは、むしろそれを研究し、社会にフィードバックする営みである。せっかく題材が豊富に与えられているのに、それを扱うべき道具も存在しないし、扱う心構えもできていなかった。それゆえに、消費文化研究は、活発な研究の機会を三〇年の長きに亘って失ったのである。

## 2　消費文化研究の課題

### 新しい消費論の条件

本書はこのような状況を憂い、新しい消費の見方を示して、消費文化の研究を活性化しようとするものである。

のちに述べるように、個別の新しい消費現象については、すでにさまざまな研究が始まっている。しかし、消費というもの全体のとらえ方、テーマの選択の仕方、分析の視点などを示す、基礎理論ないし一般理論の研究が進んでいない。現在もなお、前節で述べた二つの消費観の基本認識が、ほぼそのまま基礎理論のごとく居残っていて、それに代わるものが作られていないのである。

それでは、現在の消費文化に見合った新しい消費の見方とは、どのようなものとなるべきだろうか。

これについて筆者は、次の三つの点が重要であると考える。

まず、新しい消費論は、消費がもたらすさまざまな問題点あるいは危険性を、避けずに直視するものでなければならない。近年になって、爆発的な消費の増大が、周辺環境や地球全体の環境に対して悪影響を及ぼすことが明白となり、消費という行為が基本的に善であるという成長主義的消費観の命題（A３）は大いに疑われるようになった。さらに、先進国の消費のあり方が、企業活動を通じて開発途上国の労働者や地域住民の生活を不安定化させることがあることも、最近ではよく認識されるようになり、環境への影響のみならず、消費の社会的な影響にも関心をもたざるをえない状況にある。(21) 新しい消費論は、こういった点を見逃さず、理論の中に取り入れるものでなければならない。

次に、生活上の必要性を越えた複雑な消費のあり方を、単調でなく、先入観に囚われるのでもなく、適切にとらえることである。前節「変わる消費と変わらぬ消費観」で示したように、今日、消費生活の内容はますます複雑化し、多様な価値を実現するようになっている。現代の非常に生産力の発展した社会では、そのような必要性を越えた消費が、次第に重要度を増すようになるのではないかと思われる。

生活上必要な消費、さらに範囲を狭めれば、生存に必要な消費は言うまでもなく非常に重要である。しかし、それを上回る消費は、ある意味でより消費らしい消費であり、人間が人間らしさを実現するために重要な役割を果たしている消費とも言える。筆者は、批判的消費観のように、それを人間にとって価値が乏しいという暗黙の前提をおき（Ｎ１）、型にはまった解釈で済ませることは、ぜひとも避けなければならないと思うのである。

三つめに重要なのは、消費についての「理念」を与えるということである。新しい消費に関する見方は、単に消費を理解し、解釈を与えるだけではなく、二一世紀の消費のあるべき姿を前提とし、それとの関係で現状を分析してゆくようなものになるべきだろう。

この観点からすると、成長主義的消費観は、ある種の理念を含んでいるとは言えそうである。しかし、その内容は単純なもので、消費を増加させることは好ましい、消費を果てしなく増加させていこうという程度のものでしかない。現在の複雑で問題が山積した消費社会において、そのまま理念として掲げるのは無謀と言わざるをえないであろう。

他方、批判的消費観の方は、理念が不明瞭である。これまで述べてきたように、この消費観は、現代の多くの消費を否定的にとらえる傾向にあるが、それならばどんな消費が望ましいのかという点になると、どうもあいまいである。解釈によっては、生活上の必要を満たすだけの消費が望ましい、という理念のようにも思えるが、それが明確に示されている場合は少ない。かといって、積極的に他の理念を述べているかというと、そういうものも見当たらない。単なる分析や解釈にとどまらず、理念を提示することによってこれからの消費社会の方向づけを可能にするような消費の理論が望まれるのである。

## 単一要因論の限界

以上のような条件とともに、消費論の一般的枠組を作るにあたって、ぜひ弁えておかなければならないことがある。それは、消費というものは、一つの要因（あるいは一つの動機、一つの目的、一つのメカニズム）によって発生するものではなく、複数の要因が関係しているということである。したがってその分析においても、複数の解釈枠組と多様な要因を動員しなければならないことになる。

一口に消費と言っても、その内容は、日常の食料品から、ファッション衣料、電化製品、競馬の馬券、旅行で乗る新幹線、大学の授業料まで、多種多様なものを含んでいる。したがって、ある消費財が消費される要因と、別の消費財が消費される要因は、全く異なるかもしれない。

さらに、同じ消費財でも、消費する人によって、全く異なる要因が関与していることがある。同じスマートフォンを買った人でも、ある人は性能がいいと思い、ある人はデザインが気に入り、またある人は店員の勧めに従ったといった具合に、その動機はさまざまである。

これは、ある意味では非常に当たり前のことであり、多くの人は言われないでもよくわかっていると思うだろう。しかし、実は再三取り上げている成長主義的消費観と批判的消費観は、この当たり前のことを否定する面をもっているのである。これらは、特定の要因を一貫して適用できると思い込んで、現実を単純化、あるいは一面化してしまう傾向にあった。

たとえば、批判的消費観においては、多くの消費財は企業のマーケティング活動によって消費者が購入したものと考える。その見方にしたがうと、スーパーの洗剤、新発売のインスタントラーメン、デパートでバーゲンに出された洋服、大型電気店の洗濯機など、すべての商品が広告の影響で買われたと見なされる。そして、その解釈に当てはまらない消費現象は、初めから扱われなくなってしまう。

しかし、改めて考えてみると、路地裏で見つけた喫茶店でコーヒーを飲むとか、友人から薦められた石川県特産のぶどうを注文するといったことが、広告と関係しているとは到底言えそうもない。この他にも、マーケティング活動と関係のない消費行為は無数に存在しているであろう。

また、今日コーヒーに対する人々のこだわりはとどまるところを知らず、コーヒー店ではさまざまな産地選び、焙煎、ろ過の方法が試みられ、消費者はそれに成功した上質のコーヒーを提供する店を探し求めている。しかし、批判的消費観の命題N３に従えば、このような品質への飽くなき追求は、文化的素養があることを見せつけ自分を差別化しようとするものだ、といった型にはまった解釈になるのである。

成長主義的消費観について言えば、素朴な消費の有益さ、という解釈枠組があるために（Ａ１）、すべての消費は消費者の素直な欲求に基づき、効用を実現しているかのように解釈してしまう。しかし実際には、本当は買いたくないが世間体に配慮して買った、何の考えもなく衝動買いをしたが使っていない、といったものが数多くあるものだ。それなのに、この消費観が前提にあると、強引に効用や価値が存在することを想定してしまう傾向にある。これもまた、一面的な見方と言わざるをえない。

両者が一面的な見方をするために、同じ現象であっても、先ほど示した自家用車買い替えの例のように、その解釈は全く異なったものになることが多い。おそらくは両方のケースがあるはずなのに、ともに一つの解釈を押し通すことになりがちである。

比喩的に言えば、消費はこれまで「色眼鏡」をかけて見られてきたのである。ある色眼鏡をかければすべてが赤に見え、別の色眼鏡をかければすべてが黄色になる。本来の色はさまざまであり、それらが微妙にグラデーションをなし、あるいはまだら模様をなしているかもしれないのに、一色に染め上げられてしまう。

　このようなことが起こるのは、もちろん眼鏡に色がついていたからである。

　成長主義的消費観は、まだ生産力が低い時代に、穀物の不足に悩まされた人々が、穀物の生産と消費が増えれば増えるほど、単純に幸福度は増していくと感じた感覚を、そのまま受け継いでいるように見える。このような感覚を元にして、すべての消費は単純にその量に従って価値を増し、多ければ多いほど好ましいと考えてしまうのであろう。

　他方、批判的消費観は、おそらくかつての聖職者の生活がそうだったように、つつましいながら安定した生活を原点にしているように思われる。安定して、おそらく精神的には満ち足りた生活を基準に考えると、そこにさまざまな消費財が加わることは、心の平衡を損なうものでしかない。多くの「必要以上」の消費財は否定的にとらえられ、他者からそそのかされたもの、あるいはいかがわしい欲望に毒されて消費されたものと解釈されることになるだろう。

　しかし、このように異なった前提、異なった基準に基づいたとらえ方は、本来その色でないものに色をつけてしまう。つまり、本来そのような要因によらない消費に、無理矢理その要因を結びつけて、対象の正しい認識を妨げてしまう。そしてそれだけでなく、周辺のものを含めた全体の配置や構造、動態をも、誤って認識させてしまうのである。

　このような事態を避けるためには、さまざまな消費現象を特定の解釈枠組に囚われずに眺めることが重要だと考えられる。消費には、複数の要因があり、さまざまな動機、目的、メカニズムがある。同じ消費現象が、複数の要因によって生じたり、消費財の種類によって適用できる解釈枠組が異なったりする。そのことを弁えて、複数の解釈枠組を活用して、できる限り広い視野からとらえていかなければならない(22)。

　この観点からすれば、成長主義的消費観も、批判的消費観も、一つの可能な解釈枠組でしかないことになる。これらは、決して誤っているものではなく、現在でも消費への重要な視点を示している。しかし、それはあくまで部分的なものであって、一つだけで消費現象をとらえきれるものではない。

　これらを解釈枠組の一つとして取り入れつつ、さらにそこに含まれない視点を加えて、複合的な理論を構成しなければならないのである。

## 本書のテーマ

このように、本書では、消費を複数の動機や目的によって生じるものであり、複数の解釈枠組を必要とするものと見なす。

それを前提とすれば、消費は動機や目的に応じて複数のタイプに分かれ、現実の消費社会は、そのような複数の消費タイプの混合、または組み合わせとして存在していると考えることができる。このような複数の消費タイプを区別し、特徴を明らかにし、それらの組み合わせとして現代の消費をとらえる視点を確立することが、まず本書の重要なテーマとなる。

とは言っても、タイプの数が多過ぎると、一般理論としての意味がなくなってしまう。一般理論を整理箱に喩えると、整理箱の仕切りが多くなり過ぎ、手間がかかって整理の意味がなくなるのと同じである。そこで本書では、消費文化を四つのタイプにまとめようとし、そのうち一章から三章までで論じる三つの消費文化を特に重視する。

現代消費社会は、四つの消費文化が織りなされて、さまざまな消費現象をもたらしていると考えられるが、その中で、特に現代の消費社会で顕著な動きを示しているのが第三の消費文化である。第三の消費文化は、これまでおぼろげにしかその存在を認識されていなかったが、近年次第にその姿がうかび上がってきたものであり、消費社会の中で、今後よりはっきりした存在感を示すものと考えられる。そしてこれは、今後の消費社会の理念を示すものとなりうるものでもある。そこで、第三の消費文化を中心に、他の消費のありようを考慮に入れつつ、現代の消費社会と消費文化の動きを解明することが、本書のもう一つのテーマとなる。

以上二つのテーマに沿って、以下各章を順に論じていくのだが、それに先立って次の3節では、四つの消費文化を考える上で前提となる、消費の価値について論じることにしたい。

消費財は、さまざまな価値、あるいは効用を実現し、人々の欲求を満たすのだが、その内容はさまざまである。その内容によって、消費される消費財が違ってくるであろうし、同じ消費財であっても、素材や構造、仕様が違ってくるだろう。さらには、販売方法や店舗のスタイルも変わってくることだろう。そこで、消費財が実現する価値をいくつかに分け、それを基準にして消費文化を類型化しようというのが筆者の考え方である。

そして4節では、これまで何気なく使ってきた「消費文化」という言葉の意味について考察するとともに、四つの消費文化について最低限の解説をし、さらに本書の構成について述べて、一章につなげることにしたい。そこまで叙述を進めて、ようやく四つの消費文化について詳しく論じることができるであろう。

## 3 消費は何を実現するか

### 生理的価値

人々が消費を通じて実現する価値として、真っ先にあげられるのは、「生理的価値」であろう。

人間は生物種の一つであり、一定の生理的条件を満たさないと生存できない。栄養と水分の補給、睡眠、休養、生存を脅かす外界からのさまざまな影響、たとえば病原菌、害虫、危険な動物、毒物、放射線、災害、気温の変化などへの対応、病気や体調不良、けがからの回復といったことは、人間が生きていくうえで必須のものであり、通常は人々が最も切実に求めるものと考えられる。

人間の生存を絶対視せず、殉教や殉死、民族の繁栄のための犠牲などを貴んだ時代はともかく、人間中心主義を基本とする近代以降の世界では、これらを人間にとって最も重要なものとする考え方が定着している。それゆえ、人間の欲求や価値の種別、あるいは序列を論じる場合は、生理的なものが最初に取り上げられるのが常である。たとえば、有名なマズローの欲求段階論（自己実現理論）では、生理的欲求は最も必要度が高く基礎的で、原則として人間の発達の第

一段階で実現される欲求とされている。(23)

消費の生理的価値とは、消費財、あるいは消費の対象となるサービスが、人間の生理的欲求を満たす役割を果たす場合に、そのような財やサービス、あるいはそれらの消費行為がもつ価値だと言える。

人間の生理的欲求の実現は、現在では多くの部分を消費に依存している。栄養や水分の補給は市場（生産者、流通業者、消費者の間の商品と貨幣の交換システム）を通じて購入される食料品や飲料に頼っているし、外界からの影響は衣類や寝具、住宅を購入することで大幅に緩和される。病気や体調不良、けがは、薬品購入、医療費の支出、介護サービス等によって維持されることが多い。生理的欲求は、現在でも消費を通じないで実現可能な部分、つまり呼吸、排泄、睡眠なども含んでいるものの、そのほとんどは、市場で購入された消費財やサービスの消費を通じてしか実現できなくなっている。

生理的欲求を満たし、生存に関わることから、生理的価値をもつ消費は、ある種特権的な地位を獲得している。生理的価値をもつ消費財は、真っ先に、優先的に確保されなければならないので、その不足が囁かれると、人々は顔色を変えて店舗に殺到するし、災害や戦争などの非常時であれば、政府が配給に乗り出して供給しようとする。生理的価値を実現できない社会は貧しい社会と判断され、食糧、衛生用品、医療等の支援が行なわれる。そういったことから、消費に何か絶対的な価値があるとすれば、それは生理的価値のことであり、生理的価値を実現する以外の消費は、付随的で必要不可欠とは言えないものだと考えられることも多い。

しかし、ここで重要なのは、生理的価値＝必要不可欠＝生存の条件という等式が、単純に成り立たないことである。まず、現代人は生理的価値を実現する消費を、一般的には過度に行なっている。足りない部分も多いにせよ、現代先進国の人々は栄養を過剰に摂取しており、そのために却って生活習慣病に陥ると言われている。薬品の使用も過度で、膨大な健康保険の赤字の原因ではないかと言われているし、冷暖房も過剰で、エネルギー資源の無駄遣いや二酸化炭素排出量の増大を招くものと考えられている。生理的価値を実現することは即ち必要不可欠なことであるとは、現在では決して言えないのである。

そして、消費が過剰かどうかを判断する基準自体が、それほど明確でないという問題もある。たとえば、成人男性が一日に必要だとされる熱量は、身長や年齢、運動量などをもとに計算していくと、日本では約二〇〇〇キロカロリー少々になる。(24)しかし、実際にはそれを守っている男性は少なく、仕事が事務的労働の場合でも、二〇〇〇キロカロリー程度では到底がまんできず、三〇〇〇キロカロリー程度食べたいと思う人は少なくない。その一方で、戒律に従った生活を続ける禅寺の修行僧の場合、精進料理で一日一一〇〇キロカロリー程度しか摂取しないのに、それなりに健康的な生活を送っているようである。(25)一一〇〇、二〇〇〇、三〇〇〇と大きく異なる摂取カロリーの人が、皆それなりに健康に生活していることから、生存に必要な水準が具体的にどこかは特定できないこと、そのため特定の消費が必要範囲内のものか、過度のものかは、容易に客観的には判断できないことがわかる。

さらに、必要とされている消費の水準が、必ずしも生理的必要、すなわち生存するために必要な水準ではなく、そこにさまざまな非生理的欲求や価値の実現が付加されているということがある。

健康と言えば、今でも基本的に生存のために必要な病気やけががない状態というイメージがある。しかし、健康の定義はしだいに広がっており、第二次大戦後、世界保健機関（ＷＨＯ）は、「健康とは、単に病気ではないとか、弱っていないということではなく、肉体的にも、精神的にも、そして社会的にも、すべてが満たされた状態にあることをいう」と意味を拡大し、さらに一九九八年には、そこに「スピリチュアルにも満たされている」という条件が加えられた定義の改正案も提案されている。(26)健康は人間にとって必要なものという認識は現在当然のこととされているが、そこには、生存の必要という水準を超えた、さまざまな生活条件が加えられているのである。

現在、生活保護として実施されている日本の最低生活保障であるが、当初は人間が生存できる最低限の消費生活費（最低生活費）を想定していたものの、太平洋戦争後の制度発足以降は、生存の条件という意味合いは薄れ、一定の文化的生活を含めて保障しようとするものに性格が変化してきた。(27)

このように、現在では生理的価値を実現するが必ずしも必要とは言えない消費が広く見られる一方で、生理的価値とは言えないが人間にとって必要と考えられる消費も広く存在している。

生理的価値の実現は生存を保障するから必要かつ不可欠であり、消費の中で特権的に重要であるという見方は、決して単純には成り立たない。生理的価値については、慎重にその意味内容を見極めること、また、他の価値と切り離さないで、その結びつきをつぶさに検討することが必要であろう。

### 道具的価値と機能的価値

次にあげるべき消費の価値は「道具的価値」である。

道具は、同様の目的を人手で達成する場合より、身体的疲労、労働時間、労働に要するエネルギー、費用などを節減できるという意味で価値をもっているが、そればかりでなく、オーブンを使ったケーキ作り、録音機での音声保存など、人手ではできないようなことを実現するという意味でも価値をもっている。このような道具のもつ価値を一般化して、多くの消費財に適用できるようにしたのが、「道具的価値」である。

道具的価値とは、消費財が人間の手足や知覚諸器官の諸機能を代行または補完し、人間のみの力によるよりも効率的にその機能を果たしたり、それなしには実現しないようなさまざまな目的を達成したりするための、明らかに有効な手段となる場合、その手段としての価値を意味する。

具体的には、さまざまな調理器具、大工道具、文具など道具らしい道具のほか、ティッシュペーパーやラップなどの消耗品、洗剤やシャンプーなどの化学製品、洗濯機、掃除機をはじめとする電化製品、自家用車、カメラや時計、パソコンや携帯電話などの機械類が道具的価値をもつと言えよう。

二〇世紀の消費社会では、機械類を中心に、驚くほど多くの道具的価値をもつ消費財が生み出され、生活を便利なものにしていった。その役割があまりにも大きかったために、現在の先進国でも、消費の豊かさとは道具的価値を実現するさまざまな機械、道具類を手に入れることだ、という感覚は少なからず残っている。また、経済成長の目覚ましい開発途上国には、このような機械類やさまざまな道具を手に入れることに豊かさを感じ、目を輝かせる人々が多数存在している。

最近でも、スマートフォンやタブレットの目覚ましい普及、テレビの高画質化と大型化、録音・録画用機器の日進月歩の高性能化など、道具的価値をもたらす消費財の発展はなお続いている。

道具的価値は、道具や機械という現実の物体を見知っているだけにわかりやすいものであるが、考えてみると、現代社会には物体の形をとらないながらも、ほぼ同様の意味で消費者にとって価値をもつものが多くある。たとえば、宅配便で重い荷物を直接持ち運ぶことなく、旅行先から自宅へ届けるという場合、その価値は身体的疲労や手間を省く手段としての価値をもっている。

このような意味で価値のあるサービスやシステムには、そのほかにも公共交通、駐車・駐輪、印刷・製本、引越しサービス、清掃サービス、クリーニング、ネット購入のシステム、警備、保険など、さまざまなものがある。そこで、こういった場合を含めることを可能にするため、筆者は「機能的価値」という概念を導入したい。道具や機械のような物体のイメージや、身体機能の代替といった観念から離れるため、「道具」という言葉は避けて、「機能」という抽象的な言葉を用いることとする(28)。

消費の機能的価値とは、何らかの消費財やサービス、あるいは消費行為が、消費者の目的達成にとって、明確な手段的役割を果たす場合、その消費の価値のことを意味する。

これまでの定義から明らかなように、道具的価値は機能的価値の一部であり、そこに含まれる。また、前項で示した生理的価値も、その効果、つまり生理的欲求の充足が明確に確認される場合は、機能的価値に含まれることになる。ただし、この概念が適用できるのは、手段として目的達成に役立ったことが、明確で客観的に判断可能な場合に限定することにしよう。そうしないと、手段的役割を果たしたかどうかの判断が困難だからである。

たとえば、ぬいぐるみという消費財は、一般的な意味での道具ではないが、機能という言葉の意味を広くとると、人を慰めたり、部屋を明るい雰囲気にしたり、といった機能を果たしていると言える。また、占いというサービスも、人に意思決定のためのヒントを与えたり、安心させたりという機能を果たす。だから、この二つを、機能的価値をもつ消費だとする考え方もありうる。

しかし、これらは内面的、精神的な目的を達成した場合であるから、そのような機能を果たしたかどうかを客観的に確認することはできず、消費が手段として役立ったかどうか、つまり機能的であるかどうかを正しく判断できないものである。また、それらを機能的価値に含めると、何もかもが機能的価値をもっているということになり、言葉を作る意味がなくなってしまう。そもそも消費財として購入されるのは、何らかの効能や意味をもっているからであり、そのことを機能と言い換えてしまうと、すべての消費財が機能的価値をもっていることになるのである。

そのため、このような内面的、精神的な目的の手段となるだけの場合は、機能的価値とは見なさないこととする。(29)

このように、外面的で明確な手段としての働きによって定義されるため、機能的価値をもつ消費財は、それがどれだけ高い価値をもつかを評価しやすいものとなる。車はスピードや高速安定性で、パソコンは処理能力で、宅配業者は配達の速度で、専門学校は資格の取得率で、それぞれ評価されることになる。それに対して、機能的ではない価値をもつ消費財やサービスは、何らかの評価は下しうるものの、それが客観性をもたず、優劣のつけ方は難しい。

こういった点は、機能的価値を追求することの多い現代消費社会を考える上で重要な意味をもつので、ここであらかじめ注意しておきたいと思う。

### 関係的価値

次に検討したいのは「関係的価値」である。

関係的価値とは、消費が他者や所属集団、一般社会などの社会環境との関係を調整する役割を果たす場合、そのような意味での消費財やサービス、および消費行為の価値を意味する。

関係的価値の実現過程は、少々複雑であるが次のようなものである。

まず消費者は、消費行為を通じて、他者に自分についての情報を与えようとする。たとえば、消費している財が高級である、個性的である、若々しい、集団のシンボルが刻印されているといったことがそれに当たる。そして、他者に与えた情報によって、彼らから何らかの社会的位置づけを認めさせようとする。具体的には、右記の行為に対応して、富裕だと認めること、個性的な特徴を認めること、若々しいと見なすこと、仲間として認めることなどである。そして、そのような評価や社会的位置づけによって、消費者とその社会環境の関係が形成される。そのことが消費者にとって肯定的な価値をもつことによって、関係的価値が実現するのである。

関係の形成は、必ずしも消費者によって自覚されている必要はなく、無意識的に行なっていることも少なくない。長い間ある集団に所属している間に、知らず知らずに集団の雰囲気に溶け込んだ服装をしている、といった場合はよくあることだろう。関係が形成されることは、消費者がそれに価値を感じることと必ず結びつくとは限らない。消費者の主観にのぼるかどうかはともかく、消費は社会関係を形成する役割を果たすのである。それをさらに衒学的に言い換えれば、消費は社会関係を構築するシステムの中に埋め込まれている、ということになる。

とは言え、現代社会においては、消費がこのような意味をもつことは消費者に自覚され、その意味を認められている場合が多いので、関係的価値という用語法で、特に大きな問題はないであろう。

なお、拙著『第三の消費文化論』では、同様の内容を「社会的価値」と呼んだが[30]、本書では、誤解を招きやすい表現となるので、関係的価値という言葉に改めた。

消費が関係的価値をもつことは、社会学が消費を扱う際の定番の論点であり、ヴェブレン、ジンメル、リースマン、ボードリヤールら消費を論じた主要な社会学者（および社会学の周辺分野の研究者）は、この関係的価値を非常に大きな意味をもつものとしてとらえてきた。ボードリヤールらの、消費を記号としてとらえる見方も、このような関係形成において、他者に自分についての情報を与えようとする際の消費の働きを理論化したものであった[31]。しかしながら、消費の関係的価値は、一口に記号と呼んで済ませることができるほど単純なものではなく、さまざまな複雑な内容を含んでいる。

まず、関係形成において消費が与える情報には、消費者と社会環境との基本的関係である同調や非同調を示す場合と、社会環境の中での消費者の位置づけを示す場合とがある。

前者の中で、同調を示す場合には、集団の中で目立たない服装をする、食堂で皆が食べるようなメニューを選ぶなど、いわゆる準拠集団行動としての消費が含まれ、非同調の場合には、さまざまな目立つ特徴をもった消費、たとえば衣服の着こなしをだらしなくしたり、とびきり派手なものにしたりする、その社会環境では標準的でない車に乗る、といったことが行なわれる。

最近では、基本的に同調的でありながら、完全にその社会環境に埋没しておらず、個人としての特殊性を一定程度もっていることをアピールするという、いささか複雑な消費行為もしばしば見られる。これが、通常自己差別化（差異化）のための消費と言われるものである。

他方、消費者の位置づけを示すということには、その社会環境で、①消費者が身分、役職、経済力、能力、文化資本など、上下あるいは優劣をつけられる属性のどこに位置するかを示すこと、②上下や優劣ではない消費者の特性、すなわち消費者が属する共同体（宗教、地域、民族など）、職業、性別、年代、ライフスタイル、個性などを示すこと、③そのいずれとも違って単に消費の時間的変化における消費者の位置を示すこと、という三つのケースが含まれる。

①の中で、不特定のさまざまな消費行為によって、特定の位置ではなく、比較的漠然とした優位性を示すのが、いわゆる顕示的消費（あるいは誇示的消費、見せびらかしの消費）である。この概念を世に出したヴェブレンの顕示的消費はもっと広い意味をもっているが（二章2節「ヴェブレンの顕示的消費論」を参照）[32]、一般的には、経済的優位、すなわち富裕さを示すものと考えられることが多い。

それに対して特定の消費行為によって特定の属性を示すのが、階層シンボル的消費である。社長らしい車、高給サラリーマンらしいスーツ、セレブ行きつけの美容室、といった場合がそれにあたる。しかし、富裕さや役職を示す消費は、現在ではあまりに露骨なものとして敬遠されることも多い。それに対して、知的能力や、センスのよさ、都会的であることなど、別の基準で自らの優位を示そうとすることが、相対的に多くなっているように思われる。

上下関係上の優位を示すのとは違って、標準的レベルを満たしており下位ではないことを示すという消費も存在している。それが、リースマンによって注目された、アメリカのスタンダードパッケージ的消費や、戦後日本でしばしば論じられた人なみ消費と言われるものである(33)。こういった消費は、階層社会を脱し、大衆社会が実現した時期に現われやすく、それゆえ二〇世紀中葉以降に注目を浴びたものである。

①の消費には、優位にせよ、標準レベルにせよ、その通りの真実を示す場合と、いささか背伸びをしてそれと見せかける場合とがある(もちろん完全な虚偽の場合も時々存在するが)。後者の場合が、見栄を張った消費とか虚栄のための消費と言われるものであろう。

②には、ある若者集団で帰属感を高めるために採用されるヘアスタイルや持ち物など、半ば強制的なものも含まれるが、スポーツマンらしい服装、女性らしい文房具、大学生にふさわしい小説などを自発的に消費して、自らの社会的特性を表示する場合も含められる。

②の中で、個性を示す消費というのは、その人が女性であるとか公務員であるとかの単純なカテゴリー分けができないようなさまざまな特徴をもっている時、それを示すような消費が行なわれることを意味する。服装を通じて自分独特の感受性を表現するとか、外装にこだわった住宅を建て、自分の趣味を表わすといった場合がこれにあたる。

個性を示す消費は、先に示した自己差別化のための消費と似ているが、結果として自己をその社会環境から差別化することになるものの、差別化することを自己目的としておらず、もともと存在している個人的特性を表現することが主要動機となるという点で自己差別化のための消費と異なっている。

③は、①、②が社会空間における位置を示すのに対し、時間における位置づけを示すものであり、流行における消費

者の振舞いはその典型である。流行の先端を走る消費は、消費の時間的変化を先取りしたという位置づけを示し、流行の半ばを行く消費は、時間的変化に遅れていないという位置づけを示す。そして、流行が最も広がった時点でようやく追随するような消費行為は、時間的変化に遅れているが、本人があまり気に留めていないことを示すことになる。

流行という現象は、このような消費者の行為の集積として存在しているが、同じ消費行為でも、比較の対象によって時間軸上の相対的な位置が変わることがあり、全体としては複合的な動機ないし意味をもつ。ジンメルが流行を、

「社会的均等化への傾向と、個性的差異と変化への傾向とを一つの統一的な行為のなかで合流させる。」

と述べたのは、このような事情を示すものである。(34)

流行は、当該消費分野での消費パターンが流動的であることを前提とするから、共同体や階層の構造が堅固で、そのシンボルとなる消費スタイルが確固として存在しているところでは生じにくい。生じたとしても、固定した階層構造の中の特定階層内での、範囲の狭い流行となる。(35)

以上述べてきたように、関係的価値はたいへん多様で複雑な内容をもっているので、これについて論じる場合は、そのどれを論じているか、またどれに当てはまる議論なのかを慎重に検討する必要がある。

関係的価値の、ほかと比べた大きな特徴は、この価値をもっぱら実現するような消費財やサービスは極めて少ないということである。関係的価値の例として最もよく引き合いに出される衣服は、生理的価値をもっており、同じく車は道具的価値をもっている。ほとんど実用的価値のないように思われる指輪やイヤリングなどの装飾品も、決して関係的価値を中心とするものではない。消費者の意識の上では美しく魅力的なものとしての意味が大きく、次に述べる文化的価値をもっていると言える。強いて言うなら、地位に応じて与えられる勲章や記念品、エンブレムのようなものが関係的価値のみを実現するものかもしれないが、これらが通常の消費財として購入されることは少ないのである。

その反面、関係的価値は、どのような種類の消費財とも結びつきうるという特徴をもっている。大昔は、きちんとした食事や暖かい衣類などの生理的価値が、その後は装身具のような文化的価値が、二〇世紀はじめには自動車という道具的価値が、それぞれ関係的価値（ここでは階層的シンボルとしての価値）と結合したが、現在では、高価な健康食品や有名な病院など、再び生理的価値に関わる消費が関係的価値と結びついているとも言われている。シールがどこにでも貼り付けられるように、関係的価値もどこにでも発生させることができるのである。

以上のような関係的価値の特徴は、今後関係的価値と消費文化の関係を考える上で、重要なポイントとなるであろう。

**精神的価値と文化的価値**

これまで本節では、すでに四つの消費の価値を論じたのだが、日常経験している消費行為を振り返ってみると、その四つに含まれない消費の価値があることは明らかである。そして、その多くは本項で取り上げる「精神的価値」と「文化的価値」に含まれるように思われる。

映画館で映画を見るという行為がもつ価値、好きな作家の小説を読むことの価値、ジェットコースターに乗って猛スピードで回転することの価値、温泉旅館でゆったり湯に浸かることの価値などは、いずれも、どう考えてもこれまで述べてきた価値には含まれない。また、本来ほかの価値を実現すると思われる消費財に、これまでのどれにも含まれない価値が付加されていると感じることも、少なくないであろう。きれいに飾り付けられた刺身の盛り合わせ、さまざまな外形や模様のコーヒーカップ、ユニークなデザインの掃除機、キャラクターをあしらった文房具など、本来の機能や価値とは異なる価値を加えた消費財は数限りなく存在している。

これらは、人間の生存条件とはほとんど関係のないような価値をもっているから生理的価値ではなく、おそらく文明や文化と呼ばれるものと関わっている。何らかの目的の客観的な手段になっているとは言えない点で、機能的価値ではない。そして、関係的価値のように社会環境との関係を調整するというよりは、消費者だけで完結したものである。

そこで、このような消費の価値を、本書では「精神的価値」および「文化的価値」と称することにしよう。「精神的価値」とは、本書では、人々が消費を通じて何らかの精神的な充足感や興奮、安定など、〈当人にとって〉好ましい精神状態を実現する時、そのような消費のもつ価値のことを示すものである。そして「文化的価値」とは、精神的価値の中で、〈社会的に〉好ましくないと判断される部分を除いたものを示すことにしよう。ただし、この「文化的価値」という言葉には、文化財、文化遺産といった言葉に含まれた、社会的に特に好ましく、一段と高い価値をもつというニュアンスは含まれていない。

精神的価値という言葉は、さまざまな精神的充足感を与える消費の価値を示すが、そのような定義を下すと、社会的に好ましくないと考えられるもの、禁じられているものがいろいろと含まれてくる。たとえば、まわりの人に迷惑な飲酒による酩酊、法的に禁じられたギャンブル、爆音が睡眠を妨げるバイクの暴走、青少年の消費が許されないポルノグラフィーなども、皆、精神的価値を実現する消費に含まれる。しかし、今後本書の論旨の展開上重要なのは、社会的に容認される部分であるから、それを表わすために「文化的価値」という言葉を用いるのである。

以下では、必要な場合以外、精神的価値という言葉は避け、文化的価値の方を用いることにする。

なお、拙著『第三の消費文化論』では、文化的価値という言葉を、精神的価値と関係的価値（そこでは社会的価値）を合わせた意味で用いたが、[36]本書では全く異なる意味で用いている。

文化的価値がもたらす精神状態としては、喜び、面白さ、興奮、驚き、感動、サスペンス、脱日常感、心地よさ、くつろぎ、希望、懐かしさ、解放感など、さまざまな内容が含まれる。

そして、それを実現する消費財やサービスとしては、書籍、雑誌、映画、マンガ、テレビ番組、音楽CDなどのメディア情報、遊園地や公園、美術館、博物館などの施設、名所旧跡、街並み、記念館などの観光施設、テレビゲーム、トランプ、囲碁将棋など室内遊戯具、さまざまなスポーツ施設やスポーツ用具、園芸用具や日曜大工、手芸用品など趣味に関わる消費財、知的好奇心を満たし趣味の技能を与えるカルチャーセンター、温泉、公衆浴場、サウナ、岩盤浴などの浴場的施設、居酒屋、カラオケ、ゲームセンターなどの娯楽施設が含まれるが、そのほかにも数限りない消費財や消費行為が文化的価値を実現しているものと思われる。

さらに、物的商品のさまざまな装飾、デザインの工夫、美しい包装や、旅館、飲食店における心のこもったサービスなども、この文化的価値を実現するものととらえることができるだろう。

このように考えていくと、多くの人は、文化的価値は現代の消費において驚くほど大きな比重を占めているという印象を受けることだろう。それにもかかわらず、消費が文化的価値をもっているという認識は、近年に至るまで非常に乏しかったように思われる。

現在でも、十分な消費ができないことを「この収入では食えない」と表現するように、消費とは生理的価値を実現するものだという基本認識は根強い。また、二〇世紀後半の、目覚ましい機械化の時代が与えた印象から、消費とは有用な物財を手に入れる、つまり道具的価値を実現するためのものだという感覚も強く残っている。

そして、知識人の間だけではあるが、顕示的消費や記号的消費として、つまり関係的価値の観点から消費をとらえる見方が二〇世紀以降急速に普及した。これは、機能的でない価値に注目する点で画期的なことではあったが、そこでは関係的価値のみが注目を浴び、過剰なまでに消費と関係的価値の関連が強調された。また、文化的価値は関係的価値と区別されずに、消費の文化的側面として一括りにされた。大きく異なるものであるにもかかわらず、なぜか似たようなものとして扱われてきた。

このような次第で、文化的価値は驚くほど学問上の関心の的とならず、分析の対象とされなかった。

経済学では、すでにかなり前から物質的消費財から非物質的消費財へと消費の重点が移っていることが認識されているが、その変化は、「物財からサービスへ」という変化としてとらえられる場合が多い。しかし、このサービスという言葉は、どちらかと言えば宅配便やクリーニングなど機能的価値をもつサービスをイメージしたものであり、このようなとらえ方は、経済学が文化的価値を正面からとらえようとする姿勢が乏しかったことを、はからずも露呈している。(37)

現代では、一般に消費は楽しいもの、精神的欲求を満たすものと考えられているが、そのようなとらえ方の中身を探求していけば、必ずや文化的価値を実現する消費が浮かび上がってくるはずである。それにもかかわらず、消費が文化的価値を実現しているという発想は、学問の世界では乏しく、一般社会でも意外なほど自覚されていないのである。このような事情から、本書では特に文化的価値に注目して消費を論じていくことにしたい。

さて、消費の文化的価値については、分析上注目すべき点が二つある。

その一つは、文化的価値は、特定の物的消費財の単純な利用によって実現されるのではなく、人、物、空間などが統合されたシステムによって提供される、複合的な消費対象となることがしばしばあるということである。

一般に、機能的価値は、特定の物的消費財と結びつき、その利用によって実現されることが多い。ソーセージという食品はそれを口に入れて噛めば栄養になるし、ハンマーという道具はそれを手に持って釘を叩けば道具的価値を発揮する。再三例に取り上げてきた宅配便やクリーニングのように、サービスを通じて実現される機能的価値も増加する傾向にはあるが、まだその比重は低いと思われる。

文化的価値についても、物的消費財の単純な使用がそれをもたらすことはある。読むことが直ちに精神的充足につながる書物、ソフトを入れて電源を入れればすぐに夢中になるテレビゲームやデジタルオーディオ装置、集めること自体が文化的価値を生み出す陶磁器や人形のコレクションなどはそれにあたる。

しかし現代では、映画館、大規模な博物館や遊園地、観光地や娯楽施設、スポーツ施設や公衆浴場などを思い浮かべればわかるように、文化的価値は物理的空間と、人的サービス、消耗品、機械や設備といったものが統合されたシステムを通じて実現されることが多くなっている。それらは物的財という形はとらず、複合的なサービスとして購入され、消費者に経験されるのである。このことは、物的消費財と結びつけられることの多い消費の分析において、物的消費財に偏らない分析が重要であることを示すとともに、文化的価値の追求が物的消費財への需要を停滞させ、脱物質主義化を招く可能性を示唆するものと言えるだろう。

もう一つ注目すべき点は、文化的価値の中には、消費者の能動的関わりによって実現されるものが多いということである。おもに趣味的な消費において、消費者は、特定の物的財を使用するというよりは、複数の消費財を利用しつつ、文化的価値を実現することが多い。たとえば、園芸を趣味とする人は、植物自体のほかに、用土、肥料、鉢、移植用の道具、殺虫剤など、さまざまな物的消費財を使用しつつ、好ましい植物を育てていく。音楽演奏を趣味とする人は、楽器を買い、楽譜を揃え、練習し、人によってはその成果を録音し、それを編集して音楽ディスクに仕上げていく。このような場合、消費者はさまざまな消費財を取りまとめ、必要な時期に必要なものを目的実現のために利用していくという積極的な活動を行ない、生産者に近い役割を果たすことになる。

また、自由度の高い趣味的な消費においては、消費者は何をどのように用い、どのような物、あるいは事を実現していくかを構想する。絵を描く場合は、どこの何をモチーフとし、何を使ってどのように描くかは消費者が考えることであり、消費者の自主性に任されている。また、コレクションの場合は、何をどれだけ集めるか、どのように収蔵するか、消費者に無限の自由がある。こういった点で、消費者は自発的で創造的な活動を行なうことになる。

文化的価値を求める消費は、消費者が能動的に参加すればするほどその達成度を高め、満足できる水準に近づいていくであろう。

消費者が能動的に関わる場合を考えると、文化的価値の実現において、消費財はその一コマに過ぎず、むしろ消費者（行為者）こそがその主役であることがわかる。このような消費者と消費財の関係は、今後の消費を考える上では大きな意味をもつものとなるだろう。

### その他の価値

以上、消費が実現する六つの価値の概要を説明したが、最後にいくつかの補足説明をしておきたい。

まず、これらはあくまでも「消費を通じて実現される」価値であるから、一般的な価値実現や欲求充足のリストとは必ずしも一致しない。一般的な価値実現のリストに含まれていても、消費を通じて実現できないものはここでは取り上げていない。たとえば、名誉の獲得、地位の達成、宗教的達観、平和の維持などは、通常消費によって実現されるものではないので、ここでは取り上げないことになる。

逆に、消費における道具的価値や機能的価値は、もっぱら手段的なものであり、最終的な価値の実現ないし欲求充足をもたらすとは見なされないので、一般の価値実現のリストには含められないのが普通である。たとえばマズローの欲求段階説（価値実現理論）の中には、これらの価値に対応する欲求は、全く取り上げられていないのである(38)。

それにしても、消費が実現する価値は、本当にこの六つ（実質的には四つ）だけしかないのだろうか。

ここでまず思い浮かぶのは、人間関係を形成し、また強化するようなさまざまな消費である。昔から続いている贈答の習慣のほか、旅行のお土産、親しい人に贈るプレゼント、宴会や飲み会、クリスマスや誕生日のパーティー、ソーシャルネットワーキングサービス（ＳＮＳ）等による人間のつながり、交流を目的とした旅行やイベント、シェアハウスなど、交際や人間関係の維持に関わる消費にはさまざまな形があり、特に最近は「つながり」消費として注目を浴びている(39)。そして、支出に占める比重も決して低くない。

筆者は、このような消費が社会的に重要な意味をもつこと、消費文化研究の対象として注目に値することを認めるにやぶさかではない。しかしながら、これらは右記六つの価値とは少々異質な価値を実現しているように思われる。

というのは、右記六つの価値が、消費過程自体によってもたらされるのに対して、人間関係に関わる消費は、それを誰と、どういう形で行なうかということに依存して実現されるからである。もっとわかりやすく言えば、六つの価値は一人でも実現できるが、人間関係に関わる消費は、相手、仲間などが存在しなければ実現できない(40)。これらの価値の実現においては、対象となる他者が存在しており、その相手と何らかのコミュニケーションをとるということが不可欠であり、重要な要素になっている。消費そのものは、そのような働きをもっているわけではない。

このように、一般の消費論が想定する個人的消費とは別の形で、つまり複数人の人間関係が存在するという条件下で、消費はその媒体として作用するという点で、人間関係に関わる価値は特殊なものであり、六つの価値と同列に並べない方がよいと考えるのである。とは言え、このような人間関係に関わる消費は近年注目されており、本書でものちに論ずるので（六章3節「『つながり』と文化的消費」）、ここでそれを「交流的価値」と呼ぶことにしておこう。

次に、消費行為の中には、フェアトレード商品の消費、いわゆるエコ消費、東日本大震災後の応援消費のように、社会性をもち、特定の社会理念に沿った消費が存在している。これらも何らかの価値を追求しており、それぞれ社会的公正、環境保護、被災者支援という価値を追求するものと言える。そのほかにも、国土の緑化、文化財保存、動物愛護、マイノリティ支援など、さまざまな社会的理念に沿った消費行為が行なわれている。それほど明確な理念のない場合でも、近隣への騒音に配慮した消費、街中での交通に配慮した消費など、身近な場面での社会的配慮も行なわれている。このような消費は、何らかの重要な価値を実現しているという意味で、取り上げなくていいのだろうか。

実は、これらはまさに本書が主題として取り扱おうとしているものであり、重要な意味をもっている。しかし、これらはやはり六つの価値が実現する価値とは別種のもので、次元を異にしているように思われる。六つの価値は個人にとっての価値を示すのに対して、これらは社会的レベルでの価値、つまり社会に与える好ましい結果を示しており、価値と言っても大きく意味を異にしている。筆者は、まさにこのような社会的レベルでの価値が見過ごされていたことを問題にするのだが、そうであればこそ、これらは別格のものとして、六つの価値と一緒にはしない方がいいと考えるのである（三章4節を参照）。

以上二つの場合を除くと、六つの価値はほぼ（個人的な）消費が実現する価値を網羅しているように思われる。また、これまで論じられてきた消費のさまざまな内容を、うまく包摂していると考えられる。

次節では、これらの価値に基づいた消費文化の類型化を試み、消費文化を複合的にとらえるという本書の中心テーマに、いよいよ踏み込むことにしよう。

## 4　消費三相理論の発想

### 消費文化とは何か

本書では「消費文化」という言葉をキーワードとして用い、一章から四章では、消費文化のタイプ（類型）ごとの考察に多くの紙数を費やす。そこでまずこの概念について検討し、それを類型化することの意味について確認しよう。

消費文化とは何を意味するかについては、明確な学問的合意はない。

消費文化という平板で中立的表現を用いた言葉は、文字通りにとれば、あらゆる時代に共通の、消費に関する文化的パターンを示すものとも解釈できるだろう。そのような意味で用いるならば、縄文時代の日本にも、三国志の時代の中国にも、中世のヨーロッパにも、消費文化は存在したと言える。しかし、少なくとも社会学の分野では、そのような現代に限定されない意味で消費文化という言葉が用いられることは少ない。

英語圏で最初に『消費文化』（*Consumer Culture*）と題する書物を執筆したリューリは、「消費文化は物質文化の特殊形態であり、欧米社会に二〇世紀後半に現われた」ものであると述べているが[41]、この用語法に代表されるように、歴史的限定性をもった概念として用いられる傾向にある。

消費文化の内容については、これまで必ずしも明確な概念的考察はなされてこなかった。リューリは、消費文化の特徴を明らかにしようとしているものの、消費財の量と範囲の拡大、レジャーとしての買い物の拡大、商業施設や販売方法の多様化、消費者の政治的組織化、商品のスタイル、デザイン、見た目の重要性の増大など、さまざまなものを列挙するにとどまっており、消費社会と消費文化の区別もはっきりつけていない[42]。

そのような漠然としたとらえ方は、『消費文化とポストモダニズム』の著者フェザーストン[43]、*Consumer Culture and Postmodernism* の著者スレイター[44]、近年意欲的に消費文化研究を進めているイタリアの社会学者サッサテッリにおいても同様である(45)。

現在の消費現象の複雑さを見れば、このような状況はやむをえないものであり、筆者も前著では次のような漠然とした定義を採用した(46)。

「消費社会に見られる、消費をめぐっての価値観、行動様式、事物のあり方などで、消費者のみならず生産者にも広く共有されている文化的パターン」

しかしながら、二〇世紀末に一定のスタイルを形成した日本の消費社会研究においては、消費文化というものの特徴について、ある程度共通の了解事項があったように思われる。

消費文化は、一般に「消費主義」(consumerism)と呼ばれているものとセットの概念として用いられており、消費主義を中心原理とする文化としてとらえられてきた。消費主義とは、これまで多くの論者が指摘してきた論点に従えば、おおよそ次のような内容を含むものであった。

1 消費行為が日常生活の主要関心事となり、人々は生産ではなく消費を通じて、生活の充実を感じるようになる。
2 消費行為は、優越性の誇示や社会的帰属の確認という意味をもつ。
3 消費行為は他者と自己を区別する、すなわち差異化をはかるための手段となる。
4 人々は消費のスタイルを絶え間なく更新させ、次々に新しい消費財を手に入れることを求める。

そして、消費主義を前提として、次のような、より特定化された消費文化の定義がなされることとなった(47)。

「生活が豊かになることによって、人びとの関心が主として財とサーヴィスの消費に向けられ、消費を通じて顕在化するライフスタイルが人びとの社会的な違いを識別する主要な基準となる社会的生活様式。とくにマス・メディアの提供する情報が、たえず新しい生活イメージを形成し、人びとがそれを適応すべき環境として捉えつづけることによって、消費文化には変化が与えられる。」

以上のような消費主義、消費文化のとらえ方は、すでに繰り返し論じられてきたものなので、これ以上詳しく述べることは差し控えたいが、本書で指摘しておきたいのは、このような意味での消費文化は、多くの場合、1節で述べた批判的消費観に近い立場から論じられてきたということである(48)。

右記1は、勤労を重んずる倫理から、また市民的公共性から離脱したものと見なされ、2は、『有閑階級の理論』におけるヴェブレンの「顕示的消費」に代表されるように、資本主義社会の表層性や偽善性としてとらえられ、3は、ボードリヤールの消費社会論では、果てしない空虚な行為と見なされ、4は、企業側のさまざまなマーケティング手段とあいまって、実質的必要性からはるかに乖離した、消費社会の無意味な拡張性を示すものと考えられてきた。

保守的道徳主義、市民主義、マルクス主義など立場はさまざまであるが、共通して好ましいとは言えないもの、消費者に警告を発せざるをえないものとしてとらえられてきたのが、消費主義であり、消費文化だったのである。

イギリスの権威ある辞書 *Oxford Dictionary of English* においては、消費主義（consumerism）という言葉のニュアンスを次のように伝えている(49)。

「（しばしば軽蔑的に）消費財の獲得に世の人々が没頭すること」（*often derogatory* the preoccupation of society with the acquisition of consumer goods）

また、これまでの消費主義や消費文化の概念は、消費現象を「関係的価値」の実現としてとらえる傾向が強く、他の価値への目配りは十分でなかった。

実際、右記消費主義のとらえ方の2、3や、消費文化の定義における「人びとの社会的な違いを識別する主要な基準となる社会的生活様式」とか、「マス・メディアの提供する情報が、たえず新しい生活イメージを形成し、人びとがそれを適応すべき環境として捉えつづける」といった部分は、差別化消費や流行現象を意味するものと思われ、関係的価値の視点が前面に出たものである。

そして、批判的消費観の中でも、特にマルクス主義的視点が有力であったために、消費文化は、おもに資本主義によってもたらされた普遍的な文化形態と見なされる傾向にあった。

現在の高度に発達した資本主義のもとでは、社会構造や文化には共通した特性が発生するという考え方は、マルクス主義の上部構造－下部構造論をはじめ現代の社会科学に広く行きわたった発想法であるが、その発想法のもとで、高度資本主義国で普遍的に行きわたると想定されたのが、右記のような意味での消費主義、消費文化だった。

しかし、筆者はこのような見方こそ、1節で述べた硬直化した消費観にほかならないと考える。現在では、1節「変わる消費と変わらぬ消費観」に示したように、さまざまな既成の分析枠組ではとらえきれない現象が生じており、もはやこのような消費主義、消費文化のとらえ方で消費生活のありようを記述することは不可能である。

消費文化研究の硬直化を打ち破るためには、複数の要因に着目した、複数の解釈枠組を採用しなければならない。消費文化の類型化は、そのための重要な作業だと言える。これまで想定されてきたような「消費文化」は、消費文化の一タイプに過ぎず、それをもって消費文化を代表させることは不可能である。そのことを自覚し、さまざまなタイプの消費文化に目を向けることが、これからの消費研究にとって最大のポイントとなる。そのような複数の消費文化の相互依存とせめぎ合いを理解することによって、消費文化と消費社会の全体像が見えてくるはずである。

次項では、本書で採用する消費文化のタイプを、具体的に示すことにしよう。

## 四つの消費文化

消費が実現する価値には、前節で示したように六つのものがあった。その中で、道具的価値と精神的価値は、類似の機能的価値と文化的価値で代表させることができ、独立に取り上げる必要はないだろう。また、生理的価値は非常に重要なものではあるが、生存を基準にしているだけに、ある水準を超えるとその追求が鈍化する傾向にある。(50)

それに対して、機能的価値、関係的価値、文化的価値の三つは、現在、さまざまな消費行為を通じて積極的に追求されている。そこでこれ以降は、機能的価値、関係的価値、文化的価値の三つに注目して分析を進めたい。

そして、この三つのどれを積極的に追求するかについては、消費者、消費財、メーカー、小売店などによって、強調点の違いが生ずる。ある消費者は機能的価値を実現することに意欲を燃やし、新しい電化製品が出るたびに量販店を訪れるだろう。別の消費者は、海外の高級ブランド品に目がなく、それを買いそろえては顕示的消費を行なうだろう。また、ある自動車は高速性能を誇り機能的価値の追求を目指しているが、別の自動車は優美なデザインで文化的価値に力点をおいているだろう。どの価値に重点をおくかによって、求める消費財の種類、当該品目において重視する特徴、訪れる店舗の種類、買物行動の仕方、製品の作り方、販売の仕方などに違いが出てくるのである。

このように、三つの価値のどれを追求するかによって消費の様相が違ってくることから、本書ではそれを消費文化（および消費主義）の類型化の基準としたい。

そこで、三つの価値に対応して、第一の消費文化、第二の消費文化、第三の消費文化という三つのタイプを設定する。ただし、それぞれの消費文化には、対応する価値のほかに、もう一つそれに随伴しがちな特徴（原則）を加えることにする。それによって、各消費文化のタイプは、より現実の消費実態に沿ったものになると考えられるからである。(51)

第一の消費文化とは、第一原則として、機能的価値をより高い水準で実現することを目指すものであり、第二原則として、消費の量的拡大を志向するものである。第一原則は、電化製品、インスタント食品、ファストフード、コンビニエンスストア、オンラインショップなどを通じて、機能的価値の実現を求め、その機能の改善に関心をもつような傾向である。また、第二原則は、より大きな住宅や自家用車、より大量の食料など、消費において量的な豊富さや大きさを肯定的に評価し、それを追求する傾向を示す。

ここに示した二つの原則は、本来は別のものであるが、多くの消費社会の発展期に同時に追求される傾向にあり、消費社会の原型であるアメリカ消費社会が一貫して追求してきたものと言える(52)。

第一の消費文化には、二つの原則の双方と関係するものとして、低価格化の現象も含められる。低価格化は、多くの場合機能的価値と共通のテクノロジーの発展によって実現されるものであり、また結果として消費の量的拡大を実現させやすいものだからである。

第二の消費文化とは、第一原則として、関係的価値をより高い水準で実現することを目指すものであり、第二原則として、非機能的な消費行為または非慣習的な消費行為を自己目的的に追求するものである。

ここで関係的価値とは、すでに述べたように、同調、反抗、優位性、帰属階層、属性、個性、流行性などを示しつつ、他者や集団、一般社会との関係を調整しようとするものである。このような関係的価値に関心を寄せ、それをできる限り適確に、また広範に実現しようとするのが第一原則である。

非機能的な消費行為とは、機能的価値をもたない、あるいは低下させた消費のことであり、また、非慣習的な消費行為とは、常識化、慣習化して誰もが半ば無意識に採用していた消費のパターンにあえて逆らおうとするものである。具体的には、奇抜なデザインの家具や自動車、ミスマッチなアイテムを組み合わせた着こなし、使用目的とは関係ないものをかたどった商品（たとえばスニーカー型の筆箱といったもの）などを示す。日本では十分紹介されていないが、このような消費動向は、一九七〇年代以降、おもにヨーロッパ諸国においてポストモダン的消費として論じられてきた。第二原則は、そのエッセンスを取り出したものである。

この二つの原則はつながりをもっており、その境界が必ずしも明確ではない。というのは、第二原則に従った消費は、他者との差異を明確に示し、流行や反抗的意味を示そうという志向性をもつ場合には、同時に第一原則にも従っていることになるからである。

そして、本書で中心テーマとなる第三の消費文化とは、第一原則として、前節で定義した意味での文化的価値をより深く、あるいはより幅広く追求しようとするものであり、第二原則として、社会的配慮を伴った消費を行ない、消費が社会に与える好ましくない影響を回避しようとするものである(53)。

第一原則における文化的価値の内容についてはすでに述べたが、それをより深く追求するということは、ファッションにこだわる、美食を極める、趣味に没頭するなど、より質的に高度な文化的価値を実現しようとすることであり、幅広く追求するとは、より多くの分野で、より多様な文化的価値に関心をもつことである。

第二原則における社会的配慮を伴った消費とは、積極的には、前節「その他の価値」で述べた、社会的公正、環境保護、被害者支援、文化財保存、動物愛護、マイノリティ支援など、さまざまな社会的理念に沿った消費のことを意味し、フェアトレード商品の消費、いわゆるエコ消費、東日本大震災後の応援消費などを含むものである。また、消極的には、近隣や公衆に配慮して、とかく消費という行為に伴いがちであった利己的性格、反社会性、破壊性、利那性などを避ける消費を意味している。たとえば人に迷惑をかけない酒の飲み方、ゴミを残さないキャンプといった場合である。

第三の消費文化の二つの原則は、一見すると無関係であり、一つの消費文化のタイプに含めるのは不自然に見えるかもしれないが、筆者はこの両者は親和的で両立しやすいものであると考え、あえてこれを一緒にしているのである。

以上三つの消費文化の中で、これまで単に消費文化と呼ばれてきたのは第二の消費文化であった。社会学等における消費文化の研究では、消費は第二の消費文化としての側面のみが強調されてきた。しかし、現代の消費に、それ以外の面が多く含まれていることは明らかである。第一の消費文化は、成長主義的消費観を体現したものであり、論じられることが少ないにもかかわらず、今日に至るまで著しい拡大傾向を示してきた。第三の消費文化は、高度化した消費社会において大きく発展し、将来の消費文化の理念として重要性を高めている。それゆえ、現代の消費文化の全体を正しく理解するためには、複数の消費文化を想定することが不可欠なのである。

さて、以上三つの消費文化に加えて、あまり消費文化らしくないもう一つの消費文化のタイプが存在する。第一から第三までの消費文化は、機能的価値、関係的価値、文化的価値を追求しようとするが、それらをいずれも追求しないというタイプもありうるのである。筆者はそれをゼロの消費文化と名づけたいと思う。

ゼロの消費文化は、特定の価値とは結びつかないものの、他と同様一定の原則あるいは方針にしたがった消費文化である。それを三つの消費文化の原則に準じる形で示すと、第一に、消費のさまざまな価値を積極的に追求せず、現状の消費水準、消費内容にとどまろうとするものであり、第二に、消費のさまざまな価値を積極的に追求することを（自己批判を含めて）批判し、消費を抑制しようとするものである。消費水準の上昇意欲がゼロで、消費水準ゼロの方向を目指しているということから、筆者はゼロの消費文化と名づけている。

第一の原則は、物質的豊かさを追求せず素朴な生活を送るというイメージでとらえていいのだが、機能的価値、関係的価値、文化的価値を実現しないということではなく、それらを現状以上に求めないということを示している。それらを全く実現しない生活は、実際問題として不可能であろう。

第二の原則は、第一の特徴が示すように現状の水準にとどまるのではなく、そこからさらに消費の水準を低下させようとすることを示している。思想的、あるいは実際的な観点から、消費の欲望と消費の量を抑え、そのことによって、消費によっては実現できないさまざまな価値を実現しようとするのである。

現代人の消費は、機能的価値、関係的価値、文化的価値のいずれかを積極的に追求する傾向にあり、ゼロの消費文化は、その動向に逆らうものである。そのため、現代に至るまで、ゼロの消費文化を体現する人は少数派にとどまってきた。しかし、ゼロの消費文化は消滅の方向に向かっているわけではなく、最近では、むしろ形を変えつつ復活する傾向にある。

## 消費の三相理論へ

以上、四つの消費文化のタイプについて、とりあえず要点だけ紹介した。これらを用いることによって、二一世紀における消費の複雑な様相をようやく全体的にとらえることが可能になるだろう。

これら四つの消費文化は、さまざまな消費現象に適用することができるものである。ある消費行為が第二の消費文化的な行為である、この消費財は第一の消費文化に属するものである、最近できたあの店は第三の消費文化的である、といった分析が可能である。そのような分析によって、さまざまな消費現象のあり方を特徴づけることができる。

また、何か新しい消費現象が発生したときには、四つの消費文化のタイプのどれに属しているかを分析し、それがどのような意味をもっているかを分析することができるだろう。

さらに、消費文化のタイプの変化を通じて、消費社会の様相の変化もとらえることができる。四つの消費文化のタイプは、それぞれが異なる生活態度、異なる生産方法、異なる社会的影響をもつので、消費のタイプがどう変化するかは、消費社会の動態を分析する上で、有用な道具となりうる。

前々項に示したような、消費文化を単純な固定的特質をもったものとしてとらえる分析枠組では、このような特徴や動態は見えてこないし、新しい消費現象も、決まりきった解釈によりその本質をとらえ損なってしまうだろう。その意味で、四つの消費文化の概念は、現代の消費を偏らず、生き生きと分析するための不可欠の用具となるであろう。

四つの消費文化に対応して、消費主義と言われてきたものにも、四つのタイプが想定できることになる。消費主義が消費に対する熱心な態度を示すとすれば、その態度のありようはさまざまなのであり、それらを区別することによって、消費に熱心になることが、必ずしも従来のように第二の消費文化的な消費主義をもたらすとは限らないことが見えてくるはずである。このような消費主義のとらえ方は、消費社会のあり方の可変性と可能性を理解する上で、たいへん有用なものとなるであろう。

さて、以上のような分析は、比喩的に言えば、色を三原色によってとらえるのと同じと言えよう。色が赤、青、黄色

（光の場合は緑）という三つの原色から構成されているのと同じように、消費文化は第一から第三の消費文化によって構成されている（場合によってはゼロの消費文化も含まれる）。色相を分析して、この絵は赤い色が多い、黄色がかっている、人物が青っぽく描かれている、といったことを認識することによって絵画の特徴をとらえられるように、また、赤い色が増えた、青い色が増えたと、色彩を通じて街並みの雰囲気の変化をとらえられるように、消費文化の特徴や変化を分析することができるだろう。それに対して、赤一色にしか見えないのだったら、その特徴も変化も、全く理解できないのである。

もちろん、色が混ざるのと同じように、消費文化も混ざり合うものである。自然の色に純粋な赤、青、黄色がほとんどないように、消費文化も純粋な第一の消費文化、純粋な第二の消費文化……といったものはほとんど存在しない。多くの場合、一つの消費現象の中に、四つの消費文化のすべて、あるいはいくつかを発見することができるだろう。しかし、複雑な色が三原色に分解され、その割合で説明されるように、現実の消費文化も三つ（ゼロも含めれば四つ）に分解することによって、その実態を明らかにすることができる。赤、青、黄色の三原色が基本の色相を示すように、三つの消費文化の純粋型は、消費文化の基本的な相を示すものと考えられる。

このようなことから、筆者は、三つの消費文化を基軸にしつつ、必要に応じてゼロの消費文化も加え、現代消費文化をとらえようとする分析枠組を「消費の三相理論」と呼びたいと思う。

長い序章となったが、次章以降は、いよいよ四つの消費文化と消費三相理論について詳しく論じていくことにしよう。

**注**

（1） 経済学の消費理論では、消費量が増大することによって効用が高まることは言うまでもない前提となっており、そこにA1の前提が現われている。ただし、いわゆる限界効用逓減によって、ある消費量で限界効用が限りなくゼロに近づくと考えると、消費量が多いほど満足や幸福が増加するという考え方は、事実上否定されることになる。次のテキストを参照。Stiglitz, J. E.

and C. E. Walsh, 2005, *Principles of Microeconomics* (4th ed.), Norton. 藪下史郎ほか訳、二〇一三、『スティグリッツ　ミクロ経済学（第4版）』東洋経済新報社、一一三〜一一九頁。

（2）経済学における「消費者主権」の前提となり、市場経済と経済成長を擁護する根拠となるのがこのような認識であるが、その妥当性については批判も少なくない。次の文献を参照。南部鶴彦、一九八〇、「消費者主権」熊谷尚夫・篠原三代平ほか編、『経済学大辞典』東洋経済新報社、I巻、三〇四〜三一〇頁。

（3）Durning, A. T., 1992, *How Much Is Enough?*, Norton. 山藤泰訳、一九九六、『どれだけ消費すれば満足なのか——消費社会と地球の未来』ダイヤモンド社、一五八〜一六〇頁。本書四章2節も参照のこと。

（4）Weber, M., 1904-1905, "Die Protestantische Ethik und der Geist des Kapitalismus," *Gesammelte Aufsätze zur Religionssoziologie*, J. C. B. Mohr. 大塚久雄訳、一九八九、『プロテスタンティズムの倫理と資本主義の精神』岩波書店（文庫）。

（5）次の文献を参照されたい。Shi, D. E., 1985, *The Simple Life: Plain Living and High Thinking in American Culture*, Oxford University Press. 小池和子訳、一九八七、『シンプルライフ——もう一つのアメリカ精神史』勁草書房。

（6）石井金之助、一九六〇、『消費は美徳デアル』東洋経済新報社。石井は序文冒頭で次のように述べている。「長い間、日かげの身であった消費は、このごろになって、はじめて天下晴れて人間生活の必要な側面としての存在を強調されはじめた。ことばをかえていえば、『生産が美徳ならば、消費もまた美徳である』と。」（同書、一頁）

（7）Veblen, T., 1899, *The Theory of Leisure Class: An Economic Study in the Evolution of Institutions*, Modern Library. 高哲男訳、一九九八、『有閑階級の理論』筑摩書房。Galbraith, J. K., (1958) 1984, *The Affluent Society* (4th ed.), Houghton Mifflin. 鈴木哲太郎訳、一九九〇、『豊かな社会』岩波書店。Baudrillard, J., 1970, *La société de consommation: Ses mythes, ses structures*, Editions Denoël. 今村仁司・塚原史訳、一九七九、『消費社会の神話と構造』紀伊國屋書店。

（8）現在は成長主義的消費観に基づいて、豊かな生活を奨励している経済学であるが、その草創期（アダム・スミス以前）には、豊かな生活（奢侈）を肯定的にとらえるか否定的にとらえるかという問題が大きな論争を呼んだ。詳細については次の文献を参照されたい。鈴木康治、二〇一二、『消費の自由と社会秩序——18世紀イギリス経済思想の展開における消費者概念の形成』社会評論社。

（9）次のような文献にマルクス主義の影響が見られる。Bocock, R., 1993, *Consumption*, Routledge. Bauman, Z., 2007, *Consuming Life*, Polity. ただし、その後ヨーロッパの消費研究は次第にマルクス主義的色彩をなくしていった。その様子がうかがえる文献として次のものがある。Miller, D., 2012, *Consumption and Its Consequences*, Polity. Warde, A., 2014, "After Taste: Culture, Consumption and Theories of Practice," *Journal of Consumer Culture*, vol. 14, no. 3, pp. 279-303.

（10）内田隆三、一九八七、『消費社会と権力』岩波書店。見田宗介、一九九六、『現代社会の理論』岩波書店（新書）。

（11）リッツァについては一章を参照されたい。ショアについては、次の文献を参照。Schor, J. B. and D. B. Holt (eds.), 2000, *The Consumer Society Reader*, The New Press. Schor, J. B., 2011, *True Wealth: How and Why Millions of Americans Are Creating a Time-rich, Ecologically Light, Small-scale, High-satisfaction Economy*, Penguin Group.

（12）以上の反消費主義の基本認識に関する記述は、成長主義的消費観の基本認識と同じように、筆者がさまざまな言説から再構成したものであり、すべての論者が共通してこの四点を主張しているわけではない。

（13）社会運動に結びついた数少ない例として、アメリカを中心に一定の広がりを見せた、反消費主義キャンペーン運動であるカルチャー・ジャミング（culture jamming）がある。次の文献を参照されたい。Lasn, K., 1999, *Culture Jam: The Uncooling of America*, Eagle Brook. 加藤あきら訳、二〇〇六、『さよなら、消費社会――カルチャー・ジャマーの挑戦』大月書店。

（14）山口貴久男・財津宏、一九七六、『予測日本の消費者――その意識と購買パターンを探る』ダイヤモンド社、一二六～一三〇頁。

（15）間々田孝夫、二〇〇〇、『消費社会論』有斐閣、二二九～二三〇頁。

（16）若者の消費離れを論じた著作としては、次の文献があげられる。日本経済新聞社産業地域研究所編、二〇〇八、『二〇代若者の消費異変――調査研究報告書』日本経済新聞社産業地域研究所。松田久一、二〇〇九、『「嫌消費」世代の研究』東洋経済新報社。山岡拓、二〇〇九、『欲しがらない若者たち』日本経済新聞出版社。

（17）間々田孝夫、二〇〇七、『第三の消費文化論――モダンでもポストモダンでもなく』ミネルヴァ書房。

（18）消費は、実は消費者自身にも好ましくない影響を与えることが少なくない。それも含めた消費の負の側面についてまとめたものとして、次の文献を参照されたい。間々田孝夫、「消費者批判論の視点」『応用社会学研究』（立教大学社会学部）三八号、二三～三九頁。

(19) たとえば、ボードリヤールの『消費社会の神話と構造』における環境問題の扱い方は、時代の制約があるとは言え、いかにも簡略で、読者の記憶に残らないようなものである。Baudrillard, op. cit. 訳書、三二一～三二五頁。

(20) Solis, B. 2011, *The End of Business As Usual*, Wiley. 金山明煥訳、二〇一三、『エフェクト――消費者がつながり、情報共有する時代に適応せよ！』かんき出版。

(21) こういった消費社会と開発途上国の関係の問題点を訴えた文献は数多いが、読者に与えるインパクトの強いものとして、次のような文献がある。日本消費者連盟編、一九九三、『飽食日本とアジア』家の光協会。Werner, K. und H. Weiss, 2003, *Das Neue Schwarzbuch Markenfirmen*, Franz Deuticke. 下川真一訳、二〇〇五、『世界ブランド企業黒書――人と地球を食い物にする多国籍企業』明石書店。

(22) 筆者と同様に、ガブリエルとラングは、現代の消費を理解するために複数の解釈枠組を採用することが必要と考えた。彼らは、選択者としての消費者のほか、伝達者、探検家、アイデンティティ探求者、快楽主義者ないしアーティスト、犠牲者、反抗者、活動家、市民という九つの視点から消費者を分析している。ただし、解釈枠組の採択基準は筆者とはかなり異なっている。Gabriel, Y. and T. Lang, 2006, *The Unmanageable Consumer: Contemporary Consumption and Its Fragmentations* (2nd ed.), Sage.

(23) Maslow, A. H., (1954) 1970, *Motivation and Personality* (2nd ed.), revised by R. Frager, Harper. 小口忠彦訳、一九八七、『人間性の心理学――モチベーションとパーソナリティー』（改定新版）産能大学出版部、五五～六一頁。

(24) 『日本人の食事摂取基準（二〇一〇年版）』、二〇一〇、第一出版、付録四二～四三頁。

(25) 東口みづか、二〇一〇、「禅宗修行道場における食環境と健康に関する栄養学的研究」『日本食生活学会誌』（日本食生活学会）二一巻一号、一一～一六頁。ただし、同論文には別の計測ではもっと摂取カロリーが多く出たことも記されており、ほかの研究も含めて、まだ正確な摂取カロリーの把握はできていないようである。

(26) 小田晋・中嶋宏・萩生田千津子・本山博、二〇〇一、『健康と霊性――ＷＨＯ（世界保健機関）の問題提起に答えて』宗教心理出版。

(27) 副田義也、一九九五、『生活保護制度の社会史』東京大学出版会、九一〜一二二頁。
(28) 英語の instrumental は、道具であることと、このように抽象的な意味で手段的であることの両方を意味するので、道具的価値の意味を広げて両方を含めることも可能だが、日本語で、道具的という言葉を抽象的な意味で用い、ここでの機能的という意味を含めるのは、語感上少々無理だと考える。
(29) なお、外面的な目的の手段となる場合でも、客観的に効果が確認できない場合、たとえば、健康食品の効果が不明の場合、結婚仲介業がなかなか結婚に結びつかない場合などは、機能的価値をもつとは言えないであろう。
(30) 間々田孝夫、二〇〇七、前掲書、一九二頁。
(31) Baudrillard, op. cit. 訳書、六四〜七六頁。ただし、ボードリヤールは、のちに関係的価値以外の消費の側面にも言及している。二章2節「ボードリヤールの消費記号論」を参照。
(32) Veblen, op. cit.
(33) Riesman, D., 1964, *Abundance for What? and Other Essays*, Doubleday & Company. 加藤秀俊訳、一九六八、『何のための豊かさ』みすず書房、一〇〜三四頁。石川弘義、一九八九、『欲望の戦後史』廣済堂出版、八二〜八四頁。
(34) Simmel, G., (1904) 1919, "Die Mode," *Philosophische Kultur* (Zweite um Einige Zusätze Vermehrte Auflage), Alfred Kröner. 円子修平・大久保健治訳、一九七六、「流行」『文化の哲学』(ジンメル著作集7) 白水社、三四頁。
(35) このような流行は、一八世紀のイギリスで見られたとの研究があるが、おそらく日本や中国でもそのはるか前から存在していたであろう。イギリスについては、次の文献を参照。McKendrick, N. et al., 1982, *The Birth of a Consumer Society: The Commercialization of Eighteenth-Century England*, Indiana University Press. なお、日本の同時代には、上流階層内ではなく、遊郭など下層から上層への流行発信があったとの説がある。田村正紀、二〇一一、『消費者の歴史——江戸から現代まで』千倉書房、四四〜四八頁。
(36) 間々田孝夫、二〇〇七、前掲書、一九二頁。
(37) ただし、三章2節でも述べるように、最近では文化経済学と呼ばれる分野が確立し、文化的価値に関する研究を行なっている。文化経済学については、池上惇・植木浩・福原義春編、一九九八、『文化経済学』有斐閣を参照。

（38）Maslow, op. cit. 訳書、五五～九〇頁。

（39）山田昌弘・電通チームハピネス、二〇〇九、『幸福の方程式――新しい消費のカタチを探る』ディスカヴァー・トゥエンティーワン。三浦展、二〇一二、『第四の消費――つながりを生み出す社会へ』朝日新聞出版（新書）。なお、このような消費については、六章3節「『つながり』と文化的消費」を参照されたい。

（40）関係的価値の場合は、一部こういった他者の存在を必要とするものもあるが、一般的な他者や世間一般を対象とする場合は、一人でも実現できる。

（41）Lury, C., 1996, *Consumer Culture*, Polity, p. 1.

（42）Ibid., pp. 29-36.

（43）Featherstone, M., 1991, *Consumer Culture and Postmodernism*, Sage. 川崎賢一・小川葉子編訳、一九九九・二〇〇三、『消費文化とポストモダニズム』（上・下）恒星社厚生閣。

（44）Slater, D., 1997, *Consumer Culture and Modernity*, Polity.

（45）Sassatelli, R., 2007, *Consumer Culture: History, Theory and Politics*, Sage.

（46）間々田孝夫、二〇〇七、前掲書、六頁。

（47）濱嶋朗ほか編、一九九七、『社会学小辞典』（新版）有斐閣、三〇五～三〇六頁。

（48）ただし、批判的消費観には基づかず、マーケティング研究者の立場から消費文化の概念について検討した例もある。次の文献を参照。Belk, R. W., 2004, "The Human Consequences of Consumer Culture," Ekström, K. M. and H. Brembeck (eds.), *Elusive Consumption*, Berg, pp. 68-72.

（49）Pearsall, J. (ed.), 1998, *The New Oxford Dictionary of English*, Clarendon Press, p. 394.

（50）前節で見たように、最近では生存水準以上の生理的価値が求められることも多いが、その場合には、最近の健康ブームに見られるように、生理的価値と言いながら文化的価値に近いものとなる傾向がある。詳しくは六章3節「リスクと文化的消費」を参照されたい。

（51）各消費文化のタイプを機械的に数値（第一、第二、第三）で表わすのは、二つの原則からなるために、内容に沿った名称をつけ難いからである。

(52) ただし、アメリカの消費文化がすべて第一の消費文化でないことには注意が必要である。アメリカには、消費社会以前の禁欲的文化もなお残存しているし、近年盛んになったロハス的消費文化（ほぼ第三の消費文化に含まれる）も存在している。ロハスについては七章2節「ロハスが歩んだ道」を参照されたい。

(53) 筆者の「第三の消費文化」に先立って「第三の消費スタイル」という言葉を用いた次の文献があるが、研究目的も、消費の類型化の基準も、第三の消費と呼ばれるものの内容も、本書とは全く異なるものである。野村総合研究所（塩崎潤一・日戸浩之・川津のり）、二〇〇五、『第三の消費スタイル』野村総合研究所。

# 第一章　第一の消費文化

まず、第一の消費文化から検討することにしよう。

第一の消費文化は、理解するのが容易であり、日常ほとんどの人がこの文化に浸った生活を送っている。巨大で商品が山のように積まれたショッピングモール、速さと便利さを競う大都市の鉄道網、高度の性能をもつ電化製品、年々機能を高めていく情報機器など、現代社会は第一の消費文化であふれている。消費とはこの第一の消費文化のことだと思っている人も少なくない。

しかし、本章はそれを確認するために書かれるものではない。当たり前で、日ごろなじんでいる第一の消費文化が、無条件に好ましいものとは言えないこと、社会全体や他の消費文化とさまざまな関わりをもっていること、その発展の仕方次第で、われわれの生活の充足感や幸福の実現が左右されることを示すのが、本章の目的である。

## 1　第一の消費文化とは何か

### 第一の消費文化の原則

第一の消費文化とは、序章で述べたように、次の二原則によって特徴づけられるものである。

第一原則　機能的価値をより高い水準で実現することを目指す。
第二原則　消費の量的拡大を志向する。

これらの原則は、いずれもわかりやすいものであるが、わかりやすいだけに、却ってあいまいに理解されてしまう可能性がある。以下いくつかの説明を加えたい。

まず、機能的価値という言葉の意味を確認する必要がある。序章3節で述べたように、機能的価値とは、消費が実現する価値の一つであり、消費者の目的達成にとって明確で客観的な手段的役割を果たす場合を示すものであった。機能的価値をもつ消費財ですぐに思い浮かぶ例としては、調理器具、大工道具などの道具類と、電化製品、カメラ、車のような機械類があげられる。しかし、序章3節で述べたように、それらは、より狭い道具的価値というカテゴリーに含まれるものであり、それ以外のさまざまな消費が機能的価値をもつことに注意しなければならない。たとえば、食品、衣服も機能的価値をもっているし、衛生用品、家庭用消耗品、容器類などのほか、さまざまなサービス、すなわち宅配サービスやクリーニング、保険、福祉サービス、介護、教育なども機能的価値をもっている。そもそも、機能的価値をもたない消費をすぐには思い浮かべることができないほど、消費と機能的価値は密接に結びついているのである。

ただし、すべての消費が機能的価値をもっているというわけではない。もっぱら文化的な価値を実現する芸術、芸能、娯楽などの消費(鑑賞)は、機能的価値をもっていると考えることは難しい[(1)]。それらも精神安定、レクリエーション、文化水準向上などの機能を果たしているという見方もあるが、明確で客観的な目的を達成しているとは言い難いので、機能的価値に含めない。

このような意味での機能的価値を、「より高い水準で」実現しようとするのが第一原則である。

より高い水準で、という書き方は少々あいまいであるが、単に機能的価値を実現するだけでなく、それを高水準にしようとする志向性を示している。単に機能的価値を実現するということであれば、あらゆる社会、あらゆる時代において実現されていて、何ら特定の文化を示すことにならない。第一原則は、それを重視し、消費における意味を高めていこうとすることを示している。

具体的に言えば、目的を実現するスピードや所要エネルギーを低下させる効率化、目的の達成度を高める高性能化、目的をより経済的に実現する低価格化などのほか、もともとあまり機能的価値を追求していなかった消費分野にこういった変化を広げること、たとえば、手書きの家計簿に代わって、パソコンに家計簿ソフトを導入するといったことも含まれる。

こういった変化は、とりあえず、よく使われる「合理化」という言葉で表わしてもよいだろう。世間一般で合理化という言葉を用いる時は、おおむね、便利さ、簡単さ、速さなどを追求し、機能的価値を高めることを意味しており、本書での第一原則の実現と重なり合う。

これを用いれば、第一原則は、端的に「消費の合理化を目指すこと」と表現することもできるだろう。ただし、合理化の概念は論者によって、またジャンルによってさまざまな意味で用いられるので、それらが第一原則における合理化と同一内容であるかどうかについては、適宜確認する必要がある。本章3節では、早速その必要性が生じている。

第二原則の、消費の量的拡大を志向するということは、消費財をより大きく（あるいはより重く、厚く、高く）し、またより大量あるいは多数の消費財を入手しようとするなど、消費における量的水準を上昇させようとする傾向を示すものである。自家用車が普及して間もなくの時期、人々が買い替えるたびにより大きい車にすることに喜びを感じたこと、ショッピングモールを訪れる消費者がカートにより多くの商品を詰め込むことに喜びを感じること、東京スカイツリーほか観光用タワーが高さを競い合っていることなどがそれにあたる。

消費の内容が特に目新しいものでなくても、自分が買う消費財が、より大きくなり、数が増えることによって豊かさを感じ、満足感を得るという経験は、誰もが覚えのあることだろう。第二原則は、まさにそのような消費を求めることを意味している。こういった傾向は、人間が生まれながらに備えた本能のように思われるし、生活向上の余地がある消費者に自然に現われる心理的傾向だと考えることもできるだろう。

第二原則は、このように素朴な消費拡大への志向性を示すが、筆者は、この原則が、消費社会の膨張傾向の説明要因として意識的に設定されたものであることを断っておきたい。

消費社会の研究においては、長い間なぜ基礎的欲求が満たされた後も、果てしなく消費が拡大していくかを解明することが、大きなテーマとなってきた。このテーマについては、序章1節で示した批判的消費観の立場から、広告や差別化マーケティングなど企業側の働きかけによって（N2）、あるいは社会的競争や同調のメカニズムにより（N3）、生じたものと考えられることが多かった。これらは、本書で言えば次章で論じる第二の消費文化に関わるものである。しかしそれに対して、筆者は、そのような原因が何もなしに消費の拡大が生じるような消費文化が存在することを、この第二原則によって示そうとしたのである。この第二原則に従う傾向が人々に実感されてきたからこそ、序章1節で述べた成長主義的消費観の基本的認識（A2）が定着したのであろう。

第一原則、第二原則は、ともに現代社会に広く見られ、なじみ深いものではあるが、本書では、これらをまとめて第一の消費文化に含めた。しかしこれらは定義上内容の異なるものであるし、同時に追求されるとも限らないものである。それなのに、なぜ両者を第一の消費文化という一つの文化パターンとしてまとめるのだろうか。

そこにはいくつかの理由がある。まず、第二原則はある程度までは機能的価値の充足を促進し、その点で、第一原則と重なる部分があるからである。ある程度までというのは、量の多さや大きさを追求することが、生理的価値をはじめとするさまざまな生活目的をより高い水準で実現することにつながる限りで、ということである。第二原則は、過剰な消費をもたらすことも多いが、一定程度までは量が多い方が健康的である食生活、ある程度大きいほど暮らしやすい住宅、時計、カメラ、電話など一家一台より一人一人がもつ方が便利な機械類、点数がある程度多い方が使い勝手のいい食器類など、大きさや量の多さが機能的価値の実現度を高めることも少なくない。

もう一つの理由は、現代社会において第二原則を実現しているのは、多くの場合、消費の合理化ではないが同じ合理化の過程、すなわち生産や流通における合理化だということである。大きい物財や大量の消費財は、最新のテクノロジーによって生産、流通が合理化され、大量生産されて低価格で供給されることによって、幅広い消費者層が入手できるものとなった。第一原則と第二原則は、内容は異なるものの、現代社会において、テクノロジーの進歩や機械工業の発達によって実現しているという意味で共通点があり、同じ時期に、同じ社会において普及しやすい面があると言える。

そして最も大きな理由は、実態として両者が結びついている場合が多いからである。現代の消費社会、特にアメリカにおいては、現実にこの二つの原則を徹底的に追求している。一方で多くの新しい機械類を発明し、実用化し、他方では抜きんでて大きなものを、途方もなく大量に生産し、消費してきたのがアメリカである。(2) そしてこのような傾向は他の社会にも伝播し、グローバルな消費社会のイメージを形成している。消費社会は、おそらく二つの原則がともに実現されることによって、豊かな社会としてイメージされることとだろう。

このような理由から、筆者は二つの異なる原則を、一つのまとまった概念として扱う次第である。

第一の消費文化の典型例と言える、マクドナルドのハンバーガーチェーンについて論じたジョージ・リッツァは、合理化の一局面を示す「計算可能性」という概念について説明するくだりで、次のように述べている。(3)

「マクドナルド化する社会では、ものごとを数えられること、計算できること、定量化できることが重視される。実際、量が（特に大量であれば）質にとってかわる傾向がある。」

この文は、前半は第一原則、つまり機能的価値の追求について、後半は第二原則について、それぞれ述べているのだが、よく読むとそのつながりは不明で、明らかに飛躍のある文章である。

しかし、リッツアはこのくだりのあとも、両方の原則について渾然一体となった記述をしており、両原則の論理的関係には目をくれていない。ハンバーガーが精密な測定に基づいて効率的に作られるといった記述があったかと思うと、すぐに巨大なビッグマックやコーラが売られているという話に移る。二つの原則を区別して頭に入れていると、奇妙な印象をもつのだが、それをリッツァは全く意に介していない。

このように、優れた研究者の精神の中でも、知らず知らずに一体化されてしまうような二つの原則からなる消費文化、それが第一の消費文化なのである。

## 第一の消費文化を論ずる意味

第一の消費文化は、現在消費社会の基調をなす文化であり、それをあえてイデオロギーとして主張する者はほとんどなく[4]、消費者の日常生活の中に、また消費財関連の企業活動の中に、無意識の常識となって定着している。

第二原則は、おそらく近代以前から一部の富裕層が追求していたものであるが、産業化が進んで生活水準の継続的上昇が可能になって以降、次第に広がっていったものであろう。また第一原則は、さまざまな電化製品や車が目立って機能的価値の実現を促進するようになった二〇世紀の後半以降、先進国および開発途上国に広がったものと思われる。そもそも消費社会の概念が登場したのと第一の消費文化が広がったのはほぼ同時期であり、第一の消費文化は、消費社会の豊かさのイメージにずっと寄り添ってきた。

これまで、第一の消費文化はとどまることのない拡大を続けてきた。先進国はもとより、開発途上国においても第一の消費文化は広がり、第一の消費文化が実現されることによって、エリート階層から一般庶民に至るまで、消費の豊かさを実感できるようになる。

第一の消費文化は、無条件に好ましいものであり、皆が当然のように追求すべきもので、その実現のために、技術開発、教育、法的規制、政策的支援など、社会全体の取り組みを必要とするものと考えられてきた。人間にとって特別に重要な消費のあり方であり、一種特権的な立場を占めてきたのである。

筆者が「第一の」消費文化と名づけたのは、そのような特徴を備えているからであった。

しかしながら、筆者は第一の消費文化を特別視し、あるいは特権的な地位におくことは好ましくないと考えている。特権的な地位におくことにより、それについて問うこと、考えることが妨げられるおそれがあるからである。

現在、第一の消費文化は、その価値や社会的な意味が自明視されており、第一の消費文化が、人間にとって、また社会にとってどのような意味をもつかを考察する研究は決して盛んでないし、その成果は多くない。

それに対して筆者は、第一の消費文化については、あくまで消費文化の一つとして扱い、他の消費文化との関連の中で、また社会との関わりあいの中で、その価値や意味について分析していくことが望ましいと考えている。

筆者がそう判断するのは、現在の先進諸国では、第一の消費文化が浸透しきった状態にあり、過去において第一の消費文化がもっていたのとは異なった意味をもち始めたと考えるからである。

かつては、第一の消費文化は人々に夢を与え、豊かで便利な消費生活を実現し、生活を充実させる役割を果たした(5)。その役割は現在も継続しており、一九九〇年代以降の日本を見ても、コンビニエンスストアや大型ショッピングモールの普及、パソコンや携帯電話の普及、インターネットによる購入システムの発達、ＳＮＳの普及など、まだまだ第一の消費文化の進撃は続いている。しかし、こういった華々しい成果の陰で、近年では、好ましくない影響、負の影響が顕在化してきた。

このような影響は、特に第二原則についてわかりやすい形で現われている。

第二原則は、食料が乏しく必要な栄養が取れない場合などには無条件に好ましいものであるし、消費者自身にとって切実なものであろう。また、先述のように、ある程度までは大きさや量の多さが機能的価値をより高水準で実現し、第一原則をも満たすという面がある。

しかし、それを越えてこの原則を追求した場合には、購入ののち使用しきれずに処分されるし、あえて使用（消費）された場合には好ましくない事態が生じがちである。食品の過剰摂取によって生活習慣病が起こること、大量の家具、雑貨、書籍などによって居住空間が狭められてしまうこと、廃棄物が過多となり自分自身およびそれを回収する社会の負担となること、全般にエネルギーの多消費、二酸化炭素排出量増加を招くことなど、身近なことから地球環境問題に至るまで、すでにさまざまな影響が現われている(6)。

それにもかかわらず、人類は長い間の欠乏体験のせいか、第二原則について特に疑問に思うこともなく、多かれ少なかれそれに従った消費行為を続けているのである。

それに対して、第一原則の方は、一見外面的に明白な影響は目立たず、便利さを実現するという意味で引き続き人々を幸福にし続けているように思える。しかし、この原則についても、単純に利便性や合理性といった肯定的な言葉では割り切れない、複雑な影響が出始めている。これについては、次節で詳しく検討するが、一例だけあげてみよう。

現在、人間の生理的必要条件としての栄養摂取は、非常に簡単に済ませることが可能であり、食事らしくない食事でも栄養は取れるようになっている。たとえば、栄養調整食品（カロリーメイトなど）は、コンビニエンスストアで簡単に買え、短時間で朝食の代わりにすることができる。実際、忙しいサラリーマンは、朝始業時刻のわずか前に会社につき、急いでそれを口にいれるようである。しかし、そのような一人での短時間の食事は健全なものだろうか。人間にとって豊かな生活と言えるのだろうか。

こういった「合理的過ぎる生活」への疑問は、従来からさまざまな形で指摘されているが、近年特に実感することが多くなったように思われる。

かつては、便利さと豊富さ、そして幸福は一体化していた。それに対して、最近の第二原則の進行は、豊富さと幸福の一体性に疑問を投げかけるものとなっている。他方、最近の第一原則の発展は、便利さと幸福との関係に疑問を投げかけるのである。

こういったことから、第一の消費文化については、特別の地位に就けて自明視するのではなく、人間の生活全体や社会との関係を考慮しつつ、その意味を再検討すべき時期に来ていると考えられる。

その際、弁えておくべきは、第一の消費文化は、人間の消費による価値実現の一部を担うに過ぎないということである。人間は、消費行為を通じて、第一の消費文化以外にもさまざまな価値を実現している。そうだとすれば、人間の幸福にとって、また社会の安定にとって第一の消費文化がどのような役割を果たし、他の価値の実現とどう関わっているかを分析しなければ、その評価は定まらないだろう。

消費について考察し、消費がどのような形で人間を幸福にするかを考える時、かつては第一の消費文化だけを考えれば十分という時期があった。しかし現在では決してそうではない。第一の消費文化は、単独で考察の対象とするのではなく、他の消費文化と合わせて検討しなければならないのである。

本節ではさまざまな問題を提起したが、以下2節では、第一の消費文化の第一原則のもたらす影響について考察する。3節では、第一の消費文化と他の消費文化の関連について検討する。

本節で簡単に示した、第二原則のもたらす社会的影響については、表題には現われていないが、実質的には三章や七章で論じられることになる。

## 2　消費合理化への批判——リッツァを中心に

### マクドナルド化論から「無」と「存在」の理論へ

第一の消費文化の、特に第一原則について批判的なまなざしを向けた文献は極めて少ない。

第二原則については、すでに資源問題、環境問題の観点から、また倫理的視点から、さまざまな問題が指摘されている。しかし、第一原則は便利で生活の役に立つものを追求するということであるから、それに対する批判はそれほど強く現われなかった。断片的には、車社会が交通事故という新たな災害をもたらしたとか、加工食品が家庭料理を不健康なものにしているなど、さまざまな問題が指摘されたものの、消費の合理化ということ全体が、どのような本質的な問題を抱えているかについて、一般的、理論的に分析されることはなかった。

現代の消費文化に批判を浴びせたいわゆる消費記号論は、一見するとそれを行なったようにも見える。しかし、記号論の立場は、衣類や車など機能的価値をもつ消費財が、手段的に用いられるだけでなく記号として作用しており、その分だけ過剰な消費がなされているということを指摘したものであった(7)。そこでは、機能的価値自体については何も論じられておらず、機能的価値でないものが紛れ込んでいることを問題としているのである。

その中にあって、アメリカの社会学者ジョージ・リッツァは、機能的価値の追求＝合理化によって生じる問題を一般的かつ理論的に解明するという、稀有の試みを続けてきた。その最初の成果が、マクドナルド化論を展開した『マクドナルド化する社会』である(8)。

リッツァのマクドナルド化論においては、ファストフード、とりわけマクドナルドチェーンを合理化された消費の代表としてイメージしつつ、消費の合理化過程を四つの次元で把握する。その四つとは、効率性（efficiency）、計算可能性（calculability）、予測可能性（predictability）、制御（control）である。

効率性とは、目的に対してできるだけ適切な手段が利用されていること、計算可能性とは、ものごとが数量化され計算できるようになっていること、予測可能性とは、規格化やルーティン化によって、いつでもどこでも同じものが得られ予測が可能になること、制御とは、正確には制御が強化されるということであり、可能な限り諸業務を機械化し、あるいはそれに準ずる管理された労働によって行なうことを意味している(9)。

このうち、機能的価値の高度化を示す第一の消費文化の第一原則は、リッツァの効率性にあたるものだが、他の三つはそれを実現するための条件、あるいはその副産物という位置づけになっており、関連しあっている。

リッツァは、この四つの次元が進行するマクドナルド化が、生産者側にとっても消費者側にとっても、ある面で合理的でありながら別の面では非合理的であり、脱人間化と呼ばれる事態をもたらすことを指摘している。

このような指摘は稀少であり重要な論点を示しているのだが、すでに拙著『第三の消費文化論』で指摘したように(10)、残念ながらその論点は必ずしも明確でなく、断片的な印象を禁じえない。

本書でテーマとする消費者側の問題に限定して述べると、まず、効率的であるように思われているがその実効率的でない（マクドナルドの長い行列など）、マクドナルド化された消費は意外に高価である、表面的な楽しさの幻想を振りまいている、商品が詐欺的である（本物のレモンの入っていないレモンの香りなど）などが「程度の低い非合理性」として羅列され、そのあと「大きな非合理性」として脱人間化が論じられる。脱人間化は、最も大きな問題として長い頁数を割いて論じられる。

脱人間化現象としては、マクドナルドハンバーガーが、しばしば批判されるように健康と環境にとって良くない影響を及ぼす、食事が機械的なものとなり食事の喜びが小さくなる、ディズニー・ワールドは画一的な経験しか与えない、ファストフード・レストランは人間同士の接触を最小にする、ファストフードは世界中の食生活を画一化する、医療の合理化は機械的な治療をもたらし医療の質を低下させる、合理化された大学は人間関係を築きにくくする、などの例が次々に示される。[11]

しかし、これらの例はすべて断片的であり、例にあげられた問題が、あらゆる消費分野で同様に発生するかどうかは不明である。また、それらはあくまで事例であって、一般化して概念的に述べられているわけではなく、結局何が問題なのかが整理されていない。脱人間化に力点がおかれているものの、その内容はさまざまで、脱人間化とは何なのかもはっきりしない。

そして、何より不十分なのは、非人間的な状況（脱人間化）に対して、人間的で好ましい状況とは何かが明確にされていないという点であろう。人間的で好ましい消費というものが基準としてあってこそ、現在の合理化された消費の問題点がはっきりと判断できるはずなのである。

この点に気づいたのか、その後リッツァは、人間的な消費と非人間的な消費を対照的にとらえ、その違いを明確にする方向に研究を進めていく。その成果が、『マクドナルド化する社会』の初版から一一年後に出された『無のグローバル化』（二〇〇四）であった。[12]

『無のグローバル化』は、グローバリゼーションのあり方を論じた書物であるが、『マクドナルド化する社会』のように生産の合理化に関する記述は含まれておらず、すべて消費財と消費という視点から論じられている[13]。そして、グローバル化を論じるに先立って、消費に関する基礎的図式を示している。ここでは、その消費基礎論的な部分に注目して、その後の合理化批判の展開を検討してみよう[14]。

リッツァはこの著作で、「無」(nothing)と「存在」(something)という社会学らしくない、いささか謎めいた概念を分析の中心においている。

「無」とは、「特有な実質的内容を相対的に欠いており、概して中央で構想され、管理される社会形態」とわかりにくい表現で定義されているが[15]、大企業によって集中的に構想・管理され、大量生産により[16]、画一的な消費財が供給され消費されるという状況を想定しており、そのプロセスで生じた諸事象(物、店員、サービス、店舗など)が「無」と呼ばれている。中央での構想・管理と大量生産は、合理化プロセスと表裏一体の関係にあるから、結局「無」とは、合理化された機械的な生産がもたらす消費現象を示す概念だと言えよう。

リッツァは、もともと合理化された消費を非人間的なものとしてとらえていることから、「無」という否定的な言葉を用いている。そこには、人間にとって肝心なものが無い、というニュアンスが込められているのである。

それに対して「存在」とは、「特有な実質的内容にかなり富んでおり、概して現地で構想され、管理される社会形態」と定義されており[17]、地域性のある小規模な企業による生産とその消費という状況が想定されている。「無」とは反対に、合理化の進んでいない、どちらかと言えば素朴な消費現象を示すものと言えよう。そこには、重要な何か(something)が存在するという肯定的なニュアンスが込められている[18]。

具体的なイメージを示すと、大規模なファストフードチェーンは「無」であり、個人経営の定食屋は「存在」である。プレハブ住宅は「無」であり、身近な工務店に依頼した住宅は「存在」である。そして、世界中に配給されるハリウッド映画は「無」であり、小規模なプロダクションが制作した映画は「存在」ということになろう。

けれども、以上の定義だけでは、「無」と「存在」がどのような特徴をもっているかは十分明らかにならない。そこでリッツァは、下位連続体なるやや理解しにくい概念で、その特徴をとらえようとする。下位連続体とは、「無」と「存在」それぞれの特徴を、より細かく五つの視点からとらえたもので、独自性、地域性、時間の限定性、人間関係の豊かさ、魅惑的かどうか、という五点に注目して、「無」と「存在」の特徴をとらえている[19]。

連続体という言葉は、「無」と「存在」は二分法的に区別できるものではなく、現実の消費現象はその中間、比喩的に言えば両端を結んだ線上のどこかに位置するという意味で用いられている。

五つの連続体について、「無」は一般的なもの（交換可能なもの）、地元地域と結びついていないもの、無‐時間的なもの、人間関係が乏しいもの、幻滅させるもの（魔法を解除する）、という特徴をもっている。それに対して「存在」は、独自なもの（唯一のもの）、地元地域と結びついているもの、時間特定的なもの、人間関係が豊かなもの、魅惑するもの（魔法をかけられた）、という対照的な特徴をもっている。

このうち、地元地域と結びついていないもの‐結びついているもの、という連続体は、ほぼ先述の定義に明示されていると言ってよかろう。「無」は中央で構想・管理されるから地元地域と結びついていない。それに対して「存在」は、現地で構想・管理されるから地元地域と結びついているのである。

一般的なもの‐独自なもの、という連続体は、定義には明示されていないものの、マクドナルド化論以来の合理化された大量生産であるかどうかという点に着目したものであり、「無」は標準的、画一的で大量生産的なものを示すから一般的であり、「存在」は、標準化されず多様な小規模少量生産がなされるので独自である、ということになる。

それに対して、ほかの三つの連続体は、「無」と「存在」の定義の中で「特有の実質的内容」とわかりにくく表現された部分を示すようである。

「無‐時間的なもの」とは、特定の時代を反映するような特徴をもっていないということであり、「時間特定的なもの」とは、それをもっていることを意味する。「人間関係が乏しいもの」とは、消費の過程で消費者同士、あるいは従業員と消費者の間でコミュニケーションが乏しく、人間関係が薄いということを意味し、「人間関係が豊かなもの」とは、その逆を意味する。そして「幻滅させるもの」とは、人々の関心を惹かず、がっかりさせ、魅力に乏しいものを意味し、「魅惑するもの」とは、その逆に人々を惹きつけ、夢中にさせる魅力的なものを意味している。

この三つの連続体については、対の前者が「無」の、後者が「存在」の特徴とされるが、その理由は、五つの連続体の特徴が相互に関連しあっているためのようである。たとえば、「存在」の地元地域と結びついているものという特徴は、身近で顔見知りになり、コミュニケーションが活発になりやすいため、人間関係の豊かさと結びつきやすい、といったことである。

以上のように「無」と「存在」の概念を設定した上で、リッツァは現代社会において、アメリカを中心にして「無」が蔓延し世界的に普及していくこと、すなわち「無のグローバル化」を論じていく。

しかし、その部分は本章のテーマとは関係しないので、これ以上紹介することは差し控えよう。その代わりに、本章で注目したいのは、「存在」という概念を設定したことの意義である。

リッツァ自身がどの程度自覚していたかは不明であるが、「無」を中心に書かれたこの書物において最も重要な概念は、「無」ではなくその対概念の「存在」(something) であった。なぜなら、「存在」という概念を設定し、独自（唯一）、地元地域と結びついている、時間特定的、人間関係が豊か、魅惑する（魔法をかけられた）という五つの特徴を示すことによって、リッツァはマクドナルド化論にはなかった、非人間的でない好ましい消費の状況を描くことができたからである。

先述の通り、リッツァは合理化された消費が蔓延する状況をマクドナルド化としてとらえ、その問題性を訴えたのだが、では合理化がどういう点で問題であるかを、人間的で好ましい（脱人間化されていない）消費のあり方を明示した上で論じることはなかった。それに対して、「無」と「存在」の理論では、合理化が進んでいない消費、つまり「存在」を人間的で好ましいものとして位置づけ、これと対比しながら、合理化された消費、つまり「無」が何を失っているかを示している。

その点で、「無」と「存在」の理論は、第一の消費文化の第一原則、すなわち消費の合理化に対する、一歩進んだ批判となっているのである。

## 「存在」の五つの特徴

「存在」(something) という概念の重要性がわかったので、その内容にさらに踏み込んでいこう。

存在とは、五つの連続体論によれば、独自 (唯一)、地元地域と結びついている、時間特定的、人間関係が豊か、魅惑する (魔法をかけられた) という特徴をもつものであった。ここで問題となるのは、五つの特徴が、合理化された消費によって失われる消費の望ましいあり方を、適確に表わしているかどうかということであろう。

われわれ日本人も、「無」の蔓延、すなわち大企業による大量生産的商品の増加は目の当たりにしており、それが合理化という面で利点の大きいものであることを認めつつ、単純に歓迎すべきものではないという印象を多かれ少なかれもっている。リッツァの五つの特徴は、われわれが感じるそのような印象をうまくとらえているだろうか。またそれをさらに鋭く概念化して、われわれを啓発するような内容をもっているだろうか。

まず「人間関係が豊か」(humanized) ということについては、合理化の進んだ店舗やサービス業において、紋切り型の店員の応対を受けたり、そもそも無人でコミュニケーションの全くない買い物をしたりすることが多い現代において、失われた消費のイメージを適切に示していると言えるだろう。知り合いの店主と雑談を交わし、さまざまな情報を交換しながら買い物をするといったイメージは、特に近隣商店街の衰退がはっきり現われた現代の日本で、ノスタルジーを伴って語られることの多いものである[20]。

リッツァ自身もこのようなイメージを共有しており、気楽な会話に満ちたバー[21]、従業員と客が一体感をもった日替わり定食レストラン (diner) などの例をあげている[22]。

われわれは、第一の消費文化における消費の合理化、すなわちチェーン展開や機械化、無人化、マニュアル化などによって人間関係が乏しくなる傾向があることをしばしば実感するし、それが社会問題だとは言えないものの、失って物足りなさや寂しさを感じるものであることは理解できる。

ただ、注意しなければならないのは、これが基本的に物的消費財の外側で起こる事態だということである。消費の合理化は、高性能化や効率化など、物的消費財について生じることが多いものだが、人間関係の豊かさ－乏しさは、このような意味での合理化と直接関係するものではない。むしろ、物的消費財の合理化より後に進行した、サービスの合理化や小売店舗の合理化と密接に関係するものである。

サービス業や小売店舗は、もともと人的サービスを伴う分野であり、それが合理化の過程で単純化され、あるいは無人化されたからこそ、人間関係が乏しくなるという現象が生じた。それに対して、物的消費財は、もともと人間関係と特に関係なく、合理化されたからと言って人間関係が乏しくなるようなものではない。人間関係の豊かさ－乏しさという特徴は、サービス業や小売店舗という、消費の一部にのみ当てはまるものなのである。

それに対して、独自（唯一）、地元地域と結びついている、魅惑する（魔法をかけられた）の三つは、物的消費財にも十分当てはまるものである。

「独自」（unique）とは、消費財やサービスがほかの類似のサービスと比べてどれだけ独自性をもっているかということであり、その独自性は生産の単位、つまりどの生産者がどの規模で生産するかに依存する。小企業や個人商店で生産されたものは、一つ一つ仕様が異なり独自性に富んだものになることが多く、それに対して、大企業が中央で構想・管理し大量生産した消費財は独自性に乏しく、どこにでも同じものが見つかるだろう。

リッツァは、代表的な例として、グルメ向け料理（独自）と電子レンジ用の調理食品（一般的）を対比しているが[23]、同じように、手作り一点ものの洋服と大量生産の洋服、一回だけのコンサートと無限に生産可能なＣＤディスク、教室での授業と録画による授業など、さまざまな分野で独自と一般的という対照的な消費形態が見られるだろう。

大企業の大量生産が一般化した今日では、両者のうち一般的なものが優越し、独自なものは次第に衰退していく傾向にある。どこに行っても、どの店で買っても同じという経験は、ますます身近になっている。このことについて、われわれは一概に否定的感情をもつわけではないが、他方では、独自性があるもの、一点もの、手作りのもの、その場で作られたものなどに対して、大きな魅力を感じることが少なくない。その意味で「存在」のこの特徴は、合理化と相容れない、消費者が求める価値の一つを示すものと言えるだろう。

「地元地域と結びついている」（local geographic ties）という特徴は、先ほど述べたように、現地で構想・管理されるという「存在」の定義と直接結びついたものである。そして、一般的傾向として、相対的に小規模少量生産の企業ほど、地元地域と結びついていることが多い。それに対して、中央で構想・管理する大企業の大量生産は、全国的あるいは全世界的に事業を展開し、特定の地元をもたず、地元地域との結びつきに乏しいということになる。

地元地域と結びついていると、その製品は、地元の材料を用い、地元の住人を雇い、地元のニーズに応え、地元の文化になじむなど、地域の特殊性を帯びる傾向にある。そのような製品は、当該地域に住む住人にとっては親しみやすく好ましいものであり、別の地域に住む人々にとっては珍しく好奇心を刺激するものとなる。郷土料理、ご当地グルメ、地場産品、民芸品、ローカル新聞、地元球団といったものが愛されるのは、そういった理由による。

現代の消費者は、大規模大量生産的な製品やサービスの増加につれ、地元地域と結びつかないものを消費する方向にあるが、他方で、地元性に憧れ、ローカルなものを求める傾向ももっている。その意味で、この特徴は、やはり消費財の合理化によって失われがちだが、消費者に歓迎される価値の一つを示すものと言えよう。

ただし、地元地域との結びつきは、結局のところ地元が独自性をもつことによって価値を生み出すことから、独自性（uniqueness）の一部であり、その中に含まれると考えてもいいように思われる。

次に、「魅惑する」（enchanted）という特徴であるが、この特徴は、五つの中で最もわかりにくいものである。先に述べたように、「魅惑するもの」とは、人々を惹きつけ、夢中にさせる魅力的なもの、といったことを意味しており、わくわく興奮しながら消費をする、といったニュアンスをもっている。現代社会において、このような要素が消費の喜びや楽しみをもたらしていることは確かであろう。それに対して、同じ消費でも日々何気なく、面白味も感じずに消費するということが、幻滅させる（disenchanted）という言葉で表現されている。日本語で幻滅と訳すと幻想が崩れるという意味に解釈されるだろうが、ここでの disenchanted という言葉は、何かを幻想するのではなく、最初から何も幻想がないという意味で用いられているようである。

内容はいちおうわかったとして、問題はそれが「存在」とどう結びついているかである。小企業や個人業主が現地で生産するものが「存在」であるが、それがなぜ魅惑するものになるのだろうか。リッツァは「存在」であることと魅惑的であることの結びつきが強く、また他の特徴、つまり独自性や地元地域性と魅惑的であることの結びつきも強いことを強調するが、その理由については説明されていない。

日常Y社のプロセスチーズを何気なく食べている人が、出張先のミラノで買ったHという小さな牧場で作ったナチュラルチーズに魅力を感じ、高品質で美味しいのではないかという、わくわくした期待感をもって消費する、といった場合を想定すれば、このような結びつきも理解できる。しかし、毎晩なじみの定食屋で、なじみの主人と取りとめもなく雑談しながら食事をするとか、毎日買っている地元の豆腐屋の豆腐を、毎日何気なくみそ汁に入れて食べている、といった場合、明らかにその消費財は「存在」であるはずだが、果たしてそれを魅惑するものと言えるのだろうか。

逆に、子供がわくわくしながら小遣いをはたいて買うゲームソフト、若い女性が魅力を感じる大手メーカーの新しいチョコレートなどは、明らかに「無」であるが、魅惑するものであるとは言えないのだろうか。

魅惑するという特徴は、このような点で非常にわかりにくく、不整合な印象を与えるものである。われわれは、「存在」である小規模少量生産物にある種の魅力を感じるが、それを魅惑という言葉で表現することには違和感を覚える場合がある。他方、魅惑するのは「存在」だけではなく、「無」も同じように魅惑すると感じることがある。魅惑する－しないということと「存在」－「無」とは、きちんと対応していないように思われるのである。

最後に残った「時間特定的」（specific to the times）については、[24]筆者はこれを「存在」の特徴に加えるのは不適切であると考える。

前項で、筆者は「時間特定的なもの」とは特定の時代を反映するような特徴をもっていることだと説明したが、これは具体的には、マッスルカー（かつてのアメリカで流行した巨大な乗用車）がアメリカの圧倒的な経済力と繁栄する時代を象徴しているように、特定の時代の特徴を備え、それを感じさせるようなものを示している。[25]

しかし、リッツァは時間特定的なものの例を、「存在」の側にある小規模少量生産からとるのではなく、マッスルカーのように大量生産品からとっており、存在と時間特定性との結びつきはうまく示せていない。そのため、合理化によって「無」である無‐時間的なものが隆盛となり、「存在」である時間特定的なものが追いやられていくという基本認識が説得力をもたなくなっている。

そして、中央で構想・管理される大量生産品、つまり「無」が無‐時間的となり、小規模生産の品物、つまり「存在」が時間特定的になるという対応自体が、そもそも成り立つのかという疑問もある。なぜなら、現代日本に生きるわれわれにとって、大量生産品はおおむね時代の流行や社会情勢に合わせて作られ、短期間で市場から消えてゆくからきわめて時間特定的なように思われ、小規模生産の品物には、優れた民芸品のように、飽きずに時代を越えて用いられるという無‐時間的なイメージがあるからである。

このような点を考慮して、リッツァは「永続性」、「非永続性」という特徴を持ち出し、「時間特定的」、「無‐時間的」と結びつけようとしているのだが、[26]その結論ははっきりしない。

そして根本的に問題なのは、時間特定的ということが、消費者にとって価値をもっているとは言いがたいこと、消費者が特に望んでいないことだということである。もちろん、消費者にはある特定の時期に作られた消費財に大きな愛着を感じることがあり、それが骨董の消費やノスタルジー消費に結びついている。しかしこのことは、時間特定的であることによって発生するのではない。ほとんどすべての消費財は時間特定的なのであり、その中で優れたもの、あるいはそれと自分が何らかの個別事情により結びついたもの（青春期にはやった歌など）であるからこそ価値をもち、消費されている。その際には、時間特定的であること自体が求められているわけではない。

このような点から、合理化された消費によって失われる望ましい消費のあり方として、時間特定的ということを取り上げるのは不適切なように思われる。

リッツァは、地元地域と結びついている、という空間的限定性を取り上げたので、それに対応させて時間的限定性についても考えたようだが(27)、残念ながらその対応はうまくいっていないのである。

## 「存在」論の先へ

ここまで、リッツァの言う「存在」の五つの特徴について検討してきたが、先に述べたように、これらは、おそらく社会学史上はじめて、消費の合理化が、消費がもともともっていたどのような価値、あるいは魅力を損ねるかを定式化しようとしたものと言えるだろう(28)。

しかしながら、この五つの特徴（連続体）は、以上の検討結果が示す通り、十分整理されたものではなく、いささかちぐはぐさを感じるものである。

時間特定的であるということは、望ましいというニュアンスをもつ「存在」の特徴としては不要のように思われる。人間関係が豊かということは、人的サービスが関与する消費分野にのみ適用できるものであり、消費の中心部分を占めてきた物的消費財には直接関係しない。地元地域と結びついているという特徴は、結局のところ独自性をもつということの一部分であるように思える。そして、魅惑するということは、「存在」との結びつきがはっきりしない。

このような次第で、五つの特徴は同じレベルにある並列可能なもの、とは言い難いものになっているようである。

煎じ詰めると、結局リッツァが考えている望ましい消費像は、二点に集約できるようにも思われる。

一つは、人的サービスの伴う分野で自然に発生する対面的コミュニケーションや人間のつながりということであり、

「人間関係が豊か」という特徴に示されたものである。

もう一つは、小規模生産された製品やサービスがもつ、魅力的な個別性あるいは多様性ということである。こちらは、「独自性」、「地元地域と結びついている」、「魅惑する」という三つの特徴を総合したものである[29]。「地元地域と結びついている」ことは「独自性」をもたらし、独自性に結びつくからこそ消費者にとっての魅力となる。ただし、「独自性」は必ずしも地元地域と結びついておらず、親密な人の手仕事、個性的な個人業主、意欲あるベンチャー企業などによってももたらされるものだから、「地元地域と結びついている」は独自性の一部、あるいは一条件だと言える。そして「魅惑する」は、「独自性」が与える消費財の魅力、といったことを示している。「魅惑する」(enchanted)という言葉が適切かどうかはわからないが、個別的で多様な製品は、ありふれた平凡な商品にはないさまざまな魅力を備えていることが多い。それをリッツァは「魅惑する」と呼んでいる。

このように考えてくると、「独自性」、「地元地域と結びついている」、「魅惑する」は一本の線でつながる。それをまとめて表現すると、右記のように、小規模生産された製品やサービスがもつ魅力的な個別性あるいは多様性ということになるだろう。これは、マクドナルド化論でリッツァが予測可能性と呼んだこと、つまり画一的でどこでも同じ商品が供給されるという事態の反対の極にある、好ましい消費の姿とも言えるだろう[30]。

さらに、以上の二点をまとめると、結局、豊かな人間のつながりが生じ、個別的で多様な消費財が消費の喜びを与えるような消費文化、それが、リッツァが「存在」という概念で表わそうとしたものであり、脱人間的でない、好ましい消費の姿を示すものだと言える。そして、彼はこのような「存在」が「無」によって押し退けられていくことの問題性を強く主張するのである。

リッツァの『無のグローバル化』は、大部で（英語原典は必ずしも大部でないが訳書は大部である）、大量の文献と多数の事例を駆使して書かれた労作であり、読み通すのになかなか骨が折れるものである。それだけに、そのエッセンスがこのようなシンプルな内容だと知ると、拍子抜けをする人も多いのではないだろうか。なぜなら、人間のつながりが薄れ、消費財が画一性に向かうということは、実感できるものではあるが、それほど大げさに問題にするほどのことなのか、と思う人も多いだろうからである。その問題性は、第一の消費文化の第二原則がもたらす資源問題や環境問題と比較すると、はるかに軽微で、そもそも問題という表現が適切かどうかも疑われるものかもしれない。

この点について、筆者は前著では明確な評価を差し控えていた。[31] しかし現在は、リッツァの問題意識に基本的に合意している。この問題は、深刻な被害を及ぼすという性質のものではなく、社会問題とは言いがたいが、現代社会の大きな「文化問題」であり、消費社会が進行するにつれて切実さを増す問題だと考えている。それを指摘したという意味でリッツァの貢献は非常に大である。しかし、残念なことに「存在」の理論は、右記のように粗いものであり、まだ検討すべき課題がいくつも残っているように思われる。

まず、「存在」の望ましさは結局二点に集約されたのだが（人間関係の豊かさと個別的で多様な消費財がもたらす喜び）、これが本当に二つだけであるのかどうかが問題である。たとえば、「無」が単純さや機能一辺倒を意味するのなら、装飾性や（一見無用のものという意味での）あそびといったものは「存在」に含まれないのだろうか。それともこれらは「独自性」の中に含まれるのだろうか。また、生産者が消費財に込めた愛情や思いやりといったものは「存在」ではないのだろうか。これらは人間関係の豊かさとは違うものではあるが、一種の「存在」のようにも思えるものである。

こういった問題とウラハラなのだが、「魅惑するもの」の内容は、もっと深く探求する必要がある。リッツァの理論では独自性が「魅惑する」という消費者の主観的価値を生み出すのだが、「魅惑するもの」の内容があまり明確でない。そこには、文字通りの独自性のほかに、品質の高さ、手作り感、稀少性、オーラ、消費者の嗜好との一致、面白味、意外性などさまざまなものが含まれているようである。「魅惑するもの」といったあいまいな概念に集約するのではなく、これらを細かく分析しないと、結局「無」（合理化）が何をどのように「幻滅させる」のかがはっきりしないだろう。

また、それと密接に関わる問題は、消費の合理化と「無」はなぜ幻滅をもたらすのか、逆に「存在」はなぜ魅惑的なのか、ということである。先に述べたように、われわれは「無」であるはずの大量生産の商品にも、さまざまな魅力を感じ魅惑されることがある。逆に、「存在」であるはずの小規模生産の商品に何の魅力も感じない場合がある。それなのに、なぜ「無」と幻滅、「存在」と魅惑が結びつくと言い切れるのだろうか[32]。言い切れるとすれば、その結びつきはどのようにして生じるのだろうか。それが明確にならなければ、「無」と「存在」の理論は画竜点睛を欠くものになってしまうだろう。

このことと関連して、「無」でありながら魅惑をもたらそうとする試みが、すでにさまざまな形で繰り広げられていることに注意する必要がある。個別性と多様性という特徴は、「存在」である小規模生産もさることながら、ポスト・フォーディズムと呼ばれる、現代の大規模な生産様式もまた備えているものである。この方式によって、大企業の大量生産でありながら、多彩で変化に富んだ商品がひっきりなしに供給されている[33]。そしてそれらは、「無」でありながらも消費者を魅惑し続けているように思われる。こういった場合、「存在」の魅惑とは違うものなのだろうか、違うとすればどこが違うのだろうか。

以上のさまざまな分析課題に対して、リッツァはまだほとんど答えていない。最後の点については、複数の著作で言及しているのだが[34]、その結論ははっきりしない。

筆者の見るところでは、これらの課題に答えるためには、「無」すなわち消費の合理化された形態に照準をあて、それを中心に理論を組み立てるというやり方を変えなければならない。まず「存在」の方に着目し、その本質と構造を見極めなければ、「無」のもたらすものは正確にとらえられないだろう。「存在」は、その原語通りsomethingというよくわからないものにとどまるのではなく、内容の明らかなものにならなければいけないのである。

しかるに、合理化の進むアメリカ社会の発想法に知らず知らず染ったためか、リッツァが「存在」の世界を極めようとする様子は、今のところないようである。

そして、「存在」を分析するにあたっては、それが消費者に何らかの好ましい消費経験をもたらすと考える以上、消費者の価値、欲求、感性などを正面きって扱わなければならないだろう。「存在」が重要であるのは、消費者が「存在」を通じてある種の価値を実現するからなのだが、そうであればこそ、その価値を消費文化の分析の俎上に載せなければならないはずである。それなのにリッツァは、マクドナルド化論以来の主観的側面を取り上げないという方法論を貫いており(35)、消費者が何に価値をおき、何を求めているかという議論をしようとしない。「魅惑された」消費者という発想は、その主観的側面へと一歩踏み出したものであるが、そこから先へは進んでいないのである。

## 3　第一の消費文化がもたらすもの

### 消費合理化論の限界

前節では、リッツァの消費論について大きなスペースを割いて検討した。

リッツァは、現代の消費は、合理化の進展により人間関係の豊かさを損ない、また個別的で多様な消費の喜びを妨げるものとなっている、ということを結論づけたのだが、その分析は未整理で消費の価値にまで踏み込んだものではなかった。それに対して本書は、こういった問題をもっと幅広い視点から分析することを目指している。その分析は本章では完結せず、三章、五章などに持ち越されるが、本章の最後のこの節では、リッツァの分析を本書の概念を用いて整理し直した後、消費の合理化がもたらす帰結について、注意すべき点をいくつか指摘しておくことにしたい。

すでに述べたように、リッツァが「無」と称したものは、ほぼ第一の消費文化の第一原則、すなわち消費の合理化の進行がもたらしたさまざまな消費現象を示している。彼は、このような合理化が「存在」を圧迫して「無」に置き換えていくことを、数多くの例示や引用文献を用いつつ、批判的に論じたのであった。

ここで「存在」とされているものが何なのか、リッツァはあまり詳しく論じていないが、これまでの検討からは、消費が実現すべき、人間的で好ましい条件を満たしたさまざまな消費現象を示すものと考えられる。

ここで人間的で好ましい条件とされているものは二つの内容を含んでいるが、一つは、人間関係の豊かさという言葉で表わされていることから、序章3節「その他の価値」で「交流的価値」として示したもの、すなわち人間関係に関わる価値にほかならないであろう。もう一つは、「魅惑する」といった言葉が用いられていることから、またその内容が、消費に惹きつけられ、夢中になる、あるいはわくわくするといったものであることから、何らかの内面的な価値を示すものであろうと思われる。序章3節での分類に従えば、これは文化的価値（の一部）に当たるものであろう。[36]

したがって、リッツァが指摘していることを言い換えると、第一の消費文化の第一原則である機能的価値の追求、すなわち合理化が、交流的価値および文化的価値の実現を妨げるということになる。そして、文化的価値の実現は第三の消費文化の第一原則に沿ったものであるから、第一の消費文化が第三の消費文化を妨げるという事態を示すものとも解釈できるであろう。

人間は、同じ人が複数の価値を追求し、複数の消費文化に関わっている。そして、同じ消費財、同じ消費行為について、複数の価値の実現を望んでいる。消費の合理化が生じると、機能的価値の達成度は高まるものの、ほかの価値である交流的価値や文化的価値の実現は妨げられてしまうというトレードオフ関係が生じることがある。リッツァの「無」と「存在」の理論は、まさにこのような関係を示したものと言えるのである。

合理化に伴うトレードオフ関係は、すでに消費以外の分野ではさまざまなことが指摘されてきた。労働の分野での労働疎外、官公庁の血の通わない業務、都市における便利だが住みにくい生活環境などは、現代社会がもたらす問題として、すでに広く取り上げられてきたものである。それを消費分野にも見出そうとしたのがリッツァの一連の研究であり、リッツァは自ら、自分の研究をマックス・ウェーバーの合理化論の延長線上にあるものと認めている。[37]

この種の問題については、それを軽視する者も少なくないが、筆者はリッツァと同様に重要なこととしてとらえており、現代消費社会、ひいては現代社会全体にとって大きな意味をもつと考えている。

しかしながら、筆者はいくつかの点で、リッツァとは異なるスタンスに立っており、そのことが本書の消費文化の扱い方に違いをもたらしている。

まず、リッツァの「無」と「存在」の理論では、ウェーバーの合理化論の伝統を引き継いでいるためか、「無」の蔓延を自然史的過程、つまり有無を言わさず人間を従わせる自然法則のように扱う傾向にある。しかし筆者は、これを人間が追求する価値の間に生じる相克の一局面としてとらえている。

そしてそう考えると、彼が想定したように機能的価値という一つの価値が一方的に追求されることは、ありそうもないという見方に落ち着く。なぜなら、人間は、消費においてさまざまな価値を同時並行的に追求しているのであり、機能的価値の追求によって他の価値の実現が妨げられれば、バランスをとって、その価値の実現を回復させようとする動きが発生するだろうから。

そういった動きは、生産者側からも消費者側からも、すでにさまざまな形で試みられ、定着してきている。

人間関係の豊かさについて言えば、消費の合理化が進む中で、リッツァが示したような極端なマニュアル的対応はそれほど広まっておらず、従業員の裁量の余地を残したサービス方式をとる店舗が少なくない(38)。むしろ人間的対応に徹した店舗の方が、成功しているところが多いはずである。

個別的で多様な消費の喜びということについては、前項に示したように、ポスト・フォーディズム的な多品種生産が常識と化し、少なくとも消費の多様性は確保されている。

それによってもなお満たされない極めて個別的で人間的な消費財、サービスに対する需要は増加していると思われるが、これについても、すでにさまざまな個人店、小規模店が対応しており、大工場や大規模チェーン店が与えられない文化的価値を与えている。消費者の側でも、オーダー商品や手作り、購入後のリフォームやアレンジ、商品のコーディネーション（組み合わせ）の工夫などによって、さまざまな対応がなされており、合理化による「幻滅」を埋めあわせ、のりこえようとしている。

このような動きは、その気になって見れば至るところに存在しており、筆者が「第三の消費文化」と呼ぶ一つの消費文化を形作っている。第三の消費文化は、特に日本に多いのかもしれないが、第一の消費文化の国アメリカにも少なくないはずであるし、マクドナルド的チェーン店のはびこる都市郊外には乏しいかもしれないが[39]、東京や大阪のような大都市に行けば過剰なほど存在している。

それに対してリッツァは、合理化による「無」の生成をひたすら強調することに徹しており、第三の消費文化に注目した研究をしようとはしない[40]。――こういった点で筆者のスタンスとは大きく異なるのである。

次に、合理化が交流的価値や文化的価値の実現を妨げるのは、消費の特定分野においてである、という点にも注意しなければならない。

交流的価値について言えば、先に述べたように、物的消費財についてはもともと当てはまらないことであって、サービス業または小売業についての問題であった。そして小売業においては、消費財自体が重要で、人間関係は副次的なものにとどまると思う消費者が多いだろう。そう考えると、合理化による人間関係の乏しさが問題になるのは、サービス業で、人間関係がその消費の充足感にとって大きな意味をもっている一部の消費分野に限ると言えそうである。

文化的価値について言えば、筆者は前著で、マクドナルド化の弊害は、サービス産業を中心とする消費であって、本来人間的で個性的な消費が期待されるのに、生産側のマクドナルド化とともに消費過程もマクドナルド化してしまった場合に限られる、と述べた[41]。

このように述べたのは、一つには、物的な商品の場合、大量生産の「無」であっても、消費者側で右記のようなさまざまな工夫が可能であるため、文化的価値の実現は困難でない、と考えたからである。他方、同じ物的商品であっても、人間的で個性的な消費が期待されない多くの商品、つまり洗濯機や掃除機のような実用的商品については、最初から文化的価値が期待されないから、その実現が妨げられることは問題にならないであろうと考えた。結局のところ、物的商品については合理化による問題はあまり生じないという結論であった。

それに対してサービス産業の場合は、生産と消費が同時的に起こるため、消費者自身が文化的価値実現に向けて工夫することは不可能である。それゆえサービス産業で文化的価値が求められる場合には、合理化によってその実現が妨げられることが多いと考えられた。

そう考えていくと、結局リッツァが強い関心をもった外食産業や、理容・美容、教育、医療など、一部のサービス業の業種のみで合理化による問題が発生するという結論になった。

しかし現時点で再検討してみると、前著で筆者が述べたこのような見方は、やや粗雑なものであった。物的消費財については、消費者が手を加えにくいが文化的価値を期待するようなもの、たとえば食器類、雑貨類、加工食品、既製服などが少なからずあり、最近ではそのような分野はむしろ増加の傾向にある。それらについては、合理化によって画一的で単純な商品が増えると、文化的価値が妨げられる可能性が高いと言えるだろう。その逆に、サービス産業の中では、運送業や清掃業、リサイクル業など比較的実用的なサービスを提供し、文化的価値が求められない業種が増加している。そのため、サービス産業全体としては、合理化によって文化的価値が妨げられることが、むしろ少なくなったように思われる。

こういった点で、前著の記述は修正する必要があるが、合理化が他の価値を妨げるという現象が発生するのは、消費の限られた分野においてであるという結論に変わりはない。それゆえ、消費社会全体が「マクドナルド化の鉄の檻」に絡めとられているかのようなリッツァのとらえ方には、(42) 筆者は納得しがたいのである。

## 第一の消費文化が創り出すもの

もう一点注意しなければならないのは、第一の消費文化は、価値の実現を妨害するばかりではないということである。

第一の消費文化における合理化は、確かに第三の消費文化における文化的価値の実現を妨げることがある。大規模チェーン店のファストフードは、特に材料がいいわけではなく、単調な味つけで、舌の肥えた人からすれば味のレベルが後退したものでしかないかもしれない。また、大量生産の雑貨類には、安価だがデザインが粗雑で味わいがなく、すぐに飽きのくるようなものも多い。

そして、第一の消費文化は人間労働を極小化することによって、人間関係の豊かさを損なうことがある。自動販売機やネット販売の発達は、全く他者と対面することなく、すべての消費財を入手することさえも、可能にしている。

しかしながら、文化的価値のさまざまな分野を展望すると、実は第一の消費文化における合理化が、文化的価値や交流的価値の創造につながる場合も多いのである。

それを考えるための前置きとして、まず、「消費の合理化」には広狭二つの意味合いが含まれているということを指摘しておきたい。広い意味では、消費の合理化とは、筆者が「機能的価値をより高い水準で実現することを目指す」とした、第一の消費文化の第一原則と一致する。この意味での合理化は、あらゆるタイプの機能的価値の高度化を含み、本章冒頭で書いたように、もともとあまり機能的価値を重視しなかった消費分野に新たに機能的価値を広げる、といったことも含まれる。しかし狭い意味では、既存の消費分野を効率化したり高性能化したり、という意味で使われる。実例で言えば、自動車の高速性能が良くなることは、前者だけでなく後者の意味でも合理化であるが、自動車が発明されることは、前者の意味でのみ合理化だと言えることになる。

もう一つ前置きとして指摘したいことは、消費の合理化には、その「目的」が非文化的なものである場合と、文化的な目的（文化的価値）を実現する場合とがあり、前者のみを合理化と考える場合と、後者も含めて合理化と考える場合があるということである。

合理化の代表である電気洗濯機の効率化を考えてみると、目的となっているのは、衣類の汚れを落とし清潔にするということであって、それ自体が消費者の楽しみや喜び、充実感といった文化的価値の実現につながるものではない。このような場合には、目的が非文化的なものということになる。

他方、洗濯機と同じく、かつて三種の神器の一つとされたテレビについて言えば、電化製品であり、高度のテクノロジーを駆使して製造された便利な機械であるという点では洗濯機と同じであるが、その目的は娯楽や教養が中心であって、文化的な目的を実現している。両者は、機能的価値を高度化する点では同じであるが、目的は違っている。

以上、合理化という言葉には、二つの観点について、広狭二つの意味があることがわかったが、ごく一般的に合理化という言葉が用いられる際には、ともに狭い意味、つまり、既存の消費分野の効率化や高性能化であって、文化的価値を実現しない場合を示すことが多いであろう。それに対して、筆者の第一の消費文化の第一原則は、ともに広い意味での合理化と一致しているのである。

このような広い意味の合理化に目を向けると、現代の消費社会では、さまざまな分野で新しい機能的価値が創造され、それによって新たな文化的価値が実現されていることがわかる。

たとえば、卑近な例で言えば、パソコンソフトウェアの発達は、全く新しい視覚的文化である写真画像の処理やCG（コンピュータグラフィクス）の作成、新しい聴覚的文化としての音楽の合成などを可能にした。また、その良し悪しはともかくとして、テレビゲームの発明は、全く新しい子供の遊びを作り出した。

この種の変化は、情報分野に多く見られるものの、それ以外の分野にも見られる。機械技術の発達によって新しい遊園地の乗り物が造られるとか、潜水機具の発達により海中を泳ぐという新しいスポーツが可能になるなど、さまざまな分野で新しい文化的価値が創造されている。

過去を振り返れば、かつての写真の発明、映画の普及、もっと遡れば活版印刷技術の確立なども、すべて新しいテクノロジーに基づいて機能的価値の高度化（合理化）が生じ、それによって文化的価値の世界が拡大し、豊富になった事例である。これらは、さまざまな新しい文化活動、あるいは新しい趣味を生み出すという意味で、文化的価値を阻害するのではなく、促進する機能を果たしているのである。

他方、新しい機能的価値を創造する場合でなくとも、既存の消費分野で合理化が進むことによって、文化的価値の実現が促進される場合がある。

たとえば、優れた木工用機械が造られると、従来困難であったさまざまな木材加工が容易にできるようになり、日曜大工の可能性を広げるといったことがある。同じように、カメラの高性能化は、簡単に失敗のない写真を撮ることを可能にし、ミシンの発達は手作りの縫製の作業を容易にしてさまざまな衣類を作れるようにし、電子オーブンの高性能化は、失敗なく、より美味しいグラタンを作れるようにする。第一の消費文化における合理化は、一方で当たりさわりのない画一的なファストフードを作り出すかもしれないが、他方ではすばらしく美味しい、文化的価値に満ちた家庭料理を作る手助けもするのである。

これとは少し違う内容だが、交通手段の発達は、旅行の楽しみを短い所要時間で実現できるようにし、また従来は行けなかったさまざまな地域への旅行を可能にしている。映像技術の発達は、経験できないような外国の風景や人物を目の当たりにすることを可能にしている。そして、音楽ディスクや音楽配信の発達は、従来は入手できなかったさまざまな音楽に触れる機会を増やし、音楽経験を豊富にしている。

第一の消費文化が文化的価値の実現を促進する例は枚挙にいとまがなく、第一の消費文化（合理化あるいは機能的価値の実現）が、文化的価値の実現を目指す第三の消費文化と親和的関係に立つことが、決して少なくないことを示している。リッツァの「無」と「存在」の理論が強調したように、第一の消費文化は文化的価値の実現を妨げることもあるが、それは第一の消費文化と第三の消費文化の関係の一部に過ぎないのである。

最後に、第一の消費文化が交流的価値を促進するという点に触れておこう。リッツァが指摘したように、合理化されたサービス産業や小売業では、従業員によるサービスを減らし、あるいはマニュアル化することによって、従業員と顧客の人間関係を乏しくしている。また同時に、客同士が接触する機会を減少させ、人間関係の形成を阻害している。

しかし、これらの特殊な人間関係に限定するならともかく、一般的な人間関係ということであれば、第一の消費文化はそれを豊かにするさまざまな機会を与えている。情報社会の研究でよく指摘されているように、インターネットの発達は、遠方の知人と頻繁に情報交換して人間関係を深め、また見ず知らずの人々と通信して人間関係を築くことを可能にした。スカイプのビデオ通話機能は、文字情報や静止画にとどまらず、動画による通信を可能にして、対面的コミュニケーションに近いものを実現した。

これらは直接対面するものではないが、直接の対面的コミュニケーションも、交通手段の発達により促進されている。速いスピードでの移動が可能となったために、人と会い人間関係を築くことは、次第に地理的制約を受けないものになり、直接的対面によって人間関係を豊かにする機会を増やしている。

そして、人間関係は、リッツァが最も脱人間的なところと考えたファストフード店やコーヒーチェーンにおいてさえ、促進されることがある。すでによく知られたことであるが、日本のファストフード店やコーヒーチェーンは、身近にあって安価であるため、学生や主婦のたまり場として利用されている(43)。これらの店舗は、長時間気楽に利用できる施設であり、そのような場の少ない大都市においては貴重な存在となっている。これらの施設での消費は、店員や見知らぬ顧客との人間関係は阻害するかもしれないが、知人、友人との関係については、それを強める機会を提供しているのである。

これまで本節では、第一の消費文化(の第一原則)は、他の価値(交流的価値、文化的価値)の実現を妨げることがあるが、それに対して他の価値の実現を回復させようとする動きが見られること、第一の消費文化のすべてが他の価値の実現を妨げるのではなく、特定部分だけが他の価値の実現を妨げること、第一の消費文化が他の価値の実現を促進することもあること、という三点を説明してきた。

2節で見たように、リッツァは、ファストフードやそれに近い消費分野を例にとって、第一の消費文化における合理化が文化的価値(や交流的価値)の実現を妨げることを強く主張した。この結論は、一見すると本節の結論と食い違っているように見える。しかし、それはリッツァが狭い意味での合理化を取り上げ、また文化的価値の一部のみを取り上げたからである。それに対して、広い意味での合理化、つまり第一の消費文化(の第一原則)の全体を視野に入れ、また文化的価値(や交流的価値)のさまざまな内容を含めると、全く異なる状況が発生していることがわかってくる。

第一の消費文化は、他の価値の実現を妨げ、一方的に機能的価値を実現し、消費文化をその一色で染め上げるようなものではない。それゆえ、リッツァのように第一の消費文化だけを研究対象とするのではなく、他の消費文化も同じように研究対象とし、それらの関連する全体を分析しなければ、消費文化というものを理解することはできないであろう。

本章では、第一の消費文化が消費文化全体の中でどのようなものであり、何をもたらすかについて、一通りの検討を済ませた。しかし、より正確な認識のためには、他の消費文化についてさらに詳しく理解することが必要であろう。

以下次章では、これまで取り上げなかった第二の消費文化について明らかにし、第三章では、本章において、その姿が明確でないまま重要な役割を演じさせた第三の消費文化について論じることにしよう。第三章を読んだ後で本章に戻っていただければ、本章の理解はさらに深まるであろう。

## 注

（1）厳密に言えば、これら文化的価値を直接実現するような「サービス」は機能的価値をもたず、文化的価値を実現する「物的消費財」が機能的価値をもっているというべきである。たとえば、楽器や絵の具、ゲーム機などがそれにあたる。

（2）アメリカの経済学者ショアとフランクは、一九九〇年代に過剰消費に陥ったアメリカ消費社会を分析したが、その際、あくまで批判的消費観の基本認識N２、N３に則して解釈しようとした。しかし筆者には、大きな車に乗る傾向、多くの衣類を買う傾向、食べ過ぎて肥満する傾向など、単純に第一の消費文化として解釈できる部分が多分に含まれていたように思われる。Schor, J. B. 1998. *The Overspent American: Why We Want What We Don't Need*, Basic Books. 森岡孝二監訳、二〇〇〇、『浪費するアメリカ人――なぜ要らないものまで欲しがるか』岩波書店、七三～一六四頁。Frank, R. H. 1999. *Luxury Fever: Money and Happiness in an Era of Excess*, Princeton University Press, pp. 107–121.

（3）Ritzer, G. 1993. *The McDonaldization of Society*, Pine Forge Press. 正岡寛司監訳、一九九九、『マクドナルド化する社会』早稲田大学出版部、一〇六頁。この部分は、次の二〇〇四年版では書き直されているが、趣旨は変わっていない。本書では、長く流通していた初版の記述に従うことにする。Ritzer, G. 2004a. *The McDonaldization of Society* (revised new century ed.),

Pine Forge Press. 正岡寛司訳、二〇〇八、『二一世紀新版　マクドナルド化した社会――果てしなき合理化のゆくえ』早稲田大学出版部。なお、二〇一三年に下記のさらに新しい版が出されている。Ritzer, G., 2013, *The McDonaldization of Society* (20th anniversary ed., 7th ed.), Pine Forge Press.

（4）かつては、ロストウなど産業化や近代化を主張する論者が、一つのイデオロギーとして第一の消費文化（に近いもの）を称揚した。Rostow, W. W., 1960, *The Stages of Economic Growth: A Non-Communist Manifesto*, Cambridge University Press. 木村健康・久保まち子・村上泰亮訳、一九六一、『経済成長の諸段階――一つの非共産主義宣言』ダイヤモンド社。このような言説は、最近では少なくなっているものの、なお次のような文献に見られる。Lebergott, S., 1993, *Pursuing Happiness: American Consumers in the Twentieth Century*, Princeton University Press. Livingston, J., 2011, *Against Thrift: Why Consumer Culture Is Good for the Economy, the Environment, and Your Soul*, Basic Books.

（5）ただし、左記の文献には、便利さのイメージを代表する基本的な電化製品でさえ、普及当時は必ずしも便利なものとは言い切れなかったという指摘がある。夢と豊かさの実感を与えることと、本当の意味で便利であることは必ずしも一致しないのである。山口昌伴、一九八五、「道具」、高度成長を考える会編、『高度成長と日本人2　家庭篇　家族の生活』日本エディタースクール出版部、六一〜一〇四頁。

（6）第二原則がもたらす「大量消費社会」の問題点については、次の文献を参照されたい。Durning, A. T., 1992, *How Much Is Enough?*, Norton. 山藤泰訳、一九九六、『どれだけ消費すれば満足なのか――消費社会と地球の未来』ダイヤモンド社。Wuppertal Institute für Klima, Umwelt, Energie, 1996, *Zukunftsfähiges Deutschland: Ein Beitrag zu Einer Global Nachhaltigen Entwicklung*, Birhäuser. 佐々木健ほか訳、二〇〇二、『地球が生き残るための条件』家の光協会。Flavin, C. et al., *State of the World 2004*, Norton. エコ・フォーラム二一世紀日本語版監修、二〇〇四、『地球白書　二〇〇四‐二〇〇五』家の光協会。

（7）内田隆三、一九八七、『消費社会と権力』岩波書店、七〜二九頁。

（8）Ritzer, 1993, op. cit.

（9）同右、訳書、三〇〜三五頁。

（10）間々田孝夫、二〇〇七、『第三の消費文化論――モダンでもポストモダンでもなく』ミネルヴァ書房、八二頁。

(11) Ritzer, 1993, op. cit. 訳書、一九五〜二二九頁。なお、新版では、健康と環境への影響が脱人間化現象から外れて独立するなど、多少の分類の組み換えが行なわれている。Ritzer, 2013, op. cit., pp. 212-250.

(12) Ritzer, G., 2004b, *The Globalization of Nothing*, Pine Forge Press. 正岡寛司監訳、二〇〇五、『無のグローバル化』明石書店。なお、この著作は二〇〇七年に次の改訂版が出されたが、本書で扱う部分については、見出しには変更があるものの内容的に大きな変更がないので、原則として初版に基づいて記述する。Ritzer, G., 2007, *The Globalization of Nothing 2*, Pine Forge Press.

(13) この著作が、リッツァのマクドナルド化に関する著作と違って、テーマを消費に限定することについては次のページに明記されている。Ritzer, 2004b, op. cit. 訳書七、二五〜二六頁。

(14) 以下では、同右、一〜三章に基づいて記述する。

(15) 同右、四頁。

(16) リッツァは「無」の定義に大量生産であることを含めていないが、取り上げている事例から、大量生産的な消費財を念頭に置いていることは明らかである。大量生産についての記述は、次の箇所を参照。同右、一二七頁。

(17) 同右、一一頁。

(18) リッツァは「無」と「存在」の理論は価値判断を含まないと言っているが、二つの概念のネーミングからもわかる通り、実質はそうでない。「無」は価値判断を含まない概念だということについては、同右、四頁を参照。なお、基本的に「無」の問題を中心に論じているとはいえ、リッツァは「無」の肯定的側面についてもバランスをとって記述しようとしている。同右、二七六〜二七八頁。

(19) 五つの連続体についての記述は、同右、二章、三章に基づく。

(20) ただし、そういった商店街でも、必ずしも人情味あふれる顧客と店主の関係ばかりではなかった。次の直木賞受賞小説を参照。ねじめ正一、一九八九、『高円寺純情商店街』新潮社、六七〜七九頁。

(21) Ritzer, 2004b, op. cit. 訳書、八二頁。

(22) 同右、一〇二頁。

(23) 同右、三九～四五頁。

(24) 時間特定的（specific to the times）の反対は、初版では time-less であったが、改訂版では no specific to the times（time-free）となっている。Ritzer, 2007, op. cit., p. 42.

(25) Ritzer, 2004b, op. cit. 訳書、五一～五八頁。

(26) 同右、九九～一〇〇頁。

(27) 同右、五一頁。

(28) 社会学者以外で、消費財の合理化の問題点を指摘した例としては、イギリスでアーツ・アンド・クラフツ運動を主導したウィリアム・モリス（William Morris）、日本の民藝運動の創始者柳宗悦などがあげられる。

(29) リッツァ自身が、魅惑するものと幻滅させるものという連続体は、今まで述べたこと（つまり他の連続体のこと）のすべてをまとめるものだと述べている。Ritzer, 2004b, op. cit. 訳書、六二頁。

(30) 予測可能性と地域性や個別性との関わりについては、次の箇所を参照されたい。同右、九三～九四頁。

(31) 間々田孝夫、前掲書、八二～八七頁。

(32) リッツァは、「無」と幻滅、「存在」と魅惑の結びつきは必然的なものとは考えていないようである。しかし、結局蓋然的にはそれぞれが結びつくと断言しているのであり、やはりここで示したような疑問は残ったままである。Ritzer, 2004b, op. cit. 訳書、六二頁。

(33) この点については、次の文献を参照されたい。Harvey, D., 1990, *The Condition of Postmodernity: An Enquiry into the Origins of Cultural Change*, Blackwell. 吉原直樹監訳、一九九九、『ポストモダニティの条件』青木書店、一九一～二二六頁。

(34) Ritzer, 2004b, op. cit. 訳書、二三八～二四六頁。Ritzer, G., 1998, *The McDonaldization Thesis: Explorations and Extensions*, Sage. 正岡寛司監訳、二〇〇一、『マクドナルド化の世界——そのテーマは何か?』早稲田大学出版部、三〇五～三三〇頁。

(35) この点については、筆者はすでに前著で指摘した。同様の認識はケルナーにも見られる。次の文献を参照。間々田孝夫、前掲書、九六～九八頁。Kellner, D., 1999, "Theorizing/Resisting McDonaldization: A Multiperspectivist Approach," Smart, B.

(ed.), *Resisting McDonaldization*, Sage, pp. 189–190.

（36）2節で紹介したマクドナルド化論では、このほかに健康に関わる生理的価値、環境汚染など社会的影響も含め、もう少し幅広い「人間的で好ましい消費」の姿がうかがえるが、『無のグローバル化』では、焦点がこの二点に限定されたようである。

（37）Ritzer, 2004b, op. cit. 訳書、六九頁。

（38）筆者が授業でマクドナルド化論を取り上げる時、現在外食チェーンでアルバイトをすることの多い学生たちに、しばしばこの点について尋ねるが、学生たちは、マニュアルが存在しないか、存在したとしても緩やかにしか適用されていないと答えることが多い。

（39）マクドナルド化的状況が、日本の郊外に蔓延していることについては、次の文献を参照。三浦展、二〇〇四、『ファスト風土化する日本――郊外化とその病理』洋泉社（新書）。

（40）リッツァも、「無」が増殖している一方で、「存在」も増えていることは認識している。また、スローフード運動に関心をもち、スローフード協会のUniversity of Gastronomic Sciencesで定期的に講義を担当しているそうである。次の箇所を参照。Ritzer, 2004b, op. cit. 訳書、二七二、三五二～三五四頁。

（41）間々田孝夫、前掲書、八七頁。

（42）Ritzer, 2004b, op. cit. 訳書、二三〇頁。

（43）リッツァもこの点は承知している。同右、三〇〇頁。また、このような利用法は少なくとも東アジア諸国には共通しているようである。次の文献を参照。Watson, J. L. (ed.), 1997, *Golden Arches East: McDonald's in East Asia*, Stanford University Press. 前川啓治ほか訳、二〇〇三、『マクドナルドはグローバルか――東アジアのファーストフード』新曜社。

# 第二章　第二の消費文化

高級ブランド品店では、普及品の何倍もの値段のバッグや靴がよく売れる。人々は、それを生活水準の高さの象徴として誇らしげに使用する。新しいファッション衣料、加工食品、音楽や映画が、趣向を凝らして次々に市場に登場し、若者はその流行に飛びつくものの、すぐに飽きてまた別の流行を追いかける。装身具や雑貨の小売店では、強烈な色彩、奇抜なデザインの商品があふれ、消費者の目を惹いている。

消費社会で頻繁に見られるこのような現象に対して、主流派の経済学は興味を示さなかったが、社会学やその周辺分野の学問は強い関心を抱き、恰好の研究対象としてきた。消費社会のいかがわしさや実質の乏しさを物語る最も消費社会らしい消費現象として、これらを盛んに取り上げたのである。本章では、それを第二の消費文化としてとらえ直し、それが消費文化研究の中でどのような意味をもつかについて考察することにしたい。

## 1　第二の消費文化とは何か

### 第二の消費文化の原則

第二の消費文化は、次の二つの原則によって特徴づけられる。

第一原則　関係的価値をより高い水準で実現することを目指す。
第二原則　非機能的な消費行為または非慣習的な消費行為を自己目的的に追求する。

この二つの原則は、いずれも第一の消費文化のようにわかりやすいものではないが、第一原則については、関係的価値について理解さえすれば、比較的イメージしやすいものであろう。

関係的価値とは、序章3節で示したように、消費という行為が、消費者の関与する他者、集団、一般社会などの社会環境に対して、同調や反抗の態度を表明し、あるいはその中で優位性、帰属階層、属性、個性、流行性などを表現（ないし表示）して、それらとの関係を調整する役割を果たす場合、そのような消費の価値を意味するものであった。

ここで「関係を調整」という表現は、ややあいまいなものであるが、直接的に話し合いや交渉が行なわれることなく、消費を通じて自分がどのような存在であるかを示すことによって、他者の自分に対する認識や態度に一定の枠をはめ、自分と他者との関係を形成していくことを意味している。

その内容は、序章3節で述べたようにさまざまであるが、仔細に検討するとさらに多くのパターンを発見することができ、その複雑さは驚くばかりである。

たとえば、消費行為が富裕さや教養の高さなど社会的地位を示すといったことは、しばしば指摘されてきたが、それが消費自体についての社会的地位、つまり消費における経験や能力、判断力などと結びつけられることがある。洋服の着こなしの上手さで他者と差をつけるとか、オーディオ装置の音を聞き分ける力を誇示するといったことが行なわれるのである。こういった場合については、序章では取り上げなかった。

また序章では、見栄や虚栄心を、上下や優劣をつけられる属性に関して背伸びをして過大に見せかけるものとしてとらえたが、それに似て非なるものとして、負けん気や競争心から、同類の属性をもつ誰かが始めた消費を自分も取り入れようとする場合がある。これについても取り上げていない。

他方、よく引き合いに出される誇示的な消費（見せびらかしの消費）の逆に、他者のねたみや特別扱いを避けるために、富裕者があえて普通の人間であることを装うといった場合もある。日本では少なくない行動様式だと思われるが、これについても紹介しなかった。

さらに、一対一の人間関係においては、戦略的にあるタイプの人間（あるいはある状況にある人間）であるふりをする、見せかけるといった、いわゆる役割演技のために消費が利用されることがある。その中で見栄や虚栄については取り上げたものの、それ以外のやり方については扱わなかった。

こういったさまざまな場合を取り上げていけば、そのパターンは一桁では到底足りないほど多くなることだろう。しかしながら、そのように多様で複雑な関係的価値の実現は、そのすべてが第二の消費文化に関係するわけではない。第二の消費文化に関係するのは、第一原則が示すように、関係的価値をより高い水準で実現することを目指し、消費を積極的に動機づけ、その活性化や拡大につながる部分だけである。

関係的価値は、もともとは固定した階級社会での、固定した消費生活の中で実現されるものであった。人々は自分の地位に見合った衣服や食事に甘んじ、毎日決まった消費のパターンが繰り返される。そういった消費生活の中でも関係的価値は実現されていたが、この場合には第一原則は満たされていないから第二の消費文化とは言えない。

第一原則で「関係的価値をより高い水準で」というのは、人々が関係的価値に関心をもち、それを実現しようとして消費意欲が増し、消費が活発になることを意味している。具体的に言えば、郊外住宅地で、隣近所と競い合う心理から車の消費が盛んになるとか、富裕層が驚くほどの熱意を注いでフランスやイタリアの高級ブランド品を買いあさり、見せびらかすといった場合、そのような消費文化のことを意味するのである。

ただし、消費金額が多くなる場合だけではない。消費金額に直接的に反映されなくても、自分の印象がよくなるように化粧の仕方を工夫するとか、流行の先端を行くために日々ファッション情報の収集を続けるといったことはよくある。このように非金銭的な面で、関係的価値が追求される場合も、第一原則に含めることができるだろう。

他方、第二原則はよりわかりにくいものである。

先述のように、第二原則は、非機能的または非慣習的な消費行為を自己目的的に追求するということであった。ここで非機能的な消費行為とは、機能的価値が乏しいか、そこまでではないにせよ通常の機能よりも劣るような消費をあえてするということである。また、非慣習的な消費行為とは、常識化あるいは慣習化していた消費のパターンとは異なる消費のパターンをあえて採用し、慣習から離脱しようとするものである(1)。

このような説明をすると、そもそも、そのような消費が存在するのかどうかを疑問に思う人もいることだろう。しかし、非機能的、非慣習的というところを、意味の疑われる消費、目新しさを目指す消費と書き換えてみれば、それが現代社会において非常に広がっていることは、容易に理解できるだろう。

たとえば、現代女性のファッションは日々激しく変化しており、それまで慣習化されていた常識を打ち破ることがしばしばある。アイテムの何と何を組み合わせるか、体のどの部分を隠すかなどについて、過去の常識や慣習が絶えず否定され、目新しさが追求されていく。こういった現象は、衣服にとどまらず、化粧品、装身具、雑貨、家具などにも広がっており、現代消費社会では、多くの消費財と消費行為が、目新しさを目指すものになっている。それが、非慣習的ということが示す内容である。

また、現代の消費現象の中には、現代消費文化の主流である第一の消費文化の観点からすれば意味を疑われるような、非機能的な部分が含まれている。たとえば女性のハイヒールは、しばしばかかとが極端に細くデザインされており（ピンヒールと言われる）、歩きにくさや事故の危険性、身体への悪影響などが指摘されている。これは靴の機能的価値からすれば、明らかにマイナス要素であるが、それにもかかわらずこういったハイヒールは根強く消費されている。

そこまで機能的価値が低下しないまでも、食べにくそうな巨大なハンバーガー、軽快ではあるが寒そうなコート、面白い形ではあるがもちにくいコーヒーカップなど、現代社会には機能性や実用性に反するような商品が数多く存在している。非機能的な消費行為とは、こういったことを示すのである(2)。

第二原則については、これでおおむね内容が明らかになったと思われるが、ここで注意すべきは、第二原則の最後に示された「自己目的的に追求する」という部分である。

非機能的、非慣習的な消費行為は、現代消費社会に満ちあふれているが、それらの中には、何かの理由で結果的にそうなったという場合もある。非慣習的な消費行為の中には、機能的にするために過去の慣習を破るという場合があり、たとえば涼しさのために思い切って衣服の袖を無くすとか、高齢者が転ばないように住宅の段差を無くす、といったことが行なわれてきた。これらの消費財は、当初は非慣習的で違和感を覚えるものだったかもしれないが、その根拠には機能的価値があった。

また、非機能的な消費行為の中には、機能的価値を犠牲にしても実現したいデザインのスマートさや、上品さ、美しさなど、文化的価値を追求する過程で結果的に非機能的になってしまう場合が含まれている。

しかし、現代消費社会では、そういった根拠が何もなく、ただ非機能的、非慣習的であること自体に意味を見出し、自己目的的に追求される場合が増えているように思われる。

そういった消費財を作るのは、もちろんメーカーであるが、メーカーは非機能的、非慣習的であることによって、面白さ、目新しさといった特徴を与え、いわゆる「製品差別化」を実現することができる。製品差別化によって、新たな需要を喚起することを目指すのである。このような企業の差別化は、多品種生産の技術が発展するにつれてますます盛んになり、大量の非機能的、非慣習的商品を生み出している。そこで、筆者が「需要創造説」と称した立場からは、こういった商品の生産が、現代資本主義社会を支える主要なメカニズムであるとさえ解釈されている(3)。

しかし、第二原則に従った消費は、決して企業側が一方的に促そうとするものではない。消費者も、現代においては、消費財の非機能的要素や非慣習的な面に関心を寄せており、しばしばそれを購入の決め手とする。生活に刺激を与え、何らかの非日常性を実現するために、消費者は積極的にそれを求めることが少なくない。専門店や大型ショッピングセンターを回り、何か変わったもの、面白いものはないか物色するといったことは、多くの人が経験していることだろう。

そして、このような消費者心理を前提としない限り、メーカーの差別化も成功しないであろう。

消費者は、企業の作る製品ではなく、自分の行為を通じて、非機能的、非慣習的消費を実現する場合もある。ユニークな洋服のコーディネーションをするとか、意外な食材を組み合わせた料理をするといったことは、消費者がメーカーとは無関係に、自分だけで行なえることなのである。

さて、これまで述べてきた二つの原則であるが、第一の消費文化と同じように、この二つは一見すると関係のないもののように思える。単純化して言えば、第一原則は他人の目を気にした消費ということであり、第二原則は変わったものを消費するということである。この二つは、それぞれ現代消費社会で頻繁に見られるものではあるが、特に似ているようにも思えない別のことである。それを一緒にするのはなぜなのだろうか。

第一の理由は、二つの原則は境界線があいまいで連続しているということである。

序章3節で述べたとおり、現代人は自分の個性を表現する消費を行なうことがあるが、その際には、消費内容は目立つもの、一風変わったものとなることが多い。そのような消費は、第一原則に従った消費であると同時に、第二原則に従っているとも解釈できそうなものとなる。ここでの個性を表現する動機は強い場合もあれば弱い場合もあるが、動機が弱くて、ただちょっと変わったものを買って人に見せようという場合には、第一原則に従ったものなのか、第二原則に従ったものなのかが判別しがたいものになる。

こういったあいまいさは、個性を示す場合に限らず、誇示的消費の場合、流行にのろうとする場合、反抗の意思を示す場合など、第一原則に従うほかのさまざまな消費についても、同じように生じるであろう。

このように、第一原則と第二原則の境界が定めがたい面があることが、一つの消費文化として扱う理由となる。

第二のもっと大きな理由は、二つの原則が共通して、通常の意味での消費の実質を欠くという特徴をもっているからである。消費は、一般には、消費者に何らかの実質的便益や精神的な充足感をもたらすものと考えられている。しかし、第一原則の場合は、消費財が自分と他者、集団、社会の関係を調整するという意味をもっており、その限りでは消費財は実質的な役割を果たしていない。人々は、見せびらかすために使いもしない食器を買い、近所の人に見栄を張るために欲しくもない車を買う。また第二原則の場合は、たぶんお蔵入りになるような洋服をちょっと面白いデザインだからと思って買い、すぐ飽きるとわかりつつ、新発売のテレビゲームを買うのである。

このように、第一原則も第二原則も、消費がもたらす実質的な価値や意味が乏しく、その意味で空虚なものである。もちろん、第一原則における他者との調整、第二原則における新規さ、非日常性の追求も、ある種の価値であり意味であると考えることはできる。しかしそれらは、何らかの必要性や有益さ、幸福の実現といったものとはっきり結びつけることができず、存在意義を強く主張できないものと言える。

そして第三の理由は、第一原則や第二原則を実現する消費財は、共通して、もっぱらそれだけのために作られたものがほとんどないという特徴をもつからである。

序章3節「関係的価値」で述べたように、第一原則の関係的価値を実現する消費財には、もっぱらそれだけを実現するものがほとんどないのだが、第二原則についても同様のことが言える。ただ単に変わったもの、ただ単に目新しいものでは消費財となりえず、変わった○○、目新しい○○として商品化される場合がほとんどである。○○の部分には、機能的価値あるいは文化的価値を示す「帽子」、「チョコレート」、「映画」などの商品種別が入り、第二原則は、それに付加された性質として実現されることになる。このような特徴は、第一原則と第二原則が、何か特殊な消費のあり方であることを示唆しているように思われる。

以上三つの点で、第一原則と第二原則は共通性をもっており、第二の消費文化という一つのタイプを形成していると考えられるのである。

## 第二の消費文化を論ずる意味

本章の冒頭で述べたように、第二の消費文化は社会学やその周辺分野の学問の恰好の研究対象となってきた。周辺分野の学問とは、文化人類学、言語学、歴史学、制度派経済学などを意味している。

第二の消費文化は、早くから消費を研究対象としてきた経済学（理論経済学）にとっては、単純に割り切れない部分、不合理性を含んだ扱いにくい部分であり、経済学はそれを切り捨て、合理的で扱いやすい第一の消費文化に焦点をしぼることによって、高度に論理的で体系的な理論を構築するという方針をとった。そのため、第二の消費文化は、基本的に他の人文社会科学分野に任され、そこで盛んに取り上げられてきたのである。

その際、第二の消費文化はしばしば批判の対象という位置づけを与えられてきた。第二の消費文化に関する研究の中には、中立的な立場からのものも少なくはないが、今日まで残る第二の消費文化に関する古典的な研究の多くは、序章1節「批判的消費観」で述べた批判的な立場からなされたものである。

第二の消費文化のうち、第一原則については、特に顕示的な消費に批判が向けられた。おもに富裕層がその豊かさを示そうとするさまざまな消費は、多くの場合、過剰で生活上の必要性の乏しいものであり、浪費的な面をもっている。そういった消費が大量に発生する資本主義経済は、根本的にその意味を問い直すべきものと考えられた。

また第二原則については、富裕層だけでなく一般市民を巻き込んだ「差異を求める消費」に批判が向けられてきた。差異を求める消費というのは、次から次へと目新しいもの、奇抜で意味の不明なものを追いかけ、それを通じて日常生活における変化や刺激を実現しようとする消費であるが、これも顕示的な消費と同じように、生活上の必要のない、無意味で過剰な消費を生み出していると言えるだろう。

資本主義経済は、その需要を維持するためにこのような消費を奨励せざるをえない面があるが、資本主義の維持のために過剰な消費を行なうことは、本末転倒であり、資本主義自体の問題点だと考えられた。

二原則のどちらにせよ、第二の消費文化は、消費としてのいかがわしさ、実質の乏しさ、不健全性などと結びつけられてきた。第一の消費文化が現代消費社会の主役であったのとは違って、強力な敵役として扱われてきたのである。

しかし、本書で第二の消費文化を扱うのは、そういった敵役としての意味を確認するためだけではない。本書で検討したいのは、第二の消費文化が消費文化全体の中で、本当はどのような意味をもち、どのような位置にあるかということである。

第二の消費文化は、第一の消費文化が存在するにもかかわらず、しばしばそれにとって代わり、事実上の主役として扱われることがある。実際の映画や演劇でも、敵役の個性と存在感が強く、主役を押しのけて注目を浴びることは少なくないが、第二の消費文化も、その複雑で、いかがわしく、存在感のあふれる性格によって、主役以上に注目を集めてきたと言える。第一の消費文化に照準を合わせた経済学は除くとして、他の社会科学分野では、むしろ第二の消費文化に関心を集中させてきた。そして、第一の消費文化に含まれない残余の部分として扱うのではなく、逆に、消費文化の全体をもっぱら第二の消費文化の視点からとらえ、さまざまな消費現象を第二の消費文化として分析しようとする傾向が強まったのである。

序章4節で述べたように、消費文化の定義として次のようなものがあるが、これは明らかに消費を第二の消費文化中心にとらえようとしたものである。(4)

「生活が豊かになることによって、人びとの関心が主として財とサーヴィスの消費に向けられ、消費を通じて顕在化するライフスタイルが人びとの社会的な違いを識別する主要な基準となる社会的生活様式。とくにマス・メディアの提供する情報が、たえず新しい生活イメージを形成し、人びとがそれを適応すべき環境として捉えつづけることによって、消費文化には変化が与えられる。」

しかし、消費とは、果たしてそのような視点から眺めるだけでいいものなのだろうか。消費文化が、多分に右記のような第二の消費文化的な面を含んでいるのは確かだとしても、そこには、それ以外のものもまた多く含まれている可能性がある。それなのに、右記の定義は、大幅に第二の消費文化に偏ったとらえ方をしているのである。

このような傾向は、消費文化だけではなく、消費社会、消費主義、消費行動などのとらえ方にもしばしば見られるものである。

消費を第二の消費文化から眺める視点は、さらに進んで、消費社会の動態を第二の消費文化からとらえようとする見方を生み出した。筆者が「需要創造説」と呼ぶ見方がそれである。需要創造説は、序章で示した生産者主権論（N２）の新ヴァージョンというべきもので、現代消費社会では、企業が第二の消費文化に含まれる自己目的的に差別化された商品を次々に作り出し、それが人々の旺盛な需要を作り出しているという見方がなされる。自己目的的差別化は果てしなく続けることができるから、資本主義の需要も果てしなく作り出せる、と考えられたのである。(5)

さらに、消費社会の評価の問題がある。第二の消費文化の浪費的で消費の実質を伴わない性格から、消費社会は一種の空しく意味の乏しい社会のあり方と見なされることが多い。第二の消費文化は、第一原則にせよ、第二原則にせよ、消費財が消費される状況と、それに対する周囲の人々や消費者自身の反応次第で消費が価値をもつような文化であり、消費財自体の価値に依存するものではない。そのため、何か不自然で無用の営みのように感じられるところがある。前章では、リッツァによる第一の消費文化の空虚さについての考え方を紹介したのだが、第二の消費文化の空しさは、それよりもはるかに明瞭に感じとれるはずである。それゆえ、第二の消費文化を中心に眺める限り、消費社会は、物的に豊富だが充実した文明とは見なしがたい、空虚なものと評価されることになる。

以上のように、第二の消費文化を消費文化の全体とほとんど等置して、消費主義、消費文化、消費社会などの概念を構成し、その観点から消費社会を分析し、評価しようとする傾向は、社会学やその周辺領域で、二〇世紀の後半に大きな広がりを見せた。

それに対して本書では、第二の消費文化はあくまでも消費文化の一部にとどまるという視点をとり、第二の消費文化中心の見方を冷めた目で評価することを目指している。筆者は、そのような視点こそ、二一世紀に求められるものだと考えるからである。

そして、それに関連して筆者が検討したいのは、第一の消費文化に第二の消費文化を対置させ、あるいは機能的価値に関係的価値を対置するという、よく見られる構図が妥当かどうかという問題である。

第二の消費文化は、一般的には第一の消費文化にとって代わるものとして対置される。そしてその根拠は、第一の消費文化の充足あるいは飽和に求められる。第一の消費文化が満たされたからこそ、それに代わって、敵役であったはずの第二の消費文化が主役に躍り出た（躍り出る）というとらえ方である。しかし、果たしてそのようなとらえ方は正しいのだろうか。第一の消費文化は本当に満たされたのだろうか。また、第一の消費文化でないもの、とって代わるものとしては、第二の消費文化しかありえないのだろうか。

この問題を検討することは、現代消費社会がどのようなものであり、どのような可能性をもっているかを分析する上で、非常に大きな意味をもつものと考えられる。

以上のような問題意識に基づき、次節では、これまで述べてきた筆者の概念（第二の消費文化の第一原則、第二原則）に照らして、過去の第二の消費文化に関する研究がどのような特徴と意味をもっていたかを明らかにする。そして続く3節で、第二の消費文化を中心に消費文化を分析することの意味とその限界について論じることにしよう。

## 2　第二の消費文化の理論的系譜

### ヴェブレンの顕示的消費論

生活の必要を越えた、豊かなあるいはぜいたくな消費は、もともとは上流階級にのみ可能であったが、経済活動が活発化するにつれて次第にすそ野を広げ、より多くの人々にも可能となった。特に産業革命以降は、新興ブルジョワジー層を中心に、それが大幅に広がっていった。アメリカにおいて、このような状況を目の当たりにし、それを分析しようとしたのが、経済学者（兼社会学者）のヴェブレンであった。

ヴェブレンは、有名な著作『有閑階級の理論』（一八九九）の中で、[6]「顕示的消費」（conspicuous consumption）という概念を用いて当時の消費文化を論じたことで知られている。顕示的消費は、第二の消費文化を示す概念の中で最もよく知られたものの一つであり、今日でもしばしば用いられている。[7]

しかし、意外なことにヴェブレン自身はこの概念をきちんと定義しておらず、その内容は意外にあいまいである。極めて単純、素朴に解釈するなら、顕示的消費とは自分がある消費行為をしていることを見せびらかすような消費を一般的に指し示すものと言える。[8]しかし、見せびらかすということにはさまざまな動機があり、そのすべてを顕示的消費と呼んでいるわけではない。

たとえば、家族や友人に新しく買った洋服を見せびらかすという場合、単に早くみんなに見てもらいたいという動機が作用したものであり、それを買ったうれしさがあふれだした結果に過ぎない。また、派手好きな人がいて、いつも目立つ服を着ているという場合、目立つことを意識しているし、実際人目につくかもしれないが、それを他者が見て、うらやましいとかねたましいとか思うことを期待するようなものではないと考えられる。

顕示的消費という言葉を以上の二つのような例に対して適用する人もいるかもしれないが、これらは一般的には顕示的消費に含まれないものであろう。なぜなら、ヴェブレンがこの言葉を用いている文脈から判断すると、顕示的消費とは、自分の消費を他者に見せることによって、他者がうらやみ、自分の優位が認められ、名声が得られるものと考えられているからである。

顕示的消費とは、一般的には次のようにとらえられるものである。[9]

「自分が特定の社会階級、とくに上流階級、より特定的には有閑階級に属していることを誇示するために、富や財あるいはサーヴィスを惜しげもなくかつ無駄に消費する行為」

要するに、富裕層が自分の富を見せびらかして優位を示すような消費としてとらえるのである。しかし、このようなとらえ方は、ヴェブレンの記述を正確にたどると、正しい理解とは言えないことがわかる。まず顕示的消費の主体については、ヴェブレン自身が、中流階層から低階層にまで及ぶことを明記しており[10]、富裕層（有閑階級）の消費だけを示すものとは言えない。

また、顕示的消費を意図的に行なっているかどうかについても注意する必要がある。「見せびらかしの消費」とも訳される顕示的消費は、いかにも意図して行なっているという印象を与えるものであるが、ヴェブレン自身は、顕示的消費が習慣化し、必需品のように感じられる場合を繰り返し指摘している[11]。

たとえば中流階級の消費者が、家の中をこざっぱりと整理し、好きなインテリアデザインで飾るという場合、当該階層の世間的常識に従った生活習慣に過ぎず、特に優位を見せつける意図をもったものではない。それにもかかわらず、ヴェブレンは、こういった行為が結果的に中流階級であることを示すものであることから、顕示的消費の一つと見なしている[12]。彼の『有閑階級の理論』においては、こういった誇示的意図をもたない事例の方がはるかに多く示されている。

さらに、顕示的消費が競うのは、必ずしも富裕さばかりではない。ヴェブレンは当時のアメリカにおいて顕示的消費が盛んになったことを主張したのだが、その際には、富裕さばかりではなく、知識や教養、上品さや美意識の高さなども評価の基準になったことを明記している[13]。彼は、これらの評価基準における優位性も、元はと言えば金銭的富裕さに由来すると判断するのだが、それにしても、これらは、通俗的に理解される、むき出しに金目のものを見せびらかす顕示的消費とは大きく異なるものである。

以上のことから、理論上、顕示的消費は先に示したような定義とは全く似ても似つかない場合を含むものとなる。下層や中間層の人々が、当該階層の常識となっているような生活様式に従って、何気なくささやかな装飾品を用いるとか、子供に最低水準を超える教育を与えようとするといった場合でさえ、顕示的消費の一種と見なされることになる。

結局のところ、顕示的消費とは、筆者が序章や本章1節で述べた第二の消費文化（第一原則）を、包括的に示すものと考えるのがよさそうである。そこには、金銭的富裕さの誇示、階層シンボルとなる消費、無意識的に特定階層の標準的な生活様式に合わせる行為、見栄を張って経済力に見合わない背伸びをした消費を行なうことなど、さまざまなタイプの消費行為が含まれている。ヴェブレンは、顕示的消費とは縁が遠そうな「流行」さえ、顕示的消費（顕示的浪費）に含めているようである(14)。

このようにその内容が幅広く、あいまいであるにもかかわらず、顕示的消費という言葉には、聞いただけで何となく理解できるところがある。そのおかげで、この言葉は今日まで多くの人々に用いられているのであろう。

顕示的消費の意味内容をふまえた上で、次に、この概念を通じてヴェブレンが何を主張しようとしたのかについて考えてみよう。

ヴェブレンが金ぴか時代（Gilded Age）と言われたアメリカ資本主義経済の成長期に研究生活を始め、それを批判的な目で見つめつつ『有閑階級の理論』を書いたことはよく知られている(15)。ノルウェー移民の農家に生まれた彼にとっては、ヨーロッパ諸国を追い抜く勢いで成長する豊かなアメリカ社会は、うわべだけの繁栄を追っているように思え、違和感を覚えるものだった。顕示的消費とは、そのようなうわべだけの繁栄の空虚さ、無意味さを暴き出すための概念であった。彼にとっては、当時のアメリカの豊かさを示すようなさまざまな消費現象は、当時の主流派経済学が前提としたような、まともな実質的効用を実現するものではなく、余分で必要性の乏しい欲望を満たすものであった。そのような消費の欲望、あるいは動機を表わすのが、顕示的消費なのである(16)。

そこでは、二項対立型の論理展開がなされている。一方には実質的で必要性を満たすような消費があり、他方には実質に乏しく必要でない消費がある。その後者を示すのが顕示的消費であるが、顕示的消費が実質に乏しく必要でないと考えられる理由は、ヴェブレンの言に従えば「この類の支出が全体として人間生活や人間の福祉に役立たない」からであった(17)。生活や福祉というのは、おそらく、本書の言葉で言えば機能的価値を満たすものであり、生理的価値の実現に必要とされる消費に、人々の生活を快適にする機能的価値実現のための消費を少々加えたものであろう。それに対して、顕示的消費は関係的価値を実現するものであるから、生活に必要なものとは考えられなかった。

結局、ヴェブレンの批判は、生理的価値を中心とした機能的価値を重視する立場から、関係的価値を実現する消費を批判するという論理構造をもつものと思われる。あるいは、第一の消費文化を支持する立場から第二の消費文化を批判するものと言える。

第二の消費文化を批判する立場としては、四章で述べるゼロの消費文化の立場からの批判もありえるのだが、『有閑階級の理論』の記述内容から判断する限り、彼が生活の快適さや便利さの実現を否定する禁欲的な立場に立っていたとは思えない。ヴェブレンは、顕示的消費と並んで有名な「製作者本能」(instinct of workmanship)という概念を用いて肯定的な社会のイメージを描くのだが、この製作者本能は、合理主義や機能主義を含むものであり、この点からも、ヴェブレンは機能的価値の実現を支持する立場に立つと考えられるのである。

当時のアメリカ社会は、爆発的な経済の拡大とともに多くの富裕層を生み出したが、他方では多くの貧困層を抱えてもいた。ヴェブレンの批判は、おそらく、これら貧困層に目を向けつつ、彼らの生活を実質的に引き上げるような消費を差しおいて、不要不急の顕示的消費が活発化している現状に皮肉な目を向けたものと言えるだろう。

しかし、ここで考えなければならないことは、ヴェブレンが顕示的消費の概念を通じて、消費文化の何をどこまで批判したのかという問題である。

顕示的消費は、それを露骨に行なう限りでは俗物的で上品ではなく、つつましさや礼節を貴ぶ道徳基準から見れば好ましくないものかもしれない。しかし、右記のように、顕示的消費は誇示したり優位に立とうとしたりする動機がない消費行為をも含むものであり、生活上の実質的な必要性と結びつかないほとんどすべての消費行為を示すものでもあった。ヴェブレンは、果たしてそのような消費の全部を批判的にとらえたのだろうか。

この点についてヴェブレンは明確に論じておらず、彼が何を批判していたのかは、結局よくわからない。しかし、その後のヴェブレンの読まれ方について言えば、顕示的消費はほとんどの場合、文字通りに誇示的な動機、つまり富裕層が優位を見せつけて関係的価値を実現しようとする意思に基づくものとして解釈された。専門のヴェブレン研究者を除いては、習慣化した消費のパターンまで含む広い概念として解釈する者は、ほとんどいなかった。

このように狭い意味での顕示的消費に限定して論ずることは、消費文化の論じ方としては都合のよいものであった。富裕層のこれ見よがしの誇示的消費行為は、明らかに無駄遣いだと感じられるし、道徳的に好ましいとは感じられず、そのようなことが可能な階級が存在していること自体が社会的に問題だと考える立場もある。狭義の顕示的消費は、消費社会における敵役とするには、最もふさわしい消費のありようだったのである。

しかし、このような解釈は、消費文化の理解にとって極めて重要な現実を見のがす結果につながってしまった。極めて重要な現実とは、二項対立の一方にある「実質的で必要性を満たすような消費」と対置されるのは、このような狭い意味での顕示的消費だけではないということである。現代の消費には、このどちらでもないような多くの消費行為、たとえば映画を見るとか、外食で美味しいものを食べるとか、室内にきれいな花を飾るといったことが非常に多く行なわれている(18)。一般庶民にまで広がった、このような意味での「必要性を越えた消費」は、ヴェブレンの広い意味での顕示的消費には含まれるかもしれないが、誇示や見せびらかしという意図に乏しく、関係的価値を実現することには重点がおかれていない。むしろこれらは、筆者の言葉で言えば文化的価値に重点が置かれたものと言える。

これらは必要性を越えてはいるものの、確かに消費者の満足や幸福につながっているように思われ、狭義の顕示的消費のように無意味であるという批判をしにくく、扱いづらいものであった。それゆえ、消費のこのような分野については、ヴェブレン自身それほど詳しく論じていないし、その後継者たちによっても基本的に避けられてきたと言える。

このような研究のあり方は、その後の消費文化の研究に対してある決定的な方向づけ、すなわち、生理的価値と道具的価値に対立するものとしてはもっぱら関係的価値を取り上げ、文化的価値のことは論じないという方向づけをするものであった。このような方向づけは、今日に至るまで大きな、そして好ましくない影響力を及ぼしていると考えられるのだが、これについてはのちほど3節で詳しく論じることにしよう。

## ジンメルの流行論

ヴェブレン（一八五七〜一九二九）と同時代に生きたドイツの社会学者（兼哲学者）ジンメル（一八五八〜一九一八）は、ヴェブレンとは異なる視点から第二の消費文化に目を向けた。

流行研究の古典とされるジンメルの「流行」（Die Mode）[19]は、消費社会や消費文化を直接のテーマとするものではないが、消費文化と流行が切っても切れない関係にあり、彼自身が消費に関する実例をいくつもあげていることから、消費文化に関する分析としても読むことができる。本項では、ジンメルの流行論に注目し、第二の消費文化の一つである流行（的消費）がどのようにとらえられているかを検討することにしよう。

ジンメルの流行論は、彼の主要な研究業績とは言えない小品であるが、他の業績と同様に、個人と社会の二項対立についての問題意識が貫かれている。流行論においては、社会的な斉一化に向かう傾向と、個人の特性や関心に応じて差異化に向かう傾向とが二項対立的なものとされており、流行はその相反する二つの傾向が統合されたものとしてとらえられている。ジンメルのこのようなとらえ方は、流行研究の中では有名なものであるが、そこには思いのほかさまざまな論点が織り込まれている。

まず最もよく取り上げられるのは、消費者（流行を追う人）の動機が斉一化と差異化の両方を含む、というとらえ方である。流行は、一方ではそれに従うべき社会的風潮として感じられるものであり、消費者はそれを模倣し、同調することによって社会への依存欲求を満たす。しかし、同時に流行は最先端の消費動向であるから、それを取り入れることは取り入れていない人に差をつけるものであり、差異や変化の欲求を満たすことができる。このように、斉一化（依存）と差異化の両方の動機を含むのが流行だというわけである。

しかし、考えてみると、流行はどの段階でそれに従うかによって動機が異なってくるようにも思える。先端を切ってその消費行為を開始し、流行のリーダーになる人は、模倣や同調という意識は全くないだろうし、逆に流行が進んだ後にそれに従う人には、差をつけたとか、新しいことをしたという気にはならないだろう。斉一化と差異化の両方の動機を実感できる人は、実際にはそう多くないはずである。

この点に関連して、ジンメルは補足的な論点を付け加えている。それは、当時もしばしば論じられ、現在まで語り継がれているトリクルダウンの考え方である。トリクルダウンとは、流行や生活様式が社会的地位の上層から下層へと伝わっていくという仮説であり、ジンメル以外にも同時代のヴェブレンやタルドなど、[20]さまざまな研究者によって共有されていた考え方である。

トリクルダウンが現実であるとすれば、下層の人々は自分より上層の人々の流行を模倣し、それに同調しようとするから、斉一化動機が強く働く。上層の人々は自分より下層に追いつかれるので、そこから自分を差別化し、新たな流行を取り入れようとする。したがって上層の人々では差異化動機が強く働くことになる。[21]ただし、筆者の判断では、ジンメルはトリクルダウンの考え方をそれほど強く主張しているわけではない。記述の量が少ないうえ、上下の階層をもたない社会で、流行が「並列する層に浸透」する場合を認めており、[22]売春婦など下層から流行が発生する例も紹介している。[23]そのような場合も含めるとすれば、差異化動機が強いのは、流行の発信源に近く、流行開始後間もなくの場合であり、斉一化動機が強いのは流行発信源から遠く、流行開始後時間を経過して流行が進んだ場合であると考える方がより一般的であろう。

他方、斉一化／差異化というテーマに関して、ジンメルは、以上の内容とは異なる論点も示している。

その一つは、集団の内外と斉一化／差異化を結びつけるもので、所属する集団内では流行によって斉一な行動様式が見られ、人々は斉一化を感じることができるが、その集団の外では流行に従わない、あるいは別の流行を追う人々がいて、その集団と自分の集団との差異を実感する、というものである。つまり、二つの動機が混在しているのではなく、どの集団を基準にとるかによって流行の意味が違ってくるというものである。[24]たとえば、ある大学生が若者集団の流行に合わせて髪を染めて集団内では斉一化し一体感を覚え、高校生たちと比較した時には髪型の差異に優越感を感じるといったことである。

もう一つは、人々は一方で流行に従い、社会への同調的態度を示すが、その一方で流行を追わない個人的で個性的な行為をして、前者で斉一化、後者で差異化を同時に追求しているということである(25)。これは、一つの流行について二つの動機が作用しているのではなく、一人の行為者について二種類の動機に基づく二タイプの行為がなされているということを意味している。たとえば、服装は流行に合わせて社会に同調して目立たないようにするが、家に帰るとマニアックな趣味を楽しんでいる、といったことである。また、同じく服装について、基本は流行に合わせつつ、細かいところでは（たとえばアクセサリーやボタンなど）自分の個性を発揮する、といった場合も含まれるであろう。

以上のようなさまざまな論点を含めつつ、ジンメルはこの短くとりとめのない論文で、斉一化と差異化という対照的な傾向の作用を執拗に論じ続けている。そのことから、この論文のねらいは、ジンメルの他の著作と共通した、社会過程における二つの対照的な力の作用という理論的アイディアを、流行という一つの文化現象を例にとって説明することにあったと考えられる。

ジンメルの流行論は、この二つの力のうち、特に後者、つまり差異化を強調したところに特徴があるように思われる。ごく一般的な流行のとらえ方は、流行に流されて主体性を欠いた消費をするという点に注目し、斉一化を強調することが多いであろう。しかし、ジンメルは斉一化と同じ比重で差異化を論じており、相対的には差異化の方に力を入れた記述がなされている。そして、このようなジンメルの流行（的消費）のとらえ方は、1節で説明した第二の消費文化の概念と照らし合わせてみると、ヴェブレンとは注目点が大きく異なることがわかる。

ヴェブレンが注目したのは顕示的消費であり、かなり概念の内容を広げてしまったとは言え、自己の優位を示す動機を中心とする消費行為であった。ジンメルの取り上げる流行は、上流階層の人々が中流以下の人々と差をつけようとして新たな流行を追求するといった記述を読む限りは、顕示的消費と同様の内容を示すもののように思える。しかし、ジンメルの場合には、豊かさを見せつける、優位を示す、名声を獲得するといった動機は記述されておらず、むしろ他者との差異を、単なる差異として自己目的的に追求するように読める部分が少なくない。たとえば次のような記述がある。

「流行は与えられた凡例の模倣であり、それによって社会への依存の欲求を満足させる。それは個々人の行動をたんなる一例にしてしまうあの普遍的なものを与える。しかも流行は、それに劣らず、差異の欲求、分化、変化、逸脱の傾向をも満足させる。」

ここで後半の文章は、差異や変化を求める傾向はそれ自体が欲求の対象であるかのように記述されているのである。序章3節で示したように、筆者は、斉一化に向かうにせよ、差異化を追求するにせよ、流行に関わる消費行為は第二の消費文化の第一原則に従うものと考えている。しかし、本章の1節「第二の消費文化を論ずる意味」で触れたように、流行において差異化や個別化を目指す場合には、その行為は次第に第二原則に近づき、第一原則との区別が不明確になってくる。第一原則に従うと考えられるのは、差異化を追求する行為が、自己の先進性や感覚の新しさを他者に誇示しようとする場合である。そのような動機が働かず、単に目新しいもの、変わったもの自体を追求する場合は第二原則に従うことになる。

ジンメルの扱っている流行は、解釈の仕方次第でそのどちらとも取れるようなもので、たとえば、次のような記述は、流行を第二原則の「非機能的な消費行為を自己目的的に追求する」という内容をそのまま示しているように思われる。[26]

「幅の広い上衣か狭い上衣か、尖った髪型か平たい髪型か、多彩なネクタイか黒いネクタイかというような、流行がその合目的性の契機にする決定のなかには、合目的性は影も形もない。はなはだしく醜く厭わしいものがしばしば現代的とされる。」

また、論文の終わり近くには、ヨーロッパにおけるバロック期の流行についての記述があり、次のように述べられている。[27]

「あらゆるゆがんだもの、無節操なもの、極端なものは、流行に適合している。（中略）バロックの形成物、すくなくともその多くは、それ自体のなかにすでに、不安や、偶然性の性格や、社会的な生活形式として具体化されれば流行になるような瞬間的な衝動への服従を含んでいる。」

ここでは、流行が、非慣習的な消費行為を追求する傾向と親近性をもつことが指摘されているのである。そして、これらの非機能的、非慣習的な消費行為は、特に何らかの関係的価値と結びつけられているわけではなく、それ自体が動機となる自己目的的なものと考えられているように思われる。

このようなことから、ジンメルは関係的価値と直接関係なく、消費財自体の目新しさや奇抜さを求める消費が流行において見られることに気がついているようであり、ヴェブレンとは違って、関係的価値（第一原則）とは別の、自律的な差別化消費の傾向（第二原則）にも目を向けていることがわかる。(28)

第二の消費文化の第二原則、つまり非慣習的、非機能的な消費の自己目的的追求は、流行となるような普及した消費行動として現われるだけでなく、流行に至らず単なるスタイルの多様化や、一時的な試みに終わる場合、そして極めて個人的で集合的な行動には至らない場合など、さまざまな場合を含んでいる。その中でジンメルは、流行に至る場合についてのみではあるが、第二原則に含まれるような現象が発生することを示しているのである。(29)

ジンメルの活躍した一九世紀末から二〇世紀はじめは、まだ大衆消費社会の前夜であったが、すでに流行的消費が頻繁に出現しており、(30)それを目指した企業活動も発生していたようである。(31)そのような現実を見つめつつ、ヴェブレンが、どちらかと言えばより前近代的な階層シンボルに近い形で当時の消費を理解したのに対して、ジンメルは現代によりフィットする純然たる差別化のための消費、つまり非機能的、非慣習的で、さらに関係的価値とも直接関係のないさまざまな消費行為を、流行現象の中に見出していた。

その点でジンメルはより先進的であり、その後のポストモダン論的な消費研究の先駆をなしたと言えるであろう。

## ボードリヤールの消費記号論

ヴェブレンやジンメルの時代から、二度の悲惨な世界大戦を経て、二〇世紀後半になると、資本主義経済は比較的安定的な成長軌道に乗り、本格的な消費社会を実現するに至った。西側諸国では、大衆的規模で豊かな消費生活を謳歌できるようになり、少なくない貧困層を抱えながらも、膨大な中間層が形成されていった。序章で示したような、便利な機械と豊富な物資に囲まれた「消費の世紀」が現実のものとなったのである。

この時期に、消費社会の批判的分析を行ない、日本で消費社会研究のシンボルとなったのが、フランスの社会学者ボードリヤール（一九二九〜二〇〇七）であった(32)。

ボードリヤールは記号論的消費論（消費記号論）の代表者と目されており、第二の消費文化に近い論点を示しているものと考えられるが、彼の消費論は、第二の消費文化という観点から見て、どのような特徴をもっているのだろうか。ボードリヤールの消費論は、おもに『モノの体系』、『消費社会の神話と構造』、『記号の経済学批判』の三著作で展開されているが(33)、ここで注目すべきは、彼の特徴とされる「記号論」がどのような意味で消費の分析と関わっているかということであろう。

服装が、その服を着ている当人について何事かを物語るように、消費が記号として何らかのメッセージを伝えている、というとらえ方は、現在ではすでによく知られたものである。ボードリヤールも、もちろんそのような消費の働きに注目するのだが、ここで問題となるのは、どのような内容に注目するかということである。消費財、あるいは消費行為はさまざまな内容を伝えることができ、たとえば、消費財についてその由来、背景にある文化、イメージなど、消費者についてその嗜好、性格、経歴、現在の気分など、物語る内容は非常に幅広い。しかし、ボードリヤールが注目するのは、そのすべてではなく、むしろ極めて限定されている(34)。彼が注目するのは、ほとんどの場合、消費が消費者の社会階層上の差異を示す「差異表示記号」となる場合なのである(35)。

彼は、現代消費社会が社会的地位、富裕さ、教養などを求める激しい競争社会であり、消費はその結果を示すものとしてとらえた。[36]

「消費することによって、われわれはついに競争状態が普遍化され、全体主義化される社会に生きるようになる。この社会では、経済、知識、欲望、肉体、記号、衝動などあらゆるレベルで競争原理が貫徹し、今後はすべてのものが差異化と超差異化の絶え間ない過程において交換価値として生産されるのである。」

人々は消費に熱中するが、そこで求めているのは消費がもたらす実質的な効用や有用性ではない。人々は、消費を通じて自分が高い地位にあり、豊かで知識もある、といったことを競い合っているのであり、消費はそのことを示す記号として求められているに過ぎない、というのが彼の基本的な主張である。この点は、消費に関する三著作に共通しており、特に最もよく読まれた『消費社会の神話と構造』においては、全篇で強調されている。

このような意味での消費の記号作用は、まさに第二の消費文化における関係的価値と一致しており、関係的価値の形成を記号論の用語で表現したものと解釈することができるだろう。

しかし、序章と本章1節で示したように、関係的価値の内容は極めて多様で、さまざまな水準やタイプを含むものであった。ボードリヤールは、その中の特にどれに照準を合わせたのだろうか。

まず指摘できるのは、彼が照準を合わせたのは、固定的な階層シンボルとしての消費ではないということである。アメリカ社会はいわずもがな、ボードリヤールが活動した二〇世紀のフランスにおいても、社会は流動的であり、社会階級はその輪郭をあいまいにしていた。また経済成長が継続して、その社会階級のシンボルが何であるかも、常時変化していた。そこで、ボードリヤールは、消費が示すのは特定の階級や階層への帰属ではなく、近隣の人々、あるいは自分が心理的に準拠している集団と比べて優っているということ、つまりより上位にいるという意味での「差異」であり、上下の相対的位置関係のみだと考えたようである。次の文章は、そのような考え方を明瞭に示している。[37]

「記号としてのモノはコードにおける意味上の差異としてではなく、ヒエラルキーのなかの地位上の価値として秩序づけられる。ここでは、消費が戦略的分析の対象となり、知識、権力、教養などの社会的意味をもつものと共に地位を示す価値として特定の比重を決定される。」

比較の結果は、劣る、同等である、優れている、という三つになるはずだが、劣ることをわざわざ記号として表示することはない。そして、同等であることは、結果としては判明するものの、上位を目指す競争社会において積極的に表示するものとは考えられなかった。消費社会で消費が積極的に示すのは、他者と差がある、つまり上位にあるということであり、それゆえボードリヤールは「差異表示記号」という言葉をしばしば用いている。

このようなとらえ方は、ヴェブレンの顕示的消費によく似ているという印象を与えるものである(38)。顕示的消費を、世間一般で解釈される地位や豊かさの見せびらかしという意味でとらえるなら、ボードリヤールの差異表示記号の考え方とほとんど一致するように思える。顕示に用いられるのが記号となる消費財であり、顕示される内容が記号の意味に相当することになる。ただし、ヴェブレンもそうであったが、このような記号作用は消費者によって意識的、自覚的に追求されているとは限らず、無意識的で自分では消費財に対する直接的な欲求として感じられることが多いものと考えられている(39)。

上位を目指す競争社会というボードリヤールのとらえ方は、より上位の階層の消費を見習うという、ヴェブレンやジンメルが示したトリクルダウンの考え方にもつながる。トリクルダウンとは、下位のものが積極的な競争心をもっている場合は、上位に追いつこうとする消費行為をもたらし、上位の者はそこから自分をまた引き離し、差をつけようとすることから、無限のサイクルを生じることになる。マクラッケンは、こういったメカニズムをトリクルダウンという呼び方ではなく「追跡 - 逃走理論」と呼ぶことを提唱しているが(40)、ボードリヤールは、まさにこの追跡 - 逃走のメカニズムによって消費社会における消費が活性化されていると考えたようである(41)。

このように見ていくと、結局のところ、ボードリヤールはヴェブレンの顕示的消費論を繰り返しただけではないか、という疑問も湧いてくる。ボードリヤールは、記号論の用語を頻繁に用いており、目先の印象は異なっている。しかし、第二の消費文化のどこに目をつけ、何を結論づけたかという点で言えば、生活様式の流動的な消費社会において、他者に差をつけ、少しでも上位の階層と判断されるような消費を、消費者が意識的あるいは無意識的に行なっていることに着目し、それが消費社会の過剰なまでの消費を生み出す原因となっている、と見なした点では基本的に同じである(42)。

そこでは、特定の地位を示すのではなく、漠然とした優位性を示すような関係的価値が中心になっている。それ以外の固定的な階層シンボル、同調的な消費行為、人々の個性を表現する消費、流行に追随することなど、関係的価値の他のタイプについてはあまり言及されておらず、階層論的視点が貫かれている。流行については若干触れているものの(43)、それが自己目的化された差異の追求であるといった認識は示されていない。

このように階層論的視点に偏ったとらえ方は、すでに一九五〇年代に、リースマンがヴェブレン的な顕示的消費論から離れて中間層のスタンダードパッケージを論じ(44)、ボードリヤールと同時代のブルーマーがトリクルダウンの非現実性を指摘して流行的消費に注目していた状況を考えれば(45)、当時としてもやや古めかしいものだったのかもしれない。しかし、伝統的階層秩序をなお色濃く残したフランス社会を対象とし、マルクス主義の影響を強く受けながらの消費分析であったことを考えれば、それもやむをえないことだったのかもしれない。

とはいえ、ボードリヤールには、全く独自性がないわけではない。ヴェブレンの時代とは違って、当時の西ヨーロッパの社会は、すでに大衆消費社会に突入しており、有閑階級だけではなく広範な中間層が消費主義に引き込まれていた。ボードリヤールは有閑階級（上流層）の方は、すでに目立たない消費と、文化的優越によって自らを差別化しようとすると考えており(46)、差別化消費の主役は中間層だと考えていた。同じように顕示的で、地位の差異化を目指した消費ではあるが、ヴェブレンは上層に注目し、ボードリヤールは中間層に注目したという点で両者は異なっているのである。

拡大した中間層を分析の中心としていることから、資本主義経済との関わりについても、ボードリヤールはより重く受け止めている。ヴェブレンの場合、有閑階級が資本主義成長の果実を顕示的消費によって浪費していることを訴えたのだが、ボードリヤールは同じような意味で中間層による差別化消費による浪費を訴えたわけではない。浪費すること自体を嘆くというより、むしろそのような浪費が経済全体を支えていること、幅広い中間層の膨大な浪費によって商品の需要が支えられ、経済成長が実現しているという矛盾した状況を強調する(47)。そしてその無意味さを批判的にとらえつつシニカルに描いている。

そして、ボードリヤールはこういった消費と経済の関係が、人間の意思や欲求を越えた外在的なシステムとして成立し、消費社会を駆動していると考える。彼の言によれば(48)、

「消費の社会的機能と組織構造が個人のレベルをはるかに越えた無意識的な社会的強制として個人に押しつけられるという事実の上にこそ、数字の羅列でも記述的形而上学でもないひとつの理論的仮説が成り立ちうるのだ。」

ということになる。差別化消費は、特定の個人が気まぐれに行なうようなものではなく、現代人に宿命づけられた行為であり、無意識のうちに日常生活の中に入り込んで人々を突き動かす。そして、その行為を通じて現代資本主義経済を維持し、成長していくためのシステムが、確固として成り立っていると考えられた。

以上のように、ボードリヤールの消費論には、ヴェブレンの有閑階級論から七〇年ほどを経過した大衆消費社会の様相が色濃く反映され、基本的には同様の関係的価値に注目しつつも、独自の時代診断を行なっているのである。

### その後の第二の消費文化

ボードリヤールの消費論は、第二次世界大戦後の西側諸国の比較的安定した経済成長期に焦点を合わせたものであった。しかしながら、現実の消費社会はその後も変化を続け、それに伴って第二の消費文化についての論点も変化してい

った。

その中で、特に変化が著しかったのは、消費財の生産と流通のあり方であった。ヴェブレンやジンメルの時代から、消費社会の発展とともに流行が活発化し、次から次へと消費のスタイルが変化することは知られていたが、その傾向はますますはっきりし、企業が目先を変えた消費財をつくって消費者を惹きつけ、需要を増大させ、あるいは維持しようとする傾向が強まってきた。

このような傾向は、特に一九八〇年代以降、製品仕様の変更を容易にするコンピュータ制御の生産技術が発展し、流通システムも頻繁な商品の入れ替えの可能なものへと改善されるにつれてその激しさを増し、わずか一二週間の間に弁当、菓子、加工食品、洋服、装飾品などが新発売され、それまでの商品と入れ替わるという、極度に変化の激しい消費社会をもたらすこととなった。

他方、このような生産・流通上の技術革新は、商業施設のスペース拡大や、商業施設の増加もあいまって、同一時点で流通する消費財を多様化し、多種多彩な消費財を店頭に揃えることを可能にした。

時間的にも空間的にも、消費財の多様化と差別化が進行したのである。

消費者の側では、上位の階層のライフスタイルを見習って同位の人々に差をつけるというよりも、純粋の差異、つまり他の人が行なっていないような特徴的な消費行為を求める傾向が強まった。前者が少し上等のスーツを着ることであるとすれば、後者はほかの人と色や形が違うスーツを着ることだと言えよう。このような傾向が強まったのは、右記の生産・流通の発達によって多様な消費が可能になったとともに、消費の大衆化、社会の平準化が進んで、消費者が上層の消費者との差異よりは、同輩との間の差異を意識することが多くなったためでもあろう。

また消費者は、右記の頻繁な消費財の入れ替わりに反応するかのように、地位や特性の表示といった関係的価値から離れて、ただ単に新しいもの、珍しいものを次々に求めるという傾向を強めた。単価の安い食品や雑貨、文房具などや、さらに最近ではカジュアル衣料に至るまで、関係的価値と関わりがないと思われる差別化消費、つまり人と人との違いをもたらすのではなく、ただ物と物の違いを求める消費が活発化してきたのである。

以上のような傾向は、筆者の用語法で言えば、同じ関係的価値の追求でも、階層的序列や優越性を示すタイプから、自分の特性を示したり流行を追ったりするというタイプへのシフトが見られること、また同じ第二の消費文化でも、第一原則（関係的価値）に基づくものから第二原則（非機能的・非慣習的なものの自己目的的追求）へのシフトが見られるということである。

このような状況は、一九五〇年代のアメリカで、すでにリースマンが指摘していたものであったが[49]、ボードリヤールは、一九七〇年前後の消費を論じた初期の三著作まで、昔ながらの階層論的枠組に従って消費文化をとらえていた。第二の消費文化における右記のようなシフトは、世界的にはようやく一九八〇年代以降に注目されるようになる。

まず、ボードリヤール自身も、その後の消費に関する断片的な考察においては階層論的な見方を示さなくなり、たとえば『象徴交換と死』（一九七六）の第3部「モード、またはコードの夢幻劇」に見られるように、流行性の消費現象に注目点が移っていったように思われる[50]。

ボードリヤールに触発されて日本で盛んになった記号論的消費論においても、階層論的枠組よりも第二原則に強調点がおかれていた。ボードリヤールの影響を強く受けていると思われる見田宗介や内田隆三は、現代消費社会においては、自動車のモデルチェンジに代表されるようなデザインや機能のちょっとした変化が、消費者の差異化への欲望を満たし、消費社会の膨大な需要をもたらすという「需要創造説」を展開した。そこでは、企業と消費者が実現しているのは、関係的価値というよりは、自己目的的な目新しさだと考えられていたようである[51]。

同様の見方は、筆者が前著『第三の消費文化論』でポストモダン消費論と呼んださまざまな消費の分析にも見られる。これらの分析においては、物珍しさや奇抜さ、反合理主義などを特徴とするポストモダン消費の諸傾向が紹介される[52]。そしてそういった傾向が、ポスト・フォーディズムの生産体制の中で、多品種生産が可能となったことと結びついており、消費の多様化や流行スピードの加速化をもたらしたことが指摘される[53]。

そういった議論は、いずれも階層的秩序とは関係づけられておらず、むしろ階層的秩序が弛緩した中での消費文化を論じようとするものであった。絶え間ない企業の製品差別化によって生み出された多様な消費財が、消費者によって単なる目新しさや、機能とは無関係のもの珍しさを理由として消費されていく姿、まさに筆者が定義づけた第二の消費文化の第二原則が実現するさまが描かれているのである。

ポストモダンという言葉が登場したついでに、ここで、ポストモダン的な消費と第二の消費文化との関連について付言しておくことにしよう。

筆者は前著で述べたモダン消費については、第一の消費文化とほぼ同様のものと考えている。しかし、ポストモダン消費と第二の消費文化との関係はなかなか明言することが難しいものである。

右に示したように、前著では、ポストモダン消費が第二の消費文化の第二原則とほぼ同じものと解釈したが、それに従えば、ポストモダン消費は第二の消費文化の一部ということになる。しかし実は、ポストモダン的な消費は、これまで非常にあいまいに扱われ、論者によって大きな意味のブレが生じているものである。研究者によっては、ボードリヤールがポストモダン的な消費の代表論者であると見なしており、その見方だと、ポストモダン消費と第二の消費文化全体とがほぼ一致することになる。しかしまた、ポストモダン的な消費は、ボードリヤールのように否定的にではなく、肯定的ニュアンスで語られ、筆者の言う文化的消費を広く含むようなものとして扱われることもよくある。

このように、ポストモダン消費、およびその元になるポストモダンについては、その意味内容が揺れ動いており[54]、筆者は今では、これらの言葉自体が学術用語として不適格だと考えている。それゆえ筆者は、これらの言葉を避け、明快な定義による三つの消費文化の概念を用いることにした次第である。

## 第二の消費文化の論点

以上のように、二〇世紀の終わりに、第二の消費文化について論者が強調する消費の動機は、階層をめぐる競争や優位を求める動機から自分の特性を表現する動機、さらには何ら関係的価値とは関係なく、ただ単に非機能的、非慣習的であることを求める動機へと変化していった。しかし、そのような変化にもかかわらず、第二の消費文化を強調する論者たちは、批判的消費観という一貫した思想的基盤をもち、それに基づいて次のような共通の論点を示している。

その一つは、現在の消費社会は、生活上の必要性を越えた消費を限りなく追求しているという認識である。

消費社会は、貧困層を消滅させていないものの、貧困でない多数の中間層を生み出した。その中間層以上の層に対し、消費社会は過剰なまでに豊富な消費財を作り出し、販売している。かつての社会は欠乏の社会であり、必要な消費財が容易に手に入らない社会であったが、現代消費社会は過剰の社会であり、すでに必要を満たしているにもかかわらず、なお引き続いて生産と消費を増加させ続けているというのが、これらの立場の基本にある考え方である。

次に、そのような生活上の必要性を越えた消費が、マイナスの価値を帯びたもの、つまり好ましくないものとしてとらえられることである。

たとえ必要性を越えた消費だったとしても、マイナスの価値を与えられないような消費のあり方を考えることは可能であろう。必要な水準をどう定義するかは難しいが（序章3節「生理的価値」参照）、常識的に考えれば、生理的価値がまずまずの水準で実現され、それに多少の道具的価値の実現が加わった第一の消費文化のイメージでとらえられるだろう。しかし、現代社会ではこのような水準の消費は、むしろ貧しい消費という印象をもたれるはずであり、必要性を越えた消費こそが豊かさをもたらすという見方もありうるだろう。それなのに、第二の消費文化の論者たちは、あくまで批判的消費観に基づいて、必要性を越えている消費は好ましくない消費だと判断するのである。

三つめに、まさに第二の消費文化こそが、その生活上の必要性を越えるものにあたるということである。

第二の消費文化は、第一原則においては人間関係の調整のために消費がなされるものであり、第二原則においては実質的な便益を求めるのではなく単に変わったものを消費したいという動機に基づくものとなっている。これらはいずれも、ヴェブレンが述べているように「人間生活や人間の福祉に役立たない」(55)ものであり、消費にとって基本的と考えられる機能的価値の実現に関わらないものである。それゆえ、あってもなくても構わないものであり、生活上の必要性を越えたものそのものと考えられる。

そして四つめは、右記の第二、第三の論点と関連して、第一の消費文化に属する生活上必要な消費と第二の消費文化に属する消費が、二項対立的にとらえられ、この二項対立が消費社会の基本的認識図式となるということである。第二の論点が示すように、生活上の必要性を越えた消費は好ましくないものと考えられる。また第三の論点が示すように、第二の消費文化は、まさに生活上の必要性を越えたものに相当する。そこで、その二つのことから、次のような図式が描かれる。

生活に必要な消費＝生理的価値を中心とした第一の消費文化＝好ましい
生活に必要でない消費＝第二の消費文化＝好ましくない

このような発想を端的に表わしたものとして、次のようなボードリヤールの文章がある。(56)

「……この性格（消費の限度がないという性格――筆者）は欲求とその充足に関するいかなる理論によっても説明できない。というのは、充足は熱量やエネルギーとして、あるいは使用価値として計算すれば、たちまち飽和点に達してしまうにちがいないからだ。ところが、今われわれの目の前にあるのは明らかにその反対の現象――消費の加速度的増加、（中略）需要の攻勢という現象である。この現象は、欲求の充足に関する個人的論理を根本的に放棄して差異化の社会的論理に決定的重要性を与えない限り、説明できるものではない。」

ここでは、生活に必要な消費は、「たちまち飽和点に達してしまう」通常の欲求が求めるものとしてとらえられ、必要でない消費は「消費の加速度的増加、(中略)需要の攻勢」としてとらえられ、「差異化の社会的論理」によってもたらされるものと考えられている。差異化の社会的論理とは第二の消費文化にほかならないから、ここには右記の二項対立的なとらえ方が明確に示されていると言える。

このような発想はボードリヤール独自のものではない。実は、七〇年前のヴェブレンも、同様のことをボードリヤールほど衒学的でない(小難しくない)表現で述べている。[57]

「しばしば想定されているように、蓄積誘因が生活の糧や肉体的快適さの欠乏であるとすれば、社会の経済的な必需品総量は、おそらく産業能率が向上したどこかの時点で満たされる、と考えることもできよう。だがこの闘いは、実質的に妬みを起こさせるような比較にもとづく名声を求めようとする競走(原文ではrace)であるから、確定的な到達点への接近などありえないのである。」

ここでも必要性を越えた消費が、「比較にもとづく名声を求めようとする競走」、つまり第二の消費文化として、「必需品総量」と表現された必要な消費と対照的にとらえられている。

そして、ヴェブレンも、ボードリヤールも、先に述べたように、このような消費を、明確に好ましくないもの、批判されるべきものとして扱っているのである。

以上四つの共通論点は、まとめて言えば、生活上の必要性を越えた消費が、第二の消費文化という形で果てしなく追求されているが、それらは生活上の必要を満たす消費と比べて好ましくないものであり、批判されるべきものだ、ということである。

しかし、ここで注意すべきことは、一見わかりやすく納得できるこのような見方には、重要な論点がいくつか省かれているということである。たとえば、先に述べたように、生活上必要でない消費は果たして好ましくないものなのか、という問題がある。必要でないことをすることによってより幸福な生活が送れるという可能性をどう考えるのか、その点についての考察が欠落している。

このほかにも、実は欠落している論点がいくつかあり、ヴェブレンやボードリヤールに代表される第二の消費文化の諸理論は、思いのほか単純化され、重要な問題が取り上げられていない。

これまで第二の消費文化の諸理論は、その晦渋さ、複雑さ（本当は理論の未成熟なのだが）によって批判をかわしてきた。しかし、以上のようにその論点を整理してみると、欠落している論点がいくつもあることがわかり、また各論点がそれぞれ問題点を含んでいることも明らかになる。次節では、そのような問題点について論じることにしよう。

## 3　批判的消費文化論の誤解

### 批判的消費文化論の問題点

消費社会は、常に肯定と否定の二重の評価を受けてきたものである。一方では、人々を貧困から脱出させ、生活上必要な水準をはるかに超えたさまざまな欲求の実現を可能にする、幸福で希望に満ちた社会だと考えられることが多い。しかし他方では、「ぜいたく」や「浪費」という言葉のニュアンスが示すように、無駄や浪費、人間関係の希薄化、モラルの弛緩、精神的不安定、文化の退廃などと結びつきやすく、歯止めなくそれらの問題を拡大させていく絶望的な社会とも見なされてきた。

序章で示した成長主義的消費観と批判的消費観には、それぞれの評価が明確に示されているのだが、後者の立場に基づいて、二〇世紀の消費の現実を詳細に論じたのが、第二の消費文化に関する諸理論であった。

本節では、前節で示したヴェブレンやボードリヤールを中心とする第二の消費文化の諸理論を「批判的消費文化論」と称することとし、その問題点について考察していきたい。

批判的消費文化論は、消費は豊かさと幸福をもたらすとする主流派に対して、斜に構えるスタンスをとったが、顕示的消費や記号的な消費という魅力的な視点を提供し、商業的には（つまり出版物がよく売れ、世間で話題になり、次々に類似の出版物や論評、記事が出されるという意味では）、主流派をしのぐほどの成功を収めたと言える。

しかしながら、消費社会の純粋な学問的研究として見ると、これらは思いのほか単純化され、また妥当性の疑われる部分を多く含んでいる。以下、前節「第二の消費文化の論点」に示した論点に沿って、それを指摘していこう。

まず、批判的消費文化論の論点の第一にあげた、消費社会は生活上の必要性を越えた消費を限りなく追求しているという点についてはどうであろうか。

これについて言えば、ボードリヤールが『消費社会の神話と構造』を著した一九七〇年頃まではそのように見えたかもしれないが、そのすぐ後のオイルショックの頃から、消費社会は変調を来たすようになり、脱物質主義化、モノ離れ、消費への倦怠などが囁かれるようになった。

今日まで、先進諸国は経済成長を続け、確かに消費の拡大は続いているが、その内容は大幅に変化しているし、そのスピードは全般的に鈍り、消費の拡大が停止した分野も少なくない。二一世紀における先進諸国の消費を概括するなら、概して停滞的であり、人々の意識の上では物質主義と脱物質主義のせめぎあいが生じている。企業も消費者もこぞって消費の拡大に向かって狂奔するという状況には、全くない。

近年明らかになったことは、ボードリヤールが想定した「消費の加速度的増加、需要の攻勢」ではなく、むしろ「消費の加速度低下、需要の退縮」である。政府や企業は、消費をこれ以上増加させることがいかに難しい課題であり、消費者の個人消費を通じて資本主義経済を維持することがいかに困難であるか、という現実を突きつけられているのであり、それが困難であるからこそ、先進諸国は長い不況に悩んでいるのだと言えよう。(58)

批判的消費文化論は、もともと、なぜ生活上の必要性を越えても人々は消費に熱心であり、際限なく消費が拡大していくのか、という問題を解釈するために作られたものであった。そのことは、前節で示したヴェブレンやボードリヤールの引用部分からも明らかであろう。それゆえ、消費の限りない拡大が生じないとすれば、批判的消費文化論は、説明されるべき対象がすでに存在しない理論ということになり、意味のないものになってしまう。また、はじめから理論として正しくなかったから、現実の説明がうまくいかなくなったという見方も可能となる。いずれにせよ、批判的消費文化論の大前提というべき部分が、疑わしくなったのである。

第二の論点は、消費社会における生活上の必要性を越えた消費を、マイナスの価値を帯びたもの、好ましくないものとしてとらえるという点であった。

ごく一般的に言えば、確かに必要性を越えたものは無駄なものであり、無駄なものはマイナスの価値を帯び、好ましくないものとなる。政府の必要以上の歳出は税金の無駄遣いで好ましくないし、企業のある部署で必要を越えた人員を抱えることは、経営上無意味で、望ましくないものである。しかし、こと消費に関しては、このような考え方は単純には当てはめられない。なぜなら、消費は、ある面では無駄なものであるからこそ好ましいと言えるからである。

前節「第二の消費文化の論点」で述べたように、現代の消費には、必要性を越え、それゆえ普通なら無駄なものであるからこそ豊かさの実感をもたらすという場合が非常に多い。仕事から帰って酒をゆっくり飲むことも、日曜日にぶらぶらと盛り場を歩いて気に入った洋服を無計画に買うことも、たまの休みに温泉旅行に出かけることも、必要性を越え、無駄なものであるとも言えるが、そういうことができてこそ、生活の豊かさが味わえ、幸福をもたらしているとも言えるであろう。

趣味であるとか、余暇生活であるとかは、すべて生活上の必要を満たすとは言えないものであり、その点では過剰なものであろうが、それらが人間の生活を豊かにしていることについては、ほとんど疑う者はいないはずである。

そうだとすれば、生活上の必要性を越えた消費はプラスの価値をもち、好ましいものであるという、全く逆の判断が可能なはずである。マイナスの価値をもち好ましくないという判断は間違っているということになりかねない。それなのに、批判的消費文化論は、こういった論点にほとんど目を向けようとしない。

なぜ、こういった重要な論点が無視されてしまったのだろうか。

おそらくその原因は、消費とはどのようなものであるべきかについての、批判的消費文化論の基本前提に求められるだろう。先述の通り、批判的消費文化論は批判的消費観に基づいており、生活上の必要を満たす以外の消費は特段の価値をもたないという基本前提が置かれている（N1）。この基本前提は無意識化した認識枠組となっており、それが作用して、右記の生活上の必要を満たす以上の消費こそが生活の豊かさをもたらすという可能性が、最初から視野に入れられないのであろう。

そしてまた、このような基本前提は、生活上の必要を満たすかどうかという基準によって、さまざまな消費を判断する傾向をもたらす。消費は必要なものを調達し目的を実現することができるという「手段的合理性」によって判断されるようになり、それ以外の基準は設けられない。そこでこの基準に従って判断すると、基礎的な生理的価値の充足は生活上必要であるから好ましいものであるが、右記のような必要性を越えているがゆえに豊かさをもたらすような消費は、無駄で好ましくないものと評価せざるをえなくなるであろう。

かくして、手段的合理性に結びつかない消費は、最初から視野に入らないか、入ったとしても手段的合理性をもたないという理由で、好ましくないものと判断されてしまう。このような判断は、第三者からは独断的なものであるように思われるのだが、当人たちにとっては、半ば無意識化し、疑う余地のない基本認識となっているようである。

第三の論点は、第二の消費文化が生活上の必要性を越えるものにあたる、ということであった。右記のように、現代の消費文化は生活上の必要性を越えた過剰で無駄なものと考えられるのだが、その中身が、まさに第二の消費文化だということである。

確かに、第二の消費文化は、最も必要でなさそうに見えるものかもしれない。

第二の消費文化の第一原則、すなわち関係的価値を実現しようとする消費は、生命の維持に関わる生理的価値と比べれば、それが実現されなかったからといって、特に人間の生活を困難にするというものではない。同調を示す関係的価値については、場合によっては仲間外れにされないために「必要」であるかもしれないが、地位を誇示すること、流行の先端をいくことなどは、過剰な利己心の現われであり、必要性という概念にはほど遠いものと考えられる。第二原則が示す自己目的的に差異を追求する消費は、それ以上に意味がなく、馬鹿馬鹿しいことのように思われるであろう。

批判的消費文化論は、生活上必要な消費というものを、基本的な機能的価値、特に生理的価値を実現する消費に近いイメージでとらえる傾向にあるが、それとは似ても似つかず、対極的な位置にあって、どう考えても必要とは思えないのが、第二の消費文化だったのである。

しかし、「生活上の必要性を越えたもの＝第二の消費文化」と言えるかといえば、それは明らかに間違っている。第二の消費文化以外にも、現代の消費には生活上の必要性を越えたものがたくさん存在している。

まず、必要性があると考えられがちな生理的価値のための消費にも、過剰で必要のないようなものが多く含まれていることは、序章3節「生理的価値」で述べた通りである。

そして、道具的価値に関わる消費についても、基本的なものについては必要と考えられるが、高度化した部分については、必要とは言えないようなものが多い。包丁は必要かもしれないが、ミキサーは必要ないように思われ、鍋は必要かもしれないが、電子レンジは必要性を越えているようにも思われる。

さらに、右に述べたように、趣味的なものや余暇消費にあたるようなものは、明らかに生活上の必要とは結びつかないもののように思われる。

こういったさまざまな内容があるにもかかわらず、批判的消費文化論はもっぱら第二の消費文化に関心を寄せ、その過剰さ、無意味さを語る。そして消費の他の側面についてはほとんど語らないのである。

心理学者のチクセントミハイらは、これとほぼ同趣旨のことを、次のように適確に指摘している(59)。

「ステイタス・シンボルは人と物との相互作用過程全般における重要な側面である。ただ、この次元が残りの部分をあまりにも見えにくくしてしまうため、物の所有を社会的地位のシンボル以外のものとして考えなくさせているきらいがある。深層心理学者が人間と物との関係を直ちに性的シンボリズムの観点から解釈するのと同じように、社会学者たちは、その関係をステイタス・シンボルの観点から見てしまう傾向がある。この視点は価値のあるものだが、人間と物との相互作用がもっと複雑で柔軟性を持ったものであるという事実を忘れてはならない。」

批判的消費文化論のこのような傾向は、消費文化研究において、大きな問題を引き起こすことになった。その問題とは、消費文化には第二の消費文化でないものが多く存在しているのに、それらを無視することになり、消費文化の研究範囲を狭め、また消費文化の本質を歪んだ形で理解してしまうということである。

消費文化というものは、現代の豊かな消費生活を示していることから、ある意味ではここで扱っているさまざまな「生活上の必要性を越えた消費」の全体を意味すると言える。それなのに、批判的消費文化論は、ほとんど第二の消費文化だけを扱っている。それでいいのだろうか。

批判的消費文化論が、消費文化の一部だけを扱っているという自覚に基づいて、他のタイプの消費文化研究を容認するのであれば問題はない。しかし、筆者がこれまで批判的消費文化論のさまざまな文献を読んできた限りでは、その著者たちは、明らかに消費社会と消費文化の全体を解明する理論であると自認していたように思われる。著者たちだけでなく、おそらく一般にもそのように考えられていたことだろう。そうだとすれば、実質的に第二の消費文化を扱い、他を無視するというやり方は、消費文化の全体像を歪んだもの、誤ったものとして描くことになってしまうだろう。

他を無視するだけならまだしも、批判的消費文化論には、第二の消費文化でないものを強引に第二の消費文化であるかのように扱うことが少なくない。ヴェブレンやボードリヤールの著作には、顕示的消費とは思えないようなものも顕示的消費として解釈し、記号や差異化とは見なしがたいようなものも記号や差異化と結びつけようとする傾向が見られる(60)。そのような判断を広げていくと、何もかもが自己顕示であるとか、差異の追求だと主張することになりかねない。

荷物の運搬を兼ねて買った大きな乗用車も、おいしそうだと思って買った輸入品のチョコレートも、自己顕示や差異追求といったレッテルを貼ろうとすれば、いくらでも貼れてしまう。それもまた、消費文化の全体像を歪めることと言えるだろう(61)。

以上、長くなったが、批判的消費文化論の三つの論点について問題点を指摘した。残る四つめの論点については、本書の最も重要なテーマと関わるので、項を改めて検討することにしよう。

## 二項対立的思考の陥穽

批判的消費文化論の最後の論点は、生活に必要な消費とそうでない消費を二項対立的にとらえ、その二つを消費社会の基本的な構成要素として認識した、ということであった。この論点は少々複雑なので、まず補足説明をしておこう。

批判的消費文化論では、生活に必要な消費とそうでない消費、つまり生活上の必要性を越えた消費を区別する。この区別自体が容易ではないが、実証研究上の区別はともかく、理論上はそれを区別することが可能だとしよう。しかし、それだけでは、この二つは単に区別されただけであり「二項対立」とは言えない。

二項対立となるのは、この両者に、異なった評価と性格づけがなされるからである。

まず、生活に必要な消費は好ましいものであり、生活に必要でない消費は好ましくないという評価が与えられる。これについても前項で示したので、これ以上の説明は必要ないであろう。

次に、生活に必要な消費は生理的価値を中心とした機能的価値の実現、つまり第一の消費文化（の一部）であり、生活に必要でない消費は第二の消費文化である、という関連づけがなされる。

実際の文献では、このように明確に述べられているわけではなく、あいまいに書かれているのだが、前者は生存に必要な最低限の水準、というイメージを拡大して考えているようなので、生理的価値を中心として、比較的素朴な水準での第一の消費文化の内容、すなわち、質素な衣食住に日常生活に必要な道具類や衛生用品、医薬品などを適宜加えたものを想定しているように思われる。これらは、第一の消費文化に属するものと言えるだろう。

それに対して後者は第二の消費文化としてとらえられる。前項でも書いたように、批判的消費文化論はなぜ生活に必要のないものがこれだけ大量に消費されるのか、という問題に答えようとするものであり、その答えとして最もふさわしそうなのが第二の消費文化なのである。前節「その後の第二の消費文化」で示したボードリヤールとヴェブレンの文章はそれを端的に示しており、生活に必要のない消費が第二の消費文化だということを理解することによって、ようやくなぜそれが際限もなく増えていくのかという謎が解ける、という論理の組み立てになっている。

そういうわけで、前節「第二の消費文化の論点」に示した次の図式ができあがる。

生活に必要な消費＝生理的価値を中心とした第一の消費文化＝好ましい
生活に必要でない消費＝第二の消費文化＝好ましくない

このような図式では、両者の性格や評価が対照的なものと考えられているので、筆者は「二項対立的」と表現した次第である。

なお、繰り返し述べておくが、このような図式は、文献上このようにはっきりと示されたものではなく、実際の書き方はもっとあいまいである。しかし筆者は、あいまいな議論を集約していくと、このような結論にならざるをえないと考えるのである。

さて、ここで問題となるのは、等号で結んだ部分が正しいかどうかという問題であろう。

前項では、まず生活に必要でない消費＝好ましくない、という等式が問題であることを指摘した。生活に必要でない消費こそ、豊かさをもたらすという可能性があるからである。

そして、生活に必要でない消費＝第二の消費文化（正確には第二の消費文化に属する消費）、という等号についても、正しくないと述べた。なぜなら、筆者が序章で示した理論と概念に照らしてみると、このような図式には、明らかに抜け落ちている消費のタイプが存在するからである。

前項では、あえて本書特有の用語を用いなかったが、本節ではそれを用いてまとめると、まず高度な機能的価値を実現する消費があり、もう一つのものとして、文化的価値を実現するような消費がある。前者の例としては、たとえば中年になっても若々しさを保つような健康食品、いつでも電話やメールのできる携帯電話、居ながらにして食料品を買える宅配システム、といったものを加えることができる。また後者には、観光旅行やスポーツへの支出、小説や映画、音楽などの消費、趣味の手工芸の材料や道具の消費、陶磁器のコレクションなどがある。

こういった消費は、確かに豊かな社会で実現されるものであり、生活に必要でない消費である。他方、これらは直感的にはどう考えても第二の消費文化ではなく、本書の概念で言えば、第一の消費文化と第三の消費文化の範疇に入るものである。そうだとすれば、批判的消費文化論の図式とは全く異なって、次のような図式を描きたくなるであろう。

生活に必要でない消費＝高度な第一の消費文化＋第三の消費文化＝好ましくないとは言えない

そこで、批判的消費文化論とは完全に矛盾する、もう一つの図式ができ上がる（三章3節「文化的消費の本質と意味」を参照）。生活に必要でない消費の内容について、二つの全く異なる見解が存在することになってしまう。この認識ギャップをどう考えればいいのだろうか。

一つの考え方は、等号は実は等号でなかった、というものであろう。――批判的消費文化論では、生活に必要でない消費はすべて第二の消費文化に属するような表現をとっているが、それはあくまでレトリックであり、論者たちが本気でそう思っているわけではない。ただ、生活に必要でない消費がしばしば顕示や単なる差異化の追求など、第二の消費文化に流れがちであることに警告を発するために、その部分だけを強調したのだ――と解釈するのである。

確かに、批判的消費文化論では、豊かな社会において、高度の機能的価値を実現する消費や文化的価値を実現する消費が存在しない、と明言しているわけではない。むしろ、断片的にはそのような消費のあり方は取り上げられている。そのため、生活に必要でない消費＝第二の消費文化という書き方が単なるレトリックであるという見方も、あながち間違っていないようにも思われる。

しかしながら、果たしてそうなのだろうかという疑問も禁じえない面がある。なぜなら、批判的消費文化論では、生活に必要のない消費が第二の消費文化であるということが、論理構成上決定的に重要であり、それがないと主要な論点が成立しなくなってしまうからである。

まず、批判的消費文化論は、消費社会が異様に拡大していくことを説明しようとして、限りない追跡‐逃走のプロセス（トリクルダウンのプロセス）、果てしない顕示的欲求、差異の飽くなき追求などを想定するのだが、そうではない消費が同時に多数存在するとなると、このような説明は大幅にその説得力を失ってしまう。

また、批判的消費文化論は、消費社会の病的で絶望的な様相を訴えることを大きな動機とし、だからこそ実質に乏しい第二の消費文化の蔓延を主張しているという面がある。そこに、実質的な意味に富んだ第一、第三の消費文化を加えたとすると、消費社会は健全で希望に満ちている（あるいは希望に満ちた部分も少なくない）という結論になってしまい、所期の目的が達成できなくなってしまうであろう。

こういった重要な論点につながり、現代消費社会の基本構造を示す論点であればこそ、批判的消費文化論が単なるレトリックとして、軽はずみに、生活に必要ない消費＝第二の消費文化、という図式を描いたとは信じがたいのである。

そうだとすれば、批判的消費文化論は本気でこの図式を信じこみ、第一、第三の消費文化という形で豊かな消費生活が展開しうることを認識していなかったという結論に至るであろう。

そして、以上二つの解釈の中間のようになるが、批判的消費文化論は、第一の消費文化や第三の消費文化という形で消費が発展することは理解していたが、それらもまた実質的に第二の消費文化の様相を呈すると判断していた、という解釈もありうるだろう。

ファッションにせよ、車にせよ、食料品にせよ、現代社会では、消費者がより高度な機能的価値や文化的価値を求めた消費を行なっていることは明白である。しかし、消費者が複合的な動機に基づいて行動し、それらと同時に顕示の動機や差異を求める動機も作用していることが多い。この両者のうち、後者、つまり顕示や差異を求める動機が勝っているとすれば、この動機だけに注目して、生活に必要ない消費＝第二の消費文化として描いたとしても、必ずしも不適切ではないことになる。本当にそうであるかどうかは、大いに疑問ではあるが……。

結局のところ、そのどれが真実なのかははっきりしない。また、論者によって、同じ著者でも著作によって、どれに該当するかが異なるのかもしれない。

## 批判的消費文化論の社会的影響

とはいえ、表に出た結論はみなほぼ同じである。そして、著者の動機や意図がどうであれ、著作物や発言が世に出るとそれは独り歩きしていくから、批判的消費文化論のこういった見方（二項対立的図式）は、その読者を通じて社会に広がり、人々の思考方法、物事の解釈の仕方、感情や感覚を枠にはめることになった。

その影響は次のような形で生じたと考えられる。

まず、豊かな社会における消費についての、人々の漠然とした感情である。

必要な水準を超えた消費は好ましくないものだとする二項対立的なとらえ方は、消費社会における高度な消費が、全体として空虚で実質の乏しいものであるという見方、それゆえに虚無的な気分、そして絶望的な将来像を広めていった。個別の消費行為に忙しく、批判的消費文化論の言説に縁のない人々には影響がなかったであろうが、直接、間接、何らかの形でその言説に触れた人々に、このような感情を普及させ、消費文化の発展に対するある種冷淡な態度、まじめに取り組むべきものではないという考え方を広めたように思われる。

消費は現代社会における中枢的な営みであり、真剣にそのあり方を考えなければならないものなのに、所詮見せびらかしの消費だ、記号の戯れだ、といった虚無的なとらえ方が、それを妨げ、消費にまともに向き合わない態度を広めてしまったと考えられるのである。

次に、企業側の姿勢である。批判的消費文化論は、消費者に商品を供給する側であるメーカー、流通業者、広告代理店、デザイナーなどにも直接、間接に広まり、この論点が示す通り、現代消費社会は第二の消費文化によって主導されるものだという観念を吹き込んだ。企業側は、すでにポスト・フォーディズムの体制に入り、そのような言説なしでも、顕示的消費や差異を求める消費に沿った物づくりを始めていたのだが、批判的消費文化論の言説は、それをさらに強めて、実質に乏しい消費財の生産に邁進させる働きをしたと考えられる。マルクス主義風に言えば、すでに下部構造（生産の構造）も第二の消費文化に近づいていたところに、上部構造（イデオロギー）として批判的消費文化論が作用し、両者は相互に強めあう形で進行したということである。

批判的消費文化論は、もともと消費社会を批判するものであったが、その批判の的であったはずの企業がそれに便乗し、批判される事態（第二の消費文化）をますます促進するという、皮肉な結果を招いたのである。

そして、本書と最も深く関係することであるが、学問研究や言論界への影響があった。

消費研究は、経済学的研究を中心としてきたが、経済学的研究は次第に形式化され、高度な消費社会が実現するにつれて変化した消費の対象、消費の質、消費への関心、消費の仕方などを十分つかみきれなくなった。形式的な研究は高度化したものの、その背景にある消費の実質的内容については、序章で述べたとおり成長主義的消費観に基づいて、比較的単純で素朴に理解されていた。

他方では、さまざまなマーケティング論的な消費分析が行なわれて、生々しい現実の消費動態をとらえようとする動きが活発化したが、そういった研究あるいは評論には断片的なものが多く、消費社会の基本的動向、基本原理といったものを解き明かすものではなかった。

このような状況のもとで、間隙をぬって現われたのが批判的消費文化論だった。批判的消費文化論は、消費はもはや従来のように生活上の必要を満たすものではなく、もっと複雑でとらえどころのないものであるという漠然とした問題意識に、ズバリと答えるものだったから、おおいに注目され、浸透していったと考えられる。批判的消費文化論は、ヴェブレンの時代にすでに形をなしていたのだが、新装改訂版とも言うべきボードリヤールの著作によって新鮮さを回復し、二〇世紀後半の退廃的色彩もつ消費社会を、見事に描き出したものとして喝采を浴びたのである。

一九八〇年代以降の日本では、ボードリヤール的消費社会論の影響により、さまざまな批判的消費文化論が展開され、社会学やその周辺分野の主流となっていった(62)。その結果の一端が、1節で紹介した「消費文化」の辞書的定義なのである。ここで三たびそれを示しておこう。

「生活が豊かになることによって、人びとの関心が主として財とサーヴィスの消費に向けられ、消費を通じて顕在化するライフスタイルが人びとの社会的な違いを識別する主要な基準となる社会的生活様式。とくにマス・メディアの提供する情報が、たえず新しい生活イメージを形成し、人びとがそれを適応すべき環境として捉えつづけることによって、消費文化には変化が与えられる。」

ここでは、顕示的あるいは記号的な消費や、マスメディアを通じてつくられる流行などに関心が集中し、第二の消費文化に関わる内容がほとんどを占めている。まさに、消費文化＝第二の消費文化としてとらえられているのである。もっぱら第二の消費文化だけに注目することによって、批判的消費文化論（いわゆる「消費文化論」）は、消費文化の一般理論のようで実はそうではないものへと化してしまった。そこでは、高度の機能的価値と文化的価値を実現しようとする消費が、決定的に分析の対象から抜け落ちていた。そのため、消費社会全体の生き生きとした姿をとらえることができなくなり、歪んだ消費社会像が描かれてしまった。

消費社会は、自己顕示や無意味な差異の追求など、空虚な消費行為ばかりで成り立っているものではない。むしろ、生活上必要な水準を超えて、自由に、積極的に生活の充実を図ろうとする消費行為に満ちている。それにもかかわらず、批判的消費文化論は、第二の消費文化以外の消費のあり方を無視してしまう。あるいは、それらを扱ったとしても、実はそれは第二の消費文化なのだ、という解釈に帰着させてしまう(63)。さらには、扱いかけて扱いに困り、収拾がつかなくなってしまうこともある(64)。

第二の消費文化の虚無的な側面をことさらに強調することによって、批判的消費文化論は、消費社会の正しい理解に導く道を、自ら閉ざしてしまったのである。

消費文化を正しく理解し、消費社会の発展方向を見定めるためには、まず、こういった第二の消費文化に消費の本質が存在するという幻想から覚めることが必要であろう。

### 第二の消費文化の実像

本節では、これまで「批判的消費文化論」と称した諸言説について、その主要論点と問題点を示してきた。最後に、批判的消費文化論から離れて、第二の消費文化自体について何が言えるのかを考えてみよう。第二の消費文化とはどういうものであり、他の消費文化とどのような関係にあるのだろうか。

まず、何より強調しなければならないのは、第二の消費文化は、あくまで消費文化の中の一部分にとどまるものであり、あらゆる消費が第二の消費文化の特徴をもつとは言えないということである。

このことは、筆者のこれまでの分析図式に沿って考えるなら当たり前のことであるが、前項で強調したように、批判的消費文化論は、第二の消費文化を消費文化の隅々にまで行きわたったものと考えていたふしがある。批判的消費文化論の元祖であるヴェブレンは、すでに一〇〇年ほど前に、無意識的なものを含め、ほとんどすべての消費行為が顕示的消費であるかのような見方を示した(65)。

このような見方は、消費文化の隠された論理、予想外の真理といったものを明るみに出そうとするものであり、それが正しいとすれば、消費研究への貴重な貢献と言えるだろう。しかし、それらの多くは、日常体験に照らせば不自然なものであり、論理的にも方法論的にも難しい問題を抱えている。

次に指摘すべきは、第二の消費文化は第一の消費文化、第三の消費文化に随伴するものであって、それのみが独立に追求されることは少ないということである。自分の消費体験を振り返ってみれば、消費行為の中には、もっぱら第一の消費文化、あるいは第三の消費文化だと言えるものは多いが、もっぱら第二の消費文化だと言えるような消費行為は少ないことがわかるはずである。

先述の通り、消費の動機は複合的であるが、第二の消費文化に属する消費行為は、機能的価値、文化的価値の追求に随伴し、第一の消費文化、第三の消費文化と同時に発生するものが多く、第二の消費文化が単独で発生する事例は見つけにくいものである。その中で比較的見つけやすいのは、同調的な場合、つまり必要でも好きでもないのに、周りの人がみな買っているから自分も買うという場合であるが、そのような消費が発生する分野と状況は限られている。また、そのような場合でも、その消費財を事後的に使用して一定の機能や文化的価値を実現していることが多いはずである。そして、個別の消費行為ではなく、消費財のレベルに焦点を当てるなら、第二の消費文化のみを実現するものを見つけることはさらに困難であろう[66]。

そして三つめに指摘できることは、第二の消費文化は部分的な、必ずしも強力でない消費文化であって、それを消費拡大の主要因とする「需要創造説」の立場は支持できないということである[67]。

第二の消費文化は、消費全体の一部を巧みにとらえることができるだろうし、一時的な消費の動きも説明することができるだろう。たとえば、料理の質の割に異様に高い料亭が繁盛していることは、富裕層の誇示的動機によるものと解釈できるし、パンケーキの流行は、女性をターゲットとした外食産業の差別化戦略の成功例として解釈することができるかもしれない。

しかし、消費全体の伸びや長期に亘る安定的な変化を、第二の消費文化によって説明しようとするのは、無謀な試みである。なぜなら、第二の消費文化の原則による消費は、あくまでも全体の一部だからである。本節の「批判的消費文化論の問題点」で示したように、その試みは無残にも現実に裏切られてしまったのである。

そして最後に、第二の消費文化は、批判的にとらえられることが多いとは言え、決して無意味なものではないし、全面的に否定されるべきものでもないということを指摘しておきたい。

これまでしばしば、実質的でない、空虚、虚無的といった言葉を使ってきたことから、第二の消費文化には何の意味もないかのように受け取られたかもしれない。しかし、もともと第一原則（に従った消費）は、人々の社会的関係を調整する役割を果たし、ある種の有用性をもったものである。だからこそ関係的「価値」と呼んだのである。また、第二原則における新規さや物珍しさの追求は、人々がそこに価値を見出している以上、それ自体としては外部からとやかく言うべきことではない。

第二の消費文化は、他のはっきりした問題点、たとえば過剰な消費による廃棄物の増大、生活習慣の乱れなどを伴う場合に、その観点から批判すべきものであろう。好ましくないのは、第二の消費文化自体ではなく、第二の消費文化であることに加えて何らかの条件が加わった場合であり、好ましくないと訴える場合には、その条件は何かを明確にすることが必要である。

さて、以上さまざまなことを述べてきたが、第二の消費文化については、結局ヴェブレンやボードリヤールのように不用意に消費文化全体と等置しないということが、最も重要であるように思われる。第二の消費文化は、さまざまな内容を含み、それぞれが社会心理の複雑な様相を露わにしていて、たいへん興味深いものである。しかし、それはあくまで消費文化の一部であって、全体ではない。そのことをよく理解した上で、消費文化の中での位置づけと作用を解明することが必要である。

## 注

（1）ここで「慣習」という言葉は、サンクションを伴う比較的強固なものではなく、日常化、常識化した行為の様式すべてを含む、よりゆるやかな意味で用いている。
（2）なお、非機能的であることは、しばしば目新しさにつながることがあり、その意味で、非機能的ということと非慣習的であるということは重なり合う部分がある。しかし、非機能的だが慣習的であるとか、非慣習的だが機能的だという場合もあり、両者は決して同じものとは言えない。
（3）間々田孝夫、二〇〇七、『第三の消費文化論――モダンでもポストモダンでもなく』ミネルヴァ書房、一八〇〜一八三頁。
（4）濱嶋朗ほか編、一九九七、『社会学小辞典』（新版）有斐閣、三〇五〜三〇六頁。
（5）次の文献に明記されている。見田宗介、一九九六、『現代社会の理論』岩波書店（新書）、二一〜四一頁。
（6）Veblen, T. 1899, *The Theory of Leisure Class: An Economic Study in the Evolution of Institutions*, Modern Library. 高哲男訳、一九九八、『有閑階級の理論』筑摩書房。
（7）顕示的消費は、この訳のほかに「誇示的消費」、「衒示的消費」、「見せびらかしの消費」と三通りに訳されており、それぞれが異なるニュアンスをもっている。そして、その訳し方に訳者のヴェブレン理解の違いが現われているようである。筆者としては、以下の本文の通り最も広い意味でこの概念をとらえたいという意味で、また原語の conspicuous に相対的に近いという意味で、「顕示的消費」を採用したい。この言葉の訳し方については、次の文献を参照のこと。内田成、二〇一一、『見栄と消費』学文社、六二〜六三頁。
（8）英語の conspicuous という単語は、誇示するとか見せびらかすといった行為者の意思に関する内容はもともと含まれず、はっきりそれとわかる、人目につく、といった意味で用いられるようである。
（9）濱嶋朗ほか編、前掲書、一八七頁。ただし、項目としては「誇示的消費」とされている。なお、英和辞書には、conspicuous consumption について、もっと端的に次のような説明がある。「財力を誇示する浪費、散財」。小稲義男ほか編、一九八〇、*New English-Japanese Dictionary* (5th ed.), 研究社、四五五頁。
（10）Veblen, op. cit. 訳書、九五〜一〇〇頁。

(11) 同右、一一五～一一六、一一八～一二七頁。なお、内田成はこの点を次のように表現している。「ヴェブレンのいう衒示的消費とは湯水のごとく金を使ったり、札びらを切る、といった行動としてとらえられたこともあったが、その本質は社会的な体面にかなった、すなわち制度的な消費行動をいっている点が重要である。」内田成、前掲書、八五頁。

(12) Veblen, op. cit. 訳書、九七頁。

(13) 同右、八七～八九、一一一～一一三頁。

(14) 同右、一九四～一九五頁。

(15) 高哲男、一九九一、『ヴェブレン研究――進化論的経済学の世界』ミネルヴァ書房、八四～八五頁。

(16) それゆえ、顕示的消費はしばしば顕示的浪費（conspicuous waste）とも表現されている。

(17) Veblen, op. cit. 訳書、一一四頁。

(18) サリバンとガーシュニーは、「非顕示的消費」（inconspicuous consumption）について論じ、現代の必要性を越えた消費が顕示的消費ばかりでないことを示した。非顕示的消費の例として、高収入ではあるが多忙で消費の時間に乏しい現代のアッパーミドルクラスの消費者は、高価なキャンプ用品や調理器具などの物財を溜め込むことが多い、といった例が示されている。Sullivan, O. and J. Gershuny, 2004, "Inconspicuous Consumption: Work-rich, Time-poor in the Liberal Market Economy," *Journal of Consumer Culture*, vol. 4, no. 1, pp. 79–100.

(19) Simmel, G., (1904) 1919, "Die Mode," *Philosophische Kultur* (Zweite um Einige Zusätze Vermehrte Auflage), Alfred Kröner. 円子修平・大久保健治訳、一九七六、「流行」『文化の哲学』（ジンメル著作集7）白水社、三一～六一頁。ジンメルはこの文献以外でも流行について論じているが、内容的にはこの文献が代表的であるため、以下これを参照する。なお、ジンメルの流行に関する記述全体については、次の文献を参照されたい。池田光義、一九八七、「ジンメル『流行論』への試論」『ソシオロジ』三一巻三号、八九～一〇四頁。

(20) Tarde, G., (1890) 1895, *Les lois de l'imitation* (2e éd.), Alcan. 池田祥英・村澤真保呂訳、二〇〇七、『模倣の法則』河出書房新社、二九九～三二八頁。Veblen, op. cit. 訳書、九八～一〇〇頁。

(21) Simmel, op. cit. 訳書、三四～三七頁。

(22)　同右、三七頁。
(23)　同右、四九頁。このようなことから、ブルーマーがジンメルの流行論のポイントがトリクルダウン理論にあるととらえてこれを批判しているのは、やや的が外れた議論のように思われる。Blumer, H. 1969, "Fashion: From Class Differentiation to Collective Selection," *The Sociological Quarterly*, vol. 10, pp. 275-291.
(24)　Simmel, op. cit. 訳書、三四〜三七頁。
(25)　同右、五〇〜五三頁。
(26)　同右、三五頁。
(27)　同右、六〇〜六一頁。
(28)　ジンメルの流行論の特徴が、トリクルダウンや顕示的消費の視点より、むしろ新規さや差異の自己目的的追求という視点に見出されるという点については、すでに池田光義と藤谷正太が指摘している。池田光義、前掲論文、一〇〇〜一〇一頁。藤谷正太、二〇一二、「G・ジンメル『流行論』の一考察」『青山学院大学文学部紀要』五四号、一五三頁。
(29)　ただし、ジンメルは、全社会的な流行には至らず、消費の多様化を帰結するような、小規模グループ内での流行にも若干触れている。これも第二原則の現われの一つと言えるだろう。Simmel, G., op. cit. 訳書、五四〜五五頁。
(30)　同右、三九頁。
(31)　同右、三五頁。
(32)　ただし、ボードリヤールは、イギリスやアメリカでは日本ほど大きな影響を与えなかった。
(33)　Baudrillard, J. 1968, *Le systeme des objets*, Éditions Gallimard. 宇波彰訳、一九八〇、『物の体系——記号の消費』法政大学出版局。Baudrillard, J. 1970, *La société de consommation: ses mythes, ses structures*, Éditions Denoël. 今村仁司・塚原史訳、一九七九、『消費社会の神話と構造』紀伊國屋書店。Baudrillard, J. 1972, *Pour une critique de l'economie politique du signe*, Éditions Gallimard. 今村仁司・宇波彰・桜井哲夫訳、一九八二、『記号の経済学批判』法政大学出版局。
(34)　消費記号論というと、特定の消費財が、あるいはある消費行為がどのような記号的意味をもっているかといった分析を期待されることが多いが、ボードリヤールの著作でそういった分析が豊富になされているかと言えば、残念ながらそうではない。

そのような具体的な分析は消費に関する著作の一部で断片的に示されているだけである。Baudrillard, 1968, op. cit. 訳書、三四～七〇頁。Baudrillard, 1970, op. cit. 訳書、一五五～一六〇頁。

(35) Baudrillard, 1970, op. cit. 訳書、六四～七六、八八～八九、一五二～一五五、二八一頁など。

(36) 同右、二八一頁。

(37) 同右、六七頁。

(38) ボードリヤールがヴェブレンに言及することはあまり多くないが、次の箇所での顕示的余暇に関する記述から判断すると、口の悪いボードリヤールとしては珍しく、ヴェブレンの顕示説に賛同しているように思われる。Baudrillard, 1970, op. cit. 訳書、二三六頁。

(39) 同右、六八頁。

(40) McCracken, G., 1988, *Culture and Consumption: New Approaches to the Symbolic Character of Consumer Goods and Activities,* Indiana University Press. 小池和子訳、一九九〇、『文化と消費とシンボルと』勁草書房、一五九～一七六頁。

(41) Baudrillard, 1970, op. cit. 訳書、七〇～七一頁。Baudrillard, 1972, op. cit. 訳書、一五～一六頁。

(42) この点については、次の文献を参照されたい。後藤隆、一九八八、「消費欲求をめぐる意味体系――ボードリヤールとヴェブレン」『経済と文化』(経済社会学会年報X)現代書館、一三九～一四九頁。

(43) Baudrillard, 1972, op. cit. 訳書、三〇～三三、七七～七八頁。

(44) Riesman, D., 1964, *Abundance for What? and Other Essays,* Doubleday & Company. 加藤秀俊訳、一九六八、『何のための豊かさ』みすず書房、一〇～三四頁。

(45) Blumer, op. cit.

(46) Baudrillard, 1970, op. cit. 訳書、一一六～一一七頁。

(47) 消費と資本主義的需要創造の関係についてのボードリヤールの言説は、次の文献でていねいにサーベイされ、まとめられている。水原俊博、二〇〇五、『ボードリヤールの社会理論と日本の八〇年代消費社会』(立教大学社会学研究科博士論文)、二三七～二五八頁。

(48) Baudrillard, 1970, op. cit. 訳書、九六頁。同書、五八〜六一、七五〜七六、九〇〜九一、一二〇〜一二一頁も参照されたい。
(49) Riesman, op. cit. 訳書、一五四〜一七八頁。
(50) Baudrillard, J. 1976, *L'échange symbolique et la mort*, Éditions Gallimard. 今村仁司・塚原史訳、一九八二、『象徴交換と死』筑摩書房。なお、消費論中心に論じていた一九七〇年前後のボードリヤールにも、階層的枠組とは直接関係のない消費の差異化を描いたとも解釈できる部分が存在する。たとえば、Baudrillard, 1968, op. cit. 訳書、一六九〜一九一頁。Baudrillard, 1970, op. cit. 訳書、一〇九〜一一六、一二〇〜一二一頁。
(51) 内田隆三、一九八七、『消費社会と権力』岩波書店、七〜六八頁。見田宗介、前掲書、二〜四一頁。なお、この点については、間々田孝夫、前掲書、一八〇〜一八三頁を参照されたい。
(52) 間々田孝夫、前掲書、一八〜三三頁を参照されたい。
(53) Harvey, D. 1990, *The Condition of Postmodernity: An Enquiry into the Origins of Cultural Change*, Blackwell. 吉原直樹監訳、一九九九、『ポストモダニティの条件』青木書店、三六四〜三七二頁。Slater, D. 1997, *Consumer Culture and Modernity*, Polity, pp. 189-193.
(54) ポストモダンの概念が揺れ動いていて、特定の内容をもっていないことについては、つとに富永健一が指摘している。富永健一、一九九六、『近代化の理論——近代化における西洋と東洋』講談社（学術文庫）、四五四頁。
(55) Veblen, op. cit. 訳書、一一四頁。
(56) Baudrillard, 1970, op. cit. 訳書、六八〜六九頁。
(57) Veblen, op. cit. 訳書、四三頁。
(58) Baudrillard, 1970, op. cit. 訳書、六九頁。
(59) Csikszentmihalyi, M. and E. Rochberg-Halton, 1981, *The Meaning of Things: Domestic Symbols and the Self*, Cambridge University Press. 市川孝一・川浦康至訳、二〇〇九、『モノの意味——大切な物の心理学』誠信書房、三五頁。
(60) Veblen, op. cit. 訳書、一一五〜一一六頁。Baudrillard, 1970, op. cit. 訳書、六八頁。
(61) そのような解釈の方が正しい可能性もあるが、それが正しいことを実証しようとする意思が示されないことも批判的消費文化論の問題点である。目的や動機の実証については、次の拙著を参照されたい。間々田孝夫、一九九二、『行動理論の再構成——心理主義と客観主義を超えて』福村出版、八三〜一〇〇頁。

(62) ただし、このような影響はアメリカやヨーロッパではあまり見られなかった。

(63) 次の書評を参照。土場学、二〇〇一、間々田孝夫著『消費社会論』への書評、『社会学評論』五二巻二号、三六二〜三六四頁。

(64) 第二の消費文化的発想で消費文化を解釈した末に、収拾がつかなくなった反面教師的な研究例が、次の文献に見られる。Paterson, M., 2006, *Consumption and Everyday Life*, Routledge, pp. 224-230.

(65) Veblen, op. cit. 訳書、一一五〜一一六頁。

(66) 序章3節「関係的価値」を参照。

(67) 需要創造説の問題点については、筆者が前著で検討している。間々田孝夫、前掲書、一八四〜一九一頁。英語文献で、企業の差別化戦略が需要を創造するという見方に対し批判的見解を示したものとしては、次のような文献があげられる。Gottdiener, M., 1995, *Postmodern Semiotics: Material Culture and the Forms of Postmodern Life*, Blackwell, pp. 138-160. Gabriel, Y. and T. Lang, 2008, "New Faces and New Masks of Today's Consumer," *Journal of Consumer Culture*, vol. 8, no. 3, pp. 331-334.

# 第三章　第三の消費文化

二〇世紀には、第一の消費文化と第二の消費文化が注目されがちであった。第一の消費文化については、新しく便利な機械製品や巨大な商業施設、第二の消費文化については、高級ブランド品や車のモデルチェンジなどが、しばしば話題になった。しかし、二一世紀に入ると、そのどちらでもない消費現象に注目が集まるようになった。今では、品質志向や本物志向の消費傾向、ますます盛んな音楽、旅行、スポーツ、その他多様化した趣味のための消費、爆発的に拡大した情報の消費、地球環境問題に配慮したエコ消費、不公正な取引を避けようとするフェアトレード製品の消費など、第一、第二の消費文化としては理解できないようなさまざまな消費現象が噴出している。

本章ではそれらを「第三の消費文化」として統一的に理解することを提唱し、その内容を解説しつつ、第三の消費文化が消費文化研究において重要な意味をもつことを明らかにしていきたい。

## 1　第三の消費文化とは何か

### 第三の消費文化の原則

第三の消費文化は、次の二つの原則によって特徴づけられる。

第一原則　文化的価値をより深く、あるいはより幅広く追求しようとする。
第二原則　消費が社会に与える好ましくない影響を回避しようとする。

この二つの原則については、すでにその概要を述べたが（序章4節）、ここではもう少し詳しく解説しよう。

第一原則については、文化的価値とは何であるかが理解のポイントとなる。

文化的価値とは、人々が消費を通じて何らかの主観的に好ましい精神状態を実現する時、そのような消費のもつ価値を示すものである。ただし、そこでの消費は反社会的とされる場合を除いたものであり、たとえ主観的に好ましくとも、反社会的なものを含む場合は、精神的価値という言葉を用いることとした。文化という言葉には、反社会的なものは含まれないのが通例だからである。

好ましい精神状態という表現はたいへん漠然としているが、すでに述べた通り、消費が何らかの目的のための手段として価値をもったり（機能的価値）、他者との関係の調整という意味での価値をもったり（関係的価値）することによって間接的に消費者に有用性や満足感を与えるのではなく、消費が直接的に価値をもつ場合を示している。具体的なイメージとしては、音楽、美術、絵画、演劇などを鑑賞する時の喜び、趣味の楽しみ、嗜好品の飲食に伴う満足感、気に入った雑貨を身近におく時の喜び、温泉での解放感やくつろぎなどを示すものだった。

ここでの文化的価値には、優れた精神的活動という意味での文化、つまり文化財や文化活動と言われるようなものも含まれているが、特に優れているとも考えられない娯楽的なもの、たとえば通俗的な映画の鑑賞、テーマパークでの遊び、ギャンブル的なゲームなども含まれている。拙著『消費社会論』では、それらを娯楽的消費と呼び、文化的消費（文化的価値を求める消費）と区別したが[1]、実際上その境界はあいまいであり、本書の文化の扱い方とは合致しないので、本書ではそういった場合も含めることにした。

文化的価値を求める消費については、量的な拡大も可能ではあるが、精神的なものであるだけに、それが必ずしも強く求められない。むしろ、質的により優れた、あるいは好ましいものになることが求められる場合が多い。そのためここでは、「より深く」という表現を用いている。

また、文化的価値は、より多くの分野で、より多様なものが求められるようになっており、その範囲を拡大している。そこでこのような動きを「より幅広く」という言葉で表わしている。

第一原則は、このように、消費の文化的価値をより質的に高度なものにし、またより広範に文化的価値を実現しようとすることを意味している。

文化的価値を求める消費であっても、質的に高度なものにする志向性が見られず、習慣的に消費されるだけの場合は、第一原則に反し、第三の消費文化には含まれないことになる。

第二原則は、消費社会化の進行に伴い、消費が膨大な量に達し、消費財やサービスの種類も極めて多様になったことにより、さまざまな社会問題が発生するようになったことをふまえたものである。

消費社会は大量の物財を消費する社会であり、それゆえに大量の資源を消費し、大量の廃棄物を排出する。このことがさまざまな資源問題、環境問題を引き起こし、特に二〇世紀の末頃からは、それが急速に深刻化してきた。

消費社会に必要なさまざまな資源は、消費社会の到来以前とは比べものにならないほど大量に採取され、再生不可能なエネルギー資源や金属資源については枯渇の危険性が増し、再生可能な漁業資源、森林資源についても、再生可能なペースを上回って、供給の減少や不安定化が問題となった。

他方、大量の廃棄物と大量の資源採取は、環境問題も深刻化させた。その結果、地球温暖化に伴う気象・気候の変動、森林破壊と河川の氾濫、開発地域の増加による生物多様性の減少と生態系破壊、大規模な大気汚染や水質汚染など、国境を大きく越えた、それゆえ地球環境問題と呼ばれるさまざまな問題を顕在化させている。

現在では、中国、インド、ブラジルなど、一般的にはまだ先進消費社会と言われない国々でも、近代化と大きな人口が相まって大量の消費が行なわれるようになり、このような資源、環境問題の解決をますます喫緊の課題にしている。

他方、消費社会の膨大な需要は、その資源の採掘地、農産物の産地、工業基地を兼ねる非消費社会（すなわち開発途上諸国）に大きな影響を与えるようになった。資源採取の規模、農産物の輸出量、工業の生産額はますます大きくなり、多くの途上国住民が消費社会向け商品の生産に動員されるようになった。このことは、雇用の維持や近代化に貢献するものでもあったが、しばしば現地の環境破壊、健康被害、過酷な労働、児童労働、極度に安い買取価格や賃金など、多くの社会問題を惹起するようになった。

このような問題に対して、それを解決すべくさまざまな動きが発生したが、消費社会の内側では、消費者自身が社会問題に対処するような消費行為、つまり社会的配慮を伴い、そういった好ましくない影響をもたらさないような消費を行なおうとする動きが生じてきた。

資源、環境問題に対しては、一九八〇年代以降、環境に配慮した消費を求めるグリーンコンシューマリズム（green consumerism）が広がりを見せ、省エネルギー、資源リサイクル、環境に配慮した店舗の選択、地産地消、有機農産物の消費など、さまざまな形で資源の枯渇と環境汚染に対応した消費のあり方が模索されてきた。

また、開発途上国との関係においては、公正な取引と生産地の安定的発展を目指すフェアトレードが活発化してきた。さらに、これらを含めつつ、消費者に倫理的配慮を求める「倫理的消費」（ethical consumption エシカル消費）の考え方が生まれ、賛同者を増やしてきた。現在では、倫理的消費は環境問題や社会的不公正に対処するもののほか、災害被災者への支援、文化財の保護、動物愛護、マイノリティへの支援など、幅広い内容を含むものになっている。

第二原則は、これらの消費行為を通じて、消費が社会に与えるさまざまな好ましくない影響を回避しようとする傾向を示すものである。消費者が、自分の欲望を追求するだけでなく、社会的配慮に基づいて消費するようになるということである。これは、拙著『消費社会論』で用いた概念で言えば、消費者が「社会的消費者」になることと言い換えてもいいだろう。(2)

筆者は、これら二つの原則からなる消費文化を「第三の消費文化」と名づけたのだが、この二つを見比べると、第一の消費文化、第二の消費文化の二原則以上に異質なもののように思えるかもしれない。第一原則が人間の内面に注目しているのに対し、第二原則は環境や社会の変化に注目している。第一原則が端的に言えば満足や楽しさを求めているのに対して、第二原則はそれを抑える動きのように思える。二つの原則は、異質であるどころか、反対方向のベクトルのようにさえ思える。このように異質な内容を一つの消費文化と見なすのは、どのような理由によるのだろうか。

その理由の一つは、二つの原則が、同じ時代に同じ状況から生まれた動きの両面だからである。

消費社会は、第一の消費文化を中心に、二〇世紀を通じて急速に拡大してきた。消費者は、生活を便利にし、充実させるさまざまな消費財を入手できるようになり、その過程で物的消費財を強く求めるようになった。消費という行為は必ずしも物的消費財だけを求めるものではないが、物的消費への関心は著しく高まり、消費主義＝物質主義という様相を呈するようになった。

しかし、消費社会化の進行とともに、人々はこのような消費と物的消費財の強い結びつきの限界、あるいは問題点を自覚するようになった。これが「脱物質主義」と言われるものである(3)。

脱物質主義という反省の機会を経て、消費社会は二つの方向に向かっていると考えられる。一つは、物質主義によっては実現できなかった幸福や充実感をさらに追求しようとする方向であり、もう一つは、物質主義によって社会や自然界に生じたさまざまな問題を解決しようとする方向である。前者は、消費社会でなお得られていないものを得ようとするものであり、後者は、消費社会が失ったものを求めるものである。一般に、一致しない理想と現実を一致させようとする場合、まだ現実となっていない理想を現実化しようとする動きと、不適切な現実を無くそうとする動きとは同時に発生することが多いから、この二つの方向も、消費社会の理想と現実を一致させようとする一まとまりの動きの中の、二つの側面だとも解釈できるだろう。

筆者は、このような動きを理解するために「第三の消費文化」という概念をたてた。その両面を示すのが、第一原則と第二原則なのである。両者は、内容は異なるものの同じ社会動向の中にあり、同じようにさらなる幸福を追求し、消費社会のあり方を変化させようとするものと言えるだろう。

しかし、この理由はよしとして、次に問題となるのは、二つの原則は両立しうるかということであろう。第一原則はさらなる満足や快楽を求めているのに対して、第二原則はそれを抑える禁欲的な動きをもたらすように思われる。欲望を抑えないで社会問題の発生を抑えるような消費社会が実現可能なのだろうか。また、社会問題の発生しない消費社会で、われわれは楽しく暮らすことができるのだろうか。

この点については、第三の消費文化が、文化的価値を追求するものであることに注目しなければならない。さらなる消費の追求が、消費の全般に及ぶものであれば事情は違ってくるが、文化的価値の追求は、自然や社会に好ましくない影響を及ぼす可能性は、相対的に小さいと考えられる。

消費社会の主流をなしてきた第一の消費文化においては、それ自体が消費量の増加を目指すことを原則としており(第二原則)、また、機能的価値の実現を目指す過程では(第一原則)、多くの機械と大量のエネルギーを必要とし、それが大量の資源採取と大量廃棄物につながった。さらに、大量消費の裏面である低価格化への志向は、機械化だけでなく、開発途上国で極力安い労働力を使い、長時間作業に就かせることによっても実現されるから、現地で社会問題が発生しやすい状況をもたらした。

それに対して、第三の消費文化の場合、第一原則で文化的価値が追求されるが、そこでは消費の質的な充実は追求されるものの、単なるモノだけではなく、情報や人的活動が加えられて価値が実現することが多いから、一般的には物質やエネルギーの投入量が少なく、基本的に脱物質主義的である。また、文化的価値をもたらす消費財は、グローバルな分業体制に頼ることも少なく、消費の現場近くで生産されることが多い。そのため、文化的価値の追求は、社会や自然に対する負荷が比較的少なく、第二原則との両立が可能で、両原則はむしろ親和的な面をもっている。

地産地消の農産物は、新鮮であるがゆえに美味しく、同時に環境負荷が小さく、開発途上国との関係も必要としない。また、インターネット上の情報は、資源やエネルギー消費の面では比較的負荷が小さいにもかかわらず、多くの人々を楽しませ、しばしば熱狂させているのである。

文化的価値の追求がどれだけ物的資源と開発途上国の労働力に依存するかという問題は、さまざまなケースについて慎重に検討しなければならず、早計な結論を出すことはできない。しかし、少なくともここで言えることは、消費欲求の実現と、環境問題や社会的不公正の回避とが両立しがたくなるのは、第一の消費文化（と一部の第二の消費文化）についての場合が多く、第三の消費文化においては、事情は大きく異なってくるということである。

以上述べてきた通り、同じ動きの中にある二つの側面であること、原則的に両立しえないものではなく、むしろ親和的であることを理由として、筆者は、この二つの原則を第三の消費文化という概念の中に含めるのである。

ただし、二つの原則は、第一の消費文化、第二の消費文化における各二つの原則とは違う意味でセットになっている。第一の消費文化の二原則は、直接関係のないものではあるが、感覚的には、一体的にとらえやすいものであった。また、第二の消費文化の二原則は、ある程度似たもの同士、境界のあいまいな二つの原則をいっしょにしたものであった。それに対して、第三の消費文化の二つの原則は、内容は大きく異なっているが、二つを同時に進めることによって消費社会を望ましい方向に導くことができ、おそらくそれが可能でもある、という意味でセットになっていると言えるだろう。

## 第三の消費文化を論ずる意味

第一の消費文化と第二の消費文化は、すでによく知られ、さまざまな論者が扱ってきた内容を再構成したものであった。しかし、第三の消費文化はそうではなく、筆者が本書ではじめて論じるものである。

第三の消費文化の個々の内容は、すでにある程度知られたものがほとんどである。しかし、それらを第一原則、第二原則という形でまとめ、その二つを、さらに第三の消費文化という一つのタイプとしてとらえるという発想は、これまでの消費研究にはなかったはずである。

このような発想は、序章で示した、消費論のいくつかの課題（条件）に応えようとさまざまな文献に触れ、考えをめぐらすうちに浮かんできたものである。

序章で示したのは（序章2節「新しい消費論の条件」）、生活上の必要を越えた複雑な消費のあり方を適切にとらえること、消費がもたらす問題点や危険性を直視すること、消費についての理念を与えること、という三つの課題であった。第三の消費文化はこれらに対応するものである。

第一点については、すでに第二の消費文化についての諸論考が取り組んできたが、前章に示したように、その扱い方は問題の多いものであった。生活上の必要性を越えた消費は現代社会に満ちあふれているが、それを顕示的消費、階層の上下を示す消費、差異自体を求める消費などの第二の消費文化と同一視する見方は、現代社会の現実には合っていない。消費社会には、そのような動機をもたない消費行為が無数に存在しているのは明らかである。

それにもかかわらず、第二の消費文化に関する諸論考では、それらに気がつかないか、無視するか、無理やり第二の消費文化の一部としてしまう傾向があった。特に、消費生活において大きな比重を占める文化的価値をまともに扱わなかったことは大きな問題であり、それによって現代の消費がたどってきた道筋、これから向かう方向、そして人間にとっての消費の意味が誤って解釈され、生活上の必要性を越えた消費という言葉の意味もあいまいになってしまった。

人間は、第二の消費文化に含まれる消費も行なうが、決してそればかりではなく、文化的価値を追求する消費を熱心に行なっている。消費者が消費に能動的に取り組むとすれば、それは関係的価値よりもむしろ文化的な価値を求める場合が多く、文化的価値の実現が、生活の喜びや充実感、生きがいなどをもたらしている。これを無視しては、現代の消費の極めて重要な一側面が抜け落ちてしまう。文化的価値については、ぜひとも関係的価値と切り離し、その独自の意味を探求しなければならない。そのような文化的価値追求の動きは、ぜひとも消費文化の一つのタイプとして消費の分析に加えなければならない。――そう考えたからこそ、第一原則として文化的価値の追求を取り上げたのである。

第二点は、それに注目すればするほど、その深刻さが強く実感され、消費社会がこのまま持続できるかどうか、おおいに疑問を感じさせるようなものである。しかし、まだ力は弱いながらも、その問題を解決しようとするさまざまな動きが、各地域、各分野で芽を吹き出している。

消費文化には、一方ではさまざまな問題点や危険性を生み出す不都合な部分があるが、他方ではそれに対抗し、あるいはそれを回避しようとする好ましい動きも存在し、こちらもまた消費文化の一つと言える。消費についての諸言説、諸論考の中には、前者の意味での消費文化だけを消費文化として扱おうとするものもあるが、それは一方的でバランスを欠いた見方であろう。後者もまた消費文化として扱わなければ、現在の消費の全体像は見えてこない。――そのような考え方から生まれたのが、第二原則なのである。

そして第三点についてであるが、前項に示した通り、第三の消費文化の二つの原則は、消費社会の今後を模索する一つの動きの二つの側面であった。その動きとは、成熟した消費社会をさらに人間にとって望ましいものにするための人々の営みということである。二つの原則は、望ましい方向を求めようとする点で、ともに消費文化の理念を与えうるものである。特に、第一の消費文化がその輝きを失っている現在、消費に肯定的な意味を見出すための重要なポイント二つを示すものであろう。

第一の消費文化は、今後も人々の欲求を満たすものであり続け、それを満たす消費財が絶え間なく現われることだろう。しかし、第一の消費文化は現代社会においてあまりにも普及し過ぎており、常識と化して意識されず、少々のことでは幸福の源泉とならなくなっている。それどころか、しばしば社会や自然環境に悪影響を与えかねないものとなっている。それに対して、消費社会に希望をもたらし、新たな目標と新たな欲求の対象を与えうるのは、第三の消費文化にほかならないと考えられる。

以上のように、第三の消費文化に注目し、その動向を探ることによって、消費研究の三つの課題が同時に果たされる。第三の消費文化は、客観的な分析対象としても、実践的な理念を示すためにも、今後の消費研究にとって非常に重要な意味をもつのである。

第三の消費文化は、本書の中心となる概念であり、いろいろなことを論じなければならない。その中で、本章では、まず2節で第一原則の中心となる文化的価値がこれまでどのように扱われてきたかを振り返り、3節で文化的価値の概念を詳細に検討するとともに、消費研究における文化的価値の意味を確認する。4節では、第二原則が問題とした消費と社会の関係について、その問題の経緯、現状、消費との関連などについてまとめる。その上で5節では、二つの原則の関係について詳しく論じ、この二つを一緒にして第三の消費文化と呼ぶ根拠について、再度確認する。

本章は、第三の消費文化の意味内容と、その背景の考察にとどまるが、現実の第三の消費文化がどのような状況にあるかについては、六章と七章で分析することにしたい。

## 2　文化的価値への注目

### 文化的価値の発見と主題化

消費という行為が、生理的価値やさまざまな道具的価値を実現するのではなく（第一の消費文化）、関係的価値の実現や消費の自己目的的変化を目指すのでもなく（第二の消費文化）、何らかの文化的価値を実現する場合も多いということは、日常経験からは自明のことである。文化的価値という言葉を、狭い意味ではなく、前節で示したような広い意味で用いるとすれば、われわれは、消費を通じて毎日のように文化的価値を実現している。仕事を終えて酒を呑みながら美味しいものを食べることも、日曜日に買い物に行ってきれいな洋服を買うことも、音楽を聴いて楽しむことも、時々旅行に行ってさまざまな珍しい経験をすることも、すべて文化的価値の実現である。

勤勉かつ禁欲的で、仕事以外は何もしないという人でない限り、また、極度に貧しく一切の楽しみのための消費が不可能な人でない限り、われわれは多かれ少なかれ文化的価値を実現するための消費を行なっている。一般の人にとっては、むしろ文化的価値こそが、消費の楽しげなイメージを形成しているとさえ言えるだろう。

しかし、このような当たり前のことが、消費の学問的研究の中では、驚くほど無視され、研究テーマから外されてきた。これまで述べてきたように、消費は機能的価値と結びついた第一の消費文化として、あるいは関係的価値と結びついた第二の消費文化として理解されることがほとんどであり、第三の消費文化に属する文化的価値については積極的に言及されず、それを実現するための消費はまともに取り上げられなかった。

経済学や経営学の分野では、消費はおもに生活上の必要を満たすためのものと考えられた。それを越えた文化的価値を求める消費が存在することは否定していないものの、積極的にそれに注目しようとする傾向は見られなかった。むしろ、理論や実証研究の内容を次第に抽象化していくことによって、文化的消費（文化的価値を求める消費）の独自性と存在意義を論じる余地を、しだいに狭めていく方向を辿った。

他方、社会学やその関連分野では、必要性を越えた、あるいは機能的価値としては解釈できないような消費に注目した点では、経済学や経営学と違う視点をとったものの、二章で示したように、それを関係的価値や自己目的的な差異化を目指すものとしてとらえる方向に進み、文化的価値は、その陰でいつの間にか無視されることとなった。消費は、関係的価値や自己目的的な差異化以外には、何ら積極的な意味をもたないかのように扱われたのである。

今日の文化的消費の隆盛からすれば、このような無視あるいは放置は信じがたく、なぜそのような状況が生じたのかについての、知識社会学的な関心を呼び起こすものである。本書ではこの問題を詳述する余裕はないが、簡単に筆者が現在考えている仮説を述べると、次のようになる。

まず、文化的消費は、確かに今日では大きな意味をもっているが、二〇世紀が三分の二ほど経過した時点の西側先進国においてさえ、まだその消費の規模は小さいものにとどまり、重要な研究テーマとして認識されるほどの存在感を示さなかったということがあるだろう。文化的な消費は、富裕な階層には広く普及していたが、一般的に言えば、量的にも質的にも、まだまだ未成熟であり、研究者の目をひくには至らなかった。多くが中程度の所得階層に属する研究者たちは、幅広く文化的消費を行なうことが少なく、自らの体験に基づいて文化的消費に関心をもつことも、あまりなかったのであろう。

それに加えて、文化というものについての特殊な理解が作用したという事情もあるだろう。近代以降さまざまな文化活動は活発化しており、人文学的な文化研究は十分盛んになっていた。しかし、二〇世紀後半に至るまで、文化は狭い意味で解釈されており、社会科学者もその影響を受けていた。そのため、消費は文化のレベルには達しえず、文化は消費されることはないという、暗黙の常識が存在していたようである。社会科学の世界では、市場を通じて供給される大衆的な消費現象は、文化と結びつくものではなく、それを含めた広い意味での文化は、研究するに値しないものと考えられた。美術は文化であるが美しいパッケージは文化ではなく、クラシック音楽は文化であるがビートルズの曲は文化ではないと思われていたのである。(4)

三つめの理由は、イデオロギー的なものである。消費社会は資本主義と密接に結びついており、消費社会を評価することは資本主義の肯定につながり、消費社会の批判は資本主義の否定につながる。消費現象は、見方によっては資本主義の果実、華やかな結末であるが、別の見方では資本主義のあだ花であり、無用の噴出物のようなものである。このような論争的なテーマであるだけに、多くの場合、消費はイデオロギー上都合のよい部分を取り出し、都合のよい形で論じられる傾向にあった。そこで、資本主義擁護の側は（多くは序章で述べた成長主義的消費観と重なる）、消費をその最も有用で力強い面でとらえようとし、第一の消費文化に関心を集中させた。他方で資本主義批判の側は（多くは序章で述べた批判主義的消費観と重なる）、消費を実質的意味が乏しく、不平等な面でとらえようとし、もっぱら第二の消費文化に焦点をあてた。その結果として、どちらでもない文化的消費は置き去りにされてしまったのである。

こういった知識社会学的分析は興味深いものであるが、本書では詳述する準備もできてないので、これだけにとどめ、その先の話題に転じよう。本書で注目したいのは、このような状況が、その後変化していったということである。

二〇世紀も後半に入り、経済成長と消費社会化が進むと、機能的価値の実現は著しく進み、多くの人々が「食うに困らない」生活を送るようになった。消費はそれまで豊かさと幸福をもたらすものと考えられ、実際、先進工業国では大量の物的消費財を作り続けたのであるが、そういった物的消費の拡充は、次第に幸福感と結びつかなくなってきた。(5) 物質主義から脱物質主義へのシフトが生じたのである。

脱物質主義化は、消費というものへの懐疑をもたらした。消費文化は、物的生産・消費と深く関わってきたが、脱物質主義化によって、物的生産・消費にこれ以上の積極的価値が乏しいということになると、経済規模を拡大し、消費社会をさらに発展させることに何の意味があるのか、という疑問が出るのは当然であった。そこで、脱物質主義化によって、経済と消費社会がどう変化していくかが注目の的になったのだが、この問題をどう考えるかについては、方向が二手に分かれていった。

一つの方向は、経済活動やその成果である消費が実現できることは相対的に少なくなり、人々の関心はそれ以外のこと、たとえば政治参加、自然や環境の保護、人権保護や反差別の動き、コミュニティの再生、宗教等の精神的活動に移行すると考えるものである。経済活動は相変わらず重要なものであるが、それがさらに新たに価値を生み出すことは少なくなり、人々が重要と考えるテーマが、非経済的なものに変化すると考えるのである。

このような方向を、筆者は「経済外的脱物質主義化論」と呼ぶことにしたい(6)。その代表としては、脱物質主義（post-materialism）という言葉を世に広めた政治学者イングルハートや、その学問研究上の師と言うべき、心理学者のマズローがあげられるだろう(7)。

もう一つの方向は、経済活動や消費が実現できることが少なくなるのではなく、その内容が変化すると考えるものである。この方向では、消費が新たな価値を実現しにくくなるのは、筆者の言う機能的価値に関してであって、それ以外の価値については、まだまだ限界に達していないと考える。むしろ、経済活動は機能的価値と物的消費財を中心とする第一の消費文化を越えてますます拡大し、さまざまな分野を経済と消費の中に取り込むと考える。このような方向を、筆者は「経済内的脱物質主義化論」と呼ぶことにしたい(8)。

経済内的脱物質主義化論にも、いくつかの立場があったが、その一部は文化的価値、文化的消費に注目した。そしてこの流れの中で、文化的価値は発見され、研究の主題となっていったのである。

ベストセラー『第三の波』で有名な社会評論家トフラーは、その執筆活動の初期に『文化の消費者』(一九六四)という書物を著し、それまでヨーロッパと比べて文化的でないとされていたアメリカにおいて、文化の消費が急速に活発化していることを明らかにした(9)。そこでの文化とは、美術、クラシック音楽、演劇、文学、芸術的映画など、古典的な意味での文化ではあったが、それらを経済活動の一環としてとらえ、経済学的および社会学的分析を加えた点で、この著書は画期的なものであった。

社会学者ダニエル・ベルは、『脱工業社会の到来』(一九七三)において、従来の物的生産を中心とする工業社会が終わり、脱工業社会が到来することを主張した(10)。この書物では、まだ物的生産に代わってサービスや情報の生産を中心とする社会になることが想定され、機能的価値中心の経済が続くかのように書かれていたが、そのあとに書かれた『資本主義の文化的矛盾』(一九七六)においては、決して肯定的なとらえ方ではないものの、文化的価値が大きな比重をもつに至った社会が描かれ、人々の関心がレジャーや大衆文化の消費に移ったことが指摘されている(11)。

心理学的経済学者のシトフスキーは、『人間の喜びと経済的価値』(一九七六)において、経済的に発展した豊かな社会では、従来からの生理的価値を中心とした欲求がほぼ充足され、その充足は「安楽」をもたらしはするが、もはや人間に「快楽」をもたらすものではなく、むしろ退屈を生じさせるものになったと主張した。そして、人間はさらなる快楽を求めるがゆえに、積極的な「刺激」を必要とするようになり、さまざまなレジャー活動、文化的活動などが活発化したと考えた(12)。この著作では、文化という言葉は用いられていないものの、実質的には消費が文化的価値に向かうことが経済心理学的に説明されており、従来の生理的価値中心の経済学を革新しようとする試みが見られる。

これらは、いずれも脱物質主義的状況のもとで、消費が向かう新たな方向に注目したものであるが、そのほか、消費を直接論じていないものの、ほぼ同時代に、本書における広い意味での文化的価値(の一部)を扱った余暇論や遊び論が登場し、注目を集めた(13)。そのほか、食生活、ファッション、観光、教育、ポピュラー音楽、映画など、個別の消費分野における文化的価値についても次第に研究されるようになった。

さらに時代を下ると、文化的消費の研究は、散発的な研究の域を脱し、いくつかのまとまった研究の流れを形成していった。

まず経済学では、トフラーの文化消費研究の影響もあって[14]、文化を経済学の対象としようとする動きが生じた。経済活動が文化を含むようになり、その比重が高まっているにもかかわらず、それまでの経済学は文化を正面きって扱ってこなかった。その間隙を埋めるべく、さまざまな経済学的研究が現われるようになり、その分野は「文化経済学」と呼ばれた。文化経済学は、文化市場の特殊性、文化の経済的支援、文化生産者の組織などさまざまなテーマを含んでいるが、文化の消費（需要）も研究対象の一つとなっている[15]。

二〇世紀後半以降盛んになったマーケティング論においては、その一部として消費者行動研究が盛んになったが、そこでの消費者は、基本的に実用的な価値、つまり機能的価値を実現するために、合理的に情報処理をするものと想定されてきた。しかし、一九八〇年代以降、現実の消費の変化に対応して、消費の社会的、文化的、象徴的、観念的な側面に注目する「消費文化理論」（Consumer Culture Theory 略称ＣＣＴ）と呼ばれる諸研究が発展してきた[16]。そしてその中で、消費のもつ文化的価値にも照明が当てられるようになった。

また、人文社会諸科学においては、それに先立ってカルチュラル・スタディーズと呼ばれる研究スタイルが現われ、さまざまな文化現象が社会との関わりの中で分析されるようになった。その中で、大衆文化やメディア関連の消費も主要な研究対象となり、消費者がそれらの消費にどのような意味づけを行なっているかが注目されるようになった[17]。その意味づけとは、もちろん機能的価値を示すものではなく、本書で論じてきた関係的価値や文化的価値と、重なる部分の大きいものであった。

社会学における消費研究では、長らく関係的価値に注目する立場が強力であったが、一九八〇年代以降は、消費における空想や想像力の働きに注目したキャンベル[18]、消費の審美的側面に関心を寄せたフェザーストンなど[19]、有力な研究者が文化的価値を中心にして消費文化を研究するようになり、その後の消費研究を方向づけていった。

このように、二〇世紀の終わりには、さまざまな学問分野で、文化の消費、あるいは消費の文化的価値に注目する動きが同時的に発生し、いくつかの水流を形成していった。こういった傾向は、論者によっては消費研究の覇権を握ったとさえ評価されるものであった[20]。

とはいえ、筆者の見るところでは、これらの研究はまだ発展途上である。研究対象は十分広いとは言えず、方法論的にも未整備なままである。

文化経済学の場合には、消費が必ずしも主要な研究対象とはなっておらず[21]、また、今でもハイカルチャー、つまりクラシック音楽など狭い意味での文化に関心の中心がある[22]。カルチュラル・スタディーズの場合は、ポピュラーカルチャーにも目を向けているが、文化的消費の中でも情報的消費が研究の中心となる傾向にあり、一般消費財についての研究は、相対的に活発とは言えない[23]。社会学、特に日本の社会学においては、なお関係的価値への関心が勝っており、消費を文化的価値の実現としてとらえる視点自体が確立されていない。

このような中で、消費文化理論には、筆者の文化的消費に対する関心と、大きく重なる部分が含まれているように思われる。次項では、特にこの分野に焦点を合わせて、文化的価値がどのように扱われているかを検討することにしよう。

### 消費経験と文化的価値

アメリカを中心とする消費者行動研究の分野では、従来、消費を目的達成とそのための手段の選択プロセスと見なし、購買行動における意思決定をおもな研究対象とする、心理学的、あるいは行動科学的な立場が主流であった。それに対して、一九八〇年代以降、消費者の消費財に対する意味付与や解釈、消費者のアイデンティティ構築、消費に影響を及ぼすさまざまな社会的・文化的要因など、購買行動の選択という狭い範囲に収まらない、幅広い局面を研究しようとする、新しい動きが生じてきた。

それに伴って、方法論的にも、実験や量的データに基づき、統計的手法を用いた研究法に対して、深層インタビュー、エスノグラフィー、フォトエッセイなどさまざまな調査技法を駆使した研究が増加してきた。

このような動きは、必ずしも統合された一般理論に基づくものではないし、法則定立を目指すものでもなく、研究分野も方法も多岐に亘っているが、「消費者の行為、市場、文化的意味の間のダイナミックな関係」に注目する点で共通している(24)。こういった調査研究のあり方に対しては、相対主義、ポスト実証主義、解釈学的、人文学的、ポストモダンなど、さまざまな形容詞が用いられてきたが、二〇〇五年にアーノルドとトンプソンが、これらをまとめて消費文化理論と呼ぶことを提唱してからは、次第にこの用語が定着しつつある。

消費文化理論では、消費は、購買のみならず使用や廃棄までも含まれる複雑な内面的プロセスと考えられ、消費者は孤立した存在ではなく集合的に文化を形成する主体であり、さまざまな社会環境や歴史、伝統などに影響される社会的存在でもあると考えられた。消費文化理論は、一言で言えば、従来の消費者行動研究の視野を大幅に広げるものであり、心理学から社会学や文化人類学の方向に近づくものであった(25)。

そして、消費文化理論が広がる中で、消費とはどのようなものであるかについての基本認識も変化していった。従来消費とは、基本的に実用的な目的を達成するための手段であり、その目的とは、生活に必要なさまざまな欲求を実現すること、あるいは生活を便利にし、快適なものにすることと考えられていた。それに対して、消費文化理論の流れの中では、消費は、何の不足を満たすとか何の役に立つとかというものではなく、自己目的的に存在しているものと考えられるようになった。

このようなとらえ方を明確に示したのが、ホルブルックらの消費経験論、あるいは快楽消費論である。ホルブルックとハーシュマンは、消費行動についての従来のアプローチを「情報処理モデル」と呼び、自分たちの新しい消費行動の見方を「経験的な見方」と呼んで、消費の象徴的、快楽的、審美的側面に注目すべきことを提案した(26)。

彼らは、従来のアプローチを否定するわけではなかったが、特にエンターテイメント、芸術、レジャーなどの消費を中心として、「経験的な見方」が有効であることを主張した。情報処理モデルが想定したのは、消費に客観的な機能や目的の実現を求め、消費財を、機能や目的をどれだけ達成するかという観点から評価し、意思決定していくというプロセスであった。それに対して「経験的な見方」では、楽しみ、喜び、快楽など感情的体験を求め、そのような主観的な経験がどの程度満足できるものであるかという観点から、さまざまな探索を繰り返していくようなプロセスを想定した。そこでは、消費は功利的なものとしてではなく審美的なものとして、仕事に類するものではなく遊びに類するものとしてとらえられ、消費者行動研究の中心は、選択し購買する時点ではなく、使用し消費を経験する段階に置かれるべきだと考えられた。

彼らの問題提起を一つのきっかけとして、また同時代の消費動向も影響して、消費者行動研究やマーケティング論の分野では、消費というものを、主観的経験を通じて文化的な意味を実現するもの、そして楽しみや快楽をもたらすものとしてとらえる傾向が、次第に広まってきた。

日本の有力なマーケティング研究者である石井淳蔵は、著書『マーケティングの神話』において、ホルブルック・ハーシュマンの主張をふまえつつ、人間はなぜ消費をするのか、また人間にとって消費とは何か、というマーケティングにとって根本的な問題に目を向け、目的を達成し効用を得るための行為としてではなく、「それ自体として意義がある」、文化現象としての行為として消費をとらえ直そうとした。そして、そのような消費観に基づいて、マーケティング研究全体の再検討を行なっている。(27)

また、堀内（牧野）圭子は、著書『「快楽消費」の追究』において、同じく経験に注目するホルブルック・ハーシュマンらの立場をふまえながら、消費の快楽的側面を理論化することを試みた。(28)快楽といっても、その原語はpleasureであり、(29)日本語の快楽が意味するような、官能的要素や破壊的ニュアンスをもったものに限定されない。芸術を鑑賞して喜びを感じたり、趣味にうちこんだり、温泉で癒されたりなど、さまざまな内容を含むものである。堀内は、これらさまざまな要素を含めつつ、快楽の範囲、類型、対概念などについて検討し、快楽とは、基本的に「主観的に望ましい経験」であるとして幅広い定義を採用している。彼女は、この理論的図式に基づいて、インタビュー、ドキュメント分析を用いた実証研究も行なっている。

「快楽消費」という言葉を一般の人が耳にすると、奇妙な印象を受けることが少なくないだろう。なぜなら、消費が快楽的であることなど、とっくにわかっていることなのに、なぜ新しい学説のように扱われなければいけないのか、と感じるからである。

実は、この点に現実の消費のあり方と学問的認識とのギャップが現われている。現実としては、消費はとうに楽しみを実現し、文化的要素をもつものとなっているにもかかわらず、その研究は従来通りに実用的で、機能、目的の実現という観点からとらえられてきた。それを打破して、消費は快楽だと主張した点で、消費経験論や快楽消費論は画期的と言えるのだが、同じ内容を一般人に説明すると、なぜそんな当たり前のことを主張するのか、という反応になりがちなのである。

それはさておき、消費経験に関する一連の消費のとらえ方、そして快楽消費と呼ばれる消費のあり方は、これまでの記述からわかるように、筆者が文化的価値について考察してきた内容と、ほとんど重なり合うものと言える。消費における経験とは、消費のプロセスを通じて生じる精神的、内面的な変化であり、快楽とは、その経験から得られる望ましい結果を示すものである。これは、言い換えれば、消費者が消費を通じて文化的価値を実現するということであろう。そして、このような消費と対比される従来の消費のあり方は、まさに筆者が述べてきた機能的価値を実現する消費行為と一致するものと言える。使用する概念や研究の目的は異なるものの、筆者の消費文化研究は、図らずもこれらの研究と同じ方向を目指していたのである。

さて、消費経験への注目は、消費者行動研究の分野のみならず、マーケティング戦略論の分野にも影響を及ぼしていった。消費経験論は、消費者の経験を第三者的立場から分析しようとするものだが、消費者にとって経験が大きな意味をもつという見方は、そのことに目をつけて経験を商品化して消費者に売るという方向にも応用することができ、商品としての経験が論じられるようになった。それが経験価値論あるいは経験経済論である。

アメリカのビジネスコンサルタントであるパインとギルモアは、著書『経験経済』（一九九九）において、経済価値はコモディティ（おもに農産物）、製品（おもに工業製品）、サービス、経験の順に進化していくものと考えた。現代の産業は、製品もサービスも合理化され、低価格化してコモディティと化しており、それを避けて十分な付加価値をつけるためには、経験価値を供給しなければならないと主張した。(30)

経験価値は、彼らの場合には、四つのE、すなわち、entertainment（娯楽）、education（教育）、escape（脱日常）、esthetic（美的経験）の四領域からなると考えられた。そして、entertainmentについてはいわゆる娯楽的サービス、educationでは体験型学習施設など、escapeでは遊園地や旅行など、estheticでは珍しい内装の店舗や空想的なテーマパークなどを実例として紹介している。これらは、消費経験論や筆者の文化的価値のとらえ方と、内容的には重なるものであろう。

また、マーケティングの研究者でありコンサルタントでもあるシュミットは、従来の機能的特性と便益のマーケティング（F&Bマーケティング）に対して、新たに「経験価値マーケティング」を提唱し、同名の書物（一九九九）で、SENSE（五感の刺激）、FEEL（好ましい気分や感情）、THINK（驚きや好奇心の刺激）、ACT（身体的心地よさ）、RELATE（帰属感やアイデンティティ確認）という五つの経験価値のサブカテゴリーを示した。そして、それぞれについて、コミュニケーション（広告など）、アイデンティティやシンボル（ロゴやシンボルマーク）、プロダクトプレゼンス（製品自体、包装）、ウェブサイトや電子媒体など、七種類の手段を使ってマーケティングが可能だと主張している。(31)

ここでの「経験価値」という言葉は、うまく定義されていないが、消費者が消費のプロセスを通じて、肯定的な精神的変化を被ることを示しているようであり、これもホルブルックらの消費経験や、筆者の文化的価値と概念的には重なるものである。(32)ただし、RELATEについては、関係的価値に近い内容も含んでいる。

マーケティング戦略論としての経験価値論（経験経済論）は、二〇〇〇年代には各国でブームの様相を呈し、実業界でも、商品やサービスに経験価値を与えようとする動きが、さまざまな分野で発生した。それを通じて、現代消費社会では、経験価値が強く求められているという認識が広がっていったのである。

しかし、マーケティングの現場と結びついたものだけに、経験価値論は、文化的価値の中で、その一部だけを取り上げ、強調する傾向にあった。

まず、経験価値は、合理化され、単調で魅力に乏しく、需要が滞りがちな分野へのカンフル剤という意味で論じられることが多く、物的消費財や単純なサービスに付加する二次的価値としての面が強調された。事例としても、列車の美しい内装ときちんとした清掃、日常的な食品を包む美しいパッケージ、コーヒーショップでの心地よく行き届いた接客など、本来の機能的価値に加えられる「プラスαの魅力」(33)が紹介されることが多い。それに対して、文化的価値自体を求めて消費される、芸術や芸能、ポピュラー音楽、観光旅行やドライブなどが取り上げられることはあまりない。

また、経験価値論で扱われるのは、戦術的な価値、つまりその場その場で短期的に与えられる価値である場合が多く、長期的にじっくりと形成される店舗への信頼感、伝統的なデザイン、磨かれた作法、歴史的な重厚感といったものはほとんど含まれない。特定の企業活動に依存しない、消費財のアンティーク的価値、民族的な意味づけなども取り扱われない。あくまで、目まぐるしく変化するビジネス社会での刺激剤として、経験価値が取り上げられるのである。

さらに経験価値論では、企業（特に大企業）の組織的マーケティング活動の側から論じているために、小規模の生産者や商店が与えうる経験価値がほとんど無視されてしまう。たとえば、農家が手をかけて育てた高品質の野菜、手作りの工芸品が与える魅力、顧客の要望を知り尽した美容師のカットなどである。これらは、一章で論じたリッツァの「存在」にあたるものであるが、それが話題にのぼらないところに、経験価値論の視野の狭さが現われている。

最後に、最も重要なことであるが、経験価値論における経験は「消費者不在の経験」という矛盾した構造を示している。経験価値論は、企業の側から考えているために、経験は「売りもの」であり、販売時点で完結し価値をもっているものと想定されている。しかし、改めて考えてみると、経験とは消費者の内面的過程であり、本来は消費者が作り出すものである。消費者は、商品の情報収集、現物の吟味、購買、使用という流れの中で「自ら経験する」のであり、そこには消費者の自由と主体性が多かれ少なかれ作用する。こういった側面を無視して、製造、販売の時点で経験価値が発生するかのような見方をするとすれば、文化的価値の全プロセスを理解していないと言わざるをえない(34)。

実際の販売の場面でも、はじめからこれが経験価値だと決めつけて、それを販売しようとするのは矛盾した態度であるし、しばしばおせっかいで押しつけがましい商品になってしまうことだろう。

以上のように、経験価値の例として紹介されたものは、文化的価値を実現する消費のほんの一部にとどまるし、また経験価値を付与しようとする企業行動は、文化的価値を実現するプロセスの一部に過ぎない。文化的価値の正しい理解のためには、このことをよく弁えなければならないのである。

## 文化的価値に注目する理由

これまで述べてきた通り、二〇世紀の終わり頃から、消費と文化の関わりはにわかに注目を浴びるようになった。経済学、経営学（マーケティング論）、社会学などさまざまな分野で、消費が文化的な意味をもち、文化的価値をもつ消費が盛んに行なわれていることが認識されるようになった。

それにもかかわらず、社会科学全体を視野に入れると、消費を機能的価値との関わり中心に、第一の消費文化としてとらえようとする傾向は依然として消費研究の主流をなしているし、また関係的価値と自己目的的差別化、つまり第二の消費文化としてとらえようとする見方も一部で根強い。前者も後者も、消費における文化的価値を軽視し、その積極的な意味をなかなか認めようとしない。筆者は、このような現状に鑑み、文化的価値を大きく取り上げて、第三の消費文化という独立した消費分野と考えようとするのである。

それにしても、文化的価値に注目する積極的な理由は何なのだろうか。

文化的価値が広く存在している割にまともに取り上げられなかった点については、これまで述べた通りであるが、それを論じることは、どんな意味で重要なのだろうか。

この点について、第一に指摘すべきことは、文化的価値を理解することは消費の意味、つまり消費とは人々にとってどんなものであるのかを理解するために、不可欠だということである。

これまでにも紹介してきたように、現代の先進国の消費についての一つの単純な解釈は次のようなものであった。

――多くの人は生活に必要な消費財は入手しており、それをはるかに上回る消費を行なっている。それらの消費は自己顕示や自己目的的な差別化のために過剰に行なわれているのであり、それゆえ実質的意味に乏しい。――

こういった解釈は、文化的価値を全く無視しており、消費と人間の関係について根本的な誤解をしているように思われる。このような見方では、消費とは人間にとって何であるかをとらえ損なうし、なぜこれほどまでに消費社会が根強く存在し、歓迎され、さらに高度化することが求められるかについて、全く説明することができなくなる。

然るに、このような見方を示したのは、ほかでもない、現在も古典として尊重されるヴェブレンやボードリヤールの著作なのである。

そして、文化的価値や文化的消費の存在に注目することは、消費現象そのものの理解だけでなく、消費社会の理解の問題につながってくる。

消費社会のあり方は、消費が何を実現するかに依存する面がある。ただ生理的価値を実現するだけなら、現在のような複雑な消費社会の仕組みは必要なく、はるかに素朴な経済で十分であろう。また、ある程度の道具的価値を実現するだけなら、かつての社会主義国でも特に問題は生じなかったかもしれない。現在の消費社会は、おそらく文化的価値を実現することと深い関わりをもって存在していると思われる。現在の消費社会がなぜこのような形で存在しているかを理解するためには、文化的価値とその消費に注目せざるをえないであろう。

しかし、そのことは、現在の消費社会が文化的価値の実現にとって最も好ましい状態であることを意味するものではない。

現在の消費社会は、多くの文化的価値を実現しているとは言え、それ以上に機能的価値を実現することを目指している社会である。

そのため、消費社会は文化的消費の発展を妨げている面が少なくない。たとえば、物的生産への過度の保護と援助、文化的価値を供給する意欲的な事業者に対する支援不足、余暇活動を妨げる長い労働時間、文化的価値に高い関心をもつ女性の活用の不十分さ、文化的消費に関わる教育の不備などである。こういった問題を克服し、さらに消費者が求める方向に消費と消費社会を発展させるためにも、文化的価値の意味と内容を深く把握して、何が必要かを見極めることが重要である。

そして、消費社会を離れて、文化というもの自体についての理解を進める上でも、文化的価値と文化的消費への注目は不可欠である。

現代の文化は、前近代社会のように農村共同体の中で育まれるものではなく、近代初期までのようにパトロンの庇護のもとで生産されるものでもない。市場を通じて、消費財として生産されることが圧倒的に多いものである。そのことが文化というものの内容や社会的意味をどのように変えるのか。それを明らかにするためにも、文化的消費に目を向け、分析することが重要である。

このような着眼は新しいものではないが、その作業は、文化が大きく変容している二一世紀の現在、文化経済学が注目した純粋芸術やクラシック音楽など、文化財的文化の狭い枠を越えなければならないだろう。また、カルチュラル・スタディーズが強い関心をもった、マスメディアやポピュラーカルチャーという特殊分野も越えなければならないだろう。そう考えていくと、文化の分析は、結局文化的消費の分析と大きく重なったものとならざるをえないのである。

このように、さまざまな重要な学問的、および実践的課題と結びついていることから、文化的価値と文化的消費に注目することは非常に重要である。文化的価値は、現代の経済と文化の結節点にあり、現代社会を理解するためのキーポイントとさえ言えるものであろう。

そうは言っても、ここまでの記述では、文化的価値とは何かということ自体が、まだあいまいで茫漠としており、理解しづらいかもしれない。

本書で文化的価値と呼んだものは、非常に広範囲のものを含んでおり、ベートーベンのコンサートからテレビのバラエティー番組まで、伝統工芸の魅力から最新の服飾ファッションまで、どこからでも見える建築デザインから目に見えないもてなしの心まで、さまざまなジャンル、商品群に及んでいる。そこには企業主導で作られるものもあれば、使用の過程で消費者が作り出すようなものもあり、形のある物財に付着したものもあれば、形のない、人間の行為を通じて一時的に作り出されるものもある。

まず手始めに必要なことは、このようにつかみづらい文化的価値についてより詳細に検討し、一つのまとまったものとして理解できるようにすることであろう。

次の3節では、文化的価値について多くの人が抱くであろう疑問に答え、さまざまな文化的価値のタイプを整理し、文化的価値のイメージをはっきりさせた上で、文化的価値とは何かについてもう一度考えてみることにしたい。

## 3　さまざまな文化的価値

### なぜ「文化的価値」なのか

本書では、これまで二箇所で文化的価値について説明した。まず序章では、基本的な定義を行なうとともに、それがどの範囲のものを含むか、さまざまな具体例を示した。また、文化的価値の実現にとっては、消費者の積極的な行為が大きく関わっていることを指摘した。次に本章の1、2節では、その内容をおさらいするとともに、第三の消費文化の一要素として重要な意味をもっていることを示した。

これらの説明で、すでに文化的価値については一通りわかっていただけたと思うが、ここでは、さらに理解を深めるために、ありそうないくつかの疑問を想定し、それに答える形で、補足説明を加えたい。

まず考えられるのは、文化的価値は非常に多様な内容を含んでいるので、それをまとめて一つのものとして扱うことができるのか、他の価値と比べて何かはっきりした共通の特徴をもっているのか、という疑問である。

これについて筆者は、いかにその内容が多様であっても、比較される他の価値、つまり機能的価値と関係的価値との相違は明らかであり、文化的価値に共通の特徴が存在していると考えている。

機能的価値と文化的価値の相違について言えば、機能的価値が手段としての価値であるのに対して、文化的価値は手段として意味がなくとも、それ自体が価値をもつものである。わかりやすく言えば、「役に立つ」ことが機能的価値であり、「役に立たないが望ましい」のが文化的価値である。現代社会では、合理主義と呼ばれるものの見方が浸透しており、すべての事物は役に立つか立たないかで評価される。そして、その評価は目に見える客観的な基準に基づいて行なわれる傾向にある。

それに対して、文化的価値が実現することは、役に立つとは言えないものであり、役には立たないが楽しい、うれしい、面白い、気持ちがいいといった類のものである。この点で機能的価値と文化的価値は異質なものである。文化的価値に含まれるものは、いかに内容がさまざまであろうと、この点で共通の特徴をもっている。それゆえに、文化的価値を求める消費は、機能的価値を求める消費とは消費者にとっての意味を大きく異にし、それを実現する道筋、その生産のあり方、社会への影響などにおいても、異なる様相を呈するのである。

関係的価値と文化的価値の関係について言えば、両者は、機能的価値のようには役に立たず、それゆえに生活上の必要性を越えているように思えるという点で共通している。そして、五章2節で述べるように、しばしばその違いに気がつかず、漠然と一つのものとして論じられることも多い。

しかし、関係的価値が他者の存在を前提として、他者との関係の中で意味をもつのに対して、文化的価値は他者が不在でも、他者がどう反応しようと、消費者にとって価値をもつという点で大きな違いがある。[35] 関係的価値の観点からすれば流行遅れで、悪い意味で目立ち、集団の中で白い目で見られるような服装が、本人にとっては、自分の趣味を実現するという点で大きな意味をもち、満足感をもたらすといったことがよくある。こういった場合には、文化的価値ははっきりと関係的価値との違いを示す。

文化的価値を求める消費（文化的消費）は、いかに多様でとりとめのないものに見えても、このような共通した特徴をもっており、関係的価値を求める消費とは消費者にとっての意味を異にしている。また、関係的価値を実現する場合とは異なった生産、販売のシステム、異なった社会のあり方をもたらすと考えられる。そしてそれだからこそ、筆者は文化的価値を関係的価値と切り離し、峻別しようとするのである。

それにしても、文化的価値の定義、すなわち、好ましい精神状態を実現するという文化的価値のとらえ方は、広過ぎて消費のすべてを含むものになってしまうのではないか、という疑問は生じるだろう。

意地悪く考えると、機能的価値の実現によっても人間は喜び、好ましい精神状態が実現すると言える。新しい掃除機を買ってすばやくきれいに掃除ができれば、楽しい気分になるし、新幹線が通って今までより二時間早く故郷に帰れれば、非常にうれしいことだろう。機能的価値は手段としての価値を意味するが、手段としての消費は適切なものを選べば必ず目的を達成する。そしてその目的は好ましいものに決まっているから、機能的価値の実現は、同時に必ず消費者にとって好ましい精神状態を実現する、言い換えれば文化的価値を実現することになってしまう。[36] そうなると、機能的価値と文化的価値は一体化したものであり、区別する意味はないということにならないだろうか。

関係的価値についても、同様である。たとえば、自己顕示のために海外の高級ブランドのバッグを持ち歩いているとする。このことは、確かに他者との間に一定の関係、すなわち自分が経済的社会的に優位にあることを示す働きをもっており、その点で関係的価値をもっている。しかし、このバッグの所有、使用は、その関係的価値を通じて、当該消費者に満足感を与えるだろうから、同時に好ましい精神状態を実現している。関係的価値は、いやいや集団の不文律に従って消費をするという場合を除いて、ほとんどはこのような満足感や優越感をもたらすだろうから、関係的価値は同時に文化的価値を実現するとも言えそうである。それでいいのだろうか。

結論から言えば、筆者は、このように機能的価値や関係的価値を経由して好ましい精神状態、あるいは精神的充足感を得る場合には、あえて文化的価値という言葉を用いる必要はないと考える。

定義には含めなかったが、先に述べたように、文化的価値は、機能的価値や関係的価値がないところでも発生し、それら媒介となる過程を伴わず直接に満足が生じ、消費者が求める価値が実現されるものである。ポイントは、結果として満足感や充足感がもたらされるというところではなく、その過程にあり、過程において機能的価値や関係的価値と大きく異なることが、文化的価値の特徴となっている。

それゆえ、機能的価値や関係的価値を経由する、あるいは機能的価値や関係的価値とともに精神的充足感が発生する場合は、文化的価値のうちには含めないというのが筆者の見解である。それらも含めた広い意味での好ましい精神状態は、単に効用とか欲求充足と呼ぶしかないであろう。

さらに、もう一つ疑問をもたれそうなのが「文化的」という言葉である。これまで述べてきたような消費の価値は、確かに存在するにしても、なぜそれを「文化的価値」と呼ぶのだろうか。文化という言葉は、一見すると、ここで示した内容にはそぐわないようにも思える。

そう感じられる理由は二つあるだろう。一つは、文化は、しばしば価値の高いもの、優れたものを意味するのに、ここで示した価値は、特に高尚ではなくポピュラーなもの、凡俗なものも含んでいるからであり、もう一つは、文化は社会的に広く共有され、世代間で伝達されると考えられてきたが、ここで示した価値は、個別的で一時的なものを多く含んでいるからである。

このうち、前者については、すでに1節「第三の消費文化の原則」で述べた通り、今日では高級なもの、優れたものと低質で平凡なものを区別することは容易でなくなっていることが理由である。現在では、文化という概念の定義も、必ずしも価値の高いものや優れたものを示すものとはなっていない。価値の高いもの、優れたものという意味で用いられることは現在でもあるが、文化人類学、文化の社会学、カルチュラル・スタディーズなどが扱う文化は、大衆的なものも含めさまざまな内容を含むものと考えられている。そのような意味での文化を示すと考えれば、文化的価値という用語法は決して不自然なものではない(37)。

後者の理由については、文化を外在的にとらえる限りでは、確かにそう感じられるかもしれない。文化は、通常人々の外にあって人々を拘束するものと考えられているからである。

しかし、文化は外在的であるとともに内在的でもある。人々は常に日常の行為を通じて文化を担い、文化を作っているのであり、だからこそ文化は普及したり、変容したりするのである(38)。伝統文化や民族文化という言葉から連想されるように、比較的固定的な文化が支配的である場合には、ここでの文化的価値という言葉は不適切かもしれないが、現代のように、日常生活の中で絶え間なく文化が作られ、同時に破壊されているような社会では、文化は個別的で一時的なものとならざるをえないであろう。

このようにダイナミックに文化をとらえる限り、ここで文化的価値や、文化的消費と称しているものに「文化」という言葉をあてることには、特に問題はないし、むしろ現実のあり方を適切にとらえていると言えるだろう。従来通りの固定的な文化だけを文化と呼んでいては、現代の文化の実態は到底とらえきれないだろうから。

そして、「文化的価値」という言葉は、機能的、合理的な価値ではなく、しかも関係的価値のように社会的、あるいは人間関係的な意味をもつものでもない場合を示すには、ちょうどよい意味の広さをもっている。しかも、第三の消費文化の要素として、現代社会でより深く、より幅広く追求されている現状を示すのにふさわしい、肯定的で積極的なイメージをもっている。

さらに言えば、同じ内容を適切に表現する言葉が他にないという消極的な理由もある。考えられるものとしては、まず「快楽的価値」があるが、日本語では、先に述べたように官能的あるいは破滅的なニュアンスがあり、また、知的な関心や静的な充足感なども含めるには不適切のように思われた。また、同じく消費者行動研究で用いられた「経験価値」は、固定的なイメージの「文化」とは逆に、過度に流動的なニュアンスをもち、何か目新しい体験をすることだけを意味するきらいがあるので、やはり避けた方がいいと考えられた。

そのほか、「充足価値」という用語も考えられるだろうが、この場合は逆に意味が広過ぎ、効用や欲求充足と同じようなニュアンスをもつことが危惧された。それと似たものとして村上泰亮らが用いた「コンサマトリー（consummatory）な価値」という言葉もあるが、意味がわかりにくく、翻訳もしづらいものである。[39]

そして、文化的価値と最もよく似ているものとして「精神的価値」がある。この言葉は以上のような難は免れており、特にこれといった問題はない。実際、筆者自身前著ではこの言葉を用いていた。[40] しかし、これもあえて言えば茫漠と意味が広過ぎるという印象があり、本書では、反倫理的で文化と称するのが不適切な場合も含めて、文化的価値より少し広い意味で「精神的価値」を用いることにしたのである。

なお、最後に付記しておきたいのは、本書が「消費文化」なるものを論じる時の「文化」と、「文化的価値」という言葉における「文化」とで、意味の違いが生じているということである。

本書は広くさまざまなものを消費文化と呼んでおり、その際には、電化製品のような技術的消費財も、見せびらかしのための実用的でない装飾品も、すべて消費文化の中に含まれる。それに対して、文化的価値をもたらす消費（文化的消費）には、これらは含めず、直接的に精神的充足をもたらすもの、という条件を満たすものに限定している。このような用語法は混乱を招きやすいので、できれば避けたかったが、ほかに適当な言葉がないということと、言葉の上でも、全く同じ言葉を二つの意味で使うことはないことから、何とか許容されるものと考えた次第である。

## 文化的価値の分類基準

以上で、文化的価値の明確な特徴、文化という言葉を冠している理由は明らかになったが、繰り返し述べてきた通り、文化的価値には非常にさまざまなものが含まれている。その全容を把握するため、以下さまざまな分類基準を設定して、文化的価値の諸タイプを区別することを試みよう。

## 消費される対象

はじめに、消費の何が価値を与えるのか、という点に注目してみよう。

まずすぐ気がつくことは、物的消費財が価値を与える場合と、人間の行為が価値を与える場合があるということである。前者としては、美術工芸品、装飾品、音楽ソフトなどがあり、後者には学校での授業、演劇、サーカスなどがある。さらに、序章3節「精神的価値と文化的価値」で述べたように、現代社会では、このようなモノかヒトかという区別にはおさまらない複合的なシステムが文化的価値を実現することが、非常に多くなっている。

現代の消費文化の状況をふまえると、それに加えて情報という要素も考えなければならない。現代では、ある文化的価値をもつものが、それ自体として充足感をもたらすだけでなく、その情報、つまりそれを紹介した記事、映像、テレビ番組なども充足感をもたらすことがある。旅行や美食が、現実体験だけでなく情報として広く消費されていることは、現代日本では周知の事実であろう。現実体験対情報、あるいは直接経験対間接経験という区別もしなければならないのである。

話を戻すと、モノ（ここでは物的消費財を意味する）が文化的価値を与えるという場合、単独のモノが与える場合もあるが、複数の物がセットになって与える場合も少なくない。好きなインテリア小物を揃えた居間、気に入った洋食器を揃えた食器棚などがそれにあたる(41)。ただし、現代社会では異なるモノをセットにするというよりは、同じ種類のモノをたくさん集めるという、いわゆるコレクションの方が、頻繁に見られる現象と言えるかもしれない(42)。

同じくモノの消費について、もう一つ大事な区別は、文化的価値を主とするモノであるか、機能的価値を主として文化的価値を併せもつモノであるかということである。右にあげた美術工芸品、装飾品、音楽ソフトなどのように、現代社会には文化的価値を主たる目的として作られたモノが豊富に存在するが、それ以上に爆発的に増えたのが、機能的価値を主とする商品でありながら文化的価値が付与されたモノ、つまり二次的価値として文化的価値をもつモノであった。

美しいデザインの車、面白い形の文具、多様な色彩の下着などがそれにあたる。これらは、企業の需要喚起のために意図的に作り出されることがあるので、二章で示した批判的消費文化論においてしばしば批判の対象となったものである。しかし、これらは消費が実現する文化的価値の一部に過ぎず、一次的価値として文化的価値を実現する消費も多いことを忘れてはならない。

最後に、文化的価値が消費のどの段階で生じるのか、という問題がある。消費という行為は、もともとは購入とその後の使用を意味していたが、現在では、事前の情報収集に始まって、商品選択、実際の購入（獲得）、使用、（時に）貯蔵、廃棄、といったさまざまなフェイズ、あるいは段階を経るものと考えられている。文化的価値はそのどこかで発生するのだが、その中では、使用段階で発生すると考えるのが最も常識的な見方である。しかし、実際にはほかの段階でも十分発生しうるものであることは理解しておく必要がある。[43] 特に、買っただけでうれしく実際は使わないなど、購入場面で発生する文化的価値はよく見られるものであり、無視できないものであろう。

## 消費が実現する価値の内容

次に、消費を通じてどのような価値が与えられるかという点に注目すると、ここでもさまざまな場合があることがわかる。本書では、文化的価値は好ましい精神状態が実現されることと考えてきたが、精神というのは非常に複雑なものであり、その内容は多岐に亘っている。

最も基礎的なところで言えば、感性と理性の区別に従って、感性的な充足感と理性的な充足感を区別することができるだろう。消費については、とかく快楽や娯楽といったものに結びつけられがちで、感性的な充足を思い浮かべることが多いが、実際には、何かを知る、わかる、学ぶといったことによる理性的な充足の場合も決して少なくない。

このような消費は、その知識を何かはっきりした目的に役立てる限りは機能的価値を実現するものであり、文化的価値を実現するものとは言えない。しかし、特定の目的に役立たない知識の吸収、はっきりとした利益を得られないような学習も、現代では決して比重の小さいものではなく、それらは文化的価値を実現するものと考えなければならないのである。[44]

感性的な充足感について言えば、それが感覚のレベルで比較的静的な経験となるか、情動のレベルに達して動的な経験となるかという違いもある。前者が美しい、きれい、いい匂い、美味しいといった反応を生じるのに対して、後者は楽しい、感動する、陶酔するといった反応を生じるであろう。一般的には、感覚のレベルの充足感は短時間で発生し、見るだけ、聴くだけなど、消費者の身体的活動は少なくなる傾向にある。それに対して情動のレベルの充足感は、時間の経過を必要とし、また、口に入れる、場所を移動するなど消費者の身体的活動が多くなる傾向にある。日本的な意味での「快楽」は、後者に含まれるものであろう。

文化的価値は、消費行為を通じて実現されるものであり、多かれ少なかれ身体的活動を含んでいるが、スポーツやダンス、温浴などの場合は、それ自体が身体的な充足感をもたらすことがある。つまり身体がすっきりするとか、心地よい汗をかいたといった経験である。そのような経験は生理的価値の実現とも解釈できるが、精神的な充足感と分かちがたく結びついていることが多く、文化的価値との中間領域にあるものと考えられる。

他方、同じ身体的活動でも、何かを創作する、あることを成し遂げるという意味での身体的活動もありうる。これは、身体運動によるものというよりは、身体と精神を同時に使って、何らかの複雑な行為を成就することが文化的価値を実現するものである。物作り的な趣味や、体験的な旅行の場合がそれにあたるであろう。

そして、時間に着目することによっても、文化的価値にはいくつかのタイプを見出すことができる。

まず、文化的価値が実現されるまでの時間が長いか短いかという違いがある。

**時間的視点**

先ほど、感覚的な場合は時間が短く、情動的な場合は時間が長くかかると述べたが、それらは感性的充足感を実現する消費を想定したものであった。それに対して、理性的な充足感を実現する場合や、右に示したような複雑な身体的活動による場合は、さらに長時間を要し、時には何年も何十年もかかって、ようやく文化的価値が実現されるという場合がある。一人の作家の作品をすべて読み尽そうとする場合、何年も時間をかけて自宅の庭園を作り上げようとする場合などである。

それに対して、名画に感銘を受ける、イタリアのバールでエスプレッソを一気に飲み干すといった場合は、ごく短時間の間に文化的価値が実現されることになる。

文化的価値が持続的であるか持続的でないかという違いもある。これは、文化的価値が実現されるまでの時間ではなく、一度実現したのちもそれが持続するかどうか、ということを基準にするものである。持続する場合とは、同じ音楽を折に触れ聴いて、聴くたびに感銘を受けるといった場合であり、持続しない場合とは、ある時期は喜んでその服を着るが、何度か着るうちに飽きて省みなくなるといった場合である。

それと関連して、長期に亘る、あるいは伝統的な消費による文化的価値か、目新しい消費による文化的価値かという違いもある。文化的価値は、現代消費社会では次々に現われる新しい商品から得られるように思われがちであるが、必ずしもその必要はないのであり、何年も使っている食器や何百年も前に書かれた小説によっても実現できるものである。さきほどの持続性のある文化的価値は、このような古い消費財から得られることが多く、逆に次々に現われる新しい商品は、多くの場合持続性がなく、短期間で取り換えられてしまうのである。

さらに、文化的価値を実現するための感受性や技能を身につける時間、という問題もある。文化的価値の中には、何の準備も必要なく、誰でもすぐに享受できるようなものと、それを享受するために、時間をかけて感受性や技能を磨かなければならないものとがある。ジェットコースターの楽しさを味わったりパニック映画の面白さを感じたりするのは簡単で、前者にあたるが、コーヒーの美味しさを見極めたり、花の育て方を身につけたりするのは決して簡単ではなく、熟達までの長い時間を要するので、後者にあたる。

なお、同じ内容の文化的消費でありながら、熟達につれて文化的価値の高度化が生じる場合も少なくない。たとえばサッカーを見て楽しむことは児童でも可能であるが、ルールやテクニック、そして選手の特徴や過去の試合の状況など、さまざまな予備知識を身につけることによって、観戦の楽しみは深まってくるのである。

### 社会的状況

最後に、文化的価値が実現されるまでの社会的状況についても、いくつかのタイプが考えられる。

まず一番わかりやすいのは、文化的価値が集団的に実現されるか、個人的に実現されるかという問題である。文化的消費は、個人の行為として行なわれることも多いが、内容によっては複数の人間によって、あるいは集団として行なわれる。チームスポーツ、音楽のバンド、茶会など、もともと集団的であることが必要なものもあるし、飲酒、旅行、さまざまな自発的学習など、多人数で行なうことによって交流的価値が加わり、精神的充足感が増すものもある（六章3節『つながり』と文化的消費」）。しかし他方では、読書、映画鑑賞、テレビゲームなど、一人で十分実現できるものも多いのである。

それとは違って、ある文化的消費が、普遍的で他の同内容の消費と共通性の大きい価値をもたらすか、個別的で他との差異が大きい価値をもたらすかという区別も考えられる。一般にポピュラー、メジャー、万人向けと言われる文化的消費は前者にあたり、個性的、マイナー、マニアックなどと言われるものが後者にあたる。同じ映画でも、大ヒットしたハリウッド映画は前者であり、特殊な映画館で上映される芸術映画は後者である。また、どこでも同じ味のファミリーレストランの食事は前者であり、好みの個人経営のラーメン屋をひいきにするのは後者ということになる。

この区別は、実は一章で取り上げたリッツァの「無」と「存在」の議論につながるものである。リッツァは、文化的価値が普遍的で共通性の大きい形で実現することを問題視し、個別的で社会的差異の大きい形をとることが望ましいと考えた。それゆえ、前者が「無」、後者が「存在」と、価値判断を含めた呼び方をすることになった。そしてこの両者は、供給元がどうであるか、つまり大企業の画一的生産によって作られるか、多数の小規模企業による多様な生産かという違いと、密接に結びついていると考えられたのである。

しかし、供給元について言えば、グローバルな大企業対ローカルな小企業という対比は、やや単純なものである。文化的価値の場合には、大企業の大量生産と対比されるものとしては、小企業のほか、非営利団体によって公共的に供給されるもの（自治体主催のコンサートや展覧会、大学の公開講座など）、市場を経由しないアマチュアによるもの（ネット上の情報や映像コンテンツ、趣味的サークルの作品など）、自家生産によるもの（園芸、手工芸、料理）など、さまざまな供給形態が存在している。

そして最後に、文化的価値が生産者中心に実現されるか、消費者中心に実現されるかという大きな問題がある。文化的価値は、（おもに）企業が生産し、流通業者を通じて購入され、消費者がそれを使用することによって実現するが、その消費の内容や価値のあり方がどこで決まるかという点に注目すると、生産した時点でほぼ確定している場合と、消費者の行為を通じて価値が形成される場合とがあることがわかる。

たとえば、大手旅行代理店のパック旅行で、ほとんど自由時間のないツアーの場合、それがもたらす文化的価値は大枠で決められているが、同じ費用を投じても、自分で計画し自分の判断で旅行のコースを決める場合、文化的価値は消費者の計画によってさまざまに変化することになる。また、チェーン化されたレストランの食事は、その美味しさがあらかじめほとんど決まっているが、食材をスーパーマーケットで買って自宅で作る料理の美味しさは、料理する人の行為を通じて、個別に生み出される。

序章3節「精神的価値と文化的価値」で示したように、文化的価値については、消費者が関与する余地が比較的大きく、消費者がどれだけ関与するかによって、文化的価値のあり方は大きく変わるのである。

## 文化的消費における文化と消費

以上、非常に多岐に亘ったが、消費の文化的価値のさまざまなあり方を検討してきた。この作業を通じて、文化的価値にはどのようなものがありうるのか、その全貌が明らかになったと思う。これによって、特定の文化的価値だけに注目したり、文化的価値について特定の前提を置いてしまったりすることを避けることができるだろう。また、あらゆる文化的価値を無条件によしとするのではなく、人間にとって、社会にとってより望ましい文化的価値とはどのようなものかを考える材料が与えられるだろう。

これまで論じてきた内容をまとめると、表3－1のようになる。

ここで注意してほしいのは、左右の位置関係である。左右に対比されている項目の内容は本文の通りだが、どちらが

**表3－1　文化的価値の分類基準**

| | | | |
|---|---|---|---|
| **消費される対象** | 人間の行為，複合的な過程 | ⇔ | 物的消費財 |
| | 現実体験（直接経験） | ⇔ | 情報（間接経験） |
| | モノのセット（コレクションを含む） | ⇔ | 単独のモノ |
| | 一次的な価値（文化的価値が主） | ⇔ | 二次的な価値（文化的価値が従） |
| | 使用時点以降に発生 | ⇔ | 情報収集，購入時点で発生 |
| **消費が実現する価値の内容** | 理性的な充足感 | ⇔ | 感性的な充足感 |
| | 感覚のレベル（静的経験） | ⇔ | 情動のレベル（動的経験） |
| | 創作的身体活動による | ⇔ | 運動的身体活動による |
| **時間的視点** | 価値実現に長時間を要す | ⇔ | 価値実現まで短時間で済む |
| | 価値が持続的 | ⇔ | 価値が一時的 |
| | 長期に亘るあるいは伝統的な消費による | ⇔ | 目新しい消費による |
| | 熟達が必要でそれに時間を要する | ⇔ | 熟達が不要ですぐに実現できる |
| **社会的状況** | 集団的に消費される | ⇔ | 個人的に消費される |
| | 個別的で差異が大きい | ⇔ | 普遍的で共通性が大きい |
| | 小企業や非営利団体，アマチュア，自家生産による供給 | ⇔ | 大企業が供給 |
| | 消費者中心に実現 | ⇔ | 生産者中心に実現 |

出典：筆者作成。

左でどちらが右かは、本文には示されていない。図を作成する時点で、ある基準に基づいて配置したものである。

その配置の基準は厳密なものではないが、おおよそ、左側には従来から文化と呼ばれてきたものに近い方を配置してある。従来から文化と呼ばれてきたものとは、市場や商業とは直接関係なく、消費社会の外部で生み出されてきた文化的価値のことである。それに対して、右側には、一般に商業的に供給され、消費社会らしいと考えられる方を配置してある。

ここで、上下に連なる各項目は、それぞれ独立に考えられたものであるが、並べてみると、左側のもの同士、右側のもの同士で、ある程度ゆるやかな関連を示しているように思われる。

現代社会において、それまで分離していた文化と消費は、文化的消費という形で結びついたのだが、それでもなお、従来の文化に近い文化的消費と、一般の消費財に近い文化的消費とを区別することができるようである。表3－1の左側は前者、右側は後者の「理念型」を、それぞれ示している。

実際の文化的消費は、すべての分類基準で左側、あるいは右側に分類されるものではなく、基準ごとに左に位置するものと右に位置するものとに分かれることになろう。各基準で左右のどちらに位置づけられるかによって、個々の具体的な消費の特徴を分析することができるであろう。

## 文化的価値の六つのタイプ

以上のように、消費社会で実現される文化的価値は、さまざまな基準で分類することができ、それらを組み合わせると、非常にさまざまなタイプが存在することがわかる。しかし、それではあまりにも複雑であり、まとまったイメージを描きにくいであろう。そこでここでは、消費が実現する価値の内容を中心にしつつ、他の分類基準も一部取り入れて、現在の消費社会において特に注目すべき文化的価値のタイプを六つ設定して、それぞれについて解説を加えることにしたい。その六つとは、「美感」、「知識」、「愉楽」、「新境」、「成就」、「平安」である。

この六つに注目することによって、現代の文化的消費が何を重視しており、どのような方向に向かっているかについて、おおよその見通しをつけることができるだろう。

まず「美感」とは、言うまでもなく美しい、綺麗だ、スタイルがよいといった感情を経験することである。美感は感性的な充足感の一つであるが、感覚のレベルにあり、特に大きな消費者の外面的行動を伴うことなく、瞬間的な視覚的経験によって実現が可能なものである。また、美感は人間の行為や情報から与えられることもあるものの、多くは物的存在から与えられる。そして、美感を与えるモノは、耐久性の問題はあるが、一旦美感を与えると認められれば、長くその価値を保つことができる。そして美感は、あらかじめ作られたものとして消費者に与えられ、消費者は手を加えることなくそのまま消費することができる。

以上の性質を備えていることから、美感は物的消費財として、しかも二次的価値として供給するのに適した文化的価値だと言える。消費財のデザインを工夫し、包装をきれいなものにすることによって、美感は比較的容易に実現可能である。そのため、美感は消費社会において、機能的価値をもつ消費財に二次的に文化的価値を付加するために、非常によく利用されてきたものである。

他方、生産技術の高度化と大量生産の発達は、美的価値をもつ物財を、非常に低コストで供給することを可能にした。小さなもの、加工が簡単なものであれば、驚くほど安い価格で消費者に届けることが可能になった。その結果、消費者は美感を熱心に追求するようになった。二次的な美的価値が与えられる美しい食器、かわいい雑貨、おしゃれなファッションを通じて、また一次的に美的価値を与える装飾品やアクセサリーを通じて、現代の消費者は日々、至るところで美感を実現している。フェザーストンが指摘しているように、現代消費社会は「日常生活の審美化」が行なわれている社会なのである(45)。

次の「知識」は、説明の必要がない概念であるが、ここでは事実を知るということに限らず、フィクションを読む、ネット上の情報を仕入れる、クイズを解くなどさまざまな知的体験を含む、広い意味で用いている(46)。

知識は手段的に、つまり機能的価値として求められることも多く、特定の職業に就くための知識、大学に入るための知識、資格を取るための知識などが、熱心に求められてきた。しかし、それとは別に、それ自体として求められる知識、知ることが楽しさや充実感をもたらすような知識、つまりは文化的価値としての知識も存在し、こちらも非常に古くから追求されてきた。

文化的価値としての知識の消費は、消費社会の進展とともに著しく活発化した。従来からある書籍、雑誌、テレビ番組に加えて、生涯学習の取り組みも盛んになり、その後、情報社会の発展により、さまざまな情報ソフトが普及し、インターネットからは膨大な情報が供給されるようになった。

情報社会は、当初、第一の消費文化的な発想から、手段的な意味をもつ知識が盛んに求められる社会だと想定されていた(47)。しかし、現在では文化的価値をもたらす知識の方が量的にははるかに多く求められるようになっている。書店で売れる本は、実質的には楽しむための本であることが多くなり、パソコンは役に立つ情報を得るためではなく、役に立たない情報を楽しむものになった。情報社会は消費社会と重なり合うものになったのである(48)。

文化的価値としての知識がこれほどに強く求められるのは、美感と並んで比較的安価に入手できること、それとともにに、美感とは違って実現するのに時間を要し、趣味や娯楽として時間を費やすのに適しているからであろう。

現代では、インターネットの発達やコピー技術、古書市場の発達などによって知識の価格が低下し、その消費はますます活発化しているが、他方では、知識産業はその価格低下によって、経営を脅かされるようになっている。

「愉楽」とは、何らかの消費を通じて、楽しさ、心地よさ、面白さ、熱中、快感など、好ましい情動的経験をすることを意味する。このような経験は、趣味や娯楽に関する消費の多くに含まれており、その内容も多彩で、ある意味では最も消費社会らしい文化的価値と言えるかもしれない。

この種の経験を示す言葉としては、「快楽」が用いられることが多いが、先述の通り、快楽は日本では特殊なニュアンスをもった言葉であり、特に食べ物をじっくり味わうとか、家で音楽を聴いて楽しむといった、比較的静かな活動によるものを連想しにくい面がある。そこで、それを含めるために、あまり用いられない愉楽という言葉をあえて用いている。愉楽は通常の意味での快楽よりはだいぶ広い内容を含み、さらに、文化的価値の全体は、愉楽よりはるかに広いのである。そのほか、「娯楽」という言葉もあるが、この場合には特定のレジャー産業を連想する面があるので、それも避けた次第である。

愉楽は、知識と同じくそれを得るのに一定の時間を要するが、知識とは違って、それを実現するために、物的消費財や設備、人的サービス、情報などさまざまな要素を動員した、複合的過程であることが多い。そのため、価格は相対的に高くなり、さまざまな愉楽が一般庶民にも可能となるには、所得水準が上昇し、高度の消費社会になるのを待たなければならなかった。

また愉楽は、テーマパークやゴルフ場に代表されるように、大量の資源を消費する場合が少なくない。他方、情動的な経験を与えるものであることから、ギャンブルや飲酒、刺激の強い映画などに見られるように、人間の精神に与える影響もしばしば強烈である。そのため、消費に伴うさまざまな問題、すなわち、外面的には騒音問題、廃棄物問題など、内面的には依存症の問題や人格形成上の問題などの発生しやすいのが、この愉楽だと考えられる。

「新境」は、「愉楽」とともに世間であまり用いられない言葉であるが、文字通り新しい境地、つまり何か非日常的な経験をすることが好ましい精神的な意味をもつ場合を示している。新境は、何か新しい活動に取り組むこと、見知らぬ空間に身をおくこと、それまで消費したことのなかった消費財を消費することなどを通じて実現される。具体的には、珍しい料理、エスニック雑貨、ＳＦや歴史小説、海外旅行などから得られる価値がそれにあたる。

現在の消費社会は変動が激しく、消費生活は常に新しい商品やサービスに満ちている。したがって、新境を拡大解釈すると限りなくその範囲は広がってしまうだろう。早い話、新製品を買うことや、自分がはじめてある種類の商品を買う時は、すべて新境だということになりかねず、第二の消費文化の第二原則も新境に含まれることになってしまう。しかしここでの新境とは、自覚的に新しい経験を求める場合である。しかも単なる感覚的経験ではなく、表３－１で言えば、創作的身体活動を多かれ少なかれ伴い、一定の時間を要する消費行為であり、さらにその価値が使用時点以降に生じる場合を示している。

新境によって得られる精神的充足は、結果的には美感や知識、愉楽に帰着することもあるが、動機の時点ではこれらとは異なっている。そして、結果においても、美感、知識、愉楽に帰着せず、楽しくはなかったが満足だ、面白くはないがいい経験だった、といった独特の経験となることが少なくない。

現代人は、一般に単調な生活を嫌う傾向にある。かつては変化の少ない生活が人々に安心感や幸福をもたらしていたが、現代では生産の現場が大幅に合理化されており、そのことがしばしば機械的で単調な労働をもたらし、退屈あるいは鬱屈のもととなることが多い。そこで消費に対しては、それを解消する脱合理的で非日常的な行為となることが求められるようになった(49)。そういった意味合いを強くもつのが新境なのである。

次の「成就」は、何かを作り上げる、あるいは何かを成し遂げることによって実現する価値であって、完成に至らないまでもそれに向かって行為を続ける場合も含まれる。これは、美感、知識、愉楽のように、知的な進歩や好ましい感情によって実現されるものではなく、集中して継続的に行為を重ね、一定の成果が得られることによって実現される点でそれらと異なっている。

ここに含まれるのは、手工芸、模型作り、スポーツの技能向上、パズル、コレクション、札所巡りなどであり、表3－1で言えば、創作的身体活動を多く伴い、価値実現に長時間を要し、消費者中心に実現される文化的価値と言える。ただし、中には、特定の作家の小説を読みつくすとか、詩を読んでそれを完全に暗記するといった場合のように、身体的活動をほとんど伴わない場合もある。

成就は、消費を伴い消費を通じて文化的価値が実現されるものの、消費者の行為に依存し、特定の消費財から直接的に価値が得られないことが多いので、あまり消費らしくない消費によって実現されるものと言える。しかし他方では、時間をかけて成果を残し、その成果に向かう過程で充実感を与え、成果の出た後でも満足感が続くことが多いため、従来から「文化」と言われてきたものに近い内容をもっている。

また成就は、熟達が必要で、手間ひまがかかり、精神の集中を必要とし、結果は静かな満足であるという点で「仕事」に近い面をもっている。それだけに、その自由さが失われた場合には、拘束感や負担感、疲労などをもたらすおそれがある。しかしその反面、得られる満足感の大きさ、深さ、その持続性という意味で、他にはない大きな魅力をもった文化的価値と言えるだろう。

最後の「平安」は、消費を通じて、より不安定な状態から安定的な状態に移行して精神的鎮静を得る場合である。一般に、現代の消費は刺激を与えて精神の高揚をもたらすことが多く、喧騒、興奮、変化、混乱といった現象と強く結びついている。

しかし、実際の消費にはその逆に静寂、沈静、安定、平穏などを求める動きがあり、その動きは決して小さいものではない。「平安」とは、そのような状態をもたらし、消費者に静的な充足感や幸福感を感じさせることだと言えよう。

現代社会は流動的で不安定であり、ストレスや不安感を多く与えるものである。(50) そのような精神状態に対しては、むしろ精神的沈静が求められることが多いと考えられる。また、消費社会自体も過度に動的で、過剰な刺激を与えるものとなっており、それを中和して、落ち着きを取り戻すような消費が求められる面がある。

そこで、「平安」をもたらすさまざまな消費は、目立たないながら着実に現代消費文化に根づいてきた。いわゆる「癒し」のための温浴、マッサージ、アロマテラピー、各種ヒーリンググッズ、ヒーリングミュージックなど、はっきりそれを目指すもののほか、ゆるキャラのぬいぐるみや雑貨類、ペットや観葉植物、くつろげるカフェや居酒屋、自然に親しむ旅行やトレッキングなど、平安の要素を強くもった消費は、さまざまな分野に広がっている。

平静という意味ではないが、精神的安定という意味では、歴史的なものや伝統的なものも平安に含めることができる。伝統的な和室で生活し、歴史小説を楽しみ、ノスタルジックな街並みを訪れるといった行為は、大きな時間の流れの中に人々を位置づけ、不安定な個人の存在がそこにつながれ、意味づけられたという感覚を与える点で、平安をもたらすものと言えるだろう。

平安は、もともと消費と明確に結びつくものではなく、何もせず、何も消費しないことが平安をもたらすこともある。しかしそれだけでなく、消費を通じた、ある程度能動的な平安というものも、少なからず存在しているのである。

以上、六つの文化的価値のタイプを示したが、これらは文化的価値を網羅するものではなく、このいずれにも含まれないような文化的価値も存在するであろう。また、これら六つは同時に実現され、重複する場合もあるだろう。とはいえ、これらは現代社会において熱心に追求され、実現されているものであり、現代人の生活にとって重要な役割を果たすものとなっている。これらを具体的に思い描くことによって、われわれは文化的価値の生き生きとした姿をとらえることができるだろう。

## 文化的消費の本質と意味

本章のこれまでの考察を通じて、文化的価値はその具体的なイメージを描けるようになっただろう。抽象的な意味での理解だけでなく、具体的なありようについても理解することによって、今や文化的価値が何であるかは、はっきりしたものとなった。そしてそのことを通じて、文化的消費が、人間にとってどのような意味をもつのかも、明らかになったと言える。

文化的消費（文化的価値を実現する消費）は、さまざまな精神的充足感をもたらすという意味で人々の生活を幸福にするものであり、消極的には人々を力づけ、癒し、積極的には人々に豊かさの実感を与えるものだと結論づけられる。

人々の生活を幸福にする役割は、生理的価値を実現する消費、道具的価値を実現する消費、そして関係的価値を実現する消費（の一部）も果たしているが、文化的価値は前二者のように外面的、客観的な意味の幸福を与えるものではなく、内面的、主観的な意味での幸福を与えるものである。また、文化的価値は、関係的価値とは違って社会的なものではなく、個別的、個人的に幸福を実現することができるものである。

このようにタイプは違うものの、人間生活にとって大きな役割を果たすという意味では、文化的消費の重要性は疑うべくもないし、生理的価値や道具的価値とは別の意味で生活にとって重要なものである。

これまでの消費文化論（批判的消費文化論）における、生活上必要なものとして生理的価値と一部の道具的価値を取り上げ、生活上必要でないものとして関係的価値を取り上げて、この二つで消費を理解しようとした「二項対立的図式」（二章3節「二項対立的思考の陥穽」）は、その意味で明らかに不適切である。

このような図式は、広く存在しているもう一つの消費のあり方（文化的消費）を無視したという点で不適切であるし、それが価値をもたらさないものと見なした点でも不適切である。二項対立図式は、現代の高度な消費がそれ自体としては価値がないことを、むきになって主張してきたが、そのようなとらえ方は根本的な誤りであり、現代の高度な消費は、それ自体として大きな価値をもっている。文化的消費とは、まさにそのような消費を示すものなのである。

消費の分析は三項図式（あるいは三項以上の図式）としなければならない。強いて二項図式とするなら、関係的価値よりもむしろ文化的価値を取り上げるべきなのである。

このような考え方は議論の余地がないと思われるが、なお、次のようないくつかの反論がなされる可能性がある。

一つは、前項、前々項で示したような文化的価値は、あればあったでよいが、無くても済むものではないか、優先度という点では機能的価値に及ばないのではないか、という反論である。この反論については、論理的には確かにその通りであり、極限状態、たとえば極度の貧困状態などでは機能的価値、特に生理的価値が優先されるべきことは言うまでもない。しかし現在の現実の消費社会は、過剰なほどの生産力を備えた社会であり、そのような社会を前提とする限り、文化的価値の重要性は明らかだというのが筆者の考えである。

二つめは、文化的価値はさまざまな社会的要因あるいは条件によって形成されたものだから、尊重するには値しないのではないかという反論である。これは、欲求や価値が社会的に形成されるとすれば、消費者が主体的にそれ（文化的価値）を求めているのではなくなり、それを尊重しなければならない根拠もなくなるということを主張するものである。しかしこれについて筆者は、社会的に形成されることと、その価値を疑うということは別のことであり、前者が正しいからといって後者を主張することはできないと考える。それを言い出したら、すべての人間の欲求や価値は社会的に形成されたものであり、どれを尊重し、どれを否定すればいいかについて、何も言えなくなってしまう。そのように反論する者の価値も同じように否定されてしまうであろう。形成過程がどうであれ、はっきり自覚され、行動に現わされた消費者の価値は、尊重せざるをえないものであろう(51)。

そして三つめに、文化的価値は消費を通じなくても実現できるものであり、むしろ消費によらない方が望ましいのではないかという反論がありうるが、これについては、少々詳しく述べておきたい。

まずこの反論の趣旨を代弁して詳しく述べると、次のようになるだろう。

――もともと、文化は経済や消費とは関係の乏しいものとして発展してきた。美感や知識は、営利を目指さない芸術家や研究者が実現してきたものであり、営利と結びつき消費財と化した美感や知識は、質の低下したものである。愉楽は、コミュニティや家族が十分機能していれば、その中でごく素朴な消費のみで実現できるものである。早い話、お茶さえあれば、茶のみ話でいくらでも楽しい時間を過ごすことができる。(52) それを無理やり商業主義的に作り出し、消費する消費社会は間違った方向を辿っている。新境や成就は、本来仕事やその他の社会的活動の中で実現すべきものであり、それを消費の中で実現しようとするのは「ごっこ遊び」的なものでしかない。平安は、要は何もしないで静かにしていればいいのであって、本来消費が関与すべきものではない。——

このような見方は一理あるものであり、昔の社会はそこで理想とされたものに近かったのかもしれない。しかし、そのような社会、そのような文化は、本当に今より人々を幸福にするものなのだろうか。筆者は、この点についておおいに懐疑的であるし、少なくとも何ら断定的な結論を出すことはできないと考えている。

そもそも、消費社会なしで現在の文化的価値に相当するものをほぼ代替できるとしても、逆に消費社会であってはいけない積極的な理由は何なのだろうか。それがはっきりわからないと、この見方にはなかなか賛同することができない。また、現在の社会の仕組みは、そのような形での文化的価値の実現を困難にしているのであって、現在の社会を前提として考える限り、文化的消費を否定することは、むしろ人間を不幸にしてしまうようにも思われる。そのことは、現代の人間が文化的消費に注ぐ情熱と、費やす時間的および経済的資源の大きさを見れば明らかであろう。

他方、その逆に、もっぱら商業的な形で文化的消費を実現しようとする方向も、筆者は望ましいものではないと考える。商業的な文化的消費とは、おおむね表3-1の右側に示したようなものであるが、それは、文化的価値の特定部分を実現するには適しているものの、別の部分をそっくり置き忘れてしまう危険性がある。

たとえば、経験経済論に注目すると、パインとギルモアが示した経験価値の四領域(娯楽、教育、脱日常、美的経験)は、筆者の文化的価値の六類型とよく似ているようにも思える。しかし、彼らは筆者の「成就」と「平安」にあたるものをほとんど忘却しており、刺激性の強い文化的価値に関心を集中させている。(53) これは、そのようなタイプが商業的に供給しやすく、また収益が上がりやすいからであろうが、消費者はそういったものばかりを求めているわけではない。

消費者の立場は、いつの間にか軽視されているのである。

また、商業的な立場では、現状の企業体制を前提として文化的価値を付加していこうとするから、表３－１で言えば、二次的な文化的価値の供給が盛んになる傾向が生じる。他方、一次的な文化的価値の供給は、新しい企業や新しい生産方法を必要とするので遅れがちになる。その結果、美しいパッケージは豊富に供給されるが、美しい版画を安価で提供するようなシステムはなかなか実現しない。また、覚えやすいコマーシャルソングは絶え間なく作り出されるが、長く愛唱できるような歌はなかなか現われない。

文化的消費は、消費社会の中にありながら、より商業的でない形でも実現できるものであり、むしろそのような部分が活発である方が、文化的消費がより充実し、文化的価値の実現が促進されるのではないだろうか。

このようなことから、一方で文化が消費という過程を通じて実現されていることを認めつつ、他方では、過度に商業的にならない多様な可能性があることを弁えて、消費者の立場に寄りそって文化的消費のあり方を考えるのが、筆者には最も望ましい方向のように思われる。

今、文化的消費について求められることは、非現実的な懐疑論をつぶやくことではなく、現状に安住することでもなく、それをより深く理解して、どのような形が望ましいかを探求することである。表３－１に示したように、同じ文化的消費でも、そのあり方は非常に多様である。その中で、どのような文化的価値が、どのような条件のもと、どのようなスタイルで供給され、消費されていくのがよいか、それを考えることが現実的な行き方だと考えられる。

なお、このような問題については、六章で引き続き検討することになる。

## 4　消費と社会をめぐる問題

### 消費者から見た消費　社会から見た消費

これまで本書では、基本的には消費者の立場から消費現象を分析してきた。第一の消費文化と第二の消費文化はもとより、第三の消費文化についても、消費者にとってどのような価値をもつのかという観点から論じてきた。消費が人間にとって何らかの肯定的な意味をもっており、それなしには人間の生活が成り立たないことは明らかだから、消費を消費者にとっての価値という観点から論じるのは、ある意味で当然のことであった。

しかし、消費については、そのほかに二つの分析視点が存在することを忘れてはならない。一つは、消費は消費者から見た意味だけでなく、社会から見た意味をもっていることであり、もう一つは、消費が肯定的な意味だけでなく否定的な意味をもっていることである。

現代社会における消費は、多くの場合、人々が個人的に行なうものである。しかし、消費は複雑で多様な過程を経て実現するものなので、消費者だけでなくそれ以外の人々、さらには社会全体と深い関わりをもつものでもある。したがって、消費の意味を考える時には、消費者にとっての意味だけではなく、社会にとっての意味も考慮に入れなければならない。

たとえば、消費者がペットボトルを多用するという消費行為は、原材料の供給者に生活の糧を与え、メーカーや流通業者に利益を与えるとともに、廃棄物を通じて行政の負担を増加させる。消費者が少々その購入頻度を変化させるだけで、社会的には、さまざまな大きい影響が生じるであろう。

他方、消費という行為は、肯定的な意味だけではなく、否定的な意味ももちうる。これまでは消費の肯定的な意味、つまり消費の価値についてもっぱら考察してきたが、消費が否定的な意味、つまり好ましくない結果をもたらすことが

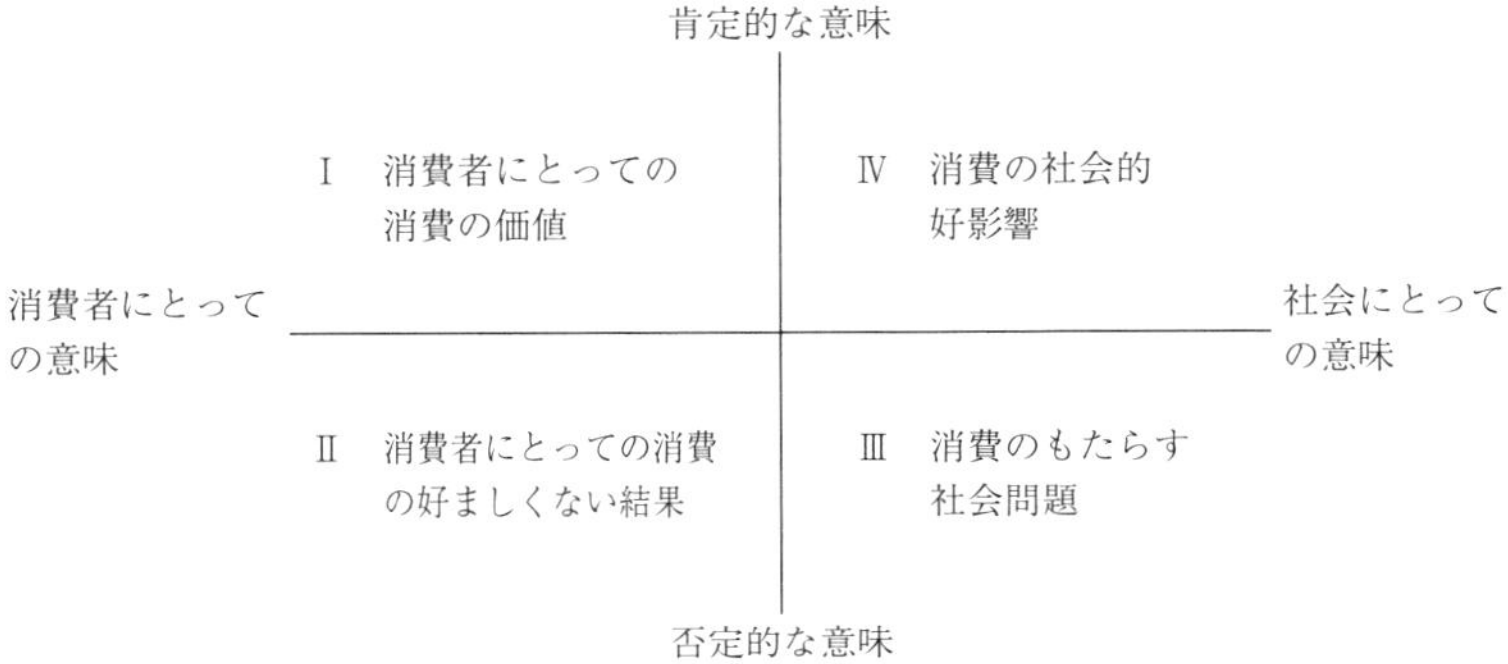


**図3－1**　消費の四つの意味

出典：筆者作成。

ありうることは、日常経験から明らかであろう。

　すでによく知られているように、生活習慣病は消費者自身の食生活の結果として生じることが多く、価値を求めるはずの消費者自身が自分の健康を害するような消費を行ない、好ましくない結果を招いている。また、右に示したペットボトルの例では、消費者の便利さを求める消費行為が、社会的に望ましくない廃棄物の増加をもたらしている。

　このように考えてくると、消費の分析は、消費者から見る視点と社会から見る視点、肯定的な意味と否定的な意味という二つの基準を組み合わせて、四つの視点から分析しなければならないことがわかる。それを簡単な図に示すと図3－1のようになる。

　この中で、最も注目されてきたのは、言うまでもなくⅠであるが、Ⅱ、Ⅲ、Ⅳについても、忘却しないよう注意しなければならない。否定的な結果については、Ⅱ、Ⅲともに消費社会から極力取り除かなければならないし、Ⅳの肯定的な面についてはⅠと同じように、適宜実現しなければならない。Ⅰだけでなく Ⅱ～Ⅳを適度な状態に保つことが、消費社会の安定と持続のためには必要なのである。

　これまで、消費社会はしばしば問題のある社会とされ、序章で示したような批判的消費観が根強く続いてきた。その理由は、本来は消費がⅡ、Ⅲのような否定的な意味をもつことに求められるべきであるが、実際にはⅠに示された消費の肯定的価値が不明であることに求められてきたように思われる。

本章の2節で示したように、これまでは文化的価値についての認識が不十分であり、なぜこれほど高水準の消費をする必要があり、これほど消費に熱中しなければならないのかという疑問が、消費社会への批判的な見方につながっていたようである。それに対して本章では、これまで消費の文化的価値について詳細に検討してきた。それによって、Ⅰの部分については、これまでになく強く、消費の肯定的な意味が確認されたと言えよう。

しかし、そのことは消費の全体が好ましく、問題ないということを示すものではない。逆に、高度の消費社会では、Ⅰの意味が積極的に追求されるのとウラハラに、ⅡやⅢが決定的に深刻の度を増してきたのである。

消費社会については、Ⅰに目を向けるだけでなく、Ⅱ、Ⅲにも十分配慮し、消費社会の全体的な均衡をはかることが必要である。Ⅰの中で文化的価値に着目することは、下手をすると現代消費社会の無条件の肯定につながってしまうが、そうではなく、Ⅱ、Ⅲの否定的な面にも十分配慮しつつ、これからの消費社会を構想しなければならない。第三の消費文化について「消費が社会に与える好ましくない影響を回避しようとする」という原則を加えたのは、このような考え方に基づくのである。

以下の各項では、第三の消費文化に関連するⅢを中心としつつ、Ⅱについても適宜取り上げつつ、消費社会が社会および消費者自身にもたらす問題点を検討していきたい。Ⅳについては必要な個所で若干言及するにとどめたい。

### 地球環境問題と消費社会

消費社会の高水準の生産と消費がもたらした最も大きな問題は、おそらく地球環境問題であろう。現在、地球環境問題は、人類の生活条件を大きく脅かしかねないほど深刻なものとなっており、その解決なしには、安定して持続可能な消費社会のヴィジョンは全く描けない状況にある。

一九八〇年代後半以降、急速に地球環境問題が注目を浴びるようになったが、その中でも常にその中心にあったのは、地球温暖化（専門的には気候変動）の問題である。現在でも、地球環境問題についての文献や記事の大半は、地球温暖化

**表3－2**　日本における各部門のエネルギー起源二酸化炭素排出量（電気・熱配分後）

| 部　門 | 排出量（100万t） | 比　率（％） |
|---|---|---|
| 産業部門（工場等） | 429 | 32.8 |
| 運輸部門（自動車等） | 225 | 17.1 |
| 業務その他部門（商業・サービス・事業所等） | 279 | 21.3 |
| 家庭部門 | 201 | 15.4 |
| エネルギー転換部門（発電所等） | 101 | 7.7 |
| 合　計 | 1235 | 100.0 |

出典：国立環境研究所，2013年度の温室効果ガス排出量（確報値）。

を扱ったものとなっている。

ＩＰＣＣ（気候変動に関する政府間パネル）によれば、今後一〇〇年ほどの間に世界の平均気温が最大で六度程度上がる可能性があるとされ[54]、気象の変化、自然災害の増加、水資源の状況変化を通じて、地球上の動植物に大きな影響を与えると考えられている。地球温暖化は第一次産業への影響が大きく、一部地域で食糧生産に打撃を与える可能性があり、特に低緯度にある開発途上国の人々に大きな影響を与えるものと考えられている。

地球温暖化は、現在すでに発生しており、世界の気温は上昇し続けている。この見方に対して、温暖化の測定には問題があり、気温上昇自体が確証されていないという見方が存在するし、近い将来に寒冷化の可能性があるとの指摘もある[55]。しかし、大多数の研究者は、世界の気温が上昇し続けて、深刻な問題を引き起こしかねないという認識を共有している。

地球温暖化問題は、その原因としての二酸化炭素（ＣＯ２）を通じて消費社会と結びついている。地球の気温は、太陽の活動や火山活動などの影響も受けているが、ＩＰＣＣの報告によれば、二〇世紀半ば以降に観測された世界平均気温の上昇のほとんどは、（二酸化炭素を中心とする）人為起源の温室効果ガス濃度（観測値）の増加によってもたらされた可能性が非常に高い[56]。

そして、二酸化炭素排出量は、先進国の工業化と消費社会化、すなわち生産と消費の水準上昇によって急激に増加したから、結局のところ産業文明や消費文明が地球温暖化をもたらしたと考えられるのである。

二酸化炭素は、さまざまな形で排出されるが、何といっても一番大きな排出源はエネルギー消費によるものであり、日本では二酸化炭素排出の九四パーセント程度がエネルギー起源となっている。[57] そして、そのほとんどは石炭、石油、LNG（液化天然ガス）など化石燃料の消費によるものである。

エネルギーはさまざまな分野で消費され、日本でのその内訳は表3－2のようになる。[58] この中で、消費者が家庭で消費するエネルギー、すなわち電力、ガス、灯油など「家庭部門」のエネルギー消費による二酸化炭素排出量は、エネルギー起源の二酸化炭素排出量全体の一五・四パーセントであり、それほど大きな比率ではない。しかし、そのことは現代消費社会における消費が、二酸化炭素排出の増大に大きな影響を及ぼしていないという意味では決してない。直接的な消費はその通りだとしても、消費者が消費する多くの消費財やサービスを生産するための「産業部門」、「運輸部門」、「業務その他部門」の活動が、多くのエネルギーを消費し、二酸化炭素を排出している。

たとえば、消費者が使用する機械製品、化学製品などは「産業部門」に含まれ、工場で多くのエネルギーを消費することによって生産されている。また、消費者の通勤や休日のドライブに要するエネルギー、生活の便利さを支える宅配便やコンビニエンスストアの配送に要するエネルギーは「運輸部門」で消費されており、消費者が買い物をする商業施設でのエネルギーは、「業務その他部門」で消費されている。

このように、消費者が高い消費水準を維持するために、さまざまな直接的および間接的エネルギー消費が行なわれているのであり、それが二酸化炭素の大きな排出につながっている。

産業活動やオフィス業務の中には、直接に消費者のためでない生産財生産や輸出用製品の生産、産業基盤整備、公務や企業向けサービス業なども含まれているが、それらの経済活動の多くは、消費財を生産する企業のために行なわれるものであり、結局は消費者の生活を支えるものとなっている。したがって、そこでのエネルギー消費の多くも、より間接的な意味ではあるが、消費者の生活を支えるために行なわれている。

このように、経済活動の多くは、消費を中心とした豊かな生活を支えるために行なわれているのであり、その経済活動に要するエネルギー消費が、多くの二酸化炭素の排出をもたらしている。日本のエネルギー消費（最終エネルギー消費）を例にとると、物質的に豊かな生活とは言いがたかった高度経済成長期初期の一九六五年度には四〇〇〇ＰＪ（ペタジュール）程度であったが、第一次オイルショックまでに一万ＰＪを超え、一九九〇年の京都議定書基準年には一万四〇〇〇ＰＪに迫り、二〇〇〇年代はじめのピーク時には一万六〇〇〇ＰＪを超えた(59)。この間、原子力発電の増加があったので、エネルギー消費の増加がそのまま二酸化炭素の排出につながったわけではないが、このようなエネルギー消費の増加と重ね合わせてみると、大づかみに言って、工業化、消費社会化が二酸化炭素排出量激増の大きな原因であったことは疑いないだろう。

地球温暖化については、エネルギー消費による二酸化炭素排出以外に、太陽活動や火山活動の影響もあり、その原因は決してはっきりわかっているとは言えない。また、気温の測定自体も完璧とは言えない面がある。さらに、地球温暖化のもたらす被害についても、悲観的なものから楽観的なものまで、さまざまな見解がある。

そういったことから、二酸化炭素排出を温暖化の主要因と見なし、それが深刻な被害をもたらすという見方に対して、さまざまな懐疑論が提起されてきた(60)。しかし、それらの議論の多くは、純粋な自然科学的研究として問題提起されたものではなく、二酸化炭素説の不備な部分をセンセーショナルに批判し、世間の注目を集めようとするメディア言説という面が強いものである(61)。

多くの専門研究者にとっては、「二〇世紀半ば以降に観測された世界平均気温の上昇のほとんどは、人為起源の温室効果ガス濃度の観測された増加によってもたらされた可能性が非常に高い（確率九〇パーセント以上）」というＩＰＣＣの見解(62)は、現在のところ正面きって反証することが非常に困難なものとなっている。そしてその限りで、消費社会と地球温暖化（気候変動）との関連は、専門研究者でないわれわれにとっては、否定できない現実なのである。

以上地球温暖化問題について消費社会との関連を示したが、ほかの地球環境問題にも、消費社会は深く関わっている。

地球環境問題が注目された当初、温暖化と並んで大きな話題を呼んだオゾン層破壊は、フロンガスを中心とするオゾン層破壊物質によって引き起こされるが、フロンは冷蔵庫やエアコンの冷媒、発泡製品の発泡剤、化粧品や塗料のスプレーなどの身近な消費財に含まれ、消費者が日常的に使用するものであった。フロン等の規制は一九八〇年代後半から本格的に実施され、今日までに大幅に消費量が減少し、成層圏中のオゾン層破壊物質は減少の方向に向かっている。

二酸化硫黄や窒素酸化物などの大気汚染物質によって発生する酸性雨は、森林の枯死や湖沼・河川の汚染などを招き、深刻な場合には人間の体内に入って甚大な健康被害を及ぼすものである。この酸性雨は、工場の煙突から出る汚染物質による面も大きいが、日常の消費生活と関連の深い、自動車利用や家庭の暖房によって排出される場合も多くなっている。

地球の低緯度地域で進行し、地球全体の生態系に大きな影響を与える熱帯林減少は、焼畑農耕、木材の過剰伐採、森林火災などさまざまな要因が関係しているが、先進国の消費者向け商品作物（大豆、植物性油脂を採るためのパームヤシなど）の生産のため、森林を農地に転用することも原因の一つになっていると言われる。

同じく地球の生態系に大きな影響を与えているのが生物多様性の減少問題であるが、これについても、温暖化（気候変動）や熱帯林減少、水質・土壌の汚染等による間接的な影響のほか、乱獲されて観賞用やペットとして消費者に供されることも原因の一つとされており、直接、間接に消費社会と結びついた地球環境問題となっている(63)。

このほか、地球環境問題には通常含められないが、さまざまなエネルギー資源、および鉱物資源の枯渇の問題がある。原油の供給に限界があり、近い将来採掘しつくしてしまうおそれがあることは、すでに一九六〇年代から指摘されているし、鉱物資源についても、銅、鉛、亜鉛、スズのほか、いわゆるレアメタルやレアアースなど、近い将来に供給が乏しくなると予測される鉱物資源は数多い。

こういった資源枯渇の問題は、地球温暖化と問題の質は異なるものの、産業化と消費社会化の進展とともに発生し、深刻化するという点では、同じ構造をもつ問題である。

そして最後に、エネルギー資源の不足を補うと考えられてきた原子力利用は、放射性廃棄物の処理問題が未解決で、事故による放射性物質放出の危険性が高いことから、潜在的には大きな環境問題だと考えられてきた。そして、チェルノブイリの事故、福島第一原発の事故のように、その危険性が顕在化しうることは明らかである。原子力利用の危険性の問題もまた、産業化と消費社会化の進行の中で発生したものであり、地球温暖化問題、資源枯渇の問題と同じ構造をもったものである。

以上のように、消費社会はさまざまな地球環境問題、資源問題、および原子力の問題と関係しており、人類がこのまま物的消費を増加させようとすることがいかに無謀であり、人類にとって非常に大きな問題を引き起こすかについては、世界的に合意が得られていると言えるだろう。最も深刻なのはどの問題であり、その責任はどこにあり、対策として何が必要かについては、さまざまな見解の相違や対立がある。しかし、現在のエネルギー消費および物的消費が、自然界に過大な負荷を与えること、それゆえ、技術と社会構造の現状を前提とする限り、現在の先進諸国並みのエネルギー消費および物的消費を世界全体が享受することが不可能なことは、おそらく確かであろう。

## 開発途上国と消費社会

消費社会は、地球環境問題のように、「自然」への影響を通じて間接的に人間の社会に脅威を与えるだけでなく、直接的に「社会」に否定的な影響を与えることも多い。

そして否定的影響を与えられる「社会」は、消費社会自体である場合もあるが、消費社会ではない社会、すなわち開発途上国の社会である場合が少なくない。本項では、深刻な問題が生じがちな後者について論じよう。

消費社会である先進諸国は、高水準の消費を自足的に実現しているわけではない。グローバル化していると言われる現在よりはるか昔から、先進諸国は開発途上国との関係を通じて消費社会を実現してきた。

最も古くからある関係は、開発途上国が消費社会の原材料供給基地になるという関係であった。保存・輸送の可能な茶、コーヒー豆、香辛料、砂糖、綿花などの農産物、工業製品の原料となる鉄、銅などの金属、同じく金属であるが装飾品に使われることの多い金、銀など貴金属類、宝石類の原石、そして前項でも取り上げたエネルギー資源など、消費社会の生活を豊かにする原材料が、大量に開発途上国から送られている。最近では、冷凍技術などの進歩により、魚介類や野菜、果物などの輸入も大幅に増加した。

開発途上国は、工業化がある程度進むと、今度は工業生産の基地として消費社会と関係をもつようになる。右に示した原材料の一次加工は古くから行なわれているが、そればかりではなく、消費社会で消費される最終生産物、たとえば繊維製品、履物類、雑貨類、加工食品などの軽工業製品に始まり、さらに最近では電子部品、電気製品、機械類、自動車など重工業製品に至るまで、工業生産の基地として、極めて大きな役割を果たすようになっている。

開発途上国は、消費社会で働く労働力の源ともなっている。先進諸国は、土木・建設作業員、清掃員、ホテルや飲食業の従業員、ハウスキーパーなど、膨大なマニュアル労働者を必要とするが、そのための労働力を自国で賄うことが容易でなく、開発途上国から多くの労働者を招きよせている。その中には、直接消費社会の消費者と接する者も少なくないのである。

さらに、直接消費社会の消費者とは関わらないが、開発途上国は先進国の企業が作る消費財の消費地ともなっている。膨大な生産力をもつ先進国の企業は、製品の販売先を先進諸国だけではなく、消費余力をもつようになった開発途上国の住民にも求める。特に、単価が安く日常生活に密着した加工食品、化学製品などは、販路を開発途上国の住民に求めることが多い。

以上のような経済的結びつきは、本来はその関係を通じて先進国と開発途上国の双方に利益をもたらしているはずである。実際、マクロ経済的にはそのような関係が実現している場合も多く、図3-1のⅣに示された、消費の社会的好影響をもたらしている。しかしより細かく実態を見ると、さまざまな社会問題につながっていることが多く、図3-1のⅣだけではなくⅢを同時に派生させている。

まず、原材料供給基地として、プランテーションなどの大規模農場が形成されるが、コーヒー、紅茶などに見られるように、その商品自体の供給が過剰気味である場合が多く、現地での買い取り価格は非常に低くなってしまう。東京の喫茶店で、四〇〇円で提供されるコーヒーの現地買付価格が二円少々に過ぎない、といった驚くべき価格差がしばしば紹介される(64)。

現地の住民は、そこで農場労働者として働く場合が多いが、多くの場合、労働者も供給過剰であることから、その賃金は極めて低く、労働時間は長く、農薬などによる健康被害を受けるなど労働条件も過酷である場合が少なくない。また、しばしば児童の奴隷的な労働に支えられており、国際的な非難の的となっている(65)。

工業生産の基地となる場合も、労働者に同様の問題が発生する。工業生産の場合には、その地域はある程度産業の発展した地域であり、労働者の労働力の質、たとえば識字率なども高く、産地間競争に勝ち残って賃金が上昇していくチャンスも少なくはない。しかし他方では、閉ざされた空間で、機械のペースに合わせて労働していることから、より過酷な労働を強いられる可能性もある。スウェットショップ（苦汗労働工場）と呼ばれる搾取的な工場は、衣料関係のほか、スニーカーなどの履物、食品加工、さまざまな重工業分野で見られる。過酷な労働の問題は、先進国内部では二〇〇年以上前から問題になっていたが、開発途上国のスウェットショップ問題は、特に一九九〇年代から世界的に注目されるようになった(66)。

先進国における開発途上国からの外国人労働者については、低賃金とは言え、先進国の賃金水準をベースに支払われるために、当人たちにとっては、自分の出身国と比べて「いい稼ぎだ」と受け止められることが多い。しかし、労働条件については、長時間労働、労働の不安定さなどの点で、途上国内の労働と大差のない場合があり、また、市民権などをめぐる法的問題、居住地域での差別問題、子供の教育問題、生活習慣の違いからくる先進国住民との摩擦など、さまざまな問題が指摘されている(67)。

そして、消費財の消費地としての開発途上国では、先進国からの商品が歓迎されることも多いが、消費者保護の制度が十分に整わないことをいいことに、有害な商品を販売したり、危険性を十分知らせないままに販売したり、といったことがしばしば生じる。その中で、先進国が輸出した粉ミルクが、途上国の消費者の知識（用量や衛生について）が乏しかったために、多数の乳児の死亡をもたらしたベビーミルク問題は、日本ではほとんど知られていないものの、世界的には大きな衝撃をもたらし、某有名食品メーカーの大規模な不買運動に発展した[68]。

以上のような問題に加えて、消費社会との関係は、開発途上国にさまざまな環境問題ももたらす。前項では、特に開発途上国に特化した記述はしなかったが、消費社会が自国で生産を行なう場合に生じる環境問題が、生産地の移転とともに途上国に転化されることは少なくない。工場の海外移転に伴って、日本に発生していた化学工場の有害な排出物が途上国の煙突から排出され、日本で廃棄されていた危険物質が途上国で廃棄されるようになる。さらに、国内で発生した有害廃棄物の捨て場所として、途上国が利用されること（有害廃棄物越境移動）も多く発生している[69]。

これらさまざまな問題は、先進国の経済が開発途上国との結びつきを強め、後者への依存度を高めるにつれて頻繁に発生するようになり、また世間の目にさらされる機会が多くなってきた。こういった問題は、そもそも現実にどこでどの程度発生しているかが正確には把握しがたく、最も悲惨なケースだけが取り上げられ、企業悪として一般化されるという面がある。しかし、比率的に大きいかどうかはともかく、絶対数として数多くの問題事例が発生していることは明らかであり、外国の問題だからといって放置できるものではない。

そしてこれらの問題は、消費社会における国際的依存関係の増大という状況の中で生じたものであり、先進国における消費のあり方と無関係ではない。消費社会の成立の後、その発展を支えるため、顕著にグローバル化が進むようになったのであり、現在の先進国の消費社会は、右に示したようなグローバルな世界システムを前提に成立している。このシステムに対して、消費社会の側にいるわれわれがどういう態度をとるかが、二〇世紀末以来、厳しく問われるようになったのである。

## 市民生活と消費社会

次に、消費社会の内部に生じる問題に目を向けよう。

消費社会の内部では、驚くほど豊富な商品とサービスに囲まれ、これまで述べてきたように多種多様な価値が実現されているのだが、同時に多くの問題が生じている。格差問題や福祉の問題など、消費との結びつきの少ない問題は措くとして、消費と直接関係する問題も数多く生じている。

環境問題については、「地球環境問題と消費社会」で述べたような地球規模の問題とは別に、国内の地域的な環境問題が依然として多く発生している。

自動車等の増加による大気汚染は、日本では汚染物質排出の減少傾向が定着しているものの、消費社会化が進む中国や東南アジア諸国では、深刻な都市の大気汚染を招いている。水質汚染の問題も消費社会と無関係ではなく、琵琶湖の水質汚染に見られたように[70]、消費者の生活排水が河川や湖、海洋を汚染することはよく知られている。

また、消費社会で宿命的に発生する大量の廃棄物は、いわゆるごみ問題を発生させる。

ごみ問題の中には、建築資材の廃棄、産業廃棄物の廃棄、医療廃棄物の廃棄など、生産側の問題も大きいが、同時に一般消費者の出すごみによる問題も深刻なものとなっている。一般ごみの処理を担当する地域のごみ処理場は、しばしばごみの増加に対処しきれず、他地域の応援を必要としてきたし、ごみ処理に伴う環境問題が発生する懸念を招いてきた[71]。また、消費者によるごみの不法投棄はあとを絶たず、生活環境の悪化や、富士山の大量のごみに代表される観光地の環境汚染を引き起こしてきた。

大規模なものは少ないが、都市の消費生活を通じて騒音問題も数多く発生している。しばしばマスコミで報道されるように、カラオケ、楽器演奏、情報機器、バイクなどの騒音により、ご近所トラブルが発生し、深刻な場合は暴力事件にまで発展している。

聴覚ではなく臭覚に不快を発生させる悪臭問題も消費と無関係ではない。かつては第一次産業や工場の操業に伴う悪臭が大きな問題であったが、それ以外に、消費者が自身で処理する（あるいは処理しない）ごみの腐敗臭、焼却臭、調理に伴う悪臭、化学製品の使用に伴う悪臭、ペット飼育に伴う悪臭など、近隣住民に不快を生じさせる悪臭は、都市化と過密化の進む現代消費社会では頻繁に発生するものとなっている。また、最近では健康被害と結びつけて論じられることの多い喫煙は、発生元となる喫煙者が非常に多く存在することから、現在最も身近で論争的な悪臭問題と言えるかもしれない。

同じく都市化が進む中で発生しやすくなっているのが日照問題である。都市の過密な居住環境は、近隣の住居、特に集合住宅による日照問題を発生させやすく、しばしば訴訟にまで発展している。日照の陰に隠れて問題とされにくいが、隣の住居が通風の妨げになる問題や、ビルによる強風の問題も、これから問題になっていく可能性がある。

環境問題を離れて、社会問題一般に目を向けると、交通事故は依然として大きな問題であり、消費社会と密接に関係している。交通事故はバス、タクシー、トラックなどによっても発生するが、死亡事故件数の少なくとも六割以上は自家用の乗用車、二輪車、自転車によるものと考えられ(72)、消費者である運転者が、消費者である一般市民（または自分自身）を犠牲にするという構造が成り立っている。また、事故ではないが、同じく消費者の自動車利用がしばしば発生させる問題として、帰省ラッシュや祝日などに生じやすい交通渋滞がある。

そのほか、飲酒やドラッグによる迷惑行為、違法なギャンブル、盛り場に繰り出す少年の非行、サッカーの試合後や成人式などで発生するフーリガン行為、売買春や少女の風俗店での労働、万引きや窃盗などの経済犯罪、インターネットを通じた誹謗や中傷など、一般消費者が引き起こす反社会的行為も数多く発生している。

以上のように、消費社会では消費者が市民（他の消費者）に迷惑を与え、しばしば損害を与える事態が生じているが、ことはそれだけにはとどまらない。消費者は自分自身に不利益を与える自損的行為をも行なっている。

消費は基本的に利己的行動であり、満足や幸福を追求するものであるから、図3-1に示したように、消費者は通常（プラスの）価値をもつ消費（図3-1のI）を行なうものである。しかし消費者は、しばしば価値と同時に問題（好ましくない結果）を伴うような消費（図３－１のⅡ）を行なうものでもある。

たとえば、子供がテレビゲームに熱中し、また若者がスマートフォンやパソコンを頻繁に利用するほど視力は低下する。成人の喫煙は肺に有害物質を蓄積して肺がんの原因を作っているし、現代人のバランスのとれない偏った飲食は肥満をもたらし、中高年層に限らず、最近では児童にまで生活習慣病のリスクをもたらしている。

女性の美容への過度の熱中は、身体への負担を高め、肌や毛髪の傷みを招いているし、今や若い女性に限定されない極端なダイエットは、栄養不足や栄養バランスの崩れによって健康を損ねる可能性が高く、時に拒食症や過食症にもつながっている。

自己を害するということには、このような健康や安全に関わるものだけではなく、精神的なものも含まれている。たとえば、子供が補習教育などで、過度に知識の詰め込みにエネルギーを費やすことが、精神的健全さを損なう場合がある。思春期の若者のセックスと暴力に満ちたマスコミ媒体との接触は、性犯罪や暴力犯罪の原因となる可能性がある。成人のギャンブルへの熱中はまともな仕事への意欲を失わせるだろうし、買い物への熱中は、時に買い物依存症のレベルにまでエスカレートしていく。インターネットの長時間の利用は、ネット依存症あるいはネット中毒と呼ばれる精神状態をもたらし、現実世界での生活に支障をきたすことがある。

以上のような問題点は、もちろん消費のあらゆる場面で、またあらゆる消費者について生じているものではなく、その意味では特殊な現象と言える。しかし、注意すべきことは、現代消費社会においては、消費者の自損的な行動が頻繁に起きる条件が整っていることである。

現代社会においては、消費の内容が、肉体や精神の再生産という基礎的なレベルをはるかに超えており、むしろ随意的で、快楽的な要素が強まっている。そして、そのような消費が増えれば増えるほど、刺激が強く、心身に強烈な影響を与えるものが求められるようになる。そのため、刺激の度合いが行き過ぎて、自損的な行動に至る可能性が高まっていると考えられる。

これまで列挙してきたように、消費社会を生きる消費者は、同じ消費社会に暮らす他者および自己自身に対してさまざまな悪影響を与え、問題を引き起こしている[73]。図3－1に示した、消費がプラスの価値をもつだけではなくマイナスの価値をもたらすという事態は、このように消費社会の内部に注目する限りでも十分痛切に感じることができるだろう。

## 消費社会の諸問題と消費者の責任

これまで述べてきた通り、消費社会では極めて深刻なものを含めて、さまざまな問題が発生しており、何らかの形で消費社会のありようを変えて、問題解決を図る必要があることは明白である。

しかし、具体的に、誰が何をどう変えるかを考えると、この課題は非常に複雑なことがわかる。これまで見てきたような問題の多様性、関係する主体の多さ、解決手段の多様さを考えると、わかりやすい特効薬的な解決法は見つかりそうもない。

本書は、さまざまな問題を個別に検討することを課題としていないので、諸問題の中で最も深刻で緊急性の高いもの、すなわち、エネルギーの過剰消費と開発途上国住民の生活困難をおもに想定して論じていくことにしたい。前者は、地球温暖化、資源枯渇、原子力発電問題に共通に含まれ、現代社会の存続に深く関わるものである。また後者は、開発途上国での不利な取引条件、劣悪な労働条件、環境汚染などから生じるものであり、人権という観点からも、開発途上国での社会的緊張を高めるという点でも、深刻な問題である。

そして、関係する主体については、消費者を中心に考えていくことにしよう。消費者は、言うまでもなく消費社会の中心的な行為主体である。前項までに述べてきたさまざまな問題は、そのほとんどが消費者の消費行為を通じて発生するものであり、消費者の消費の仕方次第で、問題の発生の様相が全く異なったものになる。

たとえば、エネルギー消費は、消費者が五〇年前の質素なエネルギー消費に戻れば、たちまち大幅に減少して、温暖化問題も原発問題もその発生原因がなくなる。また、開発途上国のスウェットショップ問題は、消費者の多くが当該企業の製品をボイコットし抗議すれば、企業は態度を改めざるをえないだろう。最終的な決定は消費者が行なうのであり、消費者の行動が変化することが問題解決にとっては決定的に重要である。消費社会がもたらす諸問題の中には、企業の海外立地による環境汚染の転化のように、消費者が直接タッチしにくい問題もあるが、ほとんどは消費者の行為次第で解決可能なものである。

このような立場にあることから、消費者という存在をどう考えるかが、消費社会の諸問題の解決にとっては、最大のポイントとなるであろう。

このように論点をしぼった上で、まず考えなければならないのは、諸問題の発生について、消費者が責任を負うべきかどうかという問題である。

前項までに示したように、消費社会のほとんどの問題が、最終的には消費者の消費行為を通じて発生したものであるから、素直に考えれば、消費者自らが責任をとり、消費のあり方を変えるのが妥当のように思われる。つまり、消費者は自分の消費行為がさまざまな社会問題を発生させていることを自覚し、それを反省し、問題が発生しないように消費行為のあり方を変えなければいけないということである。

しかし、意外なことに、つい最近まで（二〇世紀末まで）、このような考えが表だって主張されることはなく、消費者に責任を帰さない考え方の方が圧倒的に有力だったように思われる。

責任を帰さないと言っても、それは、自覚的にそう考えられていたというよりは、無自覚的にそのような立場をとっていたということに過ぎない。そもそも、二〇世紀の終わりまで、消費社会の諸問題自体が世間の話題に上っていなかったので、消費者が責任を負うべきかどうかという問題をまともに考えた者はいなかった。そういった状況の中で、結果的に消費者の責任を想定しない考え方をとっていたということである。

その中には、おそらく三つの思考パターンが存在していた。

まず、消費者は役割として効用や価値を追求しさえすればいいのであって、消費社会の問題解決などその役割の中に入っていない、とする思考パターンである。極めて長い間、経済学や経営学において、消費者は効用や価値を追求する存在であるという常識ができあがり、それ以外の存在の仕方を想像できないほどに固着した消費者像が形成された。

この消費者像に従う限り、消費者はこれまで通り、便利で楽しいことを追求すればいいのであって、それ以外のことをする主体とは考えられない。たとえばエネルギー過剰消費の問題であれば、技術的な方法、すなわち省エネ技術や自然エネルギーの利用によって解決するか、サマータイムの制度化など、間接的な誘導手段を講じるべきであり、やむをえない場合は企業側への法的規制も実施すべきと考えられるが、消費者に省エネや節約を求めることは、極力避けようとするのである。

もう一つは、古くからの資本主義論の立場から、消費者は生産者に操られているとする思考パターンである。序章1節「批判的消費観」でN2として示した「生産者主権論」の立場がそれにあたる。

この考え方によれば、消費者は自分の意思で消費しているように見えて、実は企業の広告やマーケティング戦略にのせられているのであり、消費者を意思決定主体と見なすわけにはいかないことになる。消費者の行為に問題があるとしても、それは企業の意思によるものであるから、企業の経営条件を変える、企業の活動を規制するなどして、生産側から問題解決をしなければならないのであり、消費者に責任を負わせるのは問題の矮小化ということになる。もっとラディカルなものでは、資本主義の生産様式を廃棄し、全く別種の経済システムを構築しなければ問題は解決しないという考え方もある。

そして三つめの思考パターンは、消費者という存在は、そもそも非合理的で放縦な存在であるとするものである。この見方では、もともと消費という行為は消耗や破壊と結びついており、歴史的に見ても、王侯貴族の気前のいい散財や、さまざまな祝祭における蕩尽（湯水のように物品を費やし尽すこと）が示すように、有用性を求めない非功利的、自己完結的な行為が消費というものの本質をなしてきたと考える。このような見方は、フランスの思想家バタイユや経済人類学者の一部に見られるものであり(74)、二〇世紀末のポストモダニズムにも一定の影響を与えたものである。

これに従えば、消費はもともと社会性や倫理性などとは無縁のものであり、消費者に社会的配慮や社会問題の解決を求めるという発想は、到底実現する可能性はないし、そもそも全く念頭に浮かばないであろう。

この三つは、その背景となるイデオロギーと学問体系を全く異にするものである。第一の思考パターンは、自由主義のイデオロギーと（近代）経済学を背景とするものであり、第二の思考パターンは、反資本主義のイデオロギーとマルクス主義、第三の思考パターンは、反近代主義と人類学的思考をそれぞれ背景としている。しかし、それにもかかわらず、この三つは、共通して消費者が責任を負うという考え方に思い至らず、あるいはそれを無視してきた。そして、この三つはそれぞれ一定の影響力をもつものであったから、ある意味では常識的であるはずの、消費者は消費社会の問題に責任を負うべきだという考え方が、なぜか表に出にくく、まともに議論されない風潮が生じてしまった。

しかし、右記の三つの考え方は、いずれも基本前提が現代の消費社会に適合せず、不適切なもののように思われる。

第一の思考パターンは、消費者がもっぱら取引主体、経済的価値の実現主体であった時代に成立した経済学の学問的立場を継承したものである。しかし、現在の消費者は多面的な機能を果たし、経済的価値実現以外の側面、すなわち社会問題の発生源となり、またその解決主体にもなるという側面をもっているのだから、そのような学問的立場は、現実を反映していないと言わざるをえない。

また、経済学は消費者主権を主張し、消費者の主体的な行為を認めているのだから、消費者がマイナスの価値（社会問題）をもたらしていることに対しても主体となりうることを否定できないはずである。

第二の思考パターンは、生産者主権論に基づいて、消費者はむしろ買わされる立場にあり犠牲者であるという立場をとる。しかし筆者は、そもそも生産者主権論自体が、成り立たないと考えている。生産者主権論の見方は、一般社会では今でもしばしば示されるものであるが、筆者は学問的には過去のものと考えており、本書でも序章以外では取り上げていない。過去の消費社会ではともかく、現在では理論的、実証的に十分な根拠のないものであり、現代の消費は、むしろ生産者と消費者のもたれあい、共犯関係と見た方が適切である。(75)

このような判断に従う限り、消費社会の問題に対しては、生産者である企業と消費者がともに責任を負うべきであるという結論は動かしがたいであろう。

第三の思考パターンは、消費の本質についての、ある種の偏ったとらえ方に基づくものである。消費が放縦で破壊的な要素をもつことは確かであるが、消費は、決してそのようなものでしかありえないものではない。祝祭的蕩尽も現実のものであるが、同時に、日常のつつましく実用を旨とする消費行為もまた現実である。消費はさまざまな動機とさまざまなスタイルをとりうるのであり、あらゆる可能性をもっている。この点については、第三の思考パターンに従う場合でも認めざるをえないものであろう。そうであるなら、消費者が問題解決的な行動をとりえないという結論には、決して至らないはずである。

以上の通り、三つの考え方にはそれぞれ難があり、消費者は消費社会がもたらした問題に対して責任を負わなければならない、という考え方は否定できないものであろう。たとえどのような条件、環境のもとにあろうと、実際に問題を起こしているのは消費者の行為であって、消費者はその行為の結果についてはともかく、消費行為自体については自覚し、おのれの意思に基づいて実行している。その限りで、消費者の行為は消費社会の問題の原因である。

したがって、消費社会の諸問題を解決するためには、条件や環境を変えることも重要ではあるが、消費者が諸問題を自覚し、それを解決しようという意思をもつことが不可欠である。そうでなければ、問題解決のための消費行為は不安定であり、積極的で活発なものにもならないであろう。何事もそうであるが、本人が自覚しやる気を起こさなければ、周りがいくらお膳立てをしても事は進まない。以上の筆者の立場は、その常識を消費社会の問題にあてはめて言い換えたに過ぎないのである。

このような考え方は、先に書いたように消費社会の問題自体を考えれば常識的に思い浮かぶものであるから、イデオロギー的、学問的に固着した考え方にとらわれていない一般市民の間に、自然発生的に広まってきた。そして、さまざまな実践的活動として現実化し、また十分理論的に整ってはいないものの、いくつかの理念として主張されるようになった。

消費社会化の進行とともに生じた環境悪化と資源枯渇への配慮から、一九七〇年代後半には、消費者自身が物的資源の有効活用を図ろうとするリサイクル運動が活発化していった(76)。その後、地球環境問題の深刻化を受け、一九八〇年代には、環境問題の観点から消費のあり方を変えようとするグリーンコンシューマリズム（green consumerism）の理念が提唱された(77)。また、開発途上国の現状が紹介されるにつれ、フェアトレードの運動が草の根的に発展したし、環境問題からさらに視野を広げた倫理的消費（ethical consumption）の考え方も盛んになっている。筆者自身、著書『消費社会論』（二〇〇〇）で、そのような消費者のあり方を「社会的消費者」と総称し、その意義を説いている。

これらについては、七章で扱うので詳述しないが、ここで重要なことは、消費者が消費者という立場に立ちながら、さまざまな消費社会の問題を自覚し、その解決に向けて行動する動きが、自然発生的に広がったということである。これは、言い換えれば消費者が消費社会の問題に責任を負い始めたということにほかならない。

そういった動きは、まだ一部の積極的活動家と、一部の知識人を中心とするものであり、広がりは十分でない。しかし、日本で「エコ」という環境に配慮する行動様式が、通俗的ではあるが、一つの肯定的な意味をもったものとして市民権を得ているように、また、ヨーロッパ諸国でフェアトレード商品が日常の買い物の中に定着しているように、その発展傾向ははっきりしている。

将来的には、これらが定着し、市民が日常特に意識せず、自然に諸問題を回避できる行動をとることが理想であり、その方向に消費者の価値観と生活習慣が変化していくことが望まれる。

さて、ここまで話を進めると、ようやく本章のテーマである第三の消費文化に話をつなげることができる。「消費が社会に与える好ましくない影響を回避しようとする」という第三の消費文化の第二原則は、まさにこのような消費者の価値観と生活習慣を言い表わしたものである。本項でこれまで使ってきた言葉を用いると、第二原則は、消費者が消費社会の諸問題に対して責任を負うという原則だとも言えるだろう。

第二原則は、通常消費文化と言われるものとは内容を異にする印象があるだろう。それは、これまで消費文化と言われてきたものは、何を欲しがるか、何に価値を見出すかという内容を示し、図3－1のⅠに示した消費者の価値実現に関わったのに対して、この原則は、それに関わらないからである。しかし、現代の消費者は多面的な存在であり、図3－1のⅠだけでなく、Ⅱ、Ⅲの問題発生にも関係している。したがって、消費文化もそれに対してどう対処するか、という内容を含まざるをえない。これまではその部分を想定しないで済んだかもしれないが、現在では、それを無視した消費文化はありえないほど、消費社会はさまざまな問題を抱えるに至っている。

なお、第二原則は、もともとは消費者が共有すべき文化のあり方であるが、消費者のみならず、消費社会のその他の主体、すなわち生産側のメーカー、流通業者、輸出入業者、政府、地方自治体、マスメディア、教育関係者等にも共有されるべきことは言うまでもない。消費者に幅広く共有された上で、これら組織的主体にも共有されることによって、第二原則は、いっそう強く現実を動かすものとなるであろう。

第二原則（社会的配慮の原則）が現実を動かすことによって、消費社会は安定的で持続可能な方向に向かい、第一原則（文化的価値の追求）とは違った意味で、人々の生活を幸福なものにするのである。

## 5 文化的消費と消費者の社会的配慮

### 二つの原則と二つの消費文化

本章では、1節で「第三の消費文化」の概要について説明したのち、2節、3節で第一原則の「文化的価値の追求」について論じ、4節では第二原則の「消費者の社会的配慮」について論じた。ここまでで、二つの原則それぞれについては、その趣旨と内容が十分明らかになったであろう。

しかし、1節でも述べたように、この二つの原則は似たところがなく、バラバラの印象のあるものであった。本章の最後にあたるこの節では、この二つの原則を一体化して第三の消費文化という一つの概念の中にまとめることの意味を再確認することにしよう。

この点については、1節で次の二つの理由を述べておいた。

1　二つの原則は、同じ時代に同じ状況から生まれた動きの両面である。

2　二つの原則は親和的であり、両立しうる。

このうち、まず1については、二〇世紀を通じて熱心に追求された物質主義の限界を超えようとする点で、両原則が共通していることを示すものである。

物質主義とは、物的消費を幸福の源としてとらえ、その拡大を目指す価値観である(78)。先進諸国では、科学技術の発展と人々の熱心な労働を通じて所得水準が上昇し、さまざまな消費財が入手可能となり、物的に豊富な社会が実現された。しかしそれでもなお、人々は十分幸福になっておらず、また安定した生活を送れるようになったと言えない面が多くある。最近よく紹介されるようになったが、先進諸国の幸福感は、所得水準の上昇によっては上昇しなくなっており(79)、物質主義の限界が明らかになりつつある。

その原因としては、労働や福祉の問題、家族や地域コミュニティの問題、さらには生きがいや自己実現など、消費とは直接関係のない問題が解決されていないことも多くあげられるが、消費に関連することで言えば、そのような幸福感の停滞は二つの原因によって生じているものと思われる。

一つは、豊かになるにつれて、消費者は物質主義から離れ、これまでのような物的消費財からは十分な満足を得られなくなったからであり、もう一つは、消費者自身が過剰なあるいは不適切な消費をすることによって、環境問題その他の社会問題を発生させ、社会を不安定にしているからである。

これらの問題を解決すべく、前者については、消費の文化的価値を追求しようとする方向、後者については、環境問題等を回避するため社会的配慮を伴う消費をしようとする方向への、消費文化のシフトが始まった。これらが、まさに第三の消費文化の第一原則と第二原則に相当するのである。

物質主義に対して、近年では脱物質主義が広まっていると言われる。しかし、筆者の考えるところでは、脱物質主義自体は、物質主義の限界を認識するだけの消極的なものである(80)。これを幸福や充実感につなげるためには、何らかの積極的な理念の追求が伴わなければならない。

その中には、消費によって追求できるものとできないものがある。

前者には、2節「文化的価値の発見と主題化」で論じた「経済外的脱物質主義化論」が求めた、福祉の充実、差別の撤廃、市民の政治参加、マイノリティの社会参加、疎外されない労働、世界平和、治安の維持、生きがい、自由時間の確保、コミュニティ再生などがあり、これらは市場と消費を通じては十分実現できない。

それに対して後者にあたるのが、第三の消費文化の二つの原則である。この二つの原則は、消費者が消費行為を通じて、市場の中で実現できるものである。

消費の文化的価値の追求と消費における社会的配慮という二つの原則は、これまでの物質主義的な社会の閉塞状況を、消費社会の中で解消する二つの方向を示しており、ともに脱物質主義の時代に求められる消費の理念としてふさわしいものである。第三の消費文化とは、このような共通点のある二つの原則をまとめて示したものなのである。

その意味では、二原則を一緒にする理由は、これからの消費社会が目指すべき理念がこの二つに集約できるからだ、とも言えるだろう。

### 文化的価値の追求は社会的配慮と矛盾するか

次に、二つの原則を一緒にする理由の2、つまり二つの原則が親和的であるということについて検討しよう。

1節でも書いたように、第三の消費文化の二原則である、消費者の文化的価値追求と社会的配慮は、一見すると両立しないようにも見える。前者には積極的に消費して楽しみを追求するというイメージが伴い、後者には消費を抑えて質素な生活に向かうというイメージが伴うからである。楽しみを追求すれば消費は増え、社会的配慮は二の次になってしまうのではないか。また、社会的配慮を優先させれば、自分の楽しみは犠牲にしなければならないのではないか。そのような二律背反が感じられるであろう。

それに対して、1節では、消費の楽しみといっても、文化的価値の追求は物的消費の増大を追求しないので、環境への影響は少ないこと、またグローバルな生産システムに頼ることが少なく、開発途上国に負担をもたらすこともあまりないことを指摘し、両立が可能であることを主張した。

環境問題について言えば、それをもたらしたのはおもに第一の消費文化であって、機能的価値と量の大きさ、低価格の追求が、莫大なエネルギー消費とさまざまな環境汚染物質の排出につながったと考えられる。開発途上国の問題について言えば、そのような第一の消費文化への需要を満たすために、開発途上国にさまざまな負荷を与えているという事情がある。第二の消費文化についても、現在の状況では物的消費を求める傾向が強いから、おそらく同様の問題につながることが多いであろう。

それに対して、第三の消費文化の場合には、求められるものは人的サービスや情報、そして量より質を重視した物的消費財であるから、物的消費の増大を通じて環境に負荷を与えたり、そのために開発途上国との関わりが生じたりすることが少ないと考えられる。人的サービスや情報はそれ自体としては環境を汚染せず、また、一般的には開発途上国での生産と労働も必要としないからである。そう考えると、文化的価値の追求は、消費における社会的配慮と矛盾せず、物的消費が文化的消費に置き換わるなら、むしろ自然に環境や開発途上国との関係を改善するもののようにも思われる。

しかし、このような見方は本当に正しいのだろうか。本項では、もう少し立ち入って検討してみることにしよう。

まず環境問題について言えば、文化的価値の追求は、物的消費の量や製造・使用に伴うエネルギー消費が少ないというのは本当だろうか。

身近な例で考えてみると、たとえば、読書を趣味とする人にとっては、車のような大きな物は必要でなく、書物という小さな物があれば用が足りる。また、草花を育てようとする人にとっては、わずかな量の種さえ手に入れば必要は満たされる。笑いを求める人にとっては、物的消費は全く必要なく、漫才師の会話があればそれだけで十分であろう。このような例を考える限りは、文化的価値の追求が物的消費の必要性を低下させ、それに伴ってエネルギー消費（生産時と消費時）も減少させるという関係が説得的だと思えるだろう。

しかしながら、文化的価値と言っても、全く物を必要としないわけではなく、その前提として、あるいはその過程において、物が関わってくることは決して少なくない。

最もわかりやすい例を示すと、テレビを見て楽しむという文化的価値を実現する消費行為は、確かに、試聴して楽しむという行為の過程では何も物を消費しない。しかし、テレビ放送を見るためには、テレビ受信機という機械が必要であり、その点では物を離れることができないし、受信機が大型になるにつれてエネルギー消費は大きなものとなる。また、珍しい風景を見るという観光旅行での行為は、何も物的消費財を必要としないが、その場所へ行くためには、ガソリン（自動車）やジェット燃料（飛行機）というエネルギー資源を消費しなければならない。このような関係を考えると、文化的価値の実現と物的消費量の大小には、単純な関係は想定できないことがわかる。

このような関係をより詳しく示したのが、図３－２である。

図３－２は、文化的価値を実現する場合と、それとは対照的な消費のタイプである機能的価値を実現する場合とを分け、それぞれについて物的およびエネルギーの消費量が多い場合、少ない場合の例を考えてみたものである。

図３－２からわかるように、文化的価値を実現するための消費行為であっても、物あるいはエネルギーを多用する例をいくつか見つけることができる。それは、必要な施設、装置、機械類のボリュームが大きい場合や、移動に伴うエネルギーを多用する場合に多く、そのような消費行為が盛んになった場合には、単純に環境負荷が少ないとは言えなくな

〈物的消費と使用エネルギーの量〉

| 〈実現する価値〉 | 相対的に多い | 相対的に少ない<br>（あるいは物を使用しない） |
|---|---|---|
| 文化的価値 | Ⅱ<br>大画面テレビを見る<br>海外旅行に行く<br>長距離ドライブを楽しむ<br>大規模テーマパークに行く<br>ゴルフ場でゴルフをする | Ⅰ<br>読書する　音楽を聴く<br>トランプや花札をする<br>スマートフォンで交信する<br>カードのコレクション<br>外食する　居酒屋に行く<br>近郊の山に登る　花を育てる<br>温泉につかる |
| 機能的価値 | Ⅲ<br>自動車で通勤する<br>エアコンで冷暖房する<br>洗濯機で洗濯する<br>冷蔵庫で食物を保存する<br>ガス湯沸かし器を使う<br>宅配便を利用する<br>紙おむつを使う | Ⅳ<br>雑巾で拭き掃除をする<br>洗濯物を干す<br>乳児の世話をする<br>介護サービスを受ける<br>自分で家の補修をする |

**図３－２**　文化的価値と物的消費の関連についての例示

出典：筆者作成。

る。実際、大画面テレビの普及は日本のエネルギー消費が減らない原因の一つと言われるし、ゴルフやスキーなど広大な施設を必要とするスポーツは、使用エネルギーのほか、森林伐採や農薬使用なども含めて、環境負荷の高いレジャーと考えられてきた[81]。しかしながら、Ⅱのセルに含まれるものもあるにせよ[82]、Ⅰのセルに含まれる文化的価値の内容は非常に多彩である。実例を考えてみれば、Ⅰに含まれる例の方が、Ⅱに含まれるそれよりも容易に見つけ出せることは、おそらく確かであり、文化的価値を実現する消費行為の多くは、比較的少量の物的消費とエネルギー消費で済むものと言えるだろう。少なくとも、物的消費財およびエネルギーの消費を抑えようとすることは、文化的価値の実現を大幅に損なうものではなさそうである。

それに対して、機能的価値を実現する場合には、Ⅳのセルに含まれるものもあるにせよ、それだけでは現代の豊かな生活を実現できず、Ⅲのセルに属するような消費行為が不可欠な場合が多いと考えられる。Ⅲのセル内の消費行為は日常生活に深く根を下ろしており、それをⅣのセルに属する同内容の消費行為で置き換えることは、Ⅱのセル内の消費行為をⅠのセル内の消費行為に置き換えることと比べるとはるかに困難であろう。その逆に、二〇世紀半ば以降、Ⅳのセル内の消費行為をⅢのセル内の消費行為に置き換えることによって、われわれは便利さと時間を手に入れてきたのである。

すべての文化的価値の実現が、すべての機能的価値の実現よりも省資源的、省エネルギー的であるとは決して言えるものではない。それはⅡのセルとⅣのセルを見比べれば明らかであろう。しかし、物的消費とエネルギー消費を抑える方向に変えることが容易なのは文化的価値の方であり、環境への配慮から省資源、省エネルギーを実現しようとする時、文化的価値の追求という原則は、相対的にそれと両立しやすいと考えられる。

したがって、文化的価値の追求が盛んになった時代には、機能的価値を盛んに追求していた時代と比べて、環境への配慮を実現しやすくなるであろう。少なくとも、人々の関心が文化的価値へとシフトすることが、環境への配慮を妨げ、物的消費とエネルギー消費を促進すると予想するのは極めて困難である。環境問題について、文化的価値の追求が社会的配慮と親和的であるというのは、そのような意味においてなのである。

話を開発途上国の問題に移すと、文化的価値は、物的消費財から直接に得られることが相対的に少なく、3節の表3-1に示したように、人間の行為を通じて、あるいは人、物、空間などの統合されたシステム（序章3節「精神的価値と文化的価値」）によって実現されることが相対的に多いものである。文化的価値は、消費者がいる現場で生産され、消費されることが多いのである。そのため、ほとんどが開発途上国で生産されるような原材料や工業製品の場合とは違って、文化的価値の追求が直接的に開発途上国と結びつくことは少ないであろう。

文化的価値が開発途上国から消費社会に移住した労働者によって実現されている場合、たとえば芸能、接客業での労働などの場合には結びつきが見られるものの、外国人労働者の仕事内容は製造業あるいは熟練を要しない土木・建設作業、飲食店や宿泊施設の下働きなどいわゆる3K職業の場合が多く、こういった文化的価値と直接結びつく労働の比重は小さい[83]。その意味でも、文化的価値の追求が開発途上国とその住民に及ぼす影響は小さいと言えるだろう。

ただし、以上は直接的影響についてであって、文化的価値をもたらす物的消費財については、開発途上国との関係は小さくない。嗜好品の原料となるコーヒー豆、茶、カカオ、タバコなど、ファッション性の高いアパレル製品や履物（皮靴、スニーカーなど）、皮革材料、そして日常生活用の雑貨類は、開発途上国で生産されることが多く、4節「開発途上国と消費社会」で示した問題が同様に生じうる。むしろ、消費社会での楽しみをもたらす商品が、開発途上国の苦役や貧困と結びついているというストーリーが注目を集めやすいため、コーヒー農場やスニーカー工場などでの労働の悲惨な状況は、却ってよく出版物や映画で取り上げられてきた印象がある[84]。

しかし、このような商品の生産が、鉱物、エネルギー資源、木材、水産物、穀物など一般の生産物と比べて、特に問題を生じやすいということは考えにくく、開発途上国に与える影響について、特に根本的な違いはないと考えられる。また、まだ全体のほんの一部ではあるが、文化的価値の追求と開発途上国への社会的配慮が両立する道が探られつつあり、高品質のスペシャルティコーヒーを生産するため[85]、良好な環境と労働条件のもとで生産する特定の農園と契約するとか、品質の高いアパレル製品を縫製するため、労働者に好待遇を与え熟練度を高めるなどの試みが見られる。

高度の文化的価値を実現するためには、その製作者も一定の価値観と能力を共有せざるをえず、それゆえ文化的価値をもつ商品の製作は、単純で搾取的な労働には適さないという面は、確かに存在するであろう。

全体として、文化的価値を追求することは、消費社会が開発途上国にもたらしてきた諸問題をより深刻化させるとは考えられず、むしろそれを減少ないし解消に向かわせる可能性をもっていると言えるだろう。その意味で、これらの問題について、文化的価値の追求（第一原則）は、資源や環境の問題ほどではないが、社会的配慮（第二原則）と矛盾せず、控えめな意味で親和的であると言えるだろう。

なお、本節でも環境やエネルギー問題と開発途上国の問題を中心に考えてきたが、その他の問題についても、文化的価値の追求と社会的配慮は、強く矛盾するものではないように思われる。確かに、美食や上質のバッグなどを求めることが動物愛護に反する場合、[86] ピアノの練習がしばしば近隣への騒音問題を発生させるという場合、スマートフォンやパソコンの長時間の使用が身体に悪影響を与える場合など、文化的価値の追求と関連のある問題も存在する。しかし全体としては、文化的価値の追求は、機能的価値の追求と比べて、特に消費社会の諸問題を激化させるものとは言えないであろう。

これまで本項では、消費における文化的価値の追求が、第三の消費文化のもう一つの要素である消費者の社会的配慮を妨げるものであるかどうかを検討してきたが、ここでの結論は、そのような関係が生じることは多くないということである。この結論は、慎重に検討したものではあるが、現在のところはあくまで見通しであり、仮説である。今後、綿密な実証研究によって確認すべきであることは言うまでもない。

最後に、これまで論じてきたのとは逆の関係、つまり消費者の社会的配慮が文化的価値の実現を妨げないかどうかについて重要な注記をしておこう。この問題については、結論から言えば、社会的配慮は文化的価値の実現を一部妨げる。しかしそれは、肯定的な意味で妨げるものである。

文化的価値の追求は、もともとそれ自体としては、自然環境や個人の心身の健全さなどには配慮しないものである。そのため、これまでも例にあげた通り、環境破壊的な旅行、周囲に迷惑をかける楽器演奏、生活習慣病を招く美食などが広く見られるのである。（個人の心身の健全さも含め）広い意味での社会的配慮は、このような野放図な文化的消費、つまり従来から快楽主義の暴走として危惧されてきた事態を回避し、文化的消費を社会の中に安定的に存在させる役割を果たすと考えられる。

文化に関しては、社会的制約のないところにこそ文化の発展が生じるという文化至上主義的な考え方もあるが、筆者は社会的制約と社会的配慮は別のものであると考える。政治的介入はもちろんのこと、外部からの社会的制約は文化にとって好ましいものではない。しかし、だからといって、文化の担い手に社会的配慮が必要でないということにはならない。自発的な社会的配慮があってこそ、文化あるいは文化的消費は、社会の中で広く、長く受け入れられ、肯定的な意味をもつものとなるであろう。その意味で、文化的消費に社会的配慮を加えた第三の消費文化は、社会のみならず文化にとっても好ましいものとなるのである。

## 第三の消費文化の統合イメージ

二つの原則の関係を確認した上で、最後に第三の消費文化とはどのようなものであるかについて、さらに立ち入って検討してみよう。

再三確認してきたように、第三の消費文化とは、一方では消費の文化的価値を追求しつつ（第一原則）、他方では消費にあたって社会的配慮を伴う（第二原則）消費文化である。もう少し詳しく述べれば、第一原則は、ただ単に文化的価値を実現するのではなく、その範囲を広げ、その質をより高めていこうという志向性をもつものである。また、第二原則は、価値を実現しているはずの消費が、逆にマイナスの価値、すなわちさまざまな社会問題をもたらしていることを自覚し、それを回避するような消費をしようとするものである。

このような第三の消費文化のあり方は、抽象的理念としてはこれまでの記述で十分明らかになったであろう。しかし、いざそれを現実の消費現象と結びつけようとすると、簡単ではないことがわかる。

一般に、文化のあり方は定性的に記述されるものであり、抽象的なモデル、あるいは型という性格をもつ。そのため、ある文化現象を、どこからどこまでがその文化に属するか、この文化と別の文化との境界はどこなのか、といったことを現実に照らして判断することは容易でない。このようなあいまいさが、第三の消費文化についても発生する。

たとえば、文化的価値の質を高めると言っても、どこまで高めれば第一原則を満たすのかはっきりしないし、社会的配慮を伴う消費と言っても、どの程度の配慮をし、どれだけ社会問題を回避できれば第二原則に合致するのかははっきりしない。それゆえ、これは第三の消費文化なのかどうか、という判断も明確に下すことはできない。結局のところ、文化というものの本質上、ある種のあいまいさは避けられないだろう。

それにしても、第三の消費文化にはどうしてもはっきりさせておかなければならない問題が一つある。それは、二つの原則を同時に満たさなければならないのか、一つだけでいいのかという問題である。

文化的価値の質を高めるが、社会的配慮はなされないような消費は、第三の消費文化に含まれるのだろうか。またその逆に、社会的配慮はなされているが、文化的価値の質を高めるとは言えないような消費は、第三の消費文化のうちに数えられるのだろうか。この点については、現実と突き合わせようとする時、多くの人が疑問をもつだろうから、ここで明確にしておく必要がある。

第三の消費文化という概念自体、筆者の提案によるものなので、問題はどう定義するかということになるが、筆者はこれまで述べてきた趣旨からして、次のように考えることにしたい。

まず狭義には、第三の消費文化は、二つの原則をともに満たすものと考えるべきである。前項で、二つの原則がともに消費社会のこれからの理念を示すものであること、しかも両者が親和的であると述べたことからわかるように、両者を一体として考えるのが、第三の消費文化のそもそもの発想であった。したがって、両原則をともに満たすような消費現象が、第三の消費文化に含まれると判断するのは当然であろう。

しかしながら、現実に照らしてみる時、現在のところ狭義の第三の消費文化を体現するような現象は、まだ十分多くなく、このような基準を設定すると、現実の動きを分析するには、あまりにも狭い概念になってしまう。そこで、広い意味では、第三の消費文化には、一方の原則については従来の消費文化と同程度に保ちつつ、もう一方の原則を満たすような消費現象も含まれるものと考えよう。つまり、文化的価値の追求については従来通りだが、社会的配慮の加わった消費、あるいは社会的配慮は従来通りだが、文化的価値を高めた消費を、広義の第三の消費文化とするということである。

ここで「従来通り」とは、第三の消費文化ではない、今まで単に「消費文化」と呼ばれてきた第一、第二の消費文化が混ざった消費文化のことであり、それと比べて、第三の消費文化の方向に変化していないということである。たとえば、大型乗用車を例にとると、これまでの車と環境等への負荷が変わらなくても、文化的価値において改良された車は（広義の）第三の消費文化に含まれるし、文化的価値が変わらなくても、環境負荷が減るなど社会問題を解消する方向に変われば、（広義の）第三の消費文化に含まれると考えるのである。

このように「広義の第三の消費文化」という概念を設定するのは、現実の社会の動きは、一気に「狭義の第三の消費文化」に向かうのではなく、はじめは一方の原則を実現し、それが進むにつれてもう一方の原則も次第に満たしていくという、漸進的過程を経ることが多いと思われるからである。文化的価値の追求から入るか、社会的配慮から入るか、二通りの入り口があり、それが次第に狭義の第三の消費文化へと収斂していくのである。狭義、広義と二つの概念を用意しておく方が、そのような過程を記述するには便利であろう。

広義の第三の消費文化は、どちらか一方の原則を実現しさえすればいいのだから、一見すると実現しやすいような印象を与えることだろう。しかし、狭義の場合は言うまでもなく、広義の場合であっても、第三の消費文化であるためには、二つの原則の均衡を図り、両立させるという努力が必要である場合が多いことに注意する必要がある。なぜなら、二つの原則は、矛盾する場合もあるからである。

前節で、二つの原則は親和的であることを結論づけたが、その結論は、あらゆる文化的価値の追求が、自動的に社会的配慮につながり、社会問題の発生を伴わない、ということを意味するものではない。また、あらゆる消費の社会的配慮が、自動的に文化的価値の深化を実現するということもありえない。全体としては、文化的価値の追求と社会的配慮は、両者の両立が比較的実現しやすく、機能的価値や関係的価値と社会的配慮の場合よりは両立しやすいものと考えられる。しかし個別的には、文化的価値の追求が社会問題を発生させたり、社会問題を発生させないようにする配慮が文化的価値を損なったり、といったことが少なからず発生している。

たとえば、夜の繁華街における華やかなイルミネーションは、人々を夢の世界へと運ぶかもしれないが、電力消費を増加させ、環境への負荷を増大させる。また、非常に面白いテレビゲームは、少年たちを熱狂させるかもしれないが、彼らの目を傷めつけるかもしれない。逆の例で言えば、健康によく栄養バランスのよい飲み物が、美味しさという点ではなかなか評価できないという場合があるし、開発途上国で然るべき対価で製作したフェアトレードの雑貨が、どう考えても審美的魅力に乏しいものとなることもある。

こういった事態を避けるためには、一方の原則を追求しつつ、他方が疎かにならないよう真剣に見守ることが必要となる。広義の第三の消費文化においても、ただ片方の原則を漫然と追求すればいいというものではなく、両原則の両立を図るための緊張感を保ちつつ、工夫と努力を続けていかなければならない。

第三の消費文化は、狭義であれ広義であれ、両原則の統合を志向するところに成立するものなのである。

さて、以上のような統合された第三の消費文化は、実際にはどのようなものだろうか。広義の例は、2節から4節で示した例からわかるとして、狭義の第三の消費文化とはどのようなものなのか。

一つのわかりやすい例は、地産地消の野菜であろう。近郊、特に同じ市町村内など極めて距離の近い土地で採れた野菜は、一方では新鮮であるために美味しく、文化的価値を高めるものであり、他方では、輸送距離が短くフードマイレージが小さくなり、環境への負荷が少ない。また、その中には、農薬使用などの面で配慮され、安全性が高いものも含まれている。食品分野では、このほかにもオーガニック農産物、その加工品であるオーガニックビールやオーガニックワイン、天然酵母パン、平飼いの食肉など、一方では非大量生産的な製法により新鮮さや味の良さを実現しつつ、他方では環境配慮や安全性を実現した製品が、数多く現われている。

別のタイプの例としては、デザインの優れたフェアトレードの衣服や雑貨類があげられるだろう。かつてのフェアトレードは、人々の良心と善意に支えられて、商品の品質、特に味やデザインなどに無頓着な製品がよく見られた。しかし近年では、消費者の文化的価値への志向性が高いことをふまえて、産地の技術や素材を生かしつつ、しかも消費社会の高度な美的感覚にも応えられる製品を作ろうとする動きが出てきている（七章2節「フェアトレードとその消費者」を参照）。

同じような分野では、近年盛んに消費されるようになった古着も例にあげられるだろう。古着は、最新のデザインにはない多様なデザインの衣服の中から、流行とは距離をおき自分の趣味に従って選ぶことができるという意味で、文化的価値を追求できるものであり、他方では衣服の有効活用を図り、廃棄物を減らすという意味で社会的配慮を伴うものである。価格が安いという第一の消費文化的要素もあるが、第三の消費文化としての特徴を十分備えたものと言えるだろう。

同じように過去のものを利用したものとして、古い建築物を生かしたリノベーションがある。京都の町家レストランや、欧米に多く見られる古城ホテルのように、古い趣のある建物や内装を生かしつつ、現代的な趣味も適宜加えて再活用したリノベーションが、近年たいへん盛んになっている。これによって、文化的価値の点では、新しい建物にはない味わいや落ち着きと、若い世代には非日常的な魅力、中高年世代にはノスタルジックな魅力を作り出すことができる。また社会的配慮という点では、資源を有効活用できるとともに、新しさを過剰に重視し古いものを無批判に廃棄する第二の消費文化への、批判的意識を植えつける効果ももつように思われる。

余暇や趣味の分野では、やはり二〇世紀の末から盛んになってきたランニングやウォーキングが例にあげられるだろう。ランニングやウォーキングは、運動として行なったり、気分転換を図ったり、自然に親しんだり、興味深い風景を見て回ったりと、その目的はさまざまであるが、自分のペースで、穏やかな活動として、愉楽や新境、平安といった意味での文化的価値を実現することができる。そして他方では、靴やウェアを除いては多くの物的消費を必要とせず、車と違って環境汚染や事故の心配もなく、社会問題につながりにくい余暇活動と言える。

以上はほんの一部であるが、こういった例を通じて、（狭義の）第三の消費文化とはどんなものか、そのイメージをつかめることだろう。いわゆる消費文化（第一の消費文化と第二の消費文化）に強くなじんで、第三の消費文化というものについて全くイメージの湧かなかった読者にも、これら身近な例から、それが現実に存在していることがわかっていただけることと思う。

狭義の第三の消費文化にあたる消費現象は着実に増加していると考えられ、広義の第三の消費文化は、すでに相当大きな広がりを見せている。その具体的な様相については、引き続き六章と七章で明らかにすることとしたい。

## 真物質主義についての覚え書き

最後に、第三の消費文化と関係が深い「真物質主義」について補足的に論じておくことにしよう。

真物質主義は、筆者が前著『第三の消費文化論』の末尾で論じ、脱物質主義からの発展方向として大きな役割を与えたものであったが、本書ではこれまでこの概念に言及しなかった。その理由について説明するとともに、第三の消費文化との関連を明らかにすることが必要であろう。

真物質主義の定義は、次のようなものであった(87)。

「従来の物質主義とは別の意味でモノにこだわり、モノ消費の本質をより深く理解し、人間とモノ、そして自然との間に良好な関係を作り出そうとするものである。そして、節約や禁欲に向かう反物質主義のようにモノ消費を減らそうとするのではなく、モノ消費の質を向上させようとするものである。」

真物質主義における精神面の特徴としては、機能に限定されないモノの質の高さ・低さを理解する、モノの便利さや安さだけを追求することのマイナス面を理解する、買ったあとのモノの正しい使い方を理解する、モノの量・質と人間の幸福の関係を理解する、モノの消費と社会・自然の関係を理解するといったことがあげられる。

また、外面的な行動については、モノの量ではなくモノの質にこだわる、モノを買ったり持ったりではなくモノを活かすことを重視する、モノの組合せと配置に配慮する、モノの過剰や未整理を嫌う、モノの消費が社会関係を壊さないようにする、購買や使用などモノを消費する時間を十分確保しようとする、モノと社会、自然の関係を良好に保とうとする、などが考えられる。

真物質主義は、そのネーミングからわかるように、これまでの物質主義を批判的にとらえ、それとは異なる、物質に対する真の向き合い方を求めるものと言えるだろう。

真物質主義に類似した概念としては、脱物質主義と反物質主義がある。しかし、脱物質主義が、漠然とした物質生活の飽和感を示すのに対して、真物質主義は積極的に物質生活を秩序づけようとする点で大きく異なっている。また、反物質主義が物質生活の豊富さを否定し、消費の減少を目指すのに対して、真物質主義は物質生活の豊富さを特に否定せず、その内容を改善しようとするという点に違いがある。

真物質主義の概念は、筆者が理念型として構成したものではあるが、もちろん現実に根拠がないものではなく、プロシューマー、グリーンコンシューマリズム、スローフード、地産地消、もったいない運動、断捨離など、二〇世紀末から現われたさまざまな動きをふまえつつ、それらに含まれている要素を抜き出して再構成したものである。

これらの具体的な動きが示すように、真物質主義は第三の消費文化と共通点をもつものである。真物質主義は、消費生活において社会や自然との関係に配慮することから、第三の消費文化の第二原則を含み、消費の質を高めようとする点では文化的価値の実現（に近いもの）を目指しており、第一原則も含んでいる。ティッシュペーパーがもったいないから布巾を使うことも、鰹節できちんと美味しいだしをとろうとすることも、真物質主義的行動だと言えるだろう。

そういったことを考えると、真物質主義はおおむね第三の消費文化と似たようなものであるという印象を与えるかもしれない。

しかし、第三の消費文化にほぼ含まれるにせよ、真物質主義は第三の消費文化とは異なる発想に基づくものであり、第三の消費文化のすべてを含むものではなく、むしろその一部にしか過ぎないというのが、現在の筆者の考えである。

真物質主義は、まず、あくまでも物質的消費についての理念であり、非物質的な消費対象を含み、むしろそれを重視している第三の消費文化とは対象が異なっている。

また、第三の消費文化が新たな精神的充足のあり方を求める革新的な活動を含んでいるのに対して、真物質主義は、物質主義隆盛の中で失ったものを取り戻そうとする、ある意味で保守的な志向性を基本とする点も異なっている。筆者の前著の言葉を引用すると、

「物質主義が隆盛となる中で、モノの量は激増したが、モノの質とは何かが忘れられ、モノの低質化を見抜けなくなった。モノを買うことは活発になったが、モノをどう使うかという問題は注目されなくなり、浪費的な消費が常態となった。洪水のようにあふれるモノに囲まれて、どんなモノを選び、どの程度多くのモノを揃えれば満足できるのかがわからなくなった。そして、幸福なるためにはモノだけでなく他に何が必要なのか、ということもわからなくなった。」

といった事態への対処が、真物質主義の課題となるのである[88]。

そして、それと関連して、第三の消費文化が消費生活の大きな方向づけ、つまりどんな生活を送り、消費のどの分野に重点をおくかといった判断を含むのに対して、真物質主義は、どのような条件を満たす消費財を買うか、消費財をどう取り揃えるか、それをどう使うか、どのように廃棄するかなど、おもに細かいレベルで消費を方向づけるという点で異なっている。

真物質主義は、結果的に第三の消費文化の第一原則、第二原則を満たすとしても、基本的な考え方は、あるべき物質生活の秩序を回復するというところにあり、追求する価値の次元が異なるのである。実際問題としては、多くの真物質主義的行動が、第三の消費文化の範疇に含まれることになるが、元の発想が異なるという点には注意する必要がある。

筆者は、前著執筆の時点で、脱物質主義のあとに盛んになる消費文化の動きとして真物質主義を想定したのだが、その後、真物質主義は物的消費財にのみ該当するものであること、幅広い消費欲求に対応していないこと、理念として主

張されることは多いが、まだ現実の動きとしては力が弱いことなどに気がつき、より広い概念枠組を加える必要性を感じていた。そこで、そのような概念枠組として考案したのが、第三の消費文化であった。本書で第三の消費文化を中心とし、真物質主義に触れなかった理由はそこにある。

しかしながら、真物質主義は消費の理念あるいは指針として重要なものであるし、これに近い言説は繰り返し現われている(89)。第三の消費文化より限定されたものではあるが、この概念もそれ自体としては重要なものと思われる。今後もさまざまな消費現象を理解する道具として活用していくべきであろう。

## 注

(1) 間々田孝夫、二〇〇〇、『消費社会論』有斐閣、一三八～一五五頁。

(2) 同右、二六一～二六三頁。

(3) 間々田孝夫、二〇〇七、『第三の消費文化論――モダンでもポストモダンでもなく』ミネルヴァ書房、二一九～二三八頁。

(4) Toffler, A., 1964, *The Culture Consumers: A Study of Art and Affluence in America*, St. Martin's Press. 岡村次郎監訳、一九九七、『文化の消費者』勁草書房、五一～五二頁。

(5) この点については、二〇世紀末からさまざまな実証研究が行なわれている。物質主義的目標の主観的達成水準の上昇が幸福感を高めないことについては、Kasser, T., 2002, *The High Price of Materialism*, MIT Press, pp. 43-48. 物質主義的な人ほどウェルビーイング（幸福感、生活満足感、抑うつ感のなさなどを含む）が低い傾向にあることについては、Burroughs, J. E. and A. Rindfleisch, 2002, "Materialism and Well-Being: A Conflicting Values Perspectives," *Journal of Consumer Research*, vol. 29, no. 3, pp. 348-370.

(6) Inglehart, R., 1977, *The Silent Revolution: Changing Values and Political Styles among Western Publics*, Princeton University Press. 三宅一郎ほか訳、一九七八、『静かなる革命――政治意識と行動様式の変化』東洋経済新報社。

(7) Maslow, A. H. (1954) 1970, *Motivation and Personality* (2nd ed.), revised by R. Frager, Harper. 小口忠彦訳、一九八七、『人

間性の心理学――モチベーションとパーソナリティー』（改定新版）産能大学出版部。

（8）経済外的脱物質主義と経済内的脱物質主義は競合するものではなく、同時に追求できるものと思われるが、その両者が同時に論じられることは、これまでほとんどなかった。

（9）Toffler, op. cit.

（10）Bell, D., 1973, *The Coming of Post-Industrial Society*, Basic Books. 内田忠夫ほか訳、一九七五、『脱工業社会の到来』（上・下）ダイヤモンド社。

（11）Bell, D., 1976, *The Cultural Contradiction of Capitalism*, Basic Books. 林雄二郎訳、一九七六、『資本主義の文化的矛盾』講談社（学術文庫）、上巻一二四～一九〇頁。ただし、ベルは物的消費の拡大も同時に視野に入れており、量的な意味での脱物質化が生じるとは考えていない。

（12）Scitovsky, T., 1976, *The Joyless Economy: An Inquiry into Human Satisfaction and Consumer Dissatisfaction*, Oxford University Press. 斉藤精一郎訳、一九七九、『人間の喜びと経済的価値――経済学と心理学の接点を求めて』日本経済新聞社、五二～八九頁。

（13）代表的な文献には次のようなものがある。Dumazedier, J., 1962, *Vers une civilisation du loisir?*, Éditions du Seuil. 中島巌訳、一九七二、『余暇文明へ向って』東京創元社。Caillois, R., 1967, *Les jeux et les hommes: Le masque et le vertige*, Gallimard. 多田道太郎・塚崎幹夫訳、（一九七一）一九九〇、『遊びと人間』講談社（学術文庫）。

（14）池上惇・植木浩・福原義春編、一九九八、『文化経済学』有斐閣、二～三頁。

（15）倉林義正、一九九八、「文化経済学会（日本）の歩み――研究の現状と動向」『文化経済学』（雑誌）一巻一号、一～六頁。

（16）次の文献でこの言葉が提唱された。Arnould, E. J. and C. J. Thompson, 2005, "Consumer Culture Theory (CCT): Twenty Years of Research," *Journal of Consumer Research*, vol. 31, p. 868.

（17）古典的研究として、次の文献がよく知られている。Fiske, J., 1989, *Reading the Popular*, Unwin Hyman. 山本雄二訳、一九九八、『抵抗の快楽――ポピュラーカルチャーの記号論』世界思想社。

（18）Campbell, C., 1987, *The Romantic Ethic and the Spirit of Modern Consumerism*, Blackwell.

(19) Featherstone, M., 1991, *Consumer Culture and Postmodernism*, Sage. 川崎賢一・小川葉子編訳、一九九九・二〇〇三、『消費文化とポストモダニズム』（上・下）恒星社厚生閣。

(20) Warde, A., 2014, "After Taste: Culture, Consumption and Theories of Practice," *Journal of Consumer Culture*, vol. 14, no. 3, p. 282. この論文の著者ウォルドは、人文社会科学全体を通じての「文化（論）的転回」と重ね合せて、消費研究の文化的側面へのシフトを大きく見積もっているようである。ウォルド自身は、ブルデューやギデンズの影響を受け、文化的側面を強調する立場はとらず、「実践理論」（theories of practice）によるアプローチを主張している。

(21) 倉林義正、前掲論文。

(22) 芙蓉書房出版の「文化経済学ライブラリー」シリーズには、『観光の文化経済学』（二〇〇〇、増田辰良）や『ラーメンの文化経済学』（二〇〇〇、奥山忠政）などの巻があり、旧来のワクを超えようとする意欲が示されている。

(23) たとえば、カルチュラル・スタディーズについてのテキストでは、消費は独立の章としての扱いは受けておらず、メディア研究や若者文化研究の中で取り上げられるにとどまる。Barker, C., (2000) 2012, *Cultural Studies: Theory and Practice* (4th ed.), Sage, pp. 357, 452. なお、物的消費に焦点を当てた研究としては次のような文献がある。Du Gay, P. (et al.), 1997, *Doing Cultural Studies: The Story of the Sony Walkman*, Sage. 暮沢剛巳訳、二〇〇〇、『実践カルチュラル・スタディーズ――ソニー・ウォークマンの戦略』大修館書店。Ashley, B. (et al.), 2004, *Food and Cultural Studies*, Routledge.

(24) Arnould and Thompson, 2005, op. cit., pp. 868-882.

(25) 消費文化理論（CCT）のアプローチの多様性、学際性については、次の文献を参照されたい。Arnould, E. J. and C. J. Thompson, 2007, "Consumer Culture Theory (and We Really Mean Theoretics): Dilemmas and Opportunities Posed by an Academic Branding Strategy," Belk, R. W. and J. F. Sherry, Jr. (eds.), *Consumer Culture Theory*, Emerald Group, pp. 3-22. Moisander, J., L. Penaloza, and A. Valtonen, 2009, "From CCT to CCC: Building Consumer Culture Community," Sherry, J. F. Jr. and E. Fischer (eds.), *Explorations in Consumer Culture Theory*, Routledge, pp. 7-33. 松井剛、二〇一〇、*Consumer Culture Theory* への書評、『消費者行動研究』一七巻一号、一一一〜一二〇頁。

(26) Holbrook, M. B. and E. C. Hirschman, 1982, "The Experiential Aspects of Consumption: Consumer Fantasies, Feelings, and

Fun," *Journal of Consumer Research*, vol. 9, pp. 132-140.

(27) 石井淳蔵、(一九九三)二〇〇四、『マーケティングの神話』岩波書店(現代文庫)。

(28) 堀内圭子、二〇〇一、『「快楽消費」の追究』白桃書房。

(29) ただし、hedonism という言葉が使われる場合もある。

(30) Pine, B. J. and J. H. Gilmore, 1999, *The Experience Economy: Work Is Theatre & Every Business a Stage*, Harvard Business School Press. 岡本慶一・小高尚子訳、二〇〇五、『[新訳]経験経済——脱コモディティ化のマーケティング戦略』ダイヤモンド社。

(31) Schmitt, B. H., 1999, *Experiential Marketing: How to Get Customers to SENSE, FEEL, THINK, ACT, and RELATE to Your Company and Brands*, Free Press. 嶋村和恵・広瀬盛一訳、二〇〇〇、『経験価値マーケティング——消費者が「何か」を感じるプラスαの魅力』ダイヤモンド社。経験価値を強調しているものの、シュミットは、広告やウェブサイトを重視していることからわかるように、実際の消費(使用)よりも、広告やウェブ情報など、消費を行なう前の、事前的あるいは仮想的な経験への関心が強いようである。

(32) なお、類似の内容を「感性価値」と呼ぶこともある。次の文献を参照。経済産業省編、二〇〇七、『感性価値創造イニシアティブ』経済産業調査会。

(33) Schmitt, op. cit. 訳書のサブタイトル、およびカバー(そで)解説より。この言葉は、期せずして経験価値論がどのような部分に焦点をあてているかを物語っている。

(34) 消費文化理論(CCT)の中では、消費の過程が経験を生み出すことについて、十分理解されている。次の文献を参照のこと。Arnould and Thompson, 2005, op. cit., p. 872. それが、マーケティング現場に近い経験価値論では、いつの間にか忘却されてしまったようである。

(35) 文化的価値への関心や欲望が他者からの刺激によって生じたということは当然ありうるが、そういった場合と関係的価値への関心とは別の事柄であり、別のタイプの消費行動をもたらすと考えるべきである。

(36) 機能的価値を実現する道具や機械は、これとは違って、文化的価値の実現度を高めるという働きをする場合がある。電子オーブンがケーキを適切な温度で焼くことを可能にし、失敗を少なくするといった場合である。これについては、一章3節「第一の消費文化が創り出すもの」を参照されたい。

(37) ただし、本書での文化的価値には、文化人類学とは違って、技術的なものは含めない。技術的なものは機能的価値として別扱いしている。ここでの用語法は、「食文化」、「文化（カルチャー）センター」といった用例に近い。

(38) 文化が常に作りかえられていることについては、次の文献を参照。福武直・日高六郎・高橋徹共編、一九五八、『社會と文化』（講座社會學第三巻）東京大學出版會、二五九～二七二頁。

(39) 村上泰亮、一九七五、『産業社会の病理』中央公論社、八六頁。

(40) 間々田孝夫、二〇〇七、前掲書、一九二頁。

(41) カナダの人類学者マクラッケンは、こういったセットになった消費を「ディドロ統一体」と称し、その意味を強調している。McCracken, G., 1988, *Culture and Consumption: New Approaches to the Symbolic Character of Consumer Goods and Activities*, Indiana University Press. 小池和子訳、一九九〇、『文化と消費とシンボルと』勁草書房、二〇一～二二〇頁。

(42) コレクションについては、次の文献を参照。Belk, R. W., 1995, *Collecting in a Consumer Society*, Routledge.

(43) 消費がさまざまな段階で価値を生むことについては、次の文献で論じられている。堀内圭子、前掲書、七九～八六頁。

(44) 非実学的な生涯学習がこれに当たるが、文化的価値の中には、生涯学習という言葉に伴う人格形成や自己実現などのニュアンスを含まない、断片的な知識の収集と享受も多く含まれている。

(45) Featherstone, op. cit. 訳書（上）、九五～一二三頁。

(46) 情報と知識とは、その体系性や確実性などによって区別されることもあるが、文化的価値という観点からは容易に区別しがたいものである。

(47) たとえば、増田米二、一九八五、『原典 情報社会――機会開発者の時代へ』TBSブリタニカ、二六～五七頁。

(48) 間々田孝夫、二〇〇五、『消費社会のゆくえ――記号消費と脱物質主義』有斐閣、一一〇～一一二頁。

(49) このように、消費が生産の合理的秩序からの脱出という意味をもつことについては、次の文献で指摘されている。Venkatesh, A., 2007, "Postmodern Consumption," Ritzer, G. (ed.), *The Blackwell Encyclopedia of Sociology*, Blackwell, vol. 7, pp.

3552-3556.

(50)「新境」の場合は生活の合理性や単調さが動機となったのに対して、「平安」の場合は生活の流動性や不安定が動機となっており、同じ現代の生活が正反対に受け止められていることになる。しかしこれは矛盾することではなく、現代社会では、時と場合によって、両方の状況がありうるのである。

(51) 消費者の欲求や価値が、生産者主権論的なメカニズム(序章1節「批判的消費観」を参照)、つまり企業の広告やさまざまなマーケティング手段によって一方的に形成されるのであれば話は違ってくるが、4節「消費社会の諸問題と消費者の責任」で述べるように、筆者は生産者主権論が成立するとは考えていない。

(52) レジャーや娯楽の乏しい開発途上国では、茶を飲むかどうかは別として、会話が大きな「愉楽」の手段となっている。日本でも、農村部ではその習慣が強く残っている。筆者の高校時代にも、ダベリングと称する雑談は、生徒たちにとって、他に代えがたい楽しみの時間となっていた。

(53) Pine and Gilmore, op. cit. 訳書、五六~六九頁。同じく経験経済を論じたカルーとコヴァは、消費への経験的視点とは「快楽的製品」(hedonic products)を対象とするものだと述べている。このようなとらえ方も、経験経済論が刺激性の強い部分に焦点を合わせていることを物語っている。Carù, A. and B. Cova (eds.), 2007, *Consuming Experience*, Routledge, pp. 3-16. なお、経験価値論は二〇〇〇年前後に輸入され、盛んになったが、実はすでに一九八〇年代半ばに、日本のマーケティング書で同様のことが論じられていた。次の文献を参照されたい。平島廉久、一九八六、『美遊潤創をどう売るか――気分消費時代の商品企画』実務教育出版。この文献で、美は美感、遊は愉楽、潤は平安、創は成就にほぼ相当しており、パインとギルモアほどには、商業的でない。この種の考え方をなぜもっと発展させられなかったのだろうか。

(54) 気象庁HP、「IPCC第4次評価報告書統合報告書政策決定者向け要約」(文部科学省・経済産業省・気象庁・環境省邦訳版)、七頁。(http://www.env.go.jp/earth/ipcc/4th/syr_spm.pdf)

(55) 温暖化の測定について疑問を呈したものとしては、武田邦彦ほか、二〇〇七、『暴走する「地球温暖化」論』文藝春秋、一二四~一二八頁など。地球寒冷化の可能性があるという説については、桜井邦朋、二〇一〇、『眠りにつく太陽――地球は寒冷化する』祥伝社(新書)など。

(56) 気象庁ＨＰ、ＩＰＣＣの前掲資料、五頁。なお、二酸化炭素だけでなく、メタンや一酸化二窒素も無視できない温室効果をもつとされている。

(57) 国立環境研究所ＨＰ、「二〇一三年度（平成二五年度）の温室効果ガス排出量（確報値）について」より。(https://www.nies.go.jp/whatsnew/2015/honbun.pdf)

(58) 同右。

(59) 資源エネルギー庁ＨＰ、総合エネルギー統計・結果の概要中の「平成二四年度（二〇一二年度）におけるエネルギー需給実績（確報）」、九頁。(http://www.enecho.meti.go.jp/statistics/total_energy/pdf/stte_014.pdf)

(60) 武田邦彦ほか、前掲書を参照。この書物では、地球温暖化に対する懐疑派が揃って執筆している。また、次の書物も参照。丸山茂徳、二〇〇八、『科学者の9割は「地球温暖化」$CO_2$犯人説はウソだと知っている』宝島社（新書）。

(61) 懐疑論に対する反論も数多く見られる。平明に解説したものとしては、次の文献を参照。明日香壽川、二〇〇九、『地球温暖化――ほぼすべての質問に答えます！』岩波書店（ブックレット）、六～三六頁。

(62) 気象庁ＨＰ、ＩＰＣＣの前掲資料、五頁。

(63) 生物多様性問題の重要性については、次の文献を参照。樋口広芳、二〇一〇、『生命（いのち）にぎわう青い星――生物の多様性と私たちのくらし』化学同人。

(64) 辻村英之、二〇一二、『おいしいコーヒーの経済論』太田出版、一〇〇頁。ただし、産地によって現地買付価格は異なり、同じ産地でも価格は不安定であるから、一円未満で取引される場合も多いものと思われる。

(65) 農産物の生産現場における児童労働については、下山晃、二〇〇九、『世界商品と子供の奴隷――多国籍企業と児童強制労働』ミネルヴァ書房、一一六～一六八頁を参照されたい。

(66) 次の文献では、児童労働とスウェットショップをめぐる多様な見方が紹介されている。Watkins, C. (ed.), 2010, *Child Labor and Sweatshops*, Greenhaven Press.

(67) 外国人労働者受け入れの最近の状況を示すものとして、次の文献がある。宮島喬・鈴木江理子、二〇一四、『外国人労働者受け入れを問う』岩波書店（ブックレット）。また、最近のルポルタージュとしては、安田浩一、二〇一〇、『ルポ　差別と貧困の外国人労働者』耕文社（新書）がある。

(68) この問題については次の文献を参照。Schudson, M., 1984, *Advertising, The Uneasy Persuasion: Its Dubious Impact on American Society*, Basic Books, pp. 122-125. また、最近の状況については、次のウェブ資料を参照。（http://www.savethechildren.org.uk/sites/default/files/docs/a_generation_on_1.pdf）

(69) 有害廃棄物越境移動問題については、全貌が把握しにくいが、次の環境省ウェブサイトから、現在わかる範囲でのデータが得られる。（http://www.env.go.jp/policy/keizai_portal/A_basic/a03.html）

(70) 消費関連の水質汚染問題の中で、日本で最も注目を集めたのが、琵琶湖水質汚染問題であった。次の文献を参照。鳥越皓之・嘉田由紀子編、一九九一、『水と人の環境史――琵琶湖報告書〔増補版〕』御茶の水書房。

(71) ただし、二一世紀に入ってからは、日本の家庭ごみ（生活系一般廃棄物）の量は減少傾向にある。環境省による次の報道発表資料を参照。（http://www.env.go.jp/press/press.php?serial=16503）

(72) 警察庁のウェブ発表資料「交通事故統計（平成二五年四月末）」の一三頁による。この数値は、死亡事故の第1当事者（過失度の大きい方）についての統計である。犠牲者には他者と自分自身の両方が含まれている。（http://www.e-stat.go.jp/SG1/estat/List.do?lid=000001117549）

(73) 消費者が引き起こすさまざまな問題については、次の論文も参照されたい。間々田孝夫、一九九六、「消費者批判論の視点」『応用社会学研究』（立教大学社会学部）三八号、一三～三九頁。

(74) Bataille, G., 1976, *La part maudite: essai d'économie générale, I, la consumation. George Bataille œvres complètes*, t. 7, Gallimart, pp. 17-179. 中山元訳、二〇〇三、『呪われた部分 有用性の限界』筑摩書房（学芸文庫）、六八～一四三頁。栗本慎一郎、（一九八四）一九九〇、『幻想としての経済』、青土社、九～四三、六四～九〇頁。

(75) 生産者主権論的な見方に対する筆者の考え方は、次の文献に示されている。間々田孝夫、二〇〇〇、前掲書、三〇～八一、二五七～二六三頁。ただし、この書物では生産者主権論という言葉は用いていない。なお、生産者主権論の新ヴァージョンというべき「需要創造説」については、本書二章3節「第二の消費文化の実像」で論じている。

(76) 日本のリサイクル運動の初期の状況については、次の資料を参照。リサイクル文化編集グループ編、一九八七、『リサイクル文化』、一九号。この雑誌では、「リサイクル運動一〇年のあゆみ」が特集されている。

(77) グリーンコンシューマリズムについては、七章2節「グリーンコンシューマリズムの性格」を参照。グリーンコンシューマリズムを実行する消費者を意味する「グリーンコンシューマー」という概念を広めたのは次の文献である。Elkington, J. and J. Hailes, 1988, *The Green Consumer Guide: from Shampoo to Champagne: High-Street Shopping for a Better Environment*, V. Gollancz.

(78) 物質主義と脱物質主義についての最も著名な研究者であるイングルハートは、このような消費と結びついた意味では物質主義という言葉を用いていない。しかし、消費研究者の間では、ここで示したような物的消費を追求する価値観という意味でも用いられている。その例としては、次の文献を参照されたい。Richins, M. L. and S. Dawson, 1992, "A Consumer Values Orientation for Materialism and Its Measurement: Scale Development and Validation," *Journal of Consumer Research*, vol. 19, no. 3, pp. 305-306. 間々田孝夫、二〇〇五、前掲書、二五四頁。

(79) この点については、さまざまな文献があるが、心理学的なものと経済学的なものを一つずつあげておきたい。Myers, D. G., 2000, *The American Paradox: Spiritual Hunger in an Age of Plenty*, Yale University Press, pp. 129-139. Frey, B. S. and A. Stutzer, 2001, *Happiness and Economics: How the Economy and Institutions Affect Human Well-being*, Princeton University Press. 佐和隆光監訳、沢崎冬日訳、二〇〇五、『幸福の政治経済学——人々の幸せを促進するものは何か』ダイヤモンド社、九〜一三頁。なお、間々田孝夫、二〇〇七、前掲書、二五四〜二五五頁も参照されたい。

(80) 脱物質主義論を唱えたイングルハートも、将来の方向性については、結局明確なビジョンを示すことができなかった。間々田孝夫、二〇〇七、前掲書、二三一〜二三四頁を参照されたい。

(81) たとえば、次のような文献を参照されたい。日本消費者連盟、一九九〇、『ゴルフ場はもういらない——環境破壊を許さないためのガイドブック』三一書房（新書）。藤原信、一九九四、『スキー場はもういらない』緑風出版。

(82) 文化的価値の実現とともに大量のエネルギーが消費されているⅡのセルに属する消費行為は、多くの場合、消費者が物的資源を大量に消費していることに無自覚であり、第三者的立場からも気づきにくいという結果をもたらしている。このような現象は、筆者が「エネルギー消費の罠」と呼んでいるものであり、省資源や二酸化炭素削減などを目指す場合には、見逃さないように注意しなければならないものである。

（83）厚生労働省のウェブ資料「外国人雇用状況報告（平成一八年六月一日現在）の結果について」による。なお、この資料では、先進国からの雇用者も含まれており、英語教員など文化的価値と結びつく職種の多くは、先進国からの雇用者だと考えられる。（http://www.mhlw.go.jp/bunya/koyou/gaikokujin09/pdf/14a.pdf）

（84）コーヒーについては、Boris, J. P., 2005, *Commerce inéquitable: Le roman noir des matières premières*, Hachette. 林昌宏訳、二〇〇五、『コーヒー、カカオ、米、綿花、コショウの暗黒物語——生産者を死に追いやるグローバル経済』作品社、一三〜五四頁。映画としては、マック・フランシスとニック・フランシス監督の作品で二〇〇八年公開の「おいしいコーヒーの真実」。スニーカーについては、Klein, N. 2000, *No Logo: Taking Aim at the Brand Bullies*, A. A. Knopf. 松島聖子訳、二〇〇九、『ブランドなんか、いらない——搾取で巨大化する大企業の非情』（新版）大月書店、二〇一〜二二八、三四一〜三五四頁、など。

（85）スペシャルティコーヒーとは、豆の生産段階から適切に管理された、味、香りに優れたコーヒーを示す。次の文献を参照。堀口俊英、二〇〇五、『スペシャルティコーヒーの本』旭屋出版。スペシャルティコーヒーは、生産国においての栽培、収穫、生産処理などが適正になされる必要があり、一般的には環境配慮、開発途上国労働者の非搾取的待遇と両立しやすいものと考えられている。

（86）ヨーロッパでは、ガチョウ等の不自然な飼育によって得られるフォアグラに対し、動物愛護の観点から反対運動が強まった。しかしその後、フランス人の美食精神から、またフランスのナショナリズムも手伝って、フォアグラ見直しの動きも生じたとのことである。この例に関しては、確かに文化的価値の追求と社会的配慮は矛盾している。次の文献を参照。DeSoucey, M., 2010, "Gastronationalism: Food Traditions and Authenticity Politics in the European Union," *American Sociological Review*, vol. 75, no. 3, pp. 432-455.

（87）間々田孝夫・遠藤智世、二〇一四、「『真物質主義』の担い手は誰か」『応用社会学研究』（立教大学社会学部）五六号、四七〜四八頁。

（88）間々田孝夫、二〇〇七、前掲書、二六四頁。

(89) たとえば、二〇一四年後半からベストセラーになった『フランス人は一〇着しか服を持たない』は、極めて真物質主義的な生き方を紹介したものである。Scott, J. L., 2012, *Lessons from Madame Chic: 20 Stylish Secrets I Learned While Living in Paris*, Simon & Schuster. 神崎朗子訳、二〇一四、『フランス人は一〇着しか服を持たない――パリで学んだ〝暮らしの質〟を高める秘訣』大和書房。また、真物質主義的なライフスタイルを論じつつ、筆者の著作にも言及したものとして次の文献がある。辻信一、二〇〇八、『幸せって、なんだっけ――「豊かさ」という幻想を超えて』ソフトバンククリエイティブ（ソフトバンク新書）、一五八～一六〇頁。

# 第四章　ゼロの消費文化

消費社会は、基本的には消費の拡大、あるいは発展を目指している。先進諸国の経済成長率は長期間停滞傾向にあるが、消費に肯定的な価値を見出し、消費を量的あるいは質的に充実させようとする志向性は依然として強い。第一の消費文化、第二の消費文化はもちろん、前章で論じた第三の消費文化もその点では同じ志向性をもっていた。

それに対して、消費社会の中にありながら、消費の積極的価値を認めず、消費の充実を求めないような動向も存在している。現在でも消費に関心のない人は少なくないし、現在の消費水準と消費文化を否定的にとらえようとする傾向は根強い。消費社会がさまざまな問題を引き起こすにつれて、このような傾向はむしろ強まっているように思われる。

本章では、それらを「ゼロの消費文化」と呼ぶこととし、その由来、特徴、現代消費社会における意味などについて考察していきたい。

## 1　ゼロの消費文化とは何か

### ゼロの消費文化の原則

ゼロの消費文化は、次の二つの原則によって特徴づけられる。

第一原則　消費のさまざまな価値を積極的に追求しようとせず、現状の消費水準、消費内容にとどまろうとする。
第二原則　消費のさまざまな価値を積極的に追求する消費文化のあり方を（自己批判を含めて）批判し、消費を抑制しようとする。

これまで本書では、三つの消費文化のタイプを示したが、それらはいずれも、特定の価値を追求するものとして定義されていた。第一の消費文化は機能的価値（特に道具的価値）、第二の消費文化は関係的価値、第三の消費文化は文化的価値を追求するものであった。それに対して、この二つの原則からわかるように、ゼロの消費文化はそれらの価値のいずれをも、積極的に追求しないものである。

これらの価値を除いていくと、最も基礎的で生存のために不可欠な生理的価値が残るが、ゼロの消費文化は、生理的価値を積極的に追求するものだとも言えない。積極的な消費の追求が一切なされないことこそが、ゼロの消費文化の特徴なのである。

消費に関心をもつのが消費文化だとする通常のイメージに従えば、ゼロの消費文化は消費に関心をもたないという意味で、消費文化でないとも言えるであろう。しかし、序章にも書いたように、ゼロという数字が、通常の数が示すような「存在」を示さないにもかかわらず、存在しないということを示すという意味で数のうちに含められているように、通常の消費文化のように消費促進的でないにもかかわらず、消費を促進しないという特殊な形の文化が存在することを示すという意味では、消費文化の一つとして扱うことができるだろう。

ゼロの消費文化の二つの原則のうち、第一原則は、消費において何らかの積極的な価値実現を求めるという意識をもたず、日々の習慣に従って消費しているような状態を示すものであり、消費に対する無欲、あるいは無関心を特徴とするものである。このことは、逆に言えば、現状で特に問題はなく、消費への欲求不満が生じていないということでもあるだろう。

このような消費のあり方に該当する具体的なイメージとしては、伝統的生活様式に安住して、新しい物やサービスを求めようとしない静かな農村の住民、物的なことに無関心で、もっぱら精神的関心に動機づけられて生活している修行僧、仕事だけに没頭し、自由時間に何か積極的な消費をしようという意欲をもたないサラリーマン、といったものが思い浮かぶだろう。こういったイメージは、誇張されていて、現実にこのような生活をしている人が実在するかどうかは不明であるが、理想的なイメージとして、そういったライフスタイルを思い浮かべることは可能である。

ただし、第一原則にはこのように自然に非消費的である場合だけでなく、消費の欲望を追求したのちにそれを反省し、消費に関心をもたない生き方に改めたという場合も含んでいる。

このような場合を含めて、現代社会には消費への関心が乏しい人が確かに存在する。消費社会に関する言説では、しばしば現代社会のすべての人が消費に関心をもち、買い物に熱中しているような記述がなされる。しかし、実際には少なくない人々が、特段の消費への関心をもっておらず、淡々とした消費生活に満足している。その意味で、ゼロの消費文化の第一原則は、多数派ではないかもしれないが、現代社会に広範に見られるものである。

ただ、ここで注意しなければならないことは、第一原則は消費について上昇志向をもたないだけであって、決して消費の絶対水準が低いことを意味しないということである。

消費生活においては、ある社会で生活していることによって自然に享受している消費水準というものがあるが、その水準の高低には第一原則は関わらない。したがって、消費に全く無関心で日々布教活動に熱心な聖職者であっても、大量の肉を食べ、自動車を運転し、クーラーの効いた部屋で過ごしているかもしれず、その消費水準は、中世の消費主義的な商人より高い可能性がある。

第一原則に従う人は、消費に関して無欲であり、同時代、同じ社会の他の人と比べれば質素な生活をしているかもしれないが、他の時代、他の社会と比べれば、決して控えめとは言えない消費生活を送っているかもしれない。そして、機能的価値、関係的価値、文化的価値をそれなりに実現しているであろう。ただそれらを積極的に追求し、高度化しようとはしないだけである。

第一原則は、あくまで現状の消費にさらに何かを加えようとすることがないということを示すものである。第一原則における「ゼロ」とは、消費の量がゼロなのではなく、消費をさらに増やしたり充実させたりする志向性がゼロということを意味しているのである。

このような消費のあり方は、消費にさらに何かを加え、消費を質的あるいは量的に向上させようとする傾向、すなわち「消費主義」と呼ばれるものの対極にあるものであり、「非消費主義」と言い換えることもできるだろう(1)。

それに対して、むしろ積極的に消費を抑制しようとする「反消費主義」を示すのが第二原則である。

第二原則は、現状の消費を否定的にとらえるものであり、消費に関心を寄せて消費のさまざまな価値を積極的に追求しようとする傾向に対して、批判的態度を示す。消費に強い関心をもつことは好ましくないことであり、それに熱中する人間は、尊敬に値しない人間だと考えられる。そして、消費を現状の水準にとどめるだけでなく、反対方向、つまり抑制の方向に向けようとする。

現代では、多かれ少なかれ消費に関心をもっている人が多く、第二原則を主張する人自身が消費への関心をもっていることもある。その場合には、第二原則の主張は自己批判となり、自分の消費の見直し、削減を目指すことになる。また、他者の消費に対しては、他者への批判、警告といった行為が発生するだろう。そして、その人が指導的立場にいる場合には、消費主義を批判するさまざまな活動(著作、講演など)が行なわれることだろう。こういった反消費主義的な観念や行為のあり方を示すのが、第二原則なのである(2)。

現代消費社会では、消費主義が隆盛であることは言うまでもないが、その中にあって、第二原則である反消費主義もまた盛んになっているという印象は、多くの人がもっていることだろう。

実際、2節、3節で見るように、現代社会には、「もはや大量生産・大量消費の社会は限界を迎えている」、「果てしない欲望の追求は人類を滅亡に導く」、「足ることを知ることが心の平安につながる」、「ぜいたくな生活ではなく質素な生活こそが幸福をもたらす」といった言説が満ちあふれている。そして、多くの人がそれに共感するか、少なくとも否定はできないという思いを抱いているであろう。実際の消費を目に見えて変えるには至っていないが、一つの無視できない意見として人々に受け止められているのが、この第二原則である。その意味で、第二原則もまた、薄くではあるが広く、現代社会に広がっていると言えるだろう。

第二原則について注意すべきは、この原則は消費主義の文化が成立していることを前提としているということである。現実の消費が消費主義的で、更なる消費の拡大、あるいは消費生活の向上を目指しているという現実が存在し、それに対して批判的態度を示すことが第二原則である。消費主義への対抗言説、あるいは対抗運動という性格をもつのである。それに対して、第一原則は消費主義の文化が成立していなくても存在しうるものである。

そのことをふまえると、消費主義が極度に強まり、生活の隅々にまで行きわたった現代社会において、第二原則がよく主張されるようになったという事情も理解できるところである。消費主義が強まるほど、それに対抗する動きも声を大にして「反消費」を強調せざるをえないのである。

なお、念のために述べておくと、この第二原則＝反消費主義は、本書で序章以来論じてきた「批判的消費観」とは別のものである。両者は共通の背景をもつが次元の異なるものであり、「反消費主義」が「○○○を消費すべからず」という「当為」を示し、現実の消費の抑制、後退を求めるのに対して、「批判的消費観」の方は、消費の現状についての「認識」を示し、消費がどのようなものであり、どのように行なわれているかについて解釈を与えるものである。

序章1節に示したように、批判的消費観は、「生活の必要を満たす以外の消費は特段の価値をもたず、むしろ否定的にとらえるべきものである」（N1）という見方を含んでいるが、このような見方に基づいて、実際に消費を抑制しようとするのが反消費主義だと言えよう。批判的消費観に立っていても、特に反消費主義を主張しない研究者や評論家は少なくなく、批判的消費観をもっていないのに反消費主義を唱える作家や社会運動家なども、また多いのである。

さて、話を戻すと、以上示した二つの原則、すなわち第一原則＝非消費主義、第二原則＝反消費主義は、これまでに示した消費文化の原則とは違って、二つとも、少ない消費あるいは積極的でない消費を求めるという点では共通している。考えようによっては「似たもの」同士で、重複しているようにも見える。しかし両者には、よく考えてみると大きな違いがある。

まず、第一原則は「非」消費主義であるから、消費主義に向かわないものの、現状で立ち止まって、そこから動かないものである。それに対して、第二原則は「反」消費主義であって、消費主義の動きを止め、さらにそれを反対方向に動かすことを目指している。そして、そのような差異をもたらしているのは、両者の消費の現状に対する評価の違いである。第一原則が現状への満足、肯定的な意識に基づいているのに対して、第二原則は現状への不満、否定的な意識に基づいているのである。

先述のように、第一原則における「ゼロ」とは、消費主義に向かう傾向がゼロ、あるいは現状より消費を充実させようとする傾向がゼロだということであった。それに対して第二原則は、現状を基準にすればむしろ反対方向に向かうもので、同じ言い方で言えば「マイナス」である。第二原則における「ゼロ」は、第一原則とは違って、向かっている先がゼロ、つまり座標軸で言えば左の方向にある「原点」に向かっているという意味でのゼロだと言える。

このように、二つの原則は明らかに異なるものであり、別の消費文化だと考えられなくもない。しかし、両者の間には一定の関連も見られる。

その関連は、第二原則はそもそもなぜ主張できるのか、という問題を考えることによって明らかになる。

第二原則は、現代社会の動向に逆らうものであるから、何かはっきりした論拠あるいは説得の材料がないと、人々に受け入れられないはずである。それを考えてみると、一つには、消費を抑制する代わりに、自然が保護される、精神の平安が得られるといった何らかのプラスの価値を根拠とすることができるだろう。しかしもう一つの説得材料として、消費の抑制が実際に可能であり、抑えられた消費であっても、特に不自由なく満足した生活ができるという見通しが与えられることも重要である。そうでなければ、不満が募って消費の抑制は実現しないし、その方向を無理やり目指しても、反動が生じてしまうだろう。

それでは、後者、つまり慎ましい消費でも問題がないことを、どうすれば説得できるのだろうか。そこで考えられるのが、第一原則が現実に存在していること、つまりある消費の水準で特に不満も感じないで暮らしている（いた）人がいるという事実を伝えることである。そこでは、第二原則の主張者自身が慎ましい消費＝第一原則に従っているか、主張者自身ではないがそのような第一原則に従う人々が現実の社会に一定数存在しているか、さらには、少し前にはそのような第一原則に従う人々が大量に存在していたという歴史的事実があるか、そのいずれかの事態が生じていると考えられるが、いずれにせよ、第一原則が成り立つという現実があればこそ、消費を抑える第二原則が正当化しうるのである。

少々わかりにくくなったが、要するに現在より消費を抑えても第一原則のような消費生活が実現できるからこそ、第二原則は無理のないものとして主張しうるということである。第二原則は、それが成就すると第一原則に落ち着くはずであり、その見通しなしには広がりにくい。第二原則を主張する人は、ある水準での第一原則の実現を目標とし、それに向かって消費を抑えようとする。(3) 両者は、手段と目的、過程と結果といった関係にある。――そのような意味で、第一原則と第二原則は結びついている。そしてそれが、両者をゼロの消費文化として一まとめに考える理由なのである。

ただし、第一原則が実現する具体的な消費の水準は、先にも述べたように一定のものではなく、人によって、社会によって、時代によってさまざまである。したがって、第二原則の落ち着き先として、ある人は農村の牧歌的生活に憧れ、ある人は戦後のつつましい生活を理想とし、さらにある人は修道院のような自給自足的生活を求めるというように、その目標水準は一定しないであろう。

ゼロの消費文化の第二原則は、消費をどこまで抑制し、どこで落ち着かせるかについて、常に問いかけられる宿命にあると言えるだろう。

## ゼロの消費文化を論ずる意味

ゼロの消費文化は、これまで論じてきたように、通常の消費文化とは逆方向の志向性をもつものである。第二原則が示すように、現状の消費のあり方に対しては批判的で、その水準を抑制することを求める。そして、第一原則が示すように、消費に現状以上のことを求めないものである。このような消費のあり方は、次節で見るように、その原型にあたるものは古代から存在してきたと考えられ、人類の歴史に寄りそって脈々と受け継がれてきた非常に根強い文化のあり方だと言えるだろう。

ゼロの消費文化は、理念であるだけでなく現実でもある。現代は消費主義の時代であり、多くの人々は消費に熱中し、ゼロの消費文化は見る影もなくなっているはずであるが、すでに述べたように、現実にはゼロの消費文化は消滅しておらず、広範に存在し続けている。このようなゼロの消費文化が、どのようなものであり、どのような理由で存在してきたのか、またどのような変化を遂げてきたのかを探ることは、消費社会の本質を見極める上で、重要なことであろう。

そして、ゼロの消費文化は特に近年になって活性化し、称揚されているという事情がある。

二〇世紀の後半以降、消費社会が著しく拡大し、人々の消費欲求が空前の規模で満たされるようになった一方、それがもたらすさまざまな矛盾が露呈するようになった。それにつれて、いささか影が薄くなっていたゼロの消費文化は再び脚光を浴び、新しい形に改定された上で、盛んに主張されるようになった。また、ただ主張されるだけではなく、現実にそれを活性化しようとするさまざまな試みもなされ、極度の消費社会化によって危うくなっている現代社会を救うための処方箋として期待されている。

このような期待が寄せられたゼロの消費文化が、どのような理由で活性化し、どれだけの可能性をもっているのか、それを探ることは、消費文化研究の重要課題となるだろう。

さらに筆者は、特に第三の消費文化との関係に注目したいと考えている。三章で詳しく検討した第三の消費文化もまた、消費社会が拡大し、その矛盾が激しくなった現状に対処することが期待されるものであった。第三の消費文化とゼロの消費文化は、第一の消費文化と第二の消費文化が無節操に拡大した現代消費社会において、ともにその歯止めとなり、消費社会の安定、ひいては現代社会全体の安定をもたらしうる、二つの道と考えられる。

それにもかかわらず、この両者の目指すところは大きく違っているようにも思える。三章を振り返ってみれば明らかなように、第三の消費文化においては、消費の抑制や消費の定常化といったことは直接謳われておらず、消費における文化的価値の追求と社会的配慮が強調されている。このような違いは何を意味するのだろうか。

第三の消費文化については、前章で詳細な検討を済ませた。第三の消費文化という、ある意味では似通った消費文化のあり方と対比することによって、ゼロの消費文化の特徴は、より明確になることだろう。

以下、2節では、古代から現代までを通観しながら、ゼロの消費文化がどのように変容してきたかを分析することにしよう。そして3節では、ゼロの消費文化について理論的な分析を加えつつ、第三の消費文化との関係を検討することとしたい。

## 2　ゼロの消費文化の展開

### ゼロの消費文化の原像

物欲や金銭欲など、世俗的な欲望に身を任せることが人間にとって危険なことであり、そういった欲望を抑えることによって人間は精神的な高みに達することができるという考え方は、おそらく古代から存在し、ほとんどあらゆる文明、あらゆる社会に共通に見られたようである(4)。

そのような考え方は、最初は口承の教えであったかもしれないが、やがて倫理学や宗教となり、文字に残されて後世に伝えられた。

仏教は、世界三大宗教の中でも最も古く、紀元前五世紀に成立したものであるが、その開祖ブッダは、次のような言

葉を残している。(5)

「足で蛇の頭を踏まないようにするのと同様に、よく気をつけて諸々の欲望を回避する人は、この世でこの執着をのり超える。ひとが、田畑・宅地・黄金・牛馬・奴婢・雇人・婦女・親族、その他いろいろの欲望を貪り求めると、無力のように見えるもの（諸々の煩悩）がかれにうち勝ち、危ない災難がかれをふみにじる。それ故に苦しみがかれにつき従う。あたかも壊れた舟に水が浸入するように。それ故に、人は常によく気をつけていて、諸々の欲望を回避せよ。船のたまり水を汲み出すように、それらの欲望を捨て去って、激しい流れを渡り、彼岸に到達せよ。」

「適当な時に食物と衣服を得て、ここで（少量に）満足するために、（衣食の）量を知れ。かれは衣食に関しては恣ままならず、謹んで村を歩み、罵られてもあらあらしいことばを発してはならない。」

なにぶん古い文献であるため、少々意味をとりにくいところもあるが、最初の文章は、欲望を抑えずに追求することが精神の平安を損ねるので、欲望を捨て去って悟りの境地に至れ、と教えている。これは一般的な禁欲、節制の教えであるが、二番目の文章に、消費の一部である衣と食が含まれていることから、消費欲もまた抑える対象とされていることがわかる。

このような教えは、同じ古代の東洋で、さらに一世紀近く前に成立した孔子の思想にもゆるやかな形で含まれ、『論語』の「君子に三戒あり」等の教えとして伝えられている。(6)

論語の中の有名な一節である「君子に三戒あり」の教えでは、若い時は性欲、中年では争い、老年では富や物への欲について、それぞれ執着することを戒めている（季子第十六の七）。そのほか、次のような一節もある。

「君子はごちそうをたらふく食べることを求めず、安楽な家に住むことも求めない。」（学而第一の一四）

「贅沢していると尊大になり、倹約していると頑固になるが、尊大であるよりはむしろ頑固の方がよい。」（述而第七の三五）。

西洋に目を転じると、古代ギリシャの哲学においては、アリスティッポスの哲学に快楽主義が見られ、エピキュリアン（快楽主義）の語源として知られるエピクロスも、広い意味での快楽追求を肯定する立場に立っていた[7]。しかし、これらはむしろ少数派で影響力の小さいものであり[8]、それとは対照的に、ギリシャ・ローマ世界では、節制と禁欲を基調とするストア派の哲学の方が大きな影響を与え、主流派となっていった。

キリスト教もまた、日本人には禁欲的なイメージを連想させるものであるが、聖典である新約聖書を見る限り、それほどはっきりした禁欲主義は示されておらず、禁欲主義に反対する言説もいくつか見られる[9]。今日伝えられるイエスの生活自体も、特に質素と禁欲を旨としたものではなかった。しかしながら、初期キリスト教の中では、グノーシス派をはじめとして禁欲を旨とする分派が多数存在したし、その後は俗世間を離れて質素な生活を送る修道制が広がっていった[10]。

このように、古代の哲学、宗教は禁欲的な要素を多分にもっており、それがさまざまな変容を経つつも現代にまで受け継がれて、現在のわれわれの宗教に対するイメージにつながっているようである。現代のわれわれは、哲学上の倫理や宗教というもの自体に、世俗的欲望を避けることによって精神的な高みに達する、あるいは救済される（仏教的には解脱できる）といったストーリーを読み取ることが多いであろう。

こういった宗教や倫理における禁欲には、物的欲望のみならず、性欲や名誉欲、闘争本能や支配欲など、さまざまな欲望が含まれている。特に性欲が盛んに取り上げられ、禁欲＝性欲の禁止と考えられる場合も多い。したがって、禁欲主義は必ずしも消費生活における禁欲を強調するものではない。そもそも古代においては現代のような多様な消費財は存在せず、消費欲求に相当するのは、黄金、豪奢な衣服、酒、大量の食物など限られた物資への物的欲望であった。

とはいえ、このような古代以来の禁欲主義は、物的消費を抑制することを含んでいることは確かであり、ゼロの消費文化の原型だと考えることができるだろう。そしてそこには、すでに現代のゼロの消費文化と共通の基本構造が見られるように思われる。

それはまず、禁欲主義はその反対の快楽主義、あるいは無節操な欲望の追求を前提として、それに対抗する形で生まれたということである。紀元前数世紀のギリシャ哲学や孔子、ブッダの時代においても、すでに一部の支配層にはぜいたくな経済生活と奔放な快楽の追求が可能となっており、それが支配層の精神的退廃、内紛や戦争、富の不足や偏りなどの源となっていたと考えられる。知識社会学的に言えば、そういった問題を解消し、社会秩序の混乱を回避し、あるいは新しい社会秩序を構築することを目指して、禁欲的な教えが説かれたのであろう。その意味で、古代の禁欲主義も反消費主義（第二原則）と同じように対抗言説的だったのである。

しかし、古代の禁欲主義は、おそらく現実の社会に決定的な影響を与えることはできなかったものと思われる。現実には、禁欲の教えを守らない者が多く、争いごとや経済的困難はあとを絶たなかった。

そして、支配層の外部には、つつましい、あるいは貧しい生活の人々があまた存在し、それらの人々については、欲望を追求していないがゆえに禁欲主義を説く必要がない状態にあった。生産力の低い古代には、現在よりもはるかに広範に、非消費主義（第一原則）に相当する、欲望に乏しく現状に甘んじる人々が存在していたと考えられる。

このように、原型がすでに古代の宗教や倫理において成立しており、それが次第に姿を変えながら、しかし基本的な構造はそのままに、現在に受け継がれたのが、現在のゼロの消費文化だと考えることができるだろう。

ただし、古代と現代を直接結びつけるのは単純過ぎる見方である。

もう少しその後の経過を辿ると、古代から中世にかけては、このような禁欲主義が次第に定着し、拡大して、社会に根を下ろしていったと言えそうである。右のような禁欲主義は、最初はおそらく熱心な信徒の間だけで説かれたものだったが、それが次第に支配層にも向けられ、最初は拒否されたものの、次第に受け入れられるという経過を辿ったと考えられる。

ギリシャで生まれたストア派の禁欲的な哲学は、ローマの支配層に広く受け入れられるものとなったし[11]、キリスト教の一部に見られる禁欲主義的傾向は、修道会と修道院という形をとって次第に広がりを見せ、世俗権力とも一定の結びつきをもつに至った[12]。

儒教は長らく世俗権力に対して一定の影響力を保ち、中国宋の時代に、儒教にさらに禁欲的要素を加えた朱子学が登場すると、東アジアの支配層公認の学問・思想となって、大きな力をもった[13]。そして仏教思想は、東アジアに伝わる中で禅の思想を生み出し、もともとは出家者の範囲にとどまるものであったが、儒教思想に影響を受けて禁欲的要素を加え[14]、俗人にも広まっていった。日本の武士階級に大きな影響を与えたことはよく知られている。

このような過程を経て、本来は対抗言説であり、現実を動かす力に乏しいと思われた禁欲思想が、一部の信者、賛同者にとどまらず、権力と結びついて公式のイデオロギーとなり（第二原則に相当）、人々の生活を律する傾向も見られた。禁欲の外部、つまり禁欲するほど欲望を追求できない人々も、相変わらず多数存在したものの（第一原則に相当）、禁欲思想に取り込まれる人々は漸次増大していったものと思われる。おそらくそのことが、われわれが中世に対して抱く、質素で物質主義的でない時代というイメージにつながっているのであろう[15]。

## 近代化とゼロの消費文化

前項で示したように、禁欲主義には、三つのタイプの人々が関係していたと考えられる。第一は、もちろん禁欲主義を唱道する宗教家や宗教的セクト、権力者などであり、第二は、禁欲主義の反面教師となる禁欲しないで欲望を追求する人々、多くは富裕な階層の人々であり、第三は、もともと積極的に欲望を充足しておらず、質素な生活を続けていて、第一、第二のいずれにも含まれない人々である。

古代から中世にかけては、人口的に圧倒的多数を占めたのは第三のタイプの人々と思われるが、経済発展に伴って第二のタイプが漸増し、それと並行して第一のタイプも増加した、と考えられる。とはいえ、第一のタイプが最も数が少なかったことは、おそらく間違いないであろう。

ヨーロッパでは、その後時代が下って近代を迎えると、この第三のタイプの一部が、大挙して第一のタイプにシフトした。それが禁欲的プロテスタンティズムの普及である。プロテスタンティズムは、聖書の精神に復帰することを目指し、カトリックよりも禁欲主義的な傾向を強くもったキリスト教の教派であり、最初は迫害に遭うものの、次第にその勢力範囲を広げ、キリスト教の一大勢力となっていった。マックス・ウェーバーの有名な宗教社会学的研究は、プロテスタンティズムの普及により、禁欲主義が大きな社会的広がりを見せたことを伝えている(16)。

禁欲主義は、先に述べたように社会秩序の回復や変革を求めるものと考えられるが、そのような共通の志向性の範囲内で、さまざまな形をとりうる。禁欲主義の担い手は、階級、地域、民族、特定の職業などさまざまな社会的属性を基盤とすることがありえ、その動機や目的についても、支配階級の中の一部が退廃した体制を立て直すためであったり、被支配階級が抑圧に耐えて精神的均衡を保つためであったり、圧迫された民族が圧迫する民族に立ち向かう強い凝集力を得るためであったりする。

プロテスタンティズムの禁欲主義の場合には、民族と結びつくというよりは社会階層と結びつくものであった。マックス・ウェーバーの記述によれば、プロテスタンティズム（特にピューリタニズム）は、支配層ではなく、貧困層や被圧迫階層でもなく、興隆しつつあった市民的中産階級を中心とするものであり(17)、のちには一般労働者をはじめ、幅広く非特権階級全体を巻き込むものとなった(18)。その広がりは、それまでの禁欲主義よりはずっと大きかったものと考えられる。

プロテスタンティズムにおいては、「禁欲」の内容は従来と大きく異なるものではなかったが、その強度は増していった。独身主義を要求されることはなかったが、性的禁欲が日常的に求められ、性交渉は生殖のためにのみ認められるものとなり、基本的に罪悪とされた(19)。遊技、踊り、酒宴などの娯楽も、職業労働や信仰を妨げるものとして敵視された。プロテスタンティズムの中でも禁欲主義の強いピューリタニズムでは、キリスト教行事であるクリスマスの祝祭さえ迫害され、現代ではその価値を疑われない文学や演劇なども排斥されたとのことである[20]。そして、何より禁欲の中心となったのは、奢侈品の消費であった。「プロテスタンティズムの世俗内禁欲は、所有物の無頓着な享楽に全力をあげて反対し、消費を、とりわけ奢侈的な消費を圧殺した」のである[21]。

禁欲の内容にはそれまでの禁欲主義との共通点が見られるものの、プロテスタンティズムの禁欲主義には、それまでとは決定的に大きな違いがあると言われている。それは、プロテスタンティズムの場合、禁欲のほかに職業労働への献身と合理的生活が求められたことである。

禁欲主義は、字義通り欲を抑えるわけであるが、抑えた後に何をするかという問題を常に残すものである。その課題に対して、瞑想や儀礼、宗教的修養などで応える場合があり、修道院でささやかな自給自足のための労働に時間を費やすこともあり、戦争や軍事訓練が行なわれることもあるのだが、プロテスタンティズムにおいては、それを労働、特に合理的な職業労働に求めたというのが、有名なマックス・ウェーバーの主張であった。

そしてこのことによって、禁欲主義は初めて本格的に、一般社会に影響を与えるようになったとされる。

ウェーバーは、プロテスタンティズムにおける職業労働と結びついた禁欲、いわゆる「世俗内禁欲」が、勤勉な労働、節約による資本蓄積、合理的な経営などを通じて富の蓄積をもたらし、近代資本主義の淵源となったと主張し、現代に至るまで資本主義研究に大きな影響を与えた。しかし、消費を研究対象とする本書では、このような資本主義成立史の問題ではなく、世俗内禁欲が、禁欲の基盤自体を掘り崩すという矛盾した役割を演じた点に注目しなければならない。

世俗内禁欲は富の蓄積をもたらすが、そのことは消費を可能にする経済的資源を豊富に獲得することにほかならないから、消費への誘惑に駆り立てられるという結果を招く。そして、禁欲を次第に放棄して、物欲のままに消費に勤しむ傾向を強めることになる。消費を禁じたはずの宗教的情熱が職業労働を通じて富を生み、それが今度は消費への情熱を生んで、元の禁欲主義を崩壊させてしまうのである。ウェーバーは次のように述べている[22]。

「ピューリタニズムの生活理想が、ピューリタン自身も熟知していたように、富の『誘惑』のあまりにも強大な試練に対してまったく無力だったことは確実である。」

このことは、禁欲主義を中心に考えてみると、禁欲主義がかつてないほど広範に広がったにもかかわらず、それが最初からはかなく消え去る運命にあったことを示す。これは、ウェーバー研究者たちが考えるように歴史上の大逆説であるとも言える。しかし考えようによっては、職業倫理や勤労倫理と結びついた禁欲は、プロテスタンティズムも含めて、本来の意味での禁欲ではなく、最初から消滅することが予想される、一時的で手段的な禁欲である、という醒めた解釈も可能にするものだろう。

ウェーバーの学説に引きずられて、とかく話題はプロテスタンティズムに偏ってしまうのだが、近代化に伴う職業や勤労と結びついた禁欲は、おそらく他の地域でも発生したものと考えられる。近代産業の発達と経済発展は、プロテスタント諸国に限らず、一定の技能や知識の獲得、職業的献身、労働規律、合理的思考などを必要とする。それに伴って、弛緩した生活態度、不規則な労働意欲、長時間の娯楽やおしゃべり、過度の性的関心などが仕事を妨げるものとして忌避され、ある種の禁欲主義的態度をもたらすことは、容易に想像できることである。豊かになるためには、はじめは刻苦勉励して仕事に勤しまなければならないのである。

したがって、近代化を達成した社会であれば、それに伴う禁欲主義は、プロテスタントの社会に限らず、カトリック社会にも、他宗教を信ずる社会にも、多かれ少なかれ存在してきたはずである。ちなみに非西欧社会の中でいちはやく近代化を達成した日本では、江戸時代に普及していた心学思想や浄土真宗に禁欲思想が含まれており、それがプロテスタンティズムと類似した役割を果たしたと考えられてきた(23)。そして、それが明治以降の中央集権的国家の教育によって、さらに強く植えつけられていったものと考えられる。

このような禁欲主義は、広範な広がりを示すものの、手段的なものであるため、最初から節制、勤勉、自己管理などといった部分が強調されることが多く、物質生活、あるいは消費については強く主張されないことが多い。前者は継続する必要があるが、後者は豊かになるに応じて緩和しても問題が生じないものだからである。そしてそれゆえに、後者は資本主義経済の発展につれて次第に弱まるという自己否定的性格をもつ。この点で、近代における禁欲主義は、従来の禁欲主義とは大きく性格を異にするものと考えられる。

プロテスタンティズム、特にウェーバーが強調したピューリタニズムの場合には、禁欲主義が宗教的起源をもち、宗教的熱狂とともに過剰に追求されたため、消費についての禁欲も強く求められたのであろうが、それは世界史的には例外であったのかもしれない。しかもそれは、熱狂的に広がったものの、ほかの社会と同じように比較的早期に弱まっていったのである。

それゆえ、近代化に伴って発生する禁欲主義＝近代的禁欲主義は、消費の禁欲の部分について言えば、共通して一時的で、快楽主義や消費主義を実現する過程での「一ステップ」に過ぎなかったとも言える。本項のはじめに示した三つの主体について言えば、これらの禁欲主義は第三のタイプを大量に第一の禁欲的なタイプに誘い込むが、それをそのままにとどめることなく、第一を通過して第二のタイプに移行させるということである。

一七世紀から二〇世紀にかけての近代社会は、このような禁欲主義の発生、それによる近代化、そしてそれを通過したのちの快楽主義や消費主義の浸透が、次々に発生した時代だったのである。

### 消費社会化とゼロの消費文化

さて、近代化した多くの社会は、以上のような過程を経験しつつ、著しい経済発展を遂げていった。そして、それを支えた近代的禁欲は次第に変容していったが、その変容は、右に示したように、消費の緩和という部分を中心としたものになった。一つの可能性としては、近代的禁欲主義の要素がすべて消え去り、快楽主義だけが残ることも考えられるが、このような傾向は、退廃した富豪やボヘミアン的芸術家など人口のごく一部にとどまったようである。

それに対して主流となったのは、消費の禁欲主義が大幅に緩和されて消費主義を強めるが、産業を維持するための節制や職業倫理、勤労意欲など、仕事面での規律は維持されるという傾向であった。二〇世紀の先進社会は、近代的な職業や労働の規律を守りながら、消費主義を容認しつつ、というよりは奨励しつつ経済成長を進めてきた。その後、消費主義がますます強まり、物質的禁欲とは無縁の消費文化が広がったことは言うまでもなかろう。

それでは、その間、従来からの禁欲はどうなっていたのか。古代、中世から存続していた近代的禁欲主義でない禁欲は消滅したのだろうか。

このような禁欲は、その間、弱体化はしたものの消滅はせず生き残った。とはいえ、二〇世紀の途中までは、極めてささやかな、影響力の乏しい形で残存したと言えるだろう。たとえば、アーミッシュなどごく一部のキリスト教系教派は、現在も近代的な消費生活を拒否するコミュニティを形成しており、ヨーロッパの修道院や日本の禅寺の一部では、強い禁欲主義を貫く宗教生活が、衰退傾向にありながらも存続している。けれども、このような傾向は、全体として見れば社会の片隅に存在するに過ぎない。思想として、あるいは信条としての禁欲主義は根強く存在し続けたが、現実にそれを実践する人々は極めて少数にとどまった(24)。

しかしながら、二〇世紀の半ばを過ぎると、意外にも、別の形で禁欲主義が活発化し、反消費主義という形で広まっていったのである。

第二次世界大戦後の二〇世紀後半は、目覚ましい消費文化の発達期であった。西側先進諸国は、いわゆる修正された資本主義のもとで経済成長を続け、さまざまな便利な機械類が普及し、華やかなファッションが多くの人の手の届くものとなり、魅力的な娯楽的消費が次々に大衆化していった。人々は消費に強い関心をもち、それをさらに拡大することを求めた。しかし、その傾向が進むにつれて、高い生活水準を支える高度産業社会の非人間的側面、たとえばコミュニティの崩壊、都市中心部の荒廃、過剰な企業間競争、疎外された労働、階層的格差、公害問題の頻発、開発途上国の搾取、絶え間ない地域紛争などが発生するようになり、産業社会を批判的にとらえる傾向が強まっていった。社会学の分野では、すでに一九世紀末から、こういった問題を重要なテーマとしていたのだが、二〇世紀後半には、その問題意識が一般社会に広がり、さらに深刻に受け止められるようになった。

そしてこの時期には、消費も問題視されるようになった。この時期、消費水準は大幅に上昇したのだが、先進諸国の消費主義的文化は、その主体性の乏しさ、それを実現するための過剰な労働、他の社会分野への関心の低下、消費自体の浪費性や退廃性などによって批判されるようになった(25)。序章で取り上げた批判的消費観は、まさにこのような批判の元となったものなのである。

そういった状況のもとで、一九六〇年代後半、アメリカをはじめとする先進諸国にカウンターカルチャー（対抗文化）の動きが発生し、予想外の広がりを見せた。カウンターカルチャーは、政治から経済、文化に至るまでさまざまな要素を含み、包括的ではあるものの散漫な運動であったが、その中には反消費主義の要素も含んでいた。アメリカの反消費主義的動向を研究したシャイによれば、

「（カウンターカルチャーの）もっとも影響が大きかった成人スポークスマン、チャールズ・ライクとセオドア・ローザックは、うんざりした若者が消費文化と企業文化をすてる傾向に、革命の前兆のサインをみた。」

とのことである(26)。ここに登場するライクは、その著『緑色革命』で、カウンターカルチャーの思想を示す「意識Ⅲ」について次のように述べている(27)。

「意識Ⅲは、リベラルなニュー・ディーラーでは見ぬけないような一連の政治的・社会的誤謬だけでなく、カフカ、ドイツ表現派、ディケンズなら見ぬいたような、もっと深刻な善悪を見きわめるのだ。慈善ホームに追いやられた老人たち、ネオンと商業主義のため顔もそむけたくなるような市街、隷従的な順応主義、郊外生活における競争状況と

不毛、都市における孤独性、基準の崩壊、ブルドーザーと公害による自然の破滅、ほとんどの高校教育における愚かな無思慮、ほとんどの価値にたいする粗放な物質主義、愛なき多くの結婚、とりわけ、あらゆるものにおよんだ類型的・人工的性格、プラスチックの家屋における類型的な生活。意識Ⅲはこうした害悪と誤謬を見きわめるのだ。」

ライク自身は、機械文明も容認した、穏やかな脱消費主義的生活を求めたようであるが[28]、カウンターカルチャーの一翼を担い、最も先鋭なライフスタイルを求めたヒッピーたちの中には、都市を離れた共同体（コミューンと呼ばれた）を形成し、消費社会から離脱した自給自足的生活を送るものが数多く現われた。また、便利で豊かな先進消費社会を離れ、粗末な衣服をまとって中東やインドを放浪する若者が、毎年一万人程度もいたそうである[29]。

こういったカウンターカルチャーの運動は一過性のものであり、一九七〇年代に入ると急速に収束に向かったと言われている。しかし、過激な学生運動の部分はともかく、反消費主義、反物質主義の側面は、むしろさまざまな形に変化しつつ、後の時代に引き継がれ、拡大していったように思われる。

その代表的なものとしては、自発的簡素化運動（voluntary simplicity）があげられるだろう。この運動は、主唱者の一人エルジンによれば、「一九七〇年代を通じ、ほとんどすべての西洋工業化諸国において草の根レベルで一つの静かな革命が進行してきた」ものであり、カウンターカルチャーにルーツをもつと考えられている[30]。

この運動は、読んで字のごとく、意図的に生活を簡素化しようとする文化運動であり、個人消費のレベルを落とし、省資源、省エネルギーに努めるとともに、社会参加や相互扶助なども重視している。ヒッピーのように現代社会からの脱出を目指したり、昔からある農村回帰を理想としたりするものではないが、大量消費を容認するアメリカ的消費主義を明らかに否定するものである。エルジンによれば、一九八〇年時点のアメリカでは、全力で自発的簡素を旨とする生活を探求している人は、成人人口の六パーセント、人口では一〇〇〇万人に達し、二〇〇〇年までには、九〇〇〇万人にまで増加することもありうると考えられた[31]。

また、アメリカで注目された類似のライフスタイルとして、ダウンシフティング（downshifting 減速生活）がある。これは、アメリカの労働経済学者ショアによれば、所得を減少させても労働時間を短縮し、時間的ゆとりのある生活を確保しようとするライフスタイルを示すものであり、全米に自然発生的に広がっていると考えられた。ショアは、ダウンシフティングを生活の簡素化を積極的に目指す自発的簡素化と区別したが、結果的には簡素な消費生活になることが予想されるものである。社会学者エチオーニは、職業生活の変化は伴わず、消費生活においてぜいたくを控えたり、よりシンプルなものを選んだりすることをダウンシフター（ダウンシフティングを行なう人）と呼び、ショアとは違って自発的簡素化の一種と見なしている。

そのほか、肉食等動物性蛋白質の摂取を避けようとするベジタリアンも着実に増加した。ベジタリアンは、食生活という消費の一分野だけに関わるものであるが、宗教的信念、健康志向、動物愛護、資源保護など多様な動機を含み、近代欧米の消費文化を批判する象徴的な意味をもっている。最近では、肉食をしないという最広義のベジタリアンは、イギリスで全人口の一〇数パーセント、アメリカでもほぼ同じ程度にまで達するとされている。

これらは、いずれもカウンターカルチャーを受け継いだものとも言えるが、考えようによっては、イングルハートが「脱物質主義化」と呼んだ西欧先進社会の大きな文化の流れが、カウンターカルチャーとはまた別の形で現われたものとも解釈できるだろう。

それに対して日本では、欧米の動向は盛んに紹介されたものの、その影響によってはっきりした反消費主義の動きが生じたとは言いがたい。数少ない実践的な反消費主義の動きとしては、農牧業を中心とし、個人の所有を放棄して消費社会と絶縁した共同生活を送るヤマギシ会があり、現在まで存続、発展している。二〇一二年時点では、その売上規模は農事組合法人のトップに位置しているとのことである。

言説という点でも、日本の反消費主義は、それほど活発とは言えない。出版物としては、文学者中野孝次の『清貧の思想』が、バブル崩壊のタイミングに合ったためかベストセラーとなったが、それ以外にも類似の出版物は出されてきたものの[38]、それほど注目されず、大きな影響を与えているとは言えないようである。

さて、これまで示してきた反消費主義は、反消費の根拠をおもに広い意味での「人間学」に求め、消費社会で人間が精神的に満たされ、幸福になるためにはどうすればよいか、といった観点から主張される面が強かった。それに対して、消費社会化がさらに進行した一九八〇年代後半以降は、これとは別系統の反消費主義が生じてきた。それは、資源枯渇や環境汚染に対応しようとする反消費主義であり、環境主義的反消費主義と呼ぶべきものであった。

これまで述べてきたように、現代消費社会は、その消費量の多さ、世界中を巻き込む影響力の強さから、さまざまな資源問題、環境問題を引き起こすようになった。それに対して、その根本原因と目された消費文化が批判され、問題解決の手段として、消費の抑制が求められるようになったのである。

比較的早い時期にそれに類する思想が示されたのは、シューマッハの『スモール イズ ビューティフル』(一九七三)においてであった[39]。シューマッハは、石油資源枯渇が懸念された当時の状況をふまえて、物質至上主義に反対し、低成長と適正規模の経済を主張して大きな影響を与えた。しかし、シューマッハは、実用的で簡素な生活を理想としたものの、直接、明確に消費の削減を主張したわけではない。環境問題について、最も原理主義的な立場をとるディープエコロジーも、人間と自然の関係については強く自らの立場を主張したが、消費生活についてはあまりはっきりとは論じなかった[40]。

他方、これまで述べてきた人間学的な反消費主義の言説では、消費に関する記述は多いものの、資源や環境については、それに言及することはあっても中心的テーマとはならなかった[41]。一九八〇年代前半までは、資源・環境問題は、まだ反消費主義の主役にはなっていなかったのである。

ところが、一九八〇年代後半に地球温暖化問題が注目を集めると、事態は大きく変わる。地球温暖化の問題は、消費の絶対量が過大であることから発生した面が大きいから、消費を抑制する必要性は、さらに明確に根拠づけられ、強く主張しうるものとなった。そのため、この時期以降、さまざまな形で、環境問題と関連づけた反消費主義的言説が現われるようになった。

ワールドウォッチ研究所出身の環境活動家アラン・ダーニングは、過剰な消費が環境に及ぼす影響について詳しく検討した後に、次のように述べている(42)。

「わたしたちが享受したような豊かで美しい地球を孫たちに引き継ぐためには、消費階層にいるわたしたちは、先進的な低公害技術の追求は続けながら、しかし世界経済のハシゴの中段にいる人たちの水準で食べ、移動し、エネルギーや物質を使うように、生活をかえていかなくてはならない。」

そして次のように結論づける(43)。

「最後に述べたいのは、過剰な消費ではなく、足るを知る哲学を受け入れ、それにしたがって生きるとき、わたしたちは、文化的な意味において、人間の家に帰ることができるということである。」

このような主張はよく見られるものであるが、比較的抽象的で、従来からの禁欲主義の名残りも見られるものである。それに対して、より具体的に、消費を抑えた生活のあり方を示すものもある。環境思想家であり、実践家でもあるテッド・トレーナーは、持続可能な社会を実現するために、消費の削減が必要であることを訴えつつ、食料生産の方法、衣服の揃え方、住宅の建て方、レジャーのあり方、そして市街地のあり方など、さまざまな具体的なヴィジョンを描いている。トレーナーは、現在の消費生活よりははるかに資源投入量の少ない、現在の大都市とは大きく異なった、都市と村落の長所を組み合わせた消費生活をイメージしている(44)。

他方、このような大きな変革を求めるものではなく、日常生活の中で細々とした環境配慮的な消費行為を提案したものも多い。

一九八〇年代末に生まれたグリーンコンシューマリズムの運動は、環境に配慮した消費行為を積極的に推進しようとするものであるが、そこで求められるのは、根本的なライフスタイルの変更というよりも、日常の消費生活におけるさまざまな細かい配慮と抑制である[45]。それらは、反消費主義的要素を含むが、全面的、徹底的に消費を抑制しようとするものではない。ゼロの消費文化的であるとも言えるが、七章2節で検討するように、文化的価値を認め同時に追求する第三の消費文化的なものともなりうるものである。

同様の立場からは、『地球を救う一三三の方法』[46]、*Living Green* といった、いわゆる「エコ生活」の方法を説く出版物が数多く出版されてきた。

そして、それとは全く対照的に、消費行為の直接的な変化を求めるのではなく、消費社会の基本構造を変え、それを通じて消費の抑制された社会を実現しようとする提案も、最近では見られるようになった。

持続可能な世界秩序を目指して論陣を張ってきたワールドウォッチ研究所の『地球白書』は、二〇一〇〜一一年版で「持続可能な文化」という特集を組んだ。そこでは、大量消費が持続可能性にとっての根本的問題だとする認識を示した上で、大量消費社会を克服するための経済、教育、宗教、企業、政府などさまざまな分野の向かうべき方向を検討している[47]。

このように、二〇世紀末から二一世紀初頭にかけて、さまざまなタイプの環境主義的反消費主義の言説が流布されるようになり、先進国の消費者の間に、このまま無節操に過大な消費を続けるわけにはいかないという共通認識が広まってきた。そしてこのような認識に基づいて、環境保護的な消費社会を実現しようとする市民、および行政の具体的な動きも、多数発生してきたのである。

## ゼロの消費文化の到達点

以上、駆け足ではあったが、古代の禁欲主義に始まって、現代の環境主義的反消費主義に至るまで、反消費主義（ゼロの消費文化第二原則）の流れを追ってきた。

現時点では、ゼロの消費文化は環境主義的反消費主義を中心としており、人間学的反消費主義も加わって、反消費主義が活性化する傾向にあると考えられる。その言説と、それを実践しようとする動きは次第に強まっており、現代社会全体を変えるにはまだまだ力が及ばないものの、無視できない影響力をもつようになったとは言えるだろう。

ここで、古代の禁欲主義からの長い歴史をふまえつつ、現代の反消費主義に見られる特徴をまとめておこう。

第一に言えることは、それが消費を対象とするものに純化したということである。古代から近代まで、考えようによっては二〇世紀の中葉まで、消費を抑えることは、他の禁欲と一緒に考えられ、その中に含まれるものであった。強い欲望をもち、追求することが、全体的に好ましくないことと考えられたのである。しかし、さまざまな歴史的過程を経て、多くの欲望は否定されないようになった。たとえば、性欲の追求は、かつては非常に強く否定されたが、今日ではそれを抑制しようとする思想は、先進諸国にはほとんど存在しないだろう。それに対して、かつてはどちらかと言えば脇役であった物資や財産に対する欲望は、あまりにも肥大化し、さまざまな問題が発生するようになったため、それだけが取り出され、批判されることになったのである。

第二に、現代の反消費主義は、宗教的基礎をほとんど失った。かつての禁欲主義は宗教と切り離すことができないものだったが、現在、反消費主義を主張する言説は、間接的に宗教の影響を受けているとしても、その主張の中に宗教的目的、宗教的根拠をもち出すことは少なくなった。幸福、精神的充実感など、精神的な変化と反消費主義とを結びつけることは現在でも多く、その思想を筆者は人間学的反消費主義と呼んだのだが、それは、宗教と共通の部分を多く含むとしても宗教とは異なるものである。宗教に含まれる神聖性、救済や解脱、戒律や天命といった観念は、現在の反消費主義には見られない。現代の反消費主義は「世俗化」しているのである。そして宗教の側も、一部の新宗教セクトを除いては、かつてのように禁欲を強く主張することが少なくなり、物質的豊かさの追求を容認し、それを前提とした精神的救済を目指すようになった(48)。

第三に、現代の反消費主義は、近代社会に大きな影響を与えたプロテスタンティズム等に由来する反消費主義、つまり筆者が「近代化とゼロの消費文化」で近代的禁欲主義と呼んだものとは全く異なるものであり、むしろそれらを否定するものである。近代的禁欲主義は、確かに質素や節制など消費を抑えることを求めたが、同時に職業倫理や勤労の倫理を強く求めるものであり、経済活動を活発化し、生産物を増やして、結局は消費を増大させるものであった。しかるに、現代の反消費主義では、経済活動を活発にすること以降の部分を批判しようとするのであり、それをもたらす勤労への過度の傾倒に対しても批判的である。そのため、現代の反消費主義は、近代的禁欲主義をもたらしたとされるプロテスタンティズム、さらにはキリスト教を離れ、東洋思想の影響を受けることが少なくないのである(49)。

第四に、すでに述べたことだが、現代の反消費主義は環境問題等の社会問題と関連して論じられることが多くなった。地球環境等の問題を考えるとき、消費の抑制は現実問題として必要なことであり、社会を存続させる上での必要条件と考えられるようになった。その意味で反消費主義は、近代的禁欲主義が職業生活や事業を成功させる手段となったのとはまた違った意味で、手段的なものとなったのである。

ところが第五に、そのような手段的側面にもかかわらず、現代の反消費主義は人間学的反消費主義でもあり、中世までの禁欲主義と共通する部分をもっている。消費を抑えることは外面的ではなく内面的な意味をもち、人々の精神的充足につながると考える点で、かつての禁欲主義と同じ発想をとるのである。

最後に、現代の反消費主義は共通して比較的ゆるやかで寛容なものであり、古代の一部の修道士たちのように、極度に質素な生活を送り、栄養失調すれすれの状態で精神的高揚のみを目指すといった傾向は、ほとんど見られない。現代の反消費主義は、極限まで切り詰められた消費を目標とするのではなく、むしろ、それなりに定常的で平穏な生活が可能な水準を目指すことが多い。たとえば、近年人気があるのは、都会的消費生活を捨てて、素朴な農業に携わり、自然や近隣の人々との交流に喜びを見出すといった、田舎暮らしのイメージであるが、その場合でも、中世の農村のような生活ではなく、車も電化製品も使用するような生活が想定されているのである。

次節では、このようなさまざまな特徴を手掛かりとして、現代のゼロの消費文化についてさらに詳細に検討した上で、第三の消費文化とゼロの消費文化の比較検討に進むこととしよう。

## 3　ゼロの消費文化の本質

### 原理主義モデルから寛容モデルへ

前節で見たように、二〇世紀の半ば以降、反消費主義的な動きが活発化してきた。ゼロの消費文化は、産業化が進み経済成長の著しい時代には衰退傾向にあったが、近年再興されたと考えることができよう。

この事態は考えてみれば不思議な現象である。現代のように物資が豊かで、人々が消費を楽しんでいる社会において、なぜゼロの消費文化を復活させなければならないのだろうか。また、なぜ実際に復活しえたのだろうか。後者については一つの単純な答えがある。それは、右記の通り、現代のゼロの消費文化はそれほど低い消費の水準を求めていないからである。

ゼロの消費文化の最もわかりやすいイメージは、山奥の禅寺で修業を続ける僧侶のような宗教的生活に求められるだろう。消費生活の水準は世間的に見れば極めて低く、食糧さえ十分ではなく、消費を通じた楽しみはなく、何か生きがいや生活の意味があるとすれば、それは宗教的なものに限られる、といったイメージである。このほか民族主義的熱狂、国家の危機といった場合にも同様のことが起こりうる。いずれにせよ、個人の世俗的生活を越えたところにある価値を優先することによって、極めて低水準の消費が受容され、その水準で安定して、ゼロの消費文化が成り立つのである。ここでは、こういった場合を便宜的に、ゼロの消費文化の「原理主義モデル」と呼んでおこう。

しかしながら、このような原理主義的なゼロの消費文化は、古代においてすらわずかの人々を動員できたに過ぎず、少数派のセクトや一時的な熱狂的運動という形でのみ存在したものである。日本の太平洋戦争や中国の文化大革命のような非常時には、大量の人々を動員することが可能となるが、(50)それも一時的であり、非常時の緊張感が去ると消費を抑えることは困難になる。太平洋戦争時のスローガンに「欲しがりません勝つまでは」というものがあったが、これを裏返せば、「勝ったら（負けたら）欲しがる」ということになる。

そこで、現実のゼロの消費文化は、ほとんどの場合、最低レベルの生活よりは高い水準に目標をおくものとなる。一節で述べたように、目指すべき水準としては、現実の一般的消費水準よりは低いが実現可能な水準であり、現実にそれに準じて過不足を感じていないで生活している人がいるような水準（つまり第一原則に該当する生活水準）に設定されることが多くなる。そのイメージは、自分の過去の生活、周囲の人々の生活、他国の人々の生活などに求めることになろう。そして、反消費主義（第二原則）は、その水準よりは高いことを批判し、その水準にまで消費を抑制することを目指すものとなる。

現実に存在していたゼロの消費文化は、古代や中世の宗教的セクトでも、近代的禁欲主義でも、ほぼこのようなものだったと思われる。

現代の先進諸国のように、比較的政治的および経済的に安定し、生産力が高く、豊富な消費財が出回った社会においては、原理主義モデルでは、到底賛同者を確保できず、存続できないであろう。一八世紀や一九世紀の消費水準でさえ、目標として掲げることは難しいかもしれない。それゆえ、反消費主義と言っても、それが目指す水準は、原理主義モデルのイメージと比べれば、はるかにゆるやかで高いものにならざるをえない。そのような寛容なレベルに設定されているからこそ、ゼロの消費文化に共鳴する人が現われるのである。ここではそれを、ゼロの消費文化の「寛容モデル」と呼んでおこう。(51)

寛容モデルは、最も寛容な場合には、ほとんど現状維持に近いものとなり、さらなる消費の拡大を求めないという程度のものに落ち着く。先述の自発的簡素化運動について論じた、次のエチオーニの言葉がそれを表わしている。[52]

「自発的簡素化は、犠牲と奉仕を唱道するものではない。消費のより高いレベルの追求によって追加される満足が減少しているという理解に基づいて、絶えずより高いレベルの豊かさや消費を追求することを快く回避しながら、慎重に満足の源泉へと向かうものである。」(筆者訳)

## ゼロの消費文化の根拠——環境主義と人間学

しかしながら、寛容であることが敷居を低くしていることはわかったとしても、それだけではゼロの消費文化再興の説明にはならないだろう。寛容だとは言いながら、ゼロの消費文化における反消費主義（第二原則）は、消費をいくばくか抑制しようとするものであり、消費の欲望に満ちた人にとっては有り難くないものである。それなのに、あえてゼロの消費文化を復活させようとする理由は何であり、またそれが受け入れられる理由はどこにあったのだろうか。言い換えれば、現代のゼロの消費文化の根拠はどこにあるのだろうか。

先に示した原理主義モデルの場合、禁欲的、反消費主義的となる根拠は、宗教的理念に負うところが大きく、一時的には、集団的（民族主義的、国家主義的など）献身の場合もあっただろう。いずれにせよ、個人の外に超越的な価値があり、それとの関係で、反消費主義は有無を言わさぬ根拠をもったと考えられる。また、近代的禁欲主義の場合には、過渡的形態としてはピューリタニズムのような宗教的根拠を伴ったこともあったが、多くの場合は、職業的成功や利益などを根拠としていたものと考えられる。

しかし、現在の反消費主義はそのいずれにも該当しない。宗教的関心に乏しく、集団への献身が必要とされず、近代的禁欲にももはや積極的な意味を感じない現代の先進社会においては、どんな根拠があるのだろうか。

これについては、すでに前節でおおよその答えが示されている。現代の反消費主義は、まず人間学的根拠に基づいて、次には環境主義的根拠に基づいて主張されたのである。

反消費主義が復活した二〇世紀中葉は、消費生活がかつてないほど豊かになった時代だったが、同時に、急激な産業化と消費社会化がさまざまな問題を引き起こした時代でもあった。人々は、豊かな生活を送るため過剰な労働を強いられ、ストレスと疲労に苛まれるようになった。消費生活においても、流行への強迫観念、浪費や虚栄的な買い物などが少なくなく、焦燥感と虚無感をもたらした。そのため人々は、物的消費の飽くなき追求から免れて仕事の必要性を減らし、消費の追求が犠牲にした精神的ゆとり、時間的ゆとり、人々との交流などを取り戻して、より平穏で幸福な生活を実現しようとした。また、過大な消費を抑制して、消費以外の活動を中心とする、平穏な生活を求めたのである(53)。これが人間学的根拠と呼ぶものにほかならない。人間学的根拠が実現しようとしたのは、次のような生き方であろう。

「(簡素な生活における)満足は分かちあい、心づかいができること。結果にかかわりなく全力投球すること。ただ純粋にハッピーなこと。その見返りは、ものを所有したり成功したりすることとは比べものにならないくらい大きいものです。こういう生き方をしたために失った安楽や世間的評価を思ってしばらくはくよくよしましたが、それが過ぎると人生に不満を味わう回数も度合いも前より少なくなったようです。欲望がへったぶん、欲求不満も少なくなります。人生が自己中心的でなくなると、もっとそれを楽しめるようになるのです。」

しかしそれに続いて、二〇世紀の最後の四半期以降になると、反消費主義にはもう一つの明確な根拠が与えられた。それが(資源問題を含む)環境問題の深刻化と環境主義の台頭である。過大な消費は、環境問題の深刻化を招くからこそ抑制されなければならず、環境を守るために反消費主義が唱えられるようになった。環境主義と反消費主義とが結びつき、二つの思想の交点に新しいタイプの反消費主義、すなわち環境主義的反消費主義が成立したのである(54)。

環境主義的反消費主義は、基本的な考え方は非常にはっきりしてわかりやすいものである。消費は必ず資源を枯渇に向かわせ、廃棄物で環境を汚染させる。その消費が多過ぎるから現代の資源問題や環境問題が発生した。だから消費は減らさなければならないのである。この論理は強力で、環境主義だけでも反消費主義は十分成り立つように思える。『地球白書』における次の一節は、この立場を端的に示している。(55)

「人類文明の崩壊を避けるには、主流を占める文化様式の大規模な変革こそが必要になる。この変革では、消費主義、つまり消費を通して、人々に意義や満足や受容を見出させる文化は、タブー視され排除されるだろう。それに代わって、持続可能性を中核とする新たな文化の枠組みが築かれる。」

しかし、環境主義と反消費主義は、原則的には密接に結びつくものの、その関係は、複雑な自然のシステムおよび社会システムの中でさまざまな条件に左右される。確かに、消費を抑制すれば環境に好影響が生じるのだが、消費の抑制が環境の保全にとって不可欠であるかどうかは確かでないし、消費の抑制が最も適切な手段であるかどうかもわからない。さらに、消費の抑制を反消費主義という文化的運動によって達成することが適当かどうかも明らかではないし、それが実際に大きな効果をもつかどうかもわからない。

地球温暖化問題を例にとって考えてみると、確かに世界的に消費が抑制されれば、二酸化炭素排出量は減って、温暖化の有力な原因が取り除かれることだろう。しかし、よく指摘されるように、二酸化炭素の排出量は技術的な手段によって相当程度削減できるものであり、技術進歩の度合いによっては、消費の抑制は必要がないのかもしれない。また、これもよく知られていることだが、二酸化炭素の排出量は人口によって大きく左右される。今後平和的に人口の減少が実現できれば、消費の抑制を伴わずに、地球温暖化が激しい影響を与える事態を回避できるかもしれない。後者はいささか非現実的であるが、前者は決して非現実的なものではなかろう。

また、消費の抑制を通じた二酸化炭素削減が必要だとしても、それをどのような手段によって実現するかについては検討の余地がある。反消費主義は、文化として、つまり人々の生活態度を通じてそれを実現しようとするのだが、他にも、法的手段、経済政策的手段、社会工学的手段などがあり、「消費を増やすことはよくない」、「物的欲望を減らした方がよい」という反消費主義的観念によって消費の抑制を実現すべきかどうかはわからない。

そして、反消費主義が対象とするすでに豊かになった消費社会の人々の消費抑制が、どの程度の効果をもつのかという疑問もある。現在爆発的に消費が増え、二酸化炭素排出量も増えているのは、中国、インドなど経済発展の著しい国々であり、先進諸国の少々の消費の抑制が、二酸化炭素削減に実質的な効果をもちうるのかどうかは不明である。以上は地球温暖化と二酸化炭素削減を念頭において考えたのだが、他のさまざまな環境問題や資源問題についても、ほぼ同じような結論が出るだろう(56)。

消費と環境は、たとえば家庭での洗剤使用が、排水を通じて近くの湖を汚染するといった、狭い地域の特定の消費分野については、はっきりした因果関係で結ばれるが、広い範囲の問題になればなるほど、関係が明確でなくなってしまう。このように、その結びつきが強いようで反論の余地も大きいためか、現在のところ、環境問題を深刻に受け止める環境主義者であっても、反消費主義にコミットしない人は多いのである。

このように、環境問題の解決にとって反消費主義が絶対に必要と断言しにくいことから、現代の反消費主義者は、環境主義だけを根拠とすることを無意識に避けているように思われる。環境の問題だけなら、ことさらに消費を抑制しなくてもいいのではないか、消費の抑制は最後の手段である、というのが社会の多数派の考え方であり、それに対抗するには、科学的、技術的な根拠だけではなく、何か別の説得的な根拠が必要となる。

そこで、その不足を補うために採用されるのが、人間学的根拠なのではなかろうか。現代の反消費主義は、環境主義的反消費主義を一方の根拠としつつも、人間学的反消費主義によって精神的な利点を加え、もう一つの根拠にしようとする。消費を抑えることは、環境問題の解決に資すると同時に、生活をより心地よいものにし、人々を幸福にすると訴えるのである。

消費者の側からしても、環境問題を解決するための消費の抑制は、その結果が見えにくいものである。消費者が消費を抑えることは、直接本人に結果が返ってくるものではなく、本当にそれが必要なのか、どれだけ効果があるのかについて確信をもちにくい。人間学的根拠による消費の抑制は、それとは違って本人自身がすぐにその成果を感じることができるものだから、説得力はこちらの方が強い。

他方、人間学的反消費主義の方から見ると、精神的な利点は、確かに予期しやすく、実感もしやすいものではあるが、それだけで消費の抑制を実現するには力不足の観がある。なぜなら、反消費主義が精神的な利点をもつばかりでなく、消費主義もまた精神的な利点をもつからである。

多くの消費者は、消費に熱中することの空しさや愚かさを感じているが、同時に消費の楽しさや有用性も感じており、両方の思いの交錯するアンビバレントな状況に置かれている。そのような消費者を、消費抑制の方に傾かせるためには、さらに別の社会的動機づけが必要である。環境主義的な消費抑制は、実質は見えにくくてもスローガンとしては魅力的であり、消費者の意思決定に影響を及ぼすことができそうである。そのため、人間学的反消費主義もまた、環境主義の力を借りようとするであろう。

かくして、環境主義と人間学的主張を併用し、現代の反消費主義は根拠を得ることができた。そして、先述のように、水準としてはかなりの寛容さを示すこととした。それによって、反消費主義に同調する人は漸増し、ゼロの消費文化は再興された。前節で示したように、その支持者は、決して多数派を占めるものではないが、無視できないほどに広がっている。

自発的簡素化運動の主唱者エルジンは、その賛同者の次のような声を紹介している[57]。ここには、現代の反消費主義の精神が凝縮されていると言えるだろう。

「自発的簡素が、環境汚染、資源の欠乏、社会的・経済的不平等といった全地球的な問題、および疎外、不安、意味あるライフスタイルの欠如といった実存的・精神的／霊的問題の解決に不可欠であることを、わたしは心から信じています。」

## もう一つの寛容さ

しかしながら、寛容さ、環境主義、人間学という寛容モデルの基本設定は、ゼロの消費文化を、昔からなじみのある原理主義モデルとは大きくイメージの異なるものにした。消費の価値の追求に対して寛容になっただけではなく、もう一つ別の特徴を生み出すこととなった。

原理主義モデルは、極めて低い、喩えて言えば座標軸の原点に近い消費水準を求められ、実際それが実現されていて定常状態にあるような場合を示すものだった。そして、それを可能にしているのが、何らかの超越的な価値、つまり無条件に従わなければならない価値であり、それへの帰依や没入であった。

それに対して、現代の寛容モデルは、目指される消費の水準が高く、原点からプラス方向に大きく遠ざかっている。これが寛容モデルの特徴である。

しかし事はそれだけにとどまらなかった。寛容モデルは、もう一つ別の意味での寛容さをもたらすことになった。それは、認められる消費水準の幅が広いという意味での寛容さである。

幅が広いということは、ここでは、どの程度消費を抑えればいいかについてさまざまな考えがあり、その目標水準が定まらず拡散してしまうということを意味している。原理主義モデルの場合には、宗教的戒律やセクトの掟、権力者の命令といった形でこの超越的な価値を示し、目標水準の幅を狭くすることが可能になる。しかし、そういった価値が存在しないところで成立したのが現代のゼロの消費文化であって、そこではさまざまな主体が、さまざまな判断を下すから、反消費主義が求める目標水準は多様になる。それを一つに統一することは容易でなく、結果的には、その幅が広くなってしまう。

この点については、環境主義を根拠とする場合も、人間学を根拠とする場合も同じである。人間学の場合は、もともと主観的である精神的な充足感や平穏などに基準を求めているから、それを実現する消費の水準が多様であることはすぐに理解できる。たとえば、流行を追求するのは心が穏やかでいられる範囲にとどめよ、と言われても、どこまで流行を無視し、どこまで物を買っていいのかは、はっきりしないだろう。

それに対して、環境主義の場合には、一見すると目標を定めやすいような印象がある。環境の悪化は、自然現象であって明確に測定することができ、消費もまた、統計的に明確に把握することができるものである。この両者を結びつければ、環境の悪化を招かない消費の水準というものが客観的に示せるように思われる。

しかし、事は決して簡単ではない。まず、どこまでの環境保全を求めるかの基準自体が決まっておらず、しばしば論争になる。たとえば、地球温暖化での気温上昇をどこまで許容するか、といった問題である。それが決まったとしても、消費の抑制をどこまで求めるかを決めるのは難しい。確かに、ある消費を控えるとどの程度二酸化炭素排出量を減らせるかということは、科学的にはっきり示すことができる。しかし、先に述べたように、環境の状態は技術、人口などさまざまな要因に影響されており、また先進消費社会以外の環境汚染も進んでいて、先進社会の人々が消費の抑制によって貢献すべき分をどの程度とすべきかということは、はっきりしない。

結局、消費抑制の目標水準は、環境主義を根拠にしたとしても、明確にすることができないものである。

このことは、一方では反消費主義の主張者に対する寛容さをもたらし、無駄な消費を無くせという主張も、消費水準を半分にせよという主張も、三〇年前に戻れという主張も、すべて許容することになる。しかし、消費者の立場から言えば、目標が定まらず、どうすればいいのかわからないという事態を引き起こす。たとえば自動車について言えば、燃費のよい自動車に乗ればいいのか、自動車の使途についても制限すべきなのか、そもそも自動車をもつこと自体をやめなければならないのか、といったことがわからないであろう。同様に、食生活についても、食べ残しを減らす程度でいいのか、フードマイレージの大きい食材を避ける必要があるのか、摂取カロリーを制限するところまで進むべきなのかの見当がつかないだろう。

原理主義モデルのイメージからすれば、消費の抑制はタブーや厳格な宗教的戒律のように一律であることを期待されるが、現在の反消費主義では多様な考え方をまとめて一つにすることができない。そのため、消費者に対しては、環境に配慮するため消費はむやみに増やさないようにすることが大事である、といった抽象的なメッセージを伝えることしかできなくなるのである。

**環境主義の帰結**

原理主義モデルと大きく異なる点として、さらに重要なのは、現代のゼロの消費文化はプラグマティック（実用主義的）な根拠に基づいているということである。

かつて原理主義モデルに近い反消費主義（禁欲主義）が唱えられた時には、その根拠となったのは超越的な価値であった。そのような価値は無条件に従わなければならないものであり、それが何をもたらすかについては不問に付すものであった。それに対して、現代の反消費主義における環境主義と人間学は、同じ根拠と言っても超越的なものではない。環境主義の場合は環境の保全、人間学の場合は精神的な安定や充足など、いずれも、消費の抑制が何らかの好ましい結果をもたらすという根拠に基づいている。そのようなプラグマティックな意味をもつからこそ、消費を抑えるという一見人間の自由を束縛するようなことが正当化されるのである(58)。

このような変化は、反消費主義の性格と内容を大きく変えるものとなった。まず環境主義の方から考えてみよう。

環境主義による消費の抑制は、多くの場合、資源消費が多過ぎる、環境を汚染するなど自然科学的観点から主張される。ガソリンは資源の枯渇につながるから消費を抑制しなければならないのであり、合成洗剤は琵琶湖を汚染するから好ましくない。このような因果関係に基づく判断は、反消費主義に強力な根拠を与えるものであった。

しかしそのことは、逆に言えば環境に悪影響を与えないものについては、何ら判断の対象とならず、消費の抑制を求められないということでもある。環境に悪影響を与えないものとは、一つには二酸化炭素を増やさないバイオ燃料、フロンガスを使わない冷蔵庫といったものであるが、そのほかに、そもそも物体の形をとらないサービス、情報、文化といったさまざまな消費も含まれる。そういった環境汚染の少ない、あるいは直接的には環境汚染をうんぬんできないような消費対象については、反消費主義の対象となりえないということである。

このことは、気がつきにくいことだが、反消費主義の歴史に大きな転換をもたらすものである。なぜなら、反消費主義は禁欲主義の一つであり、消費の全般に亘って欲しいものを断念することを求めるものであったのに、環境主義的反消費主義は、欲しいものを断念しなくていい消費対象、消費分野を作るからである。もっとわかりやすく言えば、かつての禁欲主義ではすべての消費が好ましくないものとされたのに、環境主義的反消費主義では、好ましくない消費と好ましくないとは言えない消費とに分かれるということになる。

同じ反消費主義といっても、かつての反消費主義は全体的反消費主義であったが、環境主義的反消費主義は、条件付反消費主義、あるいは部分的反消費主義ということになる。

環境主義的反消費主義において、消費抑制の対象となりにくいのは、右記のように環境負荷が小さい物的消費財や、形のないサービス、情報、文化などであった。このうち後者、つまりサービス、情報、文化などは、実は三章で論じた文化的価値を求める消費と大きく重なり合うものである。三章5節でも述べたように、これらも物的側面をもたないわけではないが、物的には環境負荷が小さいことが多いものである。これらは、環境負荷という観点を除けば抑制の論拠をもたず、抑制の対象とならないものとなる。多くの文化的消費（文化的価値を求める消費）は、環境主義的反消費主義においては、消費してよいものとなるのである。

環境主義的反消費主義が条件的反消費主義にとどまることから、現代の反消費主義は、網のかからない空白部分を多く生じさせることになるが、それを縮小することはできる。そしてそれは、環境主義に類似した根拠を増やすことによって可能になる。

その一つは、社会的観点を取り入れることであろう。

現代社会には、環境汚染をもたらす消費のほかにも、公共の利益に反する事態をもたらすさまざまな消費行為が存在している。たとえば、楽器の音で周辺の住民に迷惑をかけるといった身近なことから、三章で述べた開発途上国の住民に過酷な労働を強いるといった遠隔地の問題まで、さまざまな反社会的な消費行為が存在している。それらを反社会的であるという理由で抑制するというのは、環境主義と同様の公共利益を根拠とした消費の抑制であって、十分成立しうる考え方である。そして実際、現在すでにその考え方が「倫理的消費」として広がっている[59]。こういった根拠に基づけば、反消費主義の空白部分は少なくなることであろう。

さらに、公共的観点と言えるかどうかは微妙であるが、健康論的観点というものも考えられる。心身の健康によくない消費財、あるいは消費の仕方というのは世の中に多数あり、それらの消費を、健康を害するからという理由で抑制するということは、根拠のあるものであろう。

それゆえ、反消費主義が、からだに悪いタバコをやめよう、脂肪の取り過ぎを控えようと訴えることは正当であるし、抑えの効かない流行の追求、過度の映像メディアへの接触など、生活のバランスを崩すような消費習慣を抑制しようとすることも、理由づけは可能である。これらの根拠を加えることによって、さらに空白部分は狭まるであろう。

しかし、環境主義、社会的観点、健康論的観点を加えたとしても、なお反消費主義の網のかからない部分は広く残ることだろう。別の言い方をすれば、反消費主義といっても、消費者の自由の余地が大きく残った反消費主義となるのである。

**人間学的反消費主義の限界**

それでは、もう一つの有力な根拠であった人間学的根拠についてはどうだろうか。消費抑制の範囲について、どのような結果をもたらすだろうか。

人間学的反消費主義というのは、反消費主義の根拠を、環境、社会的影響、健康などの客観的な世界に求めるのではなく、主観的な世界に求めるものであり、人間の精神的な意味での安定や充足を求めて、消費を抑制するということを意味している。

この問題を考える上では、まず、人間学的反消費主義における、消極原則と積極原則とを区別しておいた方がいいだろう。

消極原則というのは、消費主義的な生活によって、さまざまな精神的不調、精神的アンバランスが生じるので、消費を控えることによってそれを取り除くということである。たとえば、世間並みの消費をするために長時間働くことは生活のゆとりをなくす、豊かさを競うことは人を自己中心的にして他者とのふれあいやつながりを乏しくする、流行を追い続けることは絶え間ない欲求不満と焦燥感をもたらす、といったことである。こういった消費を抑えることによって、人々の精神を安らかにするというのが消極原則である。

それに対して積極原則とは、そのような不調やアンバランスは生じていないが、何らかのゆとり、すなわち経済的、時間的、精神的な余力がある場合に、それを消費に振り向けるのではなく、非消費的な活動に振り向けて、精神的に充たされ、幸福を感じられるような生活を実現することである。具体的には、ゆったり家族と過ごす時間をとること、知人・友人との交際の時間を増やすこと、ボランティア活動を始めること、非消費的な趣味にいそしむこと、などを示すものである。

消極原則は、すでに存在している消費主義を抑えるという意味での消費抑制だが、積極原則は、消費主義を避け、非消費主義的なやり方で生活を充実させようとする、という意味での消費抑制である。また、前者における精神面の変化は、何らかの精神的問題を解消するというものであり、精神の安定や平衡を求めるものと言えるが、後者における精神面の変化は、特に精神的問題のない空白の状態に、精神的な充実感や満足感を加えるものと言える。

このように整理したうえで、人間学的反消費主義は、消費をどのような形で、どの範囲まで抑制することになるかを考えてみよう。

まず消極原則から考えてみると、問題は、消費抑制の理由になっている何らかの精神的不安定や不充足という状態が、どの程度広がっているかというところにある。中野孝次のベストセラー『清貧の思想』における次のような文章を読むと、われわれは確かにそのようなことが起こりがちな社会に住んでいるという気はするだろう(60)。

「本当ならば物が溢れている、何でも買うことができる、便利で快適になったというのは、生活をゆたかに幸福にしてくれるはずではなかったでしょうか。なのに実情は、われわれはその中にいて幸福と感じることが出来ず、むしろ人間性が物の過剰の中で窒息させられているように感じている。どうしてこんな結果になったのか。物質的繁栄がわれわれに真の幸福をもたらさなかったとしたら、それはその盲目的追求そのものの中にどこか間違ったところがあったと考えるしかないでしょう。」

しかし、よく考えてみると、これは社会（当時のバブル経済にわく社会）の傾向を表わすものではあっても、すべての個人がそのような状態にあるとは言えないし、個人の消費行為がすべてそのようなものであるというわけでもない。いろいろな物を買って幸福を感じている人も、物の過剰の中で生き生きしている人も、たくさんいるのである。

この例はややあいまいなものであるが、アメリカの論者の場合には、絶えず消費水準を上げ、新しい物を求めようとする消費社会の傾向が、人々に欲求不満、強迫感、焦燥感などをもたらすことを大きな問題とすることが多い。心理学者ワクテルは、それを、より多くを求めてとどまることを知らないという意味で、「社会神経症」としてとらえていた(61)。

しかし、新しいものを求めて果てしなく消費していたとしても、それを幸福に感じ、満足している人は少なくないことだろう。また、脱物質主義が広がった現代社会においては、すべての人がそのように果てしなく消費を追求しているとは決して言えないだろう。

そうだとすれば、問題の生じていない消費については、何ら抑制する根拠のないものとなり、容認せざるをえないはずである。環境問題を生じない消費が抑制できないのと同じように、精神的不安定や不充足を生じない消費は抑制できないのである。

このように考えてくると、人間学的反消費主義の消極原則もまた、精神的問題を生じるような消費のみを抑制する条件付反消費主義であり、すべての消費についてではなく、一部の消費を抑制する部分的反消費主義である、という結論に至るだろう。

次に積極原則について考えてみると、こちらは何らかの精神的問題が生じたことを前提とするものではない。何らかのゆとりを、消費ではなく非消費主義的な活動に向けることを目指すものであった。ここでゆとりというのは、具体的には、自由時間や自由裁量所得と言われるものを意味すると考えてよいだろう。そう考えると、人間学的反消費主義の積極原則とは、結局、レジャー消費や趣味としての買い物は控え、消費でない活動をして時間を過ごしなさい、自由にできる収入は、何らかの消費的でない使途（寄付、贈与、ボランティア活動など）に回しなさい、という主張だと言ってもいいだろう。

それでは、そのような主張が成り立つ根拠はどのようなものだろうか。

先に述べたように、積極原則は、何らかの問題を解決しようとするものではなく、積極的に精神的な充実感や満足感を求めようとするものであった。したがって、その根拠は、問題を起こすかどうかということではなく、非消費主義的な活動が、消費を通じてでは与えられないような精神的な充実感や満足感を与えられるから、ということに求められるだろう。そのような積極的な価値を実現できるからこそ、消費は少々抑えて、消費でないことをした方がよい、という結論が出せるのである。

しかし、ここでこれまでの本書の内容を思い出してみると、消費を通じて、ほぼ同じような精神的充足や満足感を得ることができることに思い当たる。それは、ほかでもない、三章で論じた文化的価値を実現する消費の場合である。

文化的消費とは、これまで考えてきた通り、「消費を通じて何らかの主観的に好ましい精神状態を実現する」というものであった。それに対して、人間学的反消費主義の積極原則は、「消費以外のことを通じて何らかの主観的に好ましい精神状態を実現する」ということになるだろう。この両者は後半が全く同じで、前半で逆のことを主張している。しかし、目指すところは後半であり、前半がどうであるかは問わないはずである。

両者は精神的充足という同じ目標を目指すものであり、その充足の内容や程度に特に大きな違いはない。それゆえ、何らかの問題（環境問題、その他の社会問題、健康問題など）をもたらすものでない限り、特に後者が好ましく前者は好ましくないという判断は下しがたいであろう。

具体的に考えてみると、癒しのために瞑想することが正しいとすれば、癒しのために温泉に通うということもまた正しいと考えざるをえない。心を豊かにするために、消費の時間を減らして人と交流する時間を増やすことがいいことであれば、酒場で人と交流するという消費行為もいいことになり、心を豊かにするために本を買って読書する、という消費行為もいいことと言えるだろう。禅寺での修行で充実した時間を過ごすことが好ましいならば、スポーツジムで汗を流し充実した時間を過ごすことも好ましいことになる。(62)

人々は、精神的充足を得るためのさまざまな営みを行なっており、その中には消費しないで実現できるものもあるが、消費することによってのみ実現できるもの（すなわち文化的消費）もある。同じ精神的充足なのに、消費を抑えるものが好ましく消費を通じるものは好ましくないといった理屈は、人間学的には成り立たないであろう。

以上のことから、積極原則についても、人間学的反消費主義は、抑制する根拠のない消費の分野を残す、部分的反消費主義だということがわかる。

いささかややこしく長い記述になったが、結局のところ、環境主義的反消費主義も人間学的反消費主義も、そして後者の消極原則も積極原則も、近代以前の禁欲主義のように無条件かつ全面的なものとはなりえず、条件付きで部分的な消費の抑制を主張するにとどまるのである。

## ゼロの消費文化と第三の消費文化の収斂？

本節でこれまで論じてきたことをまとめると、まず現代の反消費主義は、寛容モデルに従うものが主流であり、基準を寛容なものとし、根拠を環境主義と人間学に求めることによって、活発化しえたものと言える。しかし、かつてのような超越的根拠に基づかないために、現代の反消費主義は、全般的に許容する消費の水準が高く、また求められる消費の水準について、厳しいものから極めて寛容なものまで幅広い可能性を残すことになる。

従来の反消費主義は、原理主義モデルと称したものに近く、消費は全般的に抑制され、しかも低い水準が求められるものであった。欲望を追求することは悪であり、しばしば欲望をもつこと自体も悪である。こういったものだったからこそ、それは禁欲主義と呼ばれ、反消費主義と言えたのである。

それに対して、現代の反消費主義（寛容モデル）においては、環境主義、人間学のどちらに依拠するにせよ、消費は何らかの問題（環境問題等の社会問題あるいは精神的問題）を生じない限り抑制することはできなくなる。そのため、抑制の対象とならない消費が、広範に存在することになる。とりわけ、文化的消費については、その性格上、全般的に反消費主義のもたらす対象とならないことが多いと考えられる。

現代の反消費主義では、以上のことから、多くのものが抑制の対象とはならなくなる。車や電化製品、ファッションなどさまざまな物の購入も、娯楽、レジャー、趣味などに関わる消費も、環境、社会、健康に悪影響のない限り、また何らかの精神的不安定につながるものでない限り、特に抑制の対象とはならないであろう。

その結果、現代の反消費主義が求める消費の抑制は、思いのほか緩いものとなる。現代の反消費主義が求めるのは、消費を抑えるといっても、おそらく、最も厳しい場合で二〇世紀のどこかの時点での先進国の生活水準であり、今と比べるとかなり素朴ではあるが、生存ギリギリの生活水準とはほど遠い。そして逆の極では、無駄な照明を消し、摂取カロリーが過剰になることを避けるという程度の非常に緩やかなものもある。最も緩やかなものを想定すると、もはや反消費主義、そしてゼロの消費文化という言葉が似つかわしくないようなことも、多く含まれるであろう。

このようなゼロの消費文化の実態を理解すると、鋭敏な読者は、次のことに気づくことだろう。――それは、ゼロの消費文化は意外にも第三の消費文化と似ているということである。

1節で述べたように、ゼロの消費文化は、第三の消費文化と似ているとともに、ある部分で決定的に対立しているように見えた。両者は、現代の環境問題を深刻に受け止め、消費を抑制しようとするという点で共通しているが、消費のさらなる追求、特に文化的価値の追求を認めるかどうかという点では反対の立場をとっているように思われた。

しかし、このような両者の特徴づけは、第三の消費文化とゼロの消費文化の寛容モデルとを比較する限り、正しくないことがわかったはずである。確かに、両者が環境問題を深刻に受け止めて消費を抑制しようとしている点は共通している。他方、文化的価値の追求を認めるかどうかという点で、両者は反対の立場をとっていない。ゼロの消費文化もまた文化的価値の追求を認めざるをえないのであり、それを否定する根拠は持ち合わせていない。

中世の修道院、全盛期のピューリタニズムなどには、芸術を軽んじ、学問を嫌い、美食は認めず、娯楽を嫌うような禁欲主義も見られ、その場合にはゼロの消費文化は文化的価値の追求を認めない、という見方はあたっているだろう。しかし、現代のゼロの消費文化（寛容モデル）は全くそのようなものではない。

環境問題を深刻に受け止め、文化的価値を認めるという点で、両者はほとんど同じと言ってもいいように思えるのである。

ゼロの消費文化が環境問題を強調してきたのに対し、第三の消費文化は、そのほかに開発途上国への配慮など、環境問題以外の社会問題を含めて問題にしているという点では、少々違いがあるようにも見える。しかし、先ほど述べたように、現在では、ゼロの消費文化もその根拠となる社会問題の範囲を広げており、いずれはほぼ共通の考え方に達するものと思われる。

また、ゼロの消費文化が、さまざまな社会問題を解決に向かわせるために、消費の「抑制」を明確に求めるのに対し、第三の消費文化は、社会への好ましくない影響を「配慮」とか「回避しようとする」と、いささかあいまいな表現にとどめている、という違いも表面上は見られる。このことから、ゼロの消費文化の方が第三の消費文化よりも厳しく消費を抑制するというイメージを与えるかもしれない。しかし、これまで述べてきたように、現代のゼロの消費文化の基準は不明確で、実質的には緩いのであり、それほど大きな違いがあるとは考えられない。寛容モデルの実態は、「抑制」よりは、むしろ第三の消費文化における「配慮」という言葉に近いと言えるかもしれない。

相違点は、結局のところ、ゼロの消費文化が文化的消費を消極的に認め、非消費的な価値の実現を積極的に追求しようとするのに対し、第三の消費文化は、文化的消費を積極的に追求しようとし、非消費的な価値の追求については特に言及しないという点に尽きるであろう。ゼロの消費文化は、前項で述べたように、理論的に突きつめていけば、文化的消費を認めることになるが、かといってそれを積極的に追求するというものでもない。他方、第三の消費文化も、消費によってではなく、消費をしないでも実現できる価値が存在していることは認めるが、それを強く求めるものではないのである。

現代社会では、さまざまな形で精神的充足や精神的な価値の実現が求められているが、それを消費でないことを中心に追求するか、消費を中心にして追求するかという強調点の違いが、ゼロの消費文化と第三の消費文化の違いだと言えるかもしれない。けれども、それはあくまで強調点の違いに過ぎないのであって、両者は共通性が大きいもののように思われる。

そしてさらに言えば、このような違いは過渡的なもののようにも思われる。というのは、ゼロの消費文化（の論者）がそのように文化的消費に対して消極的なのは、消費というものについて、いささか単純で昔風のとらえ方をしているためではないか、という気がするからである。

単純で昔風のとらえ方というのは、消費とは物の消費であり、物の所有について人々は強欲であり、それは単なる物欲のほかに、虚栄心や流行心理によってさらに促進されるといったお決まりのとらえ方、すなわち二章で示した批判的消費文化論に近いとらえ方を示している。このようなとらえ方に基づいている限り、消費を全般的に警戒すべきもの、否定的にとらえるべきものと考えるのは当然かもしれない。そして、文化的消費について、食わず嫌いで敬遠してしまうことも、十分起こりそうである。

しかし、これまでの検討によって、特に三章を通じて、消費とはそのようなものではないということは、十分に明らかになったはずである。そして、消費の中に文化的消費が含まれ、それが現代人の精神的充足にとって非常に重要な役割を果たしていることを理解すれば、その部分に対して「反消費」を掲げる根拠は何もなくなるであろう。それどころか、むしろ積極的に評価せざるをえないことがわかるはずである。

しかるに、消費というもの自体についてのそこまで立ち入った考察を、残念ながらゼロの消費文化の論者たちはしてこなかった。

**筆者には、ゼロの消費文化は、理論的に突きつめていけば、第三の消費文化に収斂する可能性が高いように思われるのである。**

## 注

（1）非消費主義は、本書でもしばしば用いる脱物質主義と似ているように思われるかもしれないが、次の二点において異なっている。まず、脱物質主義は物的消費財についての概念であるが、非消費主義は物的消費財のほかに非物的な消費を含む。次に、脱物質主義は物質主義を経験した後の消費に対する無関心を示すが、非消費主義はそのほかに最初から非消費的な場合を含んでおり、むしろこちらの方を中心に考えられた概念である。

（2）反消費主義は、反物質主義という概念と似ているが、こちらも、物的消費財のほかに非物的な消費を含む点で反物質主義とは異なるものである。

（3）消費の落ち着き先や目標というと、通常は消費が増大して欲求が満たされ、もはや増大の必要がなくなった状態、すなわち消費の「上限」を想定するが、消費を減少させる場合にも「下限」が必要であり、それなしには禁欲は持続できないはずである。

(4) 宗教的禁欲は、さらに遡って原初的な宗教の中にも含まれていたと考えられる。しかし、デュルケムが指摘したように、原初的宗教における禁欲は、聖なるものとの交流を可能にし、それを通じて社会的連帯を実現する機能を果たすものであり、宗教倫理や自己鍛錬、自己救済などの側面が強調された三大宗教における禁欲とは、性格を異にしていたと考えられる。Durkheim, É., 1912, *Le formes élémentaires de la vie religieuse: Le système totémique en Australie*, Felix Alcan. 古野清人訳、一九九五、『宗教生活の原初形態（改訳）』岩波書店（文庫）、（下）一三五～一四六頁。

(5) 中村元訳、一九八四、『ブッダのことば――スッタニパータ』岩波書店（文庫）、一七四、二〇八頁。この書物は仏教書のうちで最も古く、ブッダ（釈迦）のことばに最も近いものと言われる。

(6) 金谷治訳注、二〇〇一、『論語』岩波書店（ワイド版岩波文庫）。ここで取り上げたのは、三一、一四九、三三三頁。

(7) アリスティッポス、エピクロスについては次の文献を参照。ディオゲネス・ラエルティオス、加来彰俊訳、一九八四、『ギリシア哲学者列伝』（上・中・下）岩波書店（文庫）。アリスティッポスについては（上）第二巻第八章、エピクロスについては（下）第十巻第一章で解説されている。なお、エピクロス自身の言説については、次の文献を参照。出隆・岩崎允胤訳、一九五九、『エピクロス――教説と手紙』岩波書店（文庫）。

(8) Long, A. A., (1981) 1986, *Hellenistic Philosophy: Stoics, Epicureans, Sceptics* (2nd ed.), University of California Press. 金山弥平訳、二〇〇三、『ヘレニズム哲学――ストア派、エピクロス派、懐疑派』京都大学学術出版会、三五六頁。

(9) 聖書に示される古代のキリスト教では、禁欲主義的な要素もあったようだが、新約聖書「コロサイ人の手紙」（第二章二〇～二三）のように、それを批判するような言説も見られ、あまりはっきりしたものとはなっていない。

(10) 戸田聡、二〇〇八、『キリスト教修道制の成立』創文社。

(11) Long, op. cit. 訳書、三五一～三五二頁。

(12) 朝倉文市、一九九五、『修道院』講談社（新書）、一一〇～一三二頁。

(13) 日本の朱子学と江戸幕府の関係については、次の文献を参照。土田健次郎、二〇一四、『江戸の朱子学』筑摩書房。

(14) 鈴木大拙、北川桃雄訳、一九四〇、『禅と日本文化』岩波書店（文庫）。儒教との関係については一〇一～一一〇頁、日本の武士階級との関連については、三五～六一頁を参照。

(15) 西洋ではルネッサンスの時代に対する中世のイメージ、日本では、安土桃山時代以降に対する鎌倉時代のイメージがそれにあたる。ただし、最近のヨーロッパ中世研究ではそれを否定する動きも見られる。中世ヨーロッパの非禁欲的側面については、次の文献、特にその第三部を参照。Verdon, J., 1996, *Le plaisir au moyen age*, Perrin. 池上俊一監修、吉田春美訳、一九九七、『図説 快楽の中世史』原書房。

(16) Weber, M., 1904-1905, "Die Protestantische Ethik und der Geist des Kapitalismus," *Gesammelte Aufsätze zur Religionssoziologie*, J. C. B. Mohr. 大塚久雄訳、一九八九、『プロテスタンティズムの倫理と資本主義の精神』岩波書店（文庫）。

(17) Weber, op. cit. 訳書、一六～一九頁。

(18) 同右、三五〇～三五七頁。

(19) 同右、三〇〇～三〇四頁。

(20) 同右、三二八～三三二頁。

(21) 同右、三四二頁。

(22) 同右、三五七頁。

(23) Bellah, R. N., 1957, *Tokugawa Religion: The Values of Pre-industrial Japan*, Free Press. 池田昭訳、（一九六六）一九九六、『徳川時代の宗教』岩波書店（文庫）。山本七平、一九七九、『勤勉の哲学』ＰＨＰ研究所。

(24) とはいえ、かつてのような極端に禁欲的な行為が、現代社会では時折断片的に流行することもある。たとえば、食事を特定期間制限するファスティング（断食）、もっと極端な「不食」などは、健康志向と結びついて、近年注目を浴びた。次の書物を参照のこと。秋山佳胤・森美智代・山田鷹夫、二〇一四、『食べない人たち――「不食」が人を健康にする』マキノ出版。

(25) 次のような文献が代表的なものである。Galbraith, J. K., (1958) 1984, *The Affluent Society* (4th ed.), Houghton Mifflin. 鈴木哲太郎訳、一九九〇、『豊かな社会』岩波書店。Packard, V., 1960, *The Waste Makers*, David McKay. 南博・石川弘義訳、一九六一、『浪費を作り出す人々』ダイヤモンド社。

(26) Shi, D. E., 1985, *The Simple Life: Plain Living and High Thinking in American Culture*, Oxford University Press. 小池和子訳、一九八七、『シンプルライフ――もう一つのアメリカ精神史』勁草書房、三六〇頁。なお、三五五～三九六頁に、カウ

ンターカルチャーの時期以降一九八〇年代までの、アメリカにおける反消費主義の動きがまとめられている。
(27) Reich, C. A., 1970, *The Greening of America*, Random House. 邦高忠二訳、一九七四、『緑色革命』早川書房、二四一頁。
(28) 同右、三七一頁。
(29) Roszak, T., 1969, *The Making of a Counter Culture: Reflections on the Technocratic Society and Its Youthful Opposition*, Doubleday & Company. 稲見芳勝・風間禎三郎訳、一九七二、『対抗文化の思想――若者は何を創り出すか』ダイヤモンド社、四三頁。
(30) Elgin, D., 1981, *Voluntary Simplicity: Toward a Way of Life That Is Outwardly Simple, Inwardly Rich*, Morrow. 星川淳訳、一九八七、『ボランタリー・シンプリシティ――人と社会の再生を促すエコロジカルな生き方』ＴＢＳブリタニカ、一九～四七頁。
(31) Elgin, D. and A. Mitchell, 1978, "Voluntary Simplicity: A Movement Emerges," Doherty, D. and A. Etzioni (eds.), 2003, *Voluntary Simplicity: Responding to Consumer Culture*, Rowman & Littlefield, p. 159.
(32) Schor, J., 1998, *The Overspent American: Why We Want What We Don't Need*, Basic Books. 森岡孝二監訳、二〇〇〇、『浪費するアメリカ人――なぜ要らないものまで欲しがるか』岩波書店、一七三～二二三頁。
(33) Etzioni, A. 2006, "Voluntary Simplicity: Characterization, Select Psychological Implications and Societal Consequences," Jackson, T. (ed.), *The Earthscan Reader in Sustainable Consumption*, Earthscan, pp. 161-162.
(34) ＮＰＯ法人日本ベジタリアン協会ＨＰのＱ＆Ａによる。(http://www.jpvs.org/QandA/index.html)
(35) Inglehart, R., 1977, *The Silent Revolution: Changing Values and Political Styles among Western Publics*, Princeton University Press. 三宅一郎ほか訳、一九七八、『静かなる革命――政治意識と行動様式の変化』東洋経済新報社。
(36) 『週刊東洋経済』、二〇一二年七月二八日号による。
(37) 中野孝次、一九九二、『清貧の思想』草思社。
(38) 次のような書物がある。鈴木孝夫、一九九四、『人にはどれだけの物が必要か』飛鳥新社。大原照子、一九九九、『少ないモノでゆたかに暮らす――ゆったりシンプルライフのすすめ』大和書房。

(39) Schumacher, E. F., 1973, *Small Is Beautiful: A Study of Economics As If People Mattered*, Blond & Briggs. 小島慶三・酒井懋訳、一九八六、『スモール イズ ビューティフル――人間中心の経済学』講談社（学術文庫）。

(40) 次のディープエコロジーの代表的文献でも、消費生活の抑制については、あまりはっきりと論じられていない。Naess, A., 1989, *Ecology, Community and Lifestyle: Outline of an Ecosophy*, translated and revised by D. Rothenberg, Cambridge University Press. 斎藤直輔・関龍美訳、一九九七、『ディープ・エコロジーとは何か――エコロジー・共同体・ライフスタイル』文化書房博文社。Drengson, A. and Y. Inoue (eds.), 1995, *The Deep Ecology Movement: An Introductory Anthology*, North Atlantic Books. 井上有一監訳、二〇〇一、『ディープ・エコロジー――生き方から考える環境の思想』昭和堂。

(41) Elgin, op. cit. 訳書、一三三～一三五頁。Wachtel, P. L., 1983, *The Poverty of Affluence: A Psychological Portrait of the American Way of Life*, Free Press. 土屋政雄訳、一九八五、『「豊かさ」の貧困――消費社会を超えて』ＴＢＳブリタニカ、四〇～四八頁。

(42) Durning, A. T., 1992, *How Much Is Enough?*, Norton. 山藤泰訳、一九九六、『どれだけ消費すれば満足なのか――消費社会と地球の未来』ダイヤモンド社、一六六頁。

(43) 同右、一六七頁。

(44) Trainer, T., 1995, *The Conserver Society: Alternatives for Sustainability*, Zed Books, pp. 18-73.

(45) 枚本育生、二〇〇六、『グリーンコンシューマー――世界をエコにする買い物のススメ』昭和堂、八四～八八頁。なお本書七章2節「グリーンコンシューマリズムの性格」も参照されたい。

(46) アースデイ日本編、一九九〇、『地球を救う一三三の方法』家の光協会。日本では、このようなタイプの出版物が特に多いようで、筆者の知る限りでは数十冊に及ぶ。Horn, G., 2006, *Living Green: A Practical Guide for Simple Sustainability*, Freedom Press. この本はアメリカで発売されたものであるが、初刷で一二万五〇〇〇部も売れたそうである（p. 148）。

(47) Worldwatch Institute, 2010, *State of the World 2010*, Norton. エコ・フォーラム二一世紀監修、『ワールドウォッチ研究所地球白書二〇一〇―二〇一一』（特集 持続可能な文化）ワールドウォッチジャパン。

(48) 宗教家の立場から長らくアメリカの消費主義批判の論評を続けた論者として、アメリカの有力なカトリック司祭カヴァノーがあげられる。しかしその主張は強い禁欲主義ではなく、緩やかな消費の節制と、それを通じた精神の安定や幸福感の追求を呼びかけるにとどまるものであり、かつての熱狂的な禁欲主義（3節で述べる原理主義モデル）とは大きく異なっている。

(49) 次の文献に東洋思想の影響が見られる。Schumacher, op. cit. 訳書、六九〜八一頁。Elgin op. cit. 訳書、二八〇〜三〇一頁。Kavanaugh, J. F. (1981) 2006, *Following Christ in a Consumer Society*, Orbis Books, pp. 184-186.

(50) 日本の太平洋戦争時のゼロの消費文化については、次の文献にまとめられている。田村正紀、二〇一一、『消費者の歴史』千倉書房、一六八〜一九〇頁。

(51) 実際には、原理主義モデルと寛容モデルの間にさまざまなバリエーションがあるが、ここでは議論をわかりやすくするために、二つのタイプを設定しておく。

(52) Etzioni, A., 2008, "The Post Affluent Society," Dolfsma, W. (ed.), *Consuming Symbolic Goods: Identity and Commitment, Values and Economics*, Routledge, p. 140. なお、このようなエチオーニの解釈は、自発的簡素化運動の主唱者であったエルジンの考え方よりは、寛容で包括的なものと考えられる。

(53) Elgin, op. cit. 訳書、一〇五〜一〇六頁。

(54) 環境主義的反消費主義は、物的消費は必然的に資源を消費し、環境に負荷を与えるという自然法則的関係を元にしていることから、強力な根拠となりうる。改めて考えてみれば、古代から中世にかけての禁欲主義も、自然が破壊され、資源が不足した地域や時代において盛んになった可能性があり、近代的禁欲主義も、肥沃な土地と気候に恵まれない資源の乏しい地域だからこそ受け入れられたのかもしれない。表向きの根拠としては示されていないが、これらの禁欲主義は、資源や環境の制約を耐え、乗りこえるという潜在的機能を果たしていたものと思われる。

(55) Worldwatch Institute, op. cit. 訳書、二一〜三三頁。

(56) 他の環境問題や資源問題を含めて論じたものとして、次の拙著も参照されたい。間々田孝夫、二〇〇〇、『消費社会論』有斐閣、二一八〜二三五頁。

(57) Elgin, op. cit. 訳書、六〇頁。

(58) 超越的な価値による禁欲の場合でも、プラグマティックな根拠がないわけではなく、注(54)に示したように、潜在的には何らかの実質的機能を果たしたものと考えられる。しかし、その場合でも、表向きは超越的な主張であり、それについて根拠や効果を説明されることはなかったと考えられる。

(59) 倫理的消費（ethical consumption）については次の文献で解説されている。Harrison, R., T. Newholm and D. Shaw (eds.), 2005, *The Ethical Consumer*, Sage. 本書七章2節「社会的消費の全貌」も参照されたい。

(60) 中野孝次、前掲書、二〇八頁。

(61) Wachtel, op. cit. 訳書、七二〜七三頁。

(62) 精神的充足にもよいものと悪いものがあり、すべてが好ましいというとらえ方はできないという議論もあろう。筆者はそれを認めるにやぶさかではない。しかし、そのような適否の基準が、消費を通じるか通じないかという基準と一致することはないというのが、ここでの筆者の主張である。

# 第五章　消費三相理論

一章から四章まで、四つの消費文化について詳しく検討してきた。それぞれの章を見ていただければわかるように、消費という現象はさまざまな意味をもっており、さまざまな観点から考察することができる。同じ自動車であっても、便利な機械として利用することができ、ステータスシンボルとすることもでき、愛着のある仲間のように感じることもあり、美しい「動く芸術品」のように扱うこともあり、そして、悪しき文明の象徴と見なすことも可能である。人間は消費行為、消費財に対してさまざまな仕方で関わっており、その関わり方は非常に複雑なものである。

本書では、これまで四つの消費文化という形でその複雑さを整理してきたのだが、この五章では、その最終段階として、それら複数の消費文化によってどのように現代消費文化の全体が形成されているかを検討することにしよう。その作業を通じて、ようやく現代＝二一世紀の消費とはいかなるものなのか、その全体像が見えてくるはずである。

## 1　消費三相理論とは何か

### 消費三相理論の意義

消費三相理論とは、序章4節「消費の三相理論へ」で述べたように、第一の消費文化、第二の消費文化、第三の消費文化という三つの消費文化を基軸として、必要に応じてゼロの消費文化を加えつつ、現代の複雑な消費現象を整理し特徴づけ、また各消費文化の変容や相互関係に注目しつつ、現代消費文化全体の動向について分析することができるような理論的枠組を意味している。

この理論は、経験主義的なものであって、現実のさまざまな消費現象による例証、検証などを繰り返し、そこから理論化のヒントや問題点を何度も汲み上げつつ発展していくものである。現実との間でフィードバックを続けながら改定されていく開かれた理論である。そのため、どこまでが消費三相理論であり、どこからが消費三相理論に基づいた実証分析であるかも、必ずしも明確ではない。整理された現実は理論に組み入れられ、確認された要素間の関係は、理論的命題として理論の一部になるのである。

消費三相理論は、各相、つまり各消費文化について、その概念を明らかにし、その特徴や性格について解明した部分と、各消費文化が組み合わさってどのような全体的現象を生み出すかについて考察した部分の二つから構成される。言うまでもなく、一章から四章は前者にあたり本章が後者にあたる。本章は「消費三相理論」と銘打っているが、その意味では、一章から四章までも消費三相理論の一部と言える。しかし、それらをふまえて、全体について考察した部分があって、はじめてまとまった消費文化理論の形を整えることができる。本章はその最終段階であり、総括的な部分を担当することになる。そのような重要な役割を担うことから、本章のタイトルを「消費三相理論」とした次第である。

消費に関しては、これまでさまざまな観点から理論的な考察が行なわれてきた。それらと比較した時、消費三相理論の最大の特徴は、その複合的あるいは多元的性格である。本書が三相理論の書だとすると、これまでのほとんどすべての消費言説は「単相理論」であり、消費に関してある特殊な前提や仮説を設定していた。あるいは、序章2節「単一要因論の限界」で述べたように、「単一要因説」であって、特定の原因や動機のみに注目するものであった。

序章ではそれを色眼鏡に喩えたのだが、色眼鏡をかけることによって、すべてのものはその色に染まり、その色でないものは無いように見えてしまう。そのような見方が、現実をとらえ損ない、誤った結論に導くことは明らかであろう。

単相理論は、さらに、これとは少し異なったタイプの問題を引き起こすこともある。同じ喩えで言うと、その色のものだけを視野に入れ、ほかの色のものを見ないという問題である。赤い色だけに関心があると、黄色や青、その他の色があっても目に入らなくなる。その結果、赤いものしか存在しないように見えてしまうのである。

このような問題、すなわちものごとの認識（観察、調査、分析など）において、その主体の先入観や思い込み、観点や立場などが影響して、適切な認識に至らないという問題については、すでに社会科学方法論上、さまざまな形で指摘されてきた。一般人の認識については、社会心理学のステレオタイプや偏見の研究で、[1] 知識人の認識については、知識社会学や科学社会学のパラダイム論で、繰り返し指摘されてきた。[2] しかし、消費文化の研究において、この点についての十分な目配りがなされてきたかというと、残念ながら大いに疑わしい。消費三相理論は、このような問題を回避すべく、複合的な視点から消費をとらえようとするものである。

筆者が、従来の消費文化研究について特に問題だと感じてきたのは、高度の文化的要素をもつ消費を適切に扱えなかったこと、消費の社会的影響（特に負の影響）について十分配慮しなかったこと、今後の消費文化の理念を提示しえなかったことという三つの問題点であり、消費三相理論は、これらの問題を克服するために考えられたものである（序章2節「新しい消費論の条件」を参照）。そこで筆者は、従来大きな意味をもっているにもかかわらず見逃されていた、新しい消費文化のあり方に注目して「第三の消費文化」という概念にまとめ、それを従来からの二つの消費文化に対峙させるという形で理論を組み立てたのである。[3]

## 消費三相理論の構成

それにしても、複合的な理論は、必ずしも本書のような理論である必要はないはずである。本書では、三つの消費文化について、それぞれ二つの原則から成り立つものとしてとらえたが、このような理論の構成は、どのような根拠に基づくのだろうか。以下いくつか説明を加えたい。

まずゼロの消費文化の扱い方が問題となるだろう。

四章をわざわざ設けたように、消費促進的な動きを示す第一から第三までの消費文化とは対照的なもう一つの消費文化が存在すると考えることは可能であり、それをゼロの消費文化と称することは妥当であろう。しかし、四章での検討から明らかになったように、現在有力であるゼロの消費文化の寛容モデルは、第三の消費文化に近いものであり、特に必要のない場合は、取り立てて第四番目の消費文化として扱う必要がないように思われる。ゼロの消費文化と第三の消費文化の相違は、第一、第二の消費文化と第三の消費文化の相違よりもずっと小さいように思われるのである。

また、ゼロの消費文化には、原理主義モデルと称した、第三の消費文化と大きく異なるものも含まれているが、現在のところ、言説としては存在するものの、それに該当する現実の動きは極めて小さく、消費文化の構成要素として改めて取り上げる必要はないように思われる。

以上のことから、ゼロの消費文化については、第三の消費文化との相違が重要となる場合にのみ論じることとし、四相理論ではなく三相理論として、三つの相の分析を中心とするのが妥当であると判断した次第である。

次に、三つの相、つまり三つの消費文化を、各二つの原則によって性格づけた点が問題となろう。なぜそれぞれの原則は二つなのだろうか。

第一の消費文化が機能的価値、第二の消費文化が関係的価値、第三の消費文化が文化的価値をそれぞれ基盤としていることから、素朴に考えれば、当該価値を追求することだけを当該消費文化の原則とするのが自然かもしれない。しかし筆者は、現実に存在している消費文化の記述を目指すなら、それぞれ一つの原則に基づくとするよりは、複数原則に基づくと考えた方が、より実態に沿ったものとなるし、実感的にとらえやすいと考えた。そして、複数の原則を設定しようとしたところ、結果的には三つとも二つの原則によって記述するのが適切だったのである。

第一の消費文化を例にとると、この概念は合理化論やリッツァのマクドナルド化論をふまえたものではあるが、リッツァのように機能的価値の追求のみ（＝マクドナルド化）を原則とするものとして概念化しようとすると、リッツァがモデル化しようとしたアメリカ的な消費文化はうまくとらえきれないように思われた。そこで筆者は、マクドナルド化に相当する第一原則に、量や大きさへの志向性を示す第二原則を加えることによって、現実のアメリカ的消費文化をより適切に表現しようとした(4)。そして同様に、実用的な意味がなく空疎と考えられるような消費を第二の消費文化として二つの原則で表現し、これからの消費の理念となり、現在活性化している第三の消費文化を、二つの原則で表現しようとしたのである(5)。

ただし、基本的な価値を実現するという点で、それぞれの消費文化において、第一原則が主、第二原則が従であり、第一原則が当該消費文化の中心的特徴を示すことは確かである。

原則が二つであるという点はいいとして、次に問題となるのは、それらの関係であろう。二原則は一つの消費文化の中でどのような関係にあるのだろうか。両者は「かつ」(and)で結ばれるものなのか、「または」(or)で結ばれるものなのか。それがわからないと、何かあいまいな印象が残ってしまう。

この点については、実はそれぞれの消費文化ごとに事情が異なっている。

まず、第一の消費文化については、基本的に「かつ」であり、第一原則の機能的合理化と第二原則の量的拡大を同時に追求する消費文化を示している。もちろん、そのどちらかのみを追求する消費文化も存在するが、それらは第一の消費文化とは言えない。たとえば、機能的価値を追求しつつ極力消費量を減少させようとする消費文化は十分存在しうるが、それは第一の消費文化とは呼べないものであろう。

それに対して、第二の消費文化の場合には、二原則の関係は「または」である。関係的価値を追求するか、または非機能的・非慣習的な消費を自己目的的に追求するか、いずれかの原則に従うのが第二の消費文化である。両原則を同時に追求しているような場合もあるが、同時に追求しなくとも、どちらか一方を追求していれば、第二の消費文化と見なして構わないだろう。

第三の消費文化の場合は、三章5節「第三の消費文化の統合イメージ」ですでに論じたが、少々複雑である。文化的価値の追求と社会的配慮という二原則については、狭義にはその両方に従っているべきであり、一方だけを満たし他方の原則に明らかに反する場合には第三の消費文化とは言えない。その意味では「かつ」で結ばれていると言えよう。しかし、該当する消費現象の幅を広げるために、一方の原則を追求しつつ他方の実現度を低下させない場合は、広義には第三の消費文化に含めることができ、その意味では、強い意味で「かつ」で結ばれなくてもよい、というのが三章での結論であった(6)。

このように、二原則の関係はさまざまであるが、第一、第三の消費文化が基本的に「かつ」で結ばれているとすると、消費文化の中には、第一、第二、第三、そしてゼロを含めたいずれにも属さないものが多数存在しそうである。具体的に言えば、①第一の消費文化の第一原則のみを追求し、第二原則には従わないもの、②第一の消費文化の第二原則のみを追求し、第一原則には従わないもの、③第三の消費文化の第一原則のみを追求し、第二原則にはっきり反するもの、④第三の消費文化の第二原則のみを追求し、第一原則にはっきり反するものという四つについては、いずれの消費文化とも呼べないことになる。

ただし、このうち②は現代の高度なテクノロジーに依存する消費社会では現実的にほとんど存在せず、また④はゼロの消費文化（の原理主義モデル）に近似するから、実質的には、②、③の消費文化だけが漏れているということになるだろう。具体的に言えば、②機能的合理化を進めつつ物的消費の量的拡大を求めない消費文化と、③文化的価値を追求するが明らかに社会的配慮を欠き社会問題を誘発するような消費文化ということである。

このような可能性があることから、二つの原則を組み合わせて一つの消費文化と考えるのではなく、いっそのこと三×二＝六通りの原則をバラバラにして、六つの消費文化を想定すればいいのではないか、という考えもあるだろう。しかし筆者には、この六つの要素は、現実にバラバラに存在しているわけではなく、やはり二原則ずつがより強く関連しあって存在しているように思われる。現実の消費現象を整理する枠組としては、三相にまとめる方が効率的であろう。

六つの要素をバラバラにしても、それぞれが単独で存在することは少なく、ほかの要素と結びついていることが多い。

そうだとすれば、二要素だけの組合せとしても、六×五÷二＝一五通りの関係（ゼロの消費文化を含めれば八×七÷二＝二八通りの関係）を考えなければならないことになり、極めて煩雑である。三つの消費文化に整理することは、確かに右記②、③のようなケースを発生させる。しかし筆者には、現在のところこれらは、①、④のように考慮の必要が乏しいものではないものの、三つの消費文化ほどに重要な意味をもつものではなく、必要に応じて言及すれば十分なのではないかと思われる。

三つの消費文化は、機能的価値、関係的価値、文化的価値という三つの価値を基礎にしており、序章3節「その他の価値」で検討した通り、この三つで消費が追求する価値は網羅されている。(7)そして、これら三つの価値に基づいて設定された三つの消費文化のいずれにも該当しないものも少なくはないが、その一部はゼロの消費文化として予め受け皿が設けられ、それ以外のものについては、現実的にはマイナーな現象であり、理論枠組としては加える必要がなく、そのつど経験的な分析を加えればよい。――そう考えると、現在の消費社会で発生しているおもな消費現象を分析する枠組としては、三相理論で十分であり、研究効率上最も適切だと考えられるのである。

## 2　消費文化の相互関係

### 消費文化の相互浸透

三つの消費文化は、それらが合わさって消費文化の全体を構成している。しかし、その構成のされ方は、決して独立性の高いものではない。つまり、文化がきれいに三つに分離されて、それぞれの内部で、他からの影響なしに第一、第二、第三の文化が純粋培養されているというようなものではない。それどころか、三つの消費文化は常に影響を与えあっており、一つの消費現象がいずれか一つの消費文化だけに帰属するということはあまり考えられない。ここで消費現象として想定しているのは、消費費目（消費分野）、消費財、消費行為、商店・商業施設などであるが、それらがもっぱらいずれかの消費文化に属することは少ないということである。

たとえば、電気洗濯機は洗濯という面倒な作業を合理化するものであり、第一の消費文化の特徴を強く示しているが、形や色彩がきれいにデザインされているという場合には第三の消費文化の要素をもっており、年々目先を変えた製品が作られ消費されているという意味では第二の消費文化の要素ももっている。また、ファッション性の高い衣類は、他者に見せるという意味が強いので第二の消費文化と考えられることが多いが、保温性や耐久性など機能的性質も無視することはできず、第一の消費文化の要素ももっている。また、他者の視線を意識するだけではなく、自分の美意識や嗜好の実現という意味で第三の消費文化の特徴も十分備えている。そして、地場野菜を買うという消費行為は、新鮮で美味しく、フードマイレージを減少させるという意味で、第三の消費文化の要素を強くもっているが、身近で買え、価格が安いという意味では、第一の消費文化の要素ももっており、それが流行しておしゃれな行為と見なされる場合には、第二の消費文化の要素ももっていることになる。

このように、一つの消費現象の中には、複数の消費文化の原則が混在しており、各消費文化は相互浸透しあっていて、単一の消費文化に染まることを妨げている。先に述べた「単相理論」では、その現実を見据えずにいずれかの原則だけが支配しているかのように扱うのだが、三相理論では、消費文化の相互浸透をありのままに受け止め、分析しようとするのである。

さまざまな消費現象の中には、確かに、特定の消費文化の原則が支配的であるように思われるものも数多く存在している。たとえば、家庭内で使う電化製品の場合には、デザイン要素はあるにせよ、基本的には第一の消費文化に属すると見なしていいだろうし、フェアトレード商品は、見栄や流行の要素があるにせよ、基本的に第三の消費文化に関わるものと見なしていいだろう。

しかし、それらはもっぱら一つの消費文化に属することは少なく、しかもその状況が消費文化の全体的変容とともに変化することが多いので、常に注意を怠らないことが必要である。たとえば、おそらく近代以前の庶民にとっては、保温や人体の保護を目的とし、第一の消費文化に属した衣服は、現在では自己顕示や流行的な意味が強くなり、第二の消費文化に属するものとして解釈される。また、栄養補給という最も基礎的機能を果たし、第一の消費文化の要素が強かった食事という消費行為は、現在では美味を求める第三の消費文化としての性格を強めている。各消費文化の浸透状況は流動的であり、各消費現象の性格は、逐次変化していくものである。

他方、同時期に存在する同じ消費現象であっても、どの要素が強いかについてはバリエーションがあり、同じ消費現象について、第一、第二、第三のどの要素が勝っているかについては、さまざまなケースがありうる。たとえば、同じホテルであっても、安く手軽に泊まれるという実用面を重視しているホテルでは第一の消費文化の性格が勝り、高級感や流行のセンスを取り入れているホテルでは第二の消費文化の性格が強まり、静かな環境で安らげ、美味しい料理が食べられるというホテルなら、第三の消費文化の性格をもっていると判断できるだろう。

また、同じ洋菓子であっても、ボリュームを大きくしつつ大量生産で価格を下げたようなものであれば第一の消費文化の要素が強く、流行の素材を使ったものや見た目が派手で目立つようなものであれば、第二の消費文化的であり、いい材料を使って味にこだわって作ったものであれば、第三の消費文化に沿ったものだと言えるだろう。

同様のことは、消費者や消費行為にも当てはめることができ、機械製品の性能など、もっぱら第一の消費文化に関心のある人、フェアトレード商品の購入や「応援消費」など第三の消費文化的な行為、といったものを考えることもできる。

もちろん、いずれの消費文化に近いとも言い難い場合もあり、三つの消費文化の要素をうまく取り入れた店、いずれの消費文化の要素も中途半端で性格のはっきりしない消費財など、さまざまな中間的なケースがあろう。

ともあれ、三つの消費文化は、さまざまな形で混在し、浸透しあっているのである。

次項以降では、消費文化の混在、浸透という関係をふまえた上で、一般的に、一つの消費文化が他の消費文化にどのように影響を与えるか、あるいは二つの消費文化がどのような関係をもっているかという問題を考えてみたい。

## 第一の消費文化と第二の消費文化

まず、第一の消費文化と第二の消費文化の関係について考えてみよう。

この二つの消費文化は、前者は機能的価値の追求、後者は関係的価値または差異の追求を、それぞれ第一原則とするものであって、もともとその性格を大きく異にしている。歴史的に見ても、前者が一九世紀後半から急速に発展してきたのに対し、後者は古代から一部の支配階層を中心に根強く受け継がれてきたという点で対照的である。消費の分野については、前者が電化製品や道具類など、おもに家庭内の消費財において発展してきたのに対して、後者は衣服、履物、装身具、自動車など、家の外で人の目にさらされる消費財を中心にして広がってきたという点でも大きく異なっている。したがって、一見すると両者は別のものであり、無関係という印象が強い。しかし、消費社会の発展の中では、両者は少なからぬ関わりをもっていた。

まず、今日のように機能的価値をもった製品が普及しておらず、また価格も相対的に高かった時代には、機能的価値を実現する消費財の所有が、同時に関係的価値をもたらす、特に誇示的な役割を果たすという場合がしばしば見られた。たとえば、かつて自家用車は明らかにステータスシンボルであり、大型冷蔵庫やテレビ、エアコン（当時はルームクーラーと呼ばれた）でさえ、当初は誇示的な意味をもった時期があった。一つの消費財の消費が、第一の消費文化であると同時に、第二の消費文化にもなった。新しい消費財の発明と普及が、第一の消費文化を発展させると同時に、第二の消費文化の対象を広げることにもつながったのである。

しかし、その後先進消費社会では、急速な所得水準の向上と大量生産による価格低下によって、機能的価値をもつ商品を誇示的な意味で用いることは次第に困難になってきた。その後も機能的価値をもつさまざまな消費財が生み出されたが、自動車以降は取り立てて価格の高いものは現われず、発売当初から関係的価値、特に誇示的な意味の乏しい消費財が増えていったと言える。

機能的価値と同時に、誇示的意味ではなく差別化の手段としての価値をもつ消費財、つまり第二の消費文化の第二原則に該当する消費財は、今日に至るまで絶えず生み出されている。たとえば、わずかな改良を施されたパソコンやスマートフォンが、企業の流行発信や差異化の手段として、頻繁に生産されている。消費者側も、そういった新機能を含んだ消費財を、誇示的な意味というより、非慣習的で差異があること自体に意味があるものとして求め、受け入れる。しかしそれにしても、時折登場する画期的な新製品の場合を除いて、そういった改良は次第に陳腐で些末なものになる傾向にあり、第二の消費文化としての意味合いが弱まっているように思われる。

そして、それと入れ替わるかのように、二つの消費文化の新しい関係が登場してきた。それは、第一の消費文化に属する消費財に、第二の消費文化に属する価値を付加するというものである。

これは、もう少し正確に言えば、機能的価値をもつ消費財に、機能的改良以外の変更を加えて、第二の消費文化の二原則を実現するということである。たとえば、似たような味のワインであっても、ボトルやラベルのデザインに工夫を凝らして、高級感を演出するといったこと、また自動車に、機能はそのままでカラフルな色彩、シャープなデザインを施し、カッコいいとか、流行の先端を行くといったイメージを付与することを意味する。これは、おもに企業側が販売促進の手段として行なってきたことであり、かつて「需要創造説」が盛んに主張した消費文化のあり方である。(8)

このような関係は、消費財だけではなく商業施設についても見られる。ショッピングモールは、もともと中に入ったスーパーマーケットの便利さや大量供給、価格抑制など、第一の消費文化的な要素を強くもつものであるが、同時に、売り上げが停滞することのないよう、常時さまざまなイベント、目をひく装飾、店舗の改装などを行なって、第二の消費文化的な差異を演出し続けている。リッツァは、基本的にショッピングモールを第一の消費文化としてとらえつつも、ポストモダン的要素、つまり本書の用語法では第二の消費文化にあたる要素を合わせもったものとしてとらえ、「消費の大聖堂」（cathedrals of consumption）と呼んでいる。(9)

このような第一の消費文化への第二の消費文化の付加、あるいは両者の合体は、もともとは異なる消費文化でありながら、企業の販売促進という点で共通性をもつ二つの戦略、つまり商品の機能的改良（や低価格化）と関係的価値（や差異）への訴求という二つの戦略を、一つの商品（あるいは商業施設）に同時に盛り込んだものと言えるだろう。このような商品の作り方、売り方は、二〇世紀末に、最も消費文化らしい現象の一つとして盛んに論じられたものである。

しかし、両者は常に手を携えて歩むといった関係にあるわけではない。二つの消費文化はもともと性格を大きく異にするものであり、両者が乖離する傾向もしばしば見られる。

第一の消費文化は、全く新しい機能を果たす消費財を生み出すこともあるが、しばしば従来からの商品の代替品を生産して大衆化をはかるという性格をもつ。より多くの人々に、より大量の消費財を与えることを目指してきたのである。

それゆえ、経済情勢が悪化した場合や、経済的に恵まれない消費者を対象とする場合には、そのような大衆志向の方向に徹して、ある意味では「余分な」第二の消費文化を排除することがある。たとえば、装飾（パッケージなど）や広告費、製品のリニューアルを抑えて低価格を実現するＰＢ（プライベートブランド）商品、最低限の機能と単純なデザインにとどめて価格を安くした家庭電化製品、日常の家族での移動という目的に限定したツーボックスカー、店内に飾り気がなく商品の点数もしぼったディスカウントショップなどである(10)。

他方、第二の消費文化は、機能的価値の実現が盛んになるずっと前から、おもに生活にゆとりのある階層で受け継がれてきたものであり、もともと機能的価値と結びつく必要はないものであった。そのため、右記のように第一の消費文化が第二の消費文化の要素を捨てていけば、元のように、宝石、ファッション衣類などのように審美的価値をもつ消費財、あるいは身体的ケア、洗練された趣味、私立学校での教育など非物的消費財と結びつくようになる。つまり、機能的価値をもつ消費財と一緒になるのをやめ、もともと第二の消費文化と結びついていた消費財に回帰するようになる。目覚ましい発展の時期を過ぎ、低成長と階層格差拡大の傾向が続く消費社会では、第一の消費文化と第二の消費文化が、再び分離する傾向が発生しているのである。

以上のような第一の消費文化と第二の消費文化の関係を、自家用車を例にとってわかりやすく説明すると、第一の消費文化の申し子である自家用車は、高速移動という機能を実現すること自体がステータスシンボルや流行となることもあるが、そののちには、豪華さや流行的デザイン、モデルチェンジなどによって価値を付加するという形で、第二の消費文化と結びつく傾向が生じる。しかしそれも限界に達すると単なる移動手段になり、第二の消費文化と疎遠になっていく場合もあるということである(11)。

第一の消費文化と第二の消費文化の関係は多様であり、一つの図式だけで割り切ることはできないのである。

## 第一の消費文化と第三の消費文化

第三の消費文化も、第二の消費文化と同じように第一の消費文化と大きく異なる性格をもっている。

第一の消費文化が機能的価値を追求するのに対して、第三の消費文化は文化的価値を追求するものであり、前者が産業化の急速な発展とともに普及したのに対して、後者は古代からその基礎が見られ、静かに浸透しつつあったが、特に直近の二〇世紀後半以降、脱工業社会と言われる時代以降急速に普及してきたものである。前者が物的な消費財を中心とするのに対して、後者は非物的な消費を中心とするという違いもある。さらに、第二原則を比べると、前者が消費の膨張を是とするのに対して、後者は消費の膨張を問題視する社会的視点を伴っているという違いがある。そのため、第一の消費文化と第三の消費文化については、両者は全く別のものであるという印象がある。

それどころか、この両者は、その性格が対照的であることから、互いに他の実現を阻害するという対立的な関係にあるようにも思われるだろう。

リッツァが「無」と「存在」について論じたように（一章2節）、同じ物的消費財であっても、第一の消費文化に沿って、機能重視、大量生産、低価格化の方向を追求すると、大量生産のハンバーガーのように味が単調なものになり、地域ごとの文化的特性を切り捨てて画一化し、製品のバラエティも少なくなる。一言で言えば、リッツァの言う「無」に近づいていく。それに対して「存在」を追求していくと、コストは高まって商品の値段が上がるものの、高い品質で文化的価値に富んだものを作ることができる。「無」と「存在」は容易に両立せず、「無」が第一の消費文化、「存在」が第三の消費文化とすれば、両者は二律背反の関係にあるように思われる。

同じビール系飲料であっても、発泡酒や第三のビールなど、大量生産で価格を抑えたものは、本来のビールの味わいに乏しく、また文化的多様性はあまり実現できない。それに対して、クラフトビール（いわゆる地ビールなど）の場合には、小さな工場で手をかけて生産されており、驚くほどの文化的多様性と本来のビールの味が実現できるが、高価格になる場合が多い。また、同じような雑貨、たとえば花びんであっても、大量生産されスーパーマーケットで売られているものは、花を生けるという機能は果たすものの、それ自体の美的価値が乏しく、文化的多様性や手作り感の乏しいものが多いが、陶磁器の専門店や民芸品店に置かれている伝統工芸品は、価格は少々高いものの、文化的多様性と手作り感に富み、美的価値に優れたものが多い。

このような機能的価値対文化的価値、大量生産対少量生産、画一性対多様性、機械生産対手作り、低価格化対高品質化といった二項対立図式は、確かに第一の消費文化と第三の消費文化の関係の一つの側面だと言える。[12]

しかし、ここで注意しなければならないことがいくつかある。

その一つは、このような対立図式は「不連続」ではなく、中間がありえないものではないということである。本節「消費文化の相互浸透」で述べたように、現実の消費文化は、多かれ少なかれ、第一と第三の消費文化の混合したものであるが、それは消費者が右の二項の両方の要素を求めているということを意味し、実際、生産者側も、両者を両立させようとする努力を続けている。

その結果、機能的には十分であり、ほどほどの価格で、ある程度の文化的価値が含まれるような消費財の生産は可能になっており、実際には、そういった中間的な製品を中心にして、より第一の消費文化に徹した消費財からより第三の消費文化の理想像に近い消費財まで、段階的にさまざまなタイプの消費財が生産され、消費されている。コーヒーの例で言えば、オフィスに備えたインスタントコーヒーから、コーヒーマシンで淹れたコーヒー、大規模チェーンのコーヒーショップ、個人経営の喫茶店、スペシャルティコーヒーの専門店まで、さまざまな価格と品質のコーヒーが提供されており、消費者はそのいずれを選択することも可能になっている。第一の消費文化と第三の消費文化は、原理的には相容れない面があるが、現実には多様な混合比率の消費財を生み出し、それらが「棲み分け」の状態にあることが多いのである。(13)

そして、もっと重要なことは、第三の消費文化が実現しようとする文化的価値は、決して右に示したようなものだけではなく、ほかにさまざまな内容を含んでいるということである。

右に示したような、小規模生産によって実現される消費財の価値を「クラフト的価値」と呼ぶことにすると、確かにクラフト的価値は、消費の文化的価値の一つであり、重要なものの一つと言えよう。しかし、三章に示したように、文化的価値は非常に多様な内容を含み、クラフト的価値のように、第一の消費文化と二律背反的な関係にあるものは必ずしも多くない。

その大きな原因は、文化的価値の中には、序章（3節「精神的価値と文化的価値」）や三章（3節「文化的価値の分類基準」）で述べたように、消費者自身が関与し、それを作り出すものが少なくないからである。クラフト的価値の場合は、文化的価値は基本的に職人的な生産者が作り出し、消費者はそれを品定めし消費するだけであるという状況を想定しているが、消費者自身が関与し、文化的価値を作り出そうとする場合には、むしろ第一の消費文化が第三の消費文化の発展に寄与する場合が少なくない。

一章でも論じたように（3節「第一の消費文化が創り出すもの」）、情報技術の発展は、パソコンやそのためのソフトウェアの発達を通じて、新しい視覚的文化を生み出したし、さまざまな高性能の道具類の普及は、絵画、音楽、工芸、写真、園芸、手芸、スポーツなどの文化的活動を容易にし、またその達成水準を上昇させた。そして高速で容量の大きな飛行機の発達は、海外旅行の機会を格段に増加させた。クラフト的価値が最も重要となる食文化の分野でも、オーブンの発達や冷蔵技術の発展など、技術的進歩によって高度の食材加工や調理が可能になった部分は少なくないであろう。

このような関係は、第一の消費文化が新しいテクノロジーを通じて文化的価値のための優れた用具、あるいは手段を生み出すことから生じたものである。

他方、第一の消費文化は第三の消費文化のための時間を生み出すこともある。消費者が文化的価値を作り出すためには、その活動に携わる時間的ゆとりがあるかどうかが大きな問題となるが、第一の消費文化は、家事時間の短縮という形で、それを可能にした。電気洗濯機、冷蔵庫、電気釜、ガス給湯器などの機械製品、および外食産業、宅配、クリーニング等サービス業による家事時間の短縮は、現代人の自由時間を大幅に増やし、その時間をさまざまな娯楽、趣味的活動、学習に当てることを可能にした。

さらに、間接的な関係であるが、第一の消費文化の発達は、一般的には経済成長を促進し、所得を増加させることを通じて第三の消費文化に必要な経済的条件を整えることが多い。第一の消費文化を発展させる科学技術の発展と高度の生産能力は、文化的価値を生産する第三次産業部門を拡大する余力を生み出し、また国際競争上の優位性をもたらして、経済成長を実現し、その果実として国民の所得を増やす。そして、それを文化的消費に振り向けるゆとりを生み出す。実際、西側先進諸国の二〇世紀後半以降の文化的消費の著しい伸びは、このような経済条件のもとで可能になったという面が少なくない。

以上のような、第一の消費文化が第三の消費文化を促進するさまざまな状況を考えると、単純に両者は両立不可能、二律背反的な関係にあるとは言えず、一定の依存関係ももっていることがわかるだろう。少々荒っぽく整理すると、第一の消費文化が文化的価値を期待される最終製品（またはサービス）を作り出す限り、それは文化的価値の実現を妨げる傾向にあるが、第一の消費文化が手段となり、消費者がそれを手段として利用して文化的価値を自ら実現しようとする場合には、むしろ促進要因となる、と言えそうである。

なお、本項では、第一原則間の関係を中心に論じてきたが、最後に第二原則同士の関係に言及すると、この両者は基本的に対立的である。先に述べたように、前者が消費の膨張を求めるのに対して、後者は消費がさまざまな社会的問題を引き起こしていることを問題視し、それを回避しようとする。それゆえに、第一の消費文化においてあまりにも大量消費的で物財の消費が増大する場合には、たとえ文化的価値の実現を促進するようなものであっても、第三の消費文化全体にとっては阻害的なものとなるだろう。たとえば、著しくエネルギー消費を増やすような輸送手段、大量の廃棄物をもたらす電子機器などは、第三の消費文化の第一原則にとっては促進的かもしれないが、第二原則にとっては阻害的であり、基本的に二つの原則の両立を目指す第三の消費文化にとっては（三章5節「第三の消費文化の統合イメージ」、本章1節「消費三相理論の構成」を参照）、全体として阻害的と判断せざるをえないものであろう。

## 第二の消費文化と第三の消費文化——その大きな違い

第二の消費文化は第一原則として関係的価値を求め、第三の消費文化は第一原則として文化的価値を求めるものであった。両者が追求する基本的価値は、全く異なっている。

改めて復習してみると、第二の消費文化における関係的価値とは、消費者と他者との関係を調整するという意味合いをもつ消費の価値を示し、第三の消費文化における文化的価値とは、消費者が何らかの好ましい精神状態を実現する場合の消費の価値を示すものであった。この両者は、前者は他者との関係に志向し、後者は自己の価値や欲求に志向しているという点で大きく異なっている。このように基本的価値が異なっていることから、第二の消費文化と第三の消費文化とは、大きく性格を異にするものである。

しかし、そのことはなかなか理解されにくいことのようである(14)。関係的価値と文化的価値が異なるものであるという最も基本的な認識が、一般市民にも、専門研究者にも決して共有されていない。定義上明らかに異なっているにもかかわらず、両者がはっきり区別されることは、筆者の知る限りほとんどない。

その原因の一つは、両者には共通点があり、非常に広い意味では同じようなものだとも言えることであろう。その共通点とは、関係的価値も文化的価値も内面的な価値だということである。第一の消費文化の基礎をなす機能的価値の場合には、その実現を外面的、客観的に判断することができるが、第二の消費文化における関係的価値、第三の消費文化における文化的価値は、ともに内面的であり、その実現が目指されたのかどうか、実際に実現されたのかどうかを、直接観察して判断することが困難なものである。またこの両者は、ともに、機能的価値のように実用的に役立つというものではなく、その必要性を強く主張できず、無くてもすむと判断されやすいという点でも共通している（三章3節「なぜ『文化的価値』なのか」を参照）。このような共通点により、両者は何となく一緒にされ、区別されないことが多くなったのであろう。

両者が区別されなかった理由としては、類似性のほかに、消費文化の歴史的変化もあげられるだろう。

現代消費社会は、高度産業化による機能的価値（第一の消費文化）の目覚ましい実現によって幕を開け、十分な生理的価値が実現されるとともに、電化製品や車など、さまざまな便利な機械製品が普及していった。しかし、その成熟とともに、機能的価値の追求は頭打ちの傾向になり、その代わりに、主観的、精神的な価値の追求が盛んになったように思われた。機械製品の代わりに、目まぐるしく変化するファッションや、架空の現実を生み出すメディア情報、日常性を脱するためのさまざまな娯楽など、精神的な意味をもった消費現象が目立つようになり、関心を集めていった。機械製品についても、客観的な性能よりも、年々変化するデザインやさまざまな装飾などによる主観的印象の違いが、消費の決め手になると考えられるようになった。

このような変化は、おおよそ機能的価値から非機能的価値への関心の変化として、二分法的に解釈できるものであった。多くの人にとっては、このような二分法で十分消費社会の変化を理解することができ、後者をさらに関係的価値と文化的価値に分ける必要はなかったのである。かつて消費文化論の中心となった記号論的消費論（消費記号論）においても、関係的価値を示す記号と、文化的価値をもつという意味での記号が区別されることは少なく、あいまいにそれらを「記号としての消費」としてとらえ、実用的な消費（機能的価値）と対比することが多かった。

しかし筆者は、これまではともかく、今後は**関係的価値と文化的価値は峻別されるべきであり、両者を区別せずあい**

まいなまま取り扱うことは、厳に避けるべきだと考えている。なぜなら、そのどちらを追求するかによって、消費者の行為の仕方は変わり、消費行為に影響を及ぼす要因、消費されるもの、消費がもたらす影響、そして全体として消費社会がどのような方向に向かうかも大きく違ってくるからである。従来は、文化的価値が関係的価値の陰に隠される傾向にあったが、それを切り離して表に出すことによって、現代消費文化の本当の姿が見えてくるはずである。

こういった点については、本書のあちこちで示しているのだが、ここでは、さらに衣服の例をあげて簡単に説明しておくことにしよう。

現代の衣服は、一方では、確かに地位の高さの誇示、自己顕示、流行の先端にあることの表示、他者との差別化など関係的価値の要素を多分に含んでいる。そのため、衣服はもともとは流行を意味する言葉である「ファッション」と称されるようになり、関係的価値を実現する消費財の典型と考えられてきた。しかしこのような関係的価値のみが衣服の価値ではない。衣服は、他方では、それが美しい、スタイルがよい、現代人の夢や憧れを実現する、といった文化的価値を含んだものである。人々は、その衣服が素敵だと思い、自分の趣味に合い、昔からの願望を実現するからこそ着る、という面をもっているのである。

前者を実現しようとする人と後者を実現しようとする人とでは、行為の仕方は異なったものとなる。前者の場合は、とかく目立つ衣服が着用されることが多いが、後者の場合は、目立たなくともそれ自体の美しさや趣味のよさが感じられる衣服が選ばれることが多いだろう。前者の場合は、流行の衣服を宣伝する効果は大きいと思われるが、後者では自分の好きでないものは着ないから、その効果はあまりないであろう。前者は次々に新しい衣服に買い替える傾向をもつが、後者は同じものを長く着ようとする傾向を示すだろう。同じように内面的な意味をもった衣服の消費であっても、関係的価値を目指す場合と文化的価値を目指す場合とでは、大きな違いが生じるはずである。

それにもかかわらず、今までこういった違いは無視され続けてきたのである。

そして、単に区別がなされなかっただけでなく、非機能的な消費（第一の消費文化に属さず機能的な価値を実現しない消費）は、なぜかほとんどの場合、関係的価値を実現するものとして理解されてきた（二章3節「二項対立的思考の陥穽」）。そしてそれらは、虚栄心や誇示、流行への追随など、関係的価値に伴うある種の無意味さ、馬鹿馬鹿しさと結びつけられ、批判の対象とされてきたのである。

それに対して、非機能的な消費が文化的価値を実現するものだという解釈がなされることは少なく、文化的価値が目に入らない状態が続いてきた。

消費社会には、関係的価値ではなく文化的価値を実現するものと考えれば、評価が一変するような消費が数多く存在している。それらは、同じように精神的な意味をもつ消費であっても、生活の充実や幸福の実現といった肯定的な意味をもち、人間にとって重要な活動として再認識されるはずである（三章1節「第三の消費文化を論ずる意味」、三章2節「文化的価値の発見と主題化」を参照）。

それにもかかわらず、文化的価値は、なぜか消費文化の研究者に注目されることのないまま放置されてしまった[15]。これが従来の消費文化研究の大きな問題点であった。そのために、消費文化研究は長く停滞してしまうこととなったのである。

## 第二の消費文化と第三の消費文化――その相互関係

以上のことをふまえた上で、改めて第二の消費文化と第三の消費文化の関係を考えてみよう。

右に示したように、両者は第一原則に示される基本原則を異にしており、はっきりと区別すべきものである。それにもかかわらず、現実には両者は一体化され、同時に発生することがしばしばある。第二の消費文化の関係的価値は、第三の消費文化の文化的価値を基礎として、そこから発生するという意味で関係をもちうるのである。

序章3節「関係的価値」で述べたように、関係的価値は、他の価値から独立して実現することができず、他の価値に相乗りする形でしか実現できないという特徴をもっている。関係的価値だけを実現するような市販の消費財は存在せず、関係的価値は、機能的価値または文化的価値をもつ消費財の消費から派生してくる。

その派生の仕方はさまざまである。まず最も素朴なタイプは、単に消費財をたくさんもっているとか、その消費財が巨大なものであるといったことが地位や優越性を示すなどの意味をもち、関係的価値の源になる場合であろう。車を何台ももち、大きな家に住んでいることが地位のシンボルになるといった場合がこのタイプにあたる。

それに対して、稀少で高価な消費財を保有しているということが地位のシンボルになるタイプもある。貴金属や象牙、大理石などの高級素材、供給の少ない動物皮革などがそれにあたる。この場合は、大きさや数量ではなく、価格の高さや入手の困難さが関係的価値の源になっていると言えるだろう。本節「第一の消費文化と第二の消費文化」で述べたように、車や電化製品などの耐久消費財を保有していること自体が関係的価値をもたらした時代もあったが、これらも当時は高価格であり、手に入りにくかったことから関係的価値をもちえたと考えられる。

しかし、こういったタイプの関係的価値は、端的にいえば粗野なものであり、単なる成金、なりふり構わぬ権力獲得者というイメージを与え、別の意味で関係的価値を損ねかねないものとなる。

そこで多くの社会で、そしてかなり古い時代（おそらく古代）から、関係的価値は文化的価値をもつ消費を通じて生み出されることが多かった(16)。つまり、文化的価値をもたらすような消費財をもち、それを消費していることを通じて、自分の財力を誇示したり、上位の階層への帰属を示したりするというタイプである。

たとえば、美しく輝く宝石を身につける、細工が細かく手をかけてつくられたハンドバッグをもつ、高い教養を示すような書物を読む、といった文化的価値を実現していることによって、関係的価値を実現するという場合がこれにあたる。前項で述べた衣服で言えば、自分の衣服が美しい、スタイルがよい、ファンタスティックであるといった文化的価値の上での卓越性を通じて、自分の優位を示し、関係的価値を実現するということである。

文化的価値をもたらす消費財の中には、同時に、大きかったり稀少で価格が高かったりするものもあるが、そういった条件を満たすだけではなく、文化的価値を実現しているからこそ、関係的価値をもたらしている。いくら大きく、価格が高くても、文化的価値の点で劣っていると見なされると、揶揄と嘲笑の対象になってしまうのである。

このような文化的価値と関係的価値の結びつき、第三の消費文化と第二の消費文化の関連は、長い間、さまざまな社会で見られたものであるが、その傾向が進むと、二つの要素が本来別のものであるということが次第に忘却され、両者が一つのものとしてとらえられるようになった。関係的価値を生まない日常的で広く普及した消費財は、自動的に文化的価値をもたないと見なされるようになったし、(17) その逆に、高所得層が盛んに使用するなど、特定の地位や階層と結びついて、関係的価値をもっているというだけで、その消費財の文化的価値も高いという錯覚を生むようになった。

このような両者の一体化もまた、関係的価値と文化的価値が区別されない傾向の一要因になったものと思われる。

しかし、このような一体化は、消費社会の進行につれ、次第に解消の方向に向かっているように思える。

まず、第二の消費文化において、関係的価値の重要性が低下するという事態が生じている。関係的価値の追求は、第二の消費文化の第一原則にほかならないが、高度化した消費社会においては、第二の消費文化の第一原則に沿った消費から、第二原則に沿った消費へと重点がシフトする傾向がある（二章2節「その後の第二の消費文化」を参照）。消費者側では、他者を意識した消費から差異や変化を求める消費へと関心が移行し、企業側では、関係的価値に訴えるマーケティングから、製品の差異化を果てしなく繰り返すマーケティングへと、力点の変化が生じた。

それにつれて、消費文化研究においても、ヴェブレンからボードリヤールに至るまで有力であった顕示的消費を強調する見方から、消費の差異化を求めて非慣習的、非機能的な消費財を生産・消費し続ける消費文化を強調する、いわゆるポストモダン的なとらえ方へと、潮流が変化していった。第一原則と第二原則は、調査してその量を数値的に示せるようなものではないが、少なくとも後者が多く存在するようになったということについては、二〇世紀の末には広く認識されるようになった。

このような変化は、関係的価値を通じて第二の消費文化と第三の消費文化が結びついている状況にも影響を与えることになった。

第二の消費文化の第二原則においては、消費財は非機能的、非慣習的な差異があれば十分であり、文化的価値は特に求められない。第二原則は第一原則（関係的価値）と違って、文化的価値とは独立に作り出すことができ、文化的価値との関係が薄いのである。

たとえば、同じハンドバッグでも、ステータスシンボルとなるためには美しさという文化的価値を感じさせることが重要となるであろうが、単なる差異、時間的変化を実現すればいいのであれば、それが美しい必要はなく、変わったものであり、注目を浴びさえすればいいことになる。なまじそれが美しいと、あえてそれをまた新しいスタイルへと変化させることが困難になってしまうであろう。また、同じ書物であっても、知識人としての能力を誇示できるような書物とするためには、内容が優れ、知的刺激に満ちていることが必要であろうが、単に何か少し目新しい情報、物珍しい知識を与えるだけでいいのであれば、取り立てて内容の良さを必要としなくなる。

このようなことから、第二原則に重心を移した第二の消費文化は、次第に第三の消費文化と疎遠になっていった。そういった第二の消費文化には、何らかの感覚的刺激や精神的興奮を与えはするが、文化的価値がもたらすはずの充実感や満足感にはつながらないものが多い。たとえば、次々に趣向を変えた映画や流行歌が作られ、わずかの間だけもてはやされては古いものとして捨てられていく。また、新しさや物珍しさを売り物にしたさまざまな嗜好性の食品が生産され消費されるが、すぐに飽きられて消えていく。文化的価値が生み出されたのかどうかを確認する間もなく、第二原則に従って次々に新しいものへと取り替えられていくのである。

他方、文化的価値の方から見ると、現代消費社会は、文化的価値の実現にとって、驚くほど好都合な状況を生み出した。従来は文化的価値を追求するには所得も、時間も、関心も、知識も不足していた人々が、大挙して文化的消費を求め、それを実際に可能とするような条件が整ってきた。

消費社会を実現した先進諸国では、経済成長によって所得の上昇を実現し、生理的価値や道具的価値にとどまらず、文化的価値を一定程度実現できるだけの経済的ゆとりを生み出した。他方、文化的消費財は情報技術や量産技術の進歩により相対的に価格が低下し、ますます手に入りやすくなった。そして必ずしもすべての人に与えられたものではないが、自由時間も一般的には長くなり、文化的消費（文化的価値を実現する消費）の時間的余裕も高まった。そして、教育水準が高まり、また文化的価値の体験自体が繰り返されることにより、文化的価値への関心は高まり、それを享受するための知識も増大していった。

このような条件が整ったため、三章で論じたように、現代消費社会では文化的消費の大幅な拡大が見られた。音楽や美術、小説や映画、旅行、スポーツ、さまざまな遊技や娯楽、創造的な趣味、そして教育など、ありとあらゆる文化的消費が、幅広い社会層に享受可能なものとなったのである。

このことは、第二の消費文化との関係で言えば、文化的消費が第二の消費文化と結びつく機会を相対的に少なくするという結果をもたらした。かつては、文化的消費を行なうことは、ほぼ自動的に地位の表示や優越性の誇示といった関係的価値と結びついていたが、今や文化的消費は誰でも可能で、至るところに存在するものとなり、容易に関係的価値と結びつけられなくなった。

そこで、現在では特に顕著な文化的価値をもったものだけしか、関係的価値と結びつけられていない。高度の加工を施した宝石、手間ひまかけてつくられた工芸品、難しい内容の書物、高品質の日本酒など、関係的価値に結びつけるためには、優れた文化、高度な文化であることが必要であり、その限りで、消費者に一定の関係的価値をもたらしている。

それに対して、一般的な文化的消費は関係的価値をもたらさず、関係的価値をもたらすような文化的消費は、文化的消費全体の一部にとどまるようになった。現在では、関係的価値とは無関係な、一般的で誰もが享受しうるような文化的消費が、非常に広範に存在しているのである。

現在の消費社会では、文化的価値が関係的価値を派生させ、二つの消費文化が結びつく場合があるものの、結びつかない場合の方がおそらくはるかに多くなっている。第二の消費文化の側からも、第三の消費文化の側からも、両者の結びつきは解消の方向にある。それゆえ、これからは両者を別個に扱い、それぞれの動向を見極めなければ、消費文化の全体像は正しく認識できないであろう。

関係的価値と文化的価値、第二の消費文化と第三の消費文化は、類似性があり、関連ももっているが、本質的に異なるものである。現在の消費文化研究は、そのことをはっきり認識し、それに基づいて理論を再編成しなければならない時期に差し掛かっているのである。(18)

## 3　三つの消費文化の展開

### 文化理念と文化現象

2節では、三つの消費文化の関係について論じたが、消費文化という理論的概念自体について論じたために、いささか抽象的なものとなった。それに対して本節では、三つの消費文化が具体的にどのような消費現象として現われているのかを考えてみたい。この作業によって、各消費文化についてさらにはっきりと理解することができるだろう。

一般に、文化というものはさまざまな観点からとらえることができるが、大きく分ければ抽象的な理念や価値、原則としてとらえる場合と、現実に発生している事物や社会現象としてとらえる場合がある。(19) 前者は「文化理念」、後者は「文化現象」と呼ぶことができるだろう。これまでの記述からわかるように、本書で論じてきた消費文化とは、基本的に前者、つまり文化理念であったが、それに対して三つの文化理念に対応するのは具体的にどのような文化現象なのかを明らかにするのが、本節の課題となる。

文化理念と文化現象の関係は、なかなか複雑である。文化現象はすべて人間が作り出すものであり、人間は何らかの理念や原則に従ってそれを作ることが多い。文化理念が設計図であり、文化現象がそれに従って作られた製品だと言える。そう考えれば、一方では、文化理念に沿った形で、それを具現する文化現象が存在しているという見方が成り立つ。しかし他方で、あらゆる人間の行為が理念通りになされるとは限らないことは明らかである。人間はその場その場で状況に対応しなければならず、また理念と矛盾するさまざまな動機に支配されて、理念から離れた行為をすることが多い。その場合には、文化現象は自然発生的でとりとめのないものとなり、直接文化理念には対応しない。

ところが、そうは言っても、現実と理念の乖離は常に人々の意識に上るものであるから、その乖離を埋めようとする動きはしばしば生じるだろう。

また、あまりにも現実が理念から乖離している場合には、理念を修正したり、全く新たな理念に変えたりすることもあるだろう。

このように、文化理念と文化現象の関係は複雑であり、消費文化についても、そのことをふまえて両者の関係を分析する必要がある。

もう一つ考えておくべきことは、三つの消費文化の関係である。2節の冒頭で述べたように、三つの消費文化はきれいに分離されるようなものではなく、相互浸透しあっている。三相理論の発想のもとになった三原色の喩えで言うと（序章4節「消費の三相理論へ」）、現実の消費現象は、三つの色が混じりあったようなものであり、多くは中間色である。したがって、特定の理念だけに対応した現実の消費現象は存在しえず、一般的な消費現象と比べて、相対的にある消費文化の要素が強い、という程度の対応関係にとどまることになる。赤いものは確かに存在するが、それは厳密に言えば純粋の赤ではなく、ふつうのものと比べると赤っぽく、分類するとすれば赤である、といった程度のものである。

消費文化の理念（原則）と現実の消費現象（消費に関する文化現象）を対応させるにあたっては、この点も弁えておかなければならない。

消費文化の理念に対応する消費現象として、ここでは四つの内容について考えることにしよう。

まず一つめは「消費財」（ただしサービスを含む）である。消費財は、生産者によって作られ、流通業者に媒介され、消費者によって消費される過程で、すべての行為者と密接に関わり、消費という現象の中核となるものである。そこでまず、消費財と三つの消費文化の関係を明らかにしなければならない。

二つめは「消費行為とライフスタイル」である。消費財は、それ自体としていずれかの消費文化に近い性格をもつことだろうが、消費文化は消費財が作られた時点で完結し、消費者と無関係になるものではない。消費者も消費文化の担い手であり、消費者がどのような消費財を選び、その消費財をどのように消費するかといった、消費者の消費への関わり方も、文化現象としての消費文化の一部をなし、三つの消費文化との対応関係が生じるであろう。

三つめは「消費に関連する価値観」である。消費者の消費行為は、消費財の購買、使用等の経済的行為にとどまるものではなく、周囲のさまざまなもの、ことがらと関わりあっている。たとえば、自然、伝統、外国などである。こういったさまざまな事物とどう関わるかについても、三つの消費文化ごとの特徴が現われることだろう。

そして四つめは、「商業施設と都市空間」である。消費は一定の空間の中で行なわれる。狭い方では商業施設、広い方では都市がそれにあたるだろう。三つの消費文化は、そのような空間のあり方とも関係するはずである。このような空間は、おもに流通業者が提供するものであるが、同時に消費者によって選ばれるものでもある。

以下、これら四つの内容について具体的に考えていくことにしよう。

**消費財**

さまざまな消費財がどの消費文化のタイプに対応しているかを考えることは、三つの消費文化を理解しやすくするし、興味深いものでもある。ただし、ここで注意すべきは、消費財といっても、そのとらえ方には大きな括りから小さな括りまでさまざまなレベルが存在することである。具体的に言えば、家計調査の一〇大費目など大きな分類ごとに考えるか、品目ごとに考えるか、さらに細かい商品の種類ごとに考えるかというさまざまな可能性がある。本項では、それら一つ一つについて詳細に検討することはできないので、大きい括りから順に、概要だけを述べることにしよう。

まず、最も大きい括り方としては、物財とサービスという消費の分類がある。これと三つの消費文化には関連があるのだろうか。

一般的に言えば、物財（物的消費財）は機能的価値をもつことが多く、また関係的価値を象徴することもしばしばあるから、第一の消費文化、第二の消費文化と結びつくことが多く、サービスは形がなく文化的価値（より一般的には精神的価値）を生み出すことが多いから、第三の消費文化と結びつく傾向にある。そういう関係があるからこそ、サービス経済化や脱物質主義化が第三の消費文化と結びつくのである（三章1、2、5節を参照）。

ただし、その関係はゆるやかなものであって、物財の中でも、小説本、音楽ディスクなどの情報財、人形、観葉植物、室内装飾品など、文化的価値はもつが機能的価値も関係的価値ももたないものは多い。したがって、単純に、すべての物財は第一の消費文化か第二の消費文化に含まれるとは言えない。またサービスの中には、一章1節「第一の消費文化の原則」で述べたように、清掃、クリーニング、運送などの機能的サービスも多く含まれており、すべてのサービスが第三の消費文化に含まれるとも言えない。理論上は、第三の消費文化とサービス消費を等しいものと見なすことは、決してできないであろう。

大きな括りで消費文化のタイプと関係するものとしては、このほかに内向的消費財と外向的消費財の違いもあげられる。ここで内向的消費財というのは、他者から見られることがなく、室内、あるいは個人のプライバシーが確保される場面で消費される食料品、下着、家庭電化製品、衛生用品、家庭用工具などを意味し、外向的消費財とはその逆の場合を意味している。

内向的消費財の場合には、他者の視線が及ばないことから、関係的価値を追求しない傾向にあり、[20] 第二の消費文化と関係することが少なくなると考えられる。（第二の消費文化の）第二原則については妨げられないものの、関係的価値と強く結びつかないことから、内向的消費財は、一般的には第二の消費文化よりも第一、第三の消費文化と結びつくことが多くなるであろう。

それに対して、衣服、靴、バッグ、装身具、自家用車、戸建て住宅などの外向的消費財については、第二の消費文化が花盛りとなる。外からよく見えるからこそ、関係的価値に配慮し、それを追求せざるをえないのである。

次に、もう少し細かいレベル、たとえば家計調査の一〇大費目程度のレベルで、各消費文化と消費財の結びつきを考えてみると、住居関係、光熱水道関係、耐久消費財や家庭用品の消費、保健医療関係の消費が第一の消費文化と、今述べた被服や履物関係の消費が第二の消費文化と、教養娯楽関係の消費財が第三の消費文化と、それぞれ比較的はっきり結びついている。ただし、各消費費目の中でも、単純に一つの消費文化に含まれると言えないものも多い。

そして、食生活関係の消費、交通通信関係の消費については、さまざまな要素を含んでいて、特定の消費文化と結びついているとは言えないであろう。

さらに細かく品目別に見ていくと、膨大な数の消費品目が存在するため、個別の検討はできないものの、特定の消費文化と結びついている品目が多いが他の消費文化の要素もある程度混じっている、という基本的傾向は変わらない。

冷蔵庫や洗濯機などの家庭電化製品は、第一の消費文化的なものであるが、第二、第三の要素を一部含むし、ファッション衣料は、第二の消費文化の代表的なものと見なされるが、機能性や自分の好みや愛着なども大きな意味をもち、第一、第三の消費文化の要素を含んでいる。明らかに第三の消費文化に含まれる映画や音楽ディスクも、第一、第二の要素を含むことがある。

消費文化による違いがよりはっきり現われるのは、品目よりさらに細かい「仕様」のレベルであろう。同じ品目のものであっても、何に重点をおき、どのような過程を経て、どのように作られたかということに注目すると、どの消費文化と結びついているかがより明確になる。

たとえば、同じ「パン」であっても、大手メーカーが大量生産し、どこでも手に入る手ごろな値段の食パンであれば第一の消費文化に属するものと言えるだろう。それに対して、都心のデパートの中で、華やかな店舗を構え、外国のブランド名で売られて高級感を誇示するものは第二の消費文化に属し、郊外の目立たないところで、ひたすら良質の原材料を使って美味しく焼き上げた個人店のパンは、第三の消費文化に属すると言えるだろう。また、同じ車であっても、実用性に富み比較的価格も抑えられた家族向けのツーボックスカーは第一の消費文化、スポーツカーや外国車は第二の消費文化、ハイブリッドカーは第三の消費文化の要素を、相対的に強くもっていると言えるだろう。

仕様のレベルで、各消費文化の要素を強くもった消費財をあげると、第一の消費文化の例としては、無洗米、回転寿司、フードコート、大容量のペットボトル入り日本酒、PB（プライベートブランド）商品、保温など特定の性能を備えた機能性衣料、ロボット掃除機、電子書籍、LCC（低運賃の航空会社）による旅客輸送、海外パック旅行などがあげられるだろう。

第二の消費文化の例としては、海外高級ブランドの衣服やハンドバッグ、装飾にこだわった外国製時計、グリーン車、ゴールドカード、短い間に次々に新発売される大手メーカーのチョコレート菓子や缶入り飲料、奇抜なデザインの雑貨類、中身はほとんど同じだがネーミングと包装だけが異なる観光土産などがそれにあたる。

そして第三の消費文化の例としては、（古着屋で販売されている）古着、民芸品の陶磁器、国産小麦・天然酵母のパン、最近注目を浴びているスペシャルティコーヒー[21]、有機栽培の野菜、オーガニックコットンのシャツ、さまざまな手作り用キット、ロングライフ住宅、遍路や巡礼、グリーンツーリズムなどがあげられる。

## 消費行為とライフスタイル

### 全般的な傾向

先に述べたように、消費文化は、消費財を作る生産者側だけがその担い手となるものではない。消費者も同じようにその担い手であって、いずれかの消費文化のタイプに沿った消費行為や消費者ライフスタイルを採用することが多い。そのため、三つの消費文化ごとに、特徴的な消費傾向が生じることになる。

第一の消費文化では、消費者は、便利でスピードが速く、身体的に楽で手間の省けるものを求める。また、大きく力強いものを求め、消費量の多いこと、性能は変わらず安いことを喜ぶ傾向にある。それに対して第二の消費文化では、消費者は人に自慢できるもの、自分の存在感を示せるもの、流行に合ったもの、目立つもの、変わったものを求めることが多い。また第三の消費文化では、消費者は質的に優れたもの、精神的に満たされるもの、長く使えるものを求め、環境負荷の高いもの、社会的不公正につながるものを避ける傾向にある。

以下に示すように、個別の消費分野においても、このような消費文化による消費者行為、ライフスタイルの違いが生じる。

**食生活**

第一の消費文化では、消費者は何よりも満腹感を味わえることを重視し、さらには栄養摂取を重視する。食生活は元気に仕事をし、レジャーを楽しむための手段であって、それ自体が積極的な価値をもつものとは考えられない。それに対して、第二の消費文化では、経済的地位や社会的立場にふさわしい外食店を選ぼうとし、場違いな店での外食は嫌う。人に高級なものを振る舞うことが好きで、一般的には気前がよい[22]。そして、見た目がもの珍しいものや流行のものを喜んで食べ、会話のネタにしたりする。第三の消費文化では、実質的に美味しいもの、美しく盛りつけられたもの、作り手の気持ちがこもったもの、素材が新鮮なものを選んで食べようとし、第二原則に理解のある人は、食べ残しを嫌い、環境負荷の小さい地産地消の食材や、フェアトレードの嗜好品（コーヒーなど）に関心をもつ。ベジタリアンも、動機はさまざまであるが行動様式は第三の消費文化的である。

**衣生活**

第一の消費文化では、消費者は実質を重視し、その季節に合った暖かい衣類、あるいは涼しい衣類を求めようとする。多くの服をもっていることを好み、特に高級でなくとも、比較的安い価格でたくさんの服を買うことに満足を覚える。第二の消費文化では、高級で人に見せびらかせるもの、派手で目立つものを好む。ブランド物が好きで、頻繁に買い替えが行なわれ、もっている衣服のデザインや色は多様である。周囲に合わせたりその時代のはやりに合わせたりする場合も、第二の消費文化的である。第三の消費文化では、自分に似合ったもの、自分の好きなタイプのものを選び、気に入ったものをなるべく長く着ようとする。第二原則に理解のある人は、オーガニックコットンやエシカルファッションに関心をもつ。気に入ったものなら古着でも嫌がらない人は、第三の消費文化的なセンスをもっていると言えるだろう。

**住生活**

第一の消費文化では、消費者は駅やバス停の近くの便利な場所にある家を好み、特に立派でなくとも大きな家であるほど満足することが多い。また、機能的で使い勝手のいい間取りを求める傾向にある。工期が短く低コストのプレハブ住宅は歓迎される。第二の消費文化では、外観が立派である、あるいは装飾的で目立つことを好み、立地についても、自分の地位に見合った地域に住もうとする傾向にある。第三の消費文化では、住み心地がよく、長持ちする家を求め、また小さくても趣味のよい家に住もうとする。また、庭のある家を求め、近くに自然の多い地域に住もうとする。ごく少数にとどまるものの、古民家を改装して住もうとするような人は、極めて第三の消費文化的なライフスタイルをもっていると言えるだろう。

**趣味とレジャー活動**

この分野は、全体として第三の消費文化的な消費分野であるものの、その内容や楽しみ方によっては三つの消費文化のいずれかの要素が強くなる。

第一の消費文化が強まると、消費者は、旅行の際、最もスピードの速い乗り物を利用し、テレビ視聴では自分の見たい番組だけを録画して見るなど、なるべく効率よく短時間で楽しもうとし、長く時間のかかるレジャーや趣味の活動は敬遠する傾向を示す。第二の消費文化が強まると、消費者は経済力や文化的素養を示せるような趣味やレジャーを求めるか、あるいは流行の音楽、テレビ番組、映画などを次々に追いかける傾向を示す。そして、第三の消費文化の要素が中心となる場合は、消費者は自分が根っから好きなレジャーや趣味に喜びを見出し、それに時間を惜しみなく注ぎ込む。また、自分自身が製作者（制作者）となる創作的趣味に喜びを感じることも多い。

**教　育**

この分野も、基本的には文化的価値を実現する第三の消費文化的分野であるが、消費文化のタイプごとに取り組み方の違いが生じる。

第一の消費文化の要素が強い場合、人々は教育を資格獲得や就職のための手段と考える傾向が強く、そのために成績の向上に熱心である。それに対して第二の消費文化の要素が強いと、人々は教育を自分の地位を示し、他者と差別化するためのものと考える傾向が強く、在学中どれだけ勉強したかということよりも、どの学校に入学し、卒業したかを気にすることが多い。そして第三の消費文化の要素が強いと、人々は、教育の価値が知識を身につけること自体、あるいはそれを通じて知的関心を満たすことにあると考えて、それを楽しみ、就職などの結果にこだわらない。

**消費行為の一貫性と非一貫性**

以上のように、消費者がどの消費文化に近いライフスタイルをもつかによって、消費者の行為には大きな違いが生じるが、そのライフスタイルは決して一貫したものではない。同じ人でも、消費内容によって消費文化のタイプが変わることがある。自分の趣味においては徹底的に第三の消費文化的である人が、食生活では何のこだわりももたず、素早くおなかがいっぱいになればいいと思っていることがあるし、衣服については見栄を張って高いものを買う人が、マンションを買う時には安くて狭くても気にしないことがある、といったことである。さらには、同じ人の同じ消費内容についても、忙しい時はファストフードで済ませ（第一の消費文化）、時間にゆとりがある時は自宅で調理するなど（第二の消費文化）、その時々で異なることがある。

特定の消費文化の原則に沿った一貫したライフスタイルをとる人もいるが、その場面に応じて、あるいは消費分野ごとに、三つの消費文化にまたがった消費行為をする人も多いのである。

**消費財と消費行為の関連**

最後に、本節「消費財」で示した消費財が該当する消費文化のタイプと、それを消費する行為の消費文化のタイプが異なることもあることを指摘しておきたい。

わかりやすい例で言えば、典型的な第一の消費文化に属する食べ物と考えられるファストフードのフライドチキンであっても、それを持ち帰って料理の素材とし、そこにさまざまな材料を加えて美味しくしようとすれば、第三の消費文化に近い行為となる[23]。また、環境に配慮しているという意味で、第三の消費文化の中に含まれると考えられるエコバッグであるが、ブランドもののエコバッグを買い、誇示的消費のためにもち歩く場合には、第二の消費文化的な消費行為を行なうことになる。

一般的に言えば、消費財とその消費財を消費する消費行為とは、同じ消費文化のタイプとなる場合が多いと考えられるが、それが一致しない場合もしばしばあり、そこに消費現象の複雑さが現われているのである。

## 関連する価値観

消費文化のタイプによって、消費財や消費行為のみならず、消費に関連するさまざまなもの、ことがらとの関わり方にも違いが生じる。

### 自然との関わり

まず、人間の外部にあって、人間の経済活動、社会活動と深く関わりあっている「自然」についてであるが、第一の消費文化では、人々は自然を何らかの目的を実現するための原料、素材、場所を提供するものと見なし、その機能的価値に注目する。役に立つ自然と役に立たない自然とが区別され、役に立つ自然に対しては積極的に働きかけるが、役に立たない自然は放置される。役に立つ自然は、消費のための資源となることから、そのままにされることはなく、採取、加工、開発によって改変されていく。それゆえ自然保護への関心は乏しく、自然破壊には無頓着となる。

第二の消費文化では、ほとんどの自然は関係的価値を生まないため、全般的には自然に無関心である。ただし宝石、貴金属、特定の動物の皮革など関係的価値を生むものには、関心を集中させる。それらの扱い方は、第一の消費文化と同じで、全く自然保護的なものではない。

第三の消費文化では、自然は二つの意味をもつ。一つは自然が文化的価値を実現し、レジャー活動の場、気分転換、精神的癒し、探検的関心、目標の成就（高い山への登山など）などの意味をもつ場合であり、もう一つは自然が社会的配慮の対象となり、環境保護の一環として自然をそのままに近い形で残そうとする場合である。第三の消費文化の中でも、前者は第一原則、後者は第二原則に沿ったものと言えるだろう。第三の消費文化は、基本的には自然を保護する方向に向かうが、どこまで保護するかについて、二つの原則の間で齟齬が生じる可能性がある。世界遺産における観光と自然保護が必ずしも両立しないように、緊張関係が生じうるのである(24)。

### 消費の時間

人々がさまざまな活動を行なう「時間」についても、三つの消費文化は異なった態度をもたらす。

第一の消費文化では、時間は基本的に稀少なものであり、消費行為の時間を短縮することが価値をもつと考えられている。そこで、時間を短縮するためのさまざまな消費財が生産される。消費者も、そういった消費財を歓迎するとともに、自ら消費の時間を短縮しようとする。たとえば、買い物は時間をかけずにコンビニエンスストアやオンラインショップを利用し、食事は素早く済ませようとする。

第二の消費文化では、時間の短縮は特に求められないが、変化のない単調な時間であることは敬遠される。第二原則が示すように、時間の流れは何らかの変化をもたらすことが求められ、時間とともに消費財や消費行為が変化するということ自体が、価値のあることだと考えられる。

第三の消費文化では、時間は文化的価値を実現するために必要であり、決して短縮の対象とはならない。一般には十分な時間をかけ、ゆっくり楽しむことが求められる(25)。忙しく消費をすることは、むしろ文化的価値の実現を妨げることになるので、嫌がられるものとなる。買い物という行為も、それ自体が文化的価値を生むものとなり、忙しい買い物や移動を伴わない買い物は好まれない。

**グローバルな消費文化**　特定の消費文化圏の外部にあるグローバルな消費文化も、三つの消費文化のタイプによって異なる意味をもつことになる。

第一の消費文化では、グローバルな消費文化は、その文化的な差異が意味を失って性能や機能、価格に還元される。外部の消費財やサービスは、それがより便利で、より機能が優れ、より安いという理由で求められる。特に価格が安いことは決定的に大きな意味をもつ。少しでも安いものを求め、消費財が国境を越えて輸入され、またサービス産業の労働者が流入することになる。

第二の消費文化では、グローバルな消費文化が関係的価値と結びつけられ、それをもたらす外部の消費財やその原料が珍重される。関係的価値は、特定の国や地域が「本場」であるとか、その国あるいは地域が特に権威や魅力をもっているといった理由により発生し、当該消費財にブランド的価値が与えられる。ドイツの車、フランスのワイン、イタリアの靴、アメリカのタバコといったものが、その性能や品質とは切り離されて価値をもち、歓迎されることになる。

第三の消費文化では、グローバルな消費文化は、機能や価格ではなく、（文化的価値という意味での）品質の良さゆえに求められる[26]。高品質のコーヒー豆、おしゃれなハンドバッグ、美しいじゅうたん、快適な音楽、面白いマンガなどが、その文化的価値を評価され、次々に国境を越えてくる。

また、それとは違って、グローバルな消費文化における文化的差異が、そのまま文化的価値として認められることもある。それぞれの国や地域による素材とデザイン、そしてその背景にある精神文化の違いは、それ自体が楽しみをもたらし、好奇心を満足させるものとして歓迎される。その結果、特定の国や地域に集中することなく、多様なグローバル消費文化が受け入れられることになる。日本でしばしば「エスニック」と呼ばれる開発途上諸国の消費文化も、このような文化的価値をもっていると考えられる[27]。リッツァが「存在」と呼んで重視したのも、このような意味をもったグローバル消費文化だと言えるだろう。

### 伝統と過去

伝統的な文化に対しても、三つの消費文化は、それぞれ異なった関わり方を示す。

第一の消費文化では、伝統的であることは多くの場合マイナスの意味をもつ。なぜなら、機能に関する限り、多くの伝統的製品やサービスは、現代のテクノロジーに基づいた製品やサービスに劣るからであり、また国内生産のもので比較する限り、その多くは価格も高くなるからである。伝統は、一部のものを除けば、機能的価値の面で特に維持する必要のないものであり、切り捨てられ、衰えるに任されることになる。

第二の消費文化では、伝統は二通りの意味をもつ。

まず、伝統的なものが手工芸的価値をもち、それゆえに高価格となる場合、しばしば関係的価値の源泉となる。伝統仕様の家具、工芸品、身の回り品、繊維製品などは、それを作るのに要する労力と高級感ゆえに関係的価値をもち、地位や富のシンボルとして機能することになる。

他方、第二原則からすれば、伝統的であることは慣習的であることにほかならないから、真っ向からそれが否定されることになる。伝統どころか少しでも時間が経過したものは、次々に古臭いものとして捨てさられ、新しいスタイルの製品に置き換えられていく。ただし、絶えず新しいものを求めていると、古いものが新鮮に感じられるという矛盾した事態を生じることがある。そのため、第二原則では、伝統的なスタイルが繰り返し少々姿を変えた形で再現される、といったことがしばしば起こる。

第三の消費文化では、伝統的なものは、その手工芸的な存在感、そこに刻まれた歴史的背景、時代を経たことによる落ち着き、風格などにより文化的価値をもつものと考えられ、一般的にはそれを尊重する傾向にある。日本の書画骨董、西洋アンティークの類はその代表的なものであるが、そのような古い時代の製品だけでなく、伝統的なデザインや製法に基づいて新しい製品が作られる場合も、同様の意味をもっている。伝統的なものはしばしば手作りであるが、手作りのものを文化的価値の高いものとして評価し、尊重するのも第三の消費文化の特徴となる。

また、伝統とは少々異なるが、消費者自身が若かった頃の消費文化も、ノスタルジーという一種の文化的価値ゆえに、しばしば求められる。いわゆるレトロな消費財や、昔流行した商品のリメイク版がそれにあたる。

以上のような伝統的なものや過去のものは、第三の消費文化の第二原則から言っても、資源の有効活用という意味をもつため歓迎される。

**デザイン感覚**

三つの消費文化は、消費財としての物の素材、スタイル、色彩などについてのとらえ方、つまりデザイン感覚においても異なっている。

第一の消費文化では、素材は機能的なものが求められるから、鉄、コンクリート、板ガラス、プラスチックなど、大量生産がきき、機能性に優れたものが求められる。デザインは基本的に機能に従うシンプルなものが好ましいと考えられ、余分な装飾は不要とされる。形態としては直線的なもの、直方体的なものが多くなりがちである。色彩も特に必要とはされず、無彩色となりやすい。モダニズムの建築は、このようなデザイン感覚を象徴的に示すものであろう。

それに対して第二の消費文化では、関係的価値をもたらすために、物の一部または全部に、しばしば貴金属や稀少な鉱物、動植物由来のものなど高価な素材が使用される。関係的価値（第一原則）または非機能的・非慣習的差異化（第二原則）を明示するために、デザインは装飾的で色彩はカラフルなものになりやすく、同じ色彩でも原色に近く目立つ色が求められる。形態的には曲線的なものや非対称的なものが多くなりがちである。また、シンプルではなく豪華絢爛、地味なものより派手なものが多くなる。また、当然のことながら、第二原則を求める場合、デザインの変更は頻繁なものになる。

第三の消費文化では、手作り感や自然との結びつきが価値をもつことから、また環境配慮の観点から、すべての物についてではないが、自然素材が尊重され、時には再生素材も使われる。長く使用することを考えて、耐久性のある素材も求められる。形態的なデザインは全般的に重視されるが、関係的価値や差異ではなく、審美性や心地よさが重視される。わざとらしいものやゴテゴテしたもの、自己主張の強過ぎるものは第二の消費文化的であるから敬遠され、飽きない落ち着いたものが求められる。色彩についても、中間色で自然の色に近いものが好まれる。形はさまざまであるが、手作りの関係で直線的とならない物が相対的に多く、かといって目立つものや奇抜なものも求められず、自然で無理がなく、バランスがとれたものが求められる傾向にある。

## 商業施設と都市空間

三つの消費文化の違いは、消費文化を容れる箱とも言うべき商業施設（サービス業も含む）や都市空間にも現われる。商業施設は、消費文化の違いを反映しやすいものであって、第一の消費文化では、商品だけでなく買い物も機能的なものにする傾向がある。スーパーマーケット、コンビニエンスストア、ファストフード店、チェーン化されたカフェ、オンラインショップ、自動販売機などがそれにあたるだろう。大量消費への志向性を示す巨大ショッピングモールや郊外の大型専門店、ドライブスルーの店なども、第一の消費文化の特徴となる。そして、低価格を実現した百円ショップ、ディスカウントショップ、アウトレットなどが盛んに作られ、インターネットオークションもよく利用される。

このように、第一の消費文化に沿った商業施設は多種多様であり、現代という時代を特徴づける商業施設は、ほとんどが第一の消費文化を追求しているようにも思える。

しかし、第二の消費文化に沿った商業施設も決して少なくはない。高級ブランド品の専門店、宝石店、外国車の販売店など、関係的価値に重きをおいた消費財を扱う店はこれにあたるものであるし、[28] サービス業ではエステサロン、美容整形外科、高級料亭、ラグジュアリーホテルなども、関係的価値をもたらすサービスを提供するという意味で、第二の消費文化の要素を強くもっている。他方、第二原則に沿った差異化された消費財を次々に販売するという意味では、商品の入れ替えの激しいファッションビルや雑貨店、次々に目先を変えた店が作られるテーマレストランなどもこれにあたるだろう。

それに対して第三の消費文化に沿ったものとしては、まず、高品質の商品を扱う専門店（酒類、雑貨、文房具）、特定の趣味に沿った商品に特化した専門店（エスニック雑貨、ジーンズ、模型）、素材や調理法にこだわった飲食店（蕎麦屋、ケーキ屋、珈琲店）など、通常の消費財よりも文化的価値に富んだ商品を提供する商業施設があげられる。また、資源の有効利用につながる商品やサービスを扱う店舗もここに含まれる。中古品を扱った古着屋、古書店、骨董品店、リサイクルショップ、フリーマーケット、修理・修繕を行なうリペアショップ、各種レンタルショップなどがそれにあたる。古民家再生（リノベーション）による飲食店は、文化的価値と資源の有効利用の両方を追求していることから、典型的な第三の消費文化を示す商業施設だと言えよう。

さらに、自然食品店、ファーマーズマーケット（農産物の直売所）、国産小麦・天然酵母のベーカリーなど、健康と環境に配慮した食品店も、第三の消費文化に該当する商業施設であろう。

以上のような第三の消費文化に沿った商業施設は、大量生産を嫌い、あるいは大量生産が不可能なことから、一般的には小規模で、個人業主または小規模企業による店が多い。また、商品の性格上、製造と販売が一体化している場合が多くなる。

なお、ここまでは、通常の商品、サービスを販売する商業施設であり、第一、第二の消費文化と比較対照できるようなものを中心に述べてきた。それとは別に、もっぱら文化的価値をもたらす消費財を扱う商業施設（書店、ＣＤショップ、画廊）や、文化的価値を提供するサービス業の施設（美術館、劇場、映画館、カルチャーセンター、遊園地）が、第三の消費文化に沿ったものであることは言うまでもない。

次に都市空間に目を向けると、第一の消費文化は、効率性と大量消費を旨とすることから、もともとは交通の便がよく、ビルが建てやすく、周辺の人口が多い大都市に適合的なものであった。従来日本では、その典型は鉄道ターミナル駅周辺であり、第一の消費文化はまずそこに広がった。しかし、地価高騰による売り場面積確保の限界、アメリカからの流通業自由化の圧力などにより、一九九〇年代から郊外にも急速に広がっていった。現在では、郊外ターミナル駅周辺や、大型ショッピングモール、ファストフード店、大型専門店などが立ち並ぶ郊外主要道路のロードサイドが、むしろ典型的な第一の消費文化的都市空間となっている(29)。

それに対して、第二の消費文化は、一般的に中心繁華街に多く見られるが、その中でも特定の街に集中して現われることが多い。東京で言えば、六本木、赤坂、青山、代官山などがそれにあたるだろう。もちろん、都市空間はさまざまな商業施設や公共施設が入り混じったものであり、一つの街が特定の消費文化に完全に特化することはありえないが、大都市の中には、相対的に第二の消費文化が優勢で、高級な街、あるいはおしゃれな街と見なされる都市空間が、しばしば形成されるのである。

第三の消費文化は、ターミナル駅や大きな繁華街ではなく、郊外のロードサイドでもなく、大都市でありながらやや中心部を離れた、文化的基盤のある地域に多く見られる。たとえば、東京の谷根千（谷中・根津・千駄木）地区、神楽坂、下北沢、西荻窪などには、個性的で文化的価値を追求した小規模店舗が数多く立地しており、典型的な第三の消費文化の街という雰囲気を醸し出している。ただし、第三の消費文化に沿った商業施設は、このような特定地域に集中したもののほか、繁華街のはずれに「隠れ家ショップ」という形で点在している場合も多い。

消費者は、以上三タイプの都市空間のいずれかに出かけ、消費を楽しむのだが、どのタイプを好むかによって、消費者も三つのタイプに分かれることになる。第一の消費文化を好む人は、大きなショッピングモールとファストフード店、専門チェーン店などが立ち並ぶ郊外地域に都市的魅力を感じ、第二の消費文化を好む人は、高級ブランド品店や最新ファッションの店が連なり、高級レストランのあるような街に都市的魅力を感じ、第三の消費文化を好む人は、個性あふれる個人営業の店、こだわった飲食店が点在し、できれば伝統や地域性を大事にした街並みが残っていて、ゆっくり散歩できるような街に都市的魅力を感じるのである。

なお、都市と三つの消費文化の関係については、4節「消費文化への影響要因」も参照されたい。

以上、本節で述べてきた、消費文化の三つのタイプに対応する消費現象をまとめると表5－1のようになる。なおこの表には、本文に書く余裕はなかったが、各消費文化のタイプの特徴をよく表わす消費現象を、「象徴するキーワード」として加えてあるので参考にしていただきたい。

## 4　消費三相理論とこれからの消費文化

### 消費文化の概念再考

本章では、これまで消費三相理論の意義、三つの消費文化間の関係、および具体的にどのような消費現象と対応するかについて論じてきた。三章までの記述と合わせて、消費の三つの相についての理解は十分深まったと思われる。

この段階で改めてこれまでの消費文化についての言説を振り返ってみると、不思議な感覚に襲われる。それは、一〇〇年前の自動車を見て、こんな奇妙な形をしていたのか、こんなものでしかありえなかったのか、と驚く時の感覚に似ている。言葉で説明するなら、消費文化なるものはさまざまな可能性をもっているのに、なぜか狭い範囲で消費文化をとらえてしまった視野の狭さと時代の制約に対する驚き、ということであろう。

ここで、『社会学小辞典』における消費文化の説明を四たび示してみよう。(30)

**表5－1**　三つの消費文化と消費現象

| **消費財** | 第一の消費文化 | 第二の消費文化 | 第三の消費文化 |
|---|---|---|---|
| 物財とサービス | 物財が相対的に多い | 物財が相対的に多い | サービス（非物質的消費対象）が相対的に多い |
| 内向的消費財と外向的消費財 | 内向的消費財とも外向的消費財とも結びつく | 外向的消費財に多く結びつく | 内向的消費財とも外向的消費財とも結びつく |
| 費目別 | 住居関係，光熱水道，耐久消費財，家庭用品，保健医療関係 | 被服や履物 | 教養娯楽関係 |
| 品目別 | 冷蔵庫，洗濯機，掃除機，その他家事補助的電化製品，パソコン，スマートフォン，インスタント食品，宅配サービス，清掃サービス，保育サービス，介護サービス | 宝石，貴金属製品，オートクチュール，会員制リゾート，別荘，クルーザー，自家用飛行機 | 書籍，映画，音楽ディスク，カルチャーセンター，美術館・博物館・動物園・水族館などへの入場，テーマパーク，旅行商品，その他さまざまな趣味的消費 |
| 仕　様 | 大量生産のパン，ツーボックスカー，無洗米，回転寿司，フードコート，大容量のペットボトル入り日本酒，PB 商品，特定の性能をもつ機能性衣料，ロボット掃除機，電子書籍，LCC（低運賃の航空会社）による旅客輸送，海外パック旅行 | 外国ブランドのパン，スポーツカー，外国車，海外高級ブランドの衣服やハンドバッグ，装飾的な外国製時計，グリーン車，ゴールドカード，大手メーカーのチョコレート菓子，奇抜なデザインの雑貨類，よくある観光土産 | 個人営業店の高品質なパン，ハイブリッドカー，古着，民芸品の陶磁器，国産小麦・天然酵母のパン，スペシャルティコーヒー，有機栽培の野菜，オーガニックコットンのシャツ，手作り用キット，ロングライフ住宅，遍路や巡礼，グリーンツーリズム |

| **消費行為とライフスタイル** | 第一の消費文化 | 第二の消費文化 | 第三の消費文化 |
|---|---|---|---|
| 消費行為全般 | 便利でスピードが速く，身体的に楽で手間の省けるものを求める。大きく力強いものを求める。消費量が多いことを喜ぶ。機能が果たせればなるべく安いものを求める。 | 人に自慢できるもの，自分の存在感を示せるもの，流行に合ったもの，目立つもの，変わったものを求める。 | 質的に優れたもの，精神的に満たされるもの，長く使えるものを求める。環境負荷の高いもの，社会的不公正につながるものを避ける。 |

| | | | |
|---|---|---|---|
| 食生活 | 満腹感を味わえること，栄養摂取を重視。食生活は元気に仕事をし，レジャーを楽しむための手段であり，それ以外の積極的価値をもたない。 | 経済的地位や社会的立場にふさわしい外食店を選び，場違いな店での外食は嫌う。人に高級なものを振る舞うことが好き。一般的には気前がよい。見た目がもの珍しいものや流行のものを喜んで食べ，会話のネタにする。 | 実質的に美味しいもの，美しく盛りつけられたもの，作り手の気持ちがこもり，素材が新鮮なものを選んで食べる。食べ残しを嫌い，環境負荷の小さい地産地消の食材や，フェアトレードの嗜好品に関心をもつ。ベジタリアンもここに含まれる。 |
| 衣生活 | 実質を重視し季節に合った暖かい衣類，あるいは涼しい衣類を求めようとする。多くの服をもっていることを好み，特に高級でなくとも，比較的安い価格でたくさんの服を買うことに満足を覚える。 | 高級で人に見せびらかせるもの，派手で目立つものが好き，ブランド物を好む。買い替えはひんぱんで，持っている衣服のデザインや色は多様。周囲に合わせたりその時代のはやりに合わせたりする。 | 自分に似合ったもの，自分の好きなタイプのものを選び，気に入ったものをなるべく長く着ようとする。オーガニックコットンやエシカルファッションに関心をもつ。気に入ったものであれば古着を嫌がらない。 |
| 住生活 | 駅やバス停の近くの便利な場所にある家を好み，特に立派でなくとも大きな家であるほど満足する。機能的で使い勝手のいい間取りを求める傾向。プレハブ住宅を歓迎。 | 外観が立派である，あるいは装飾的で目立つことを好み，立地についても，自分の地位に見合った地域に住もうとする。 | 住み心地がよく，長持ちする家を求め，また小さくても趣味のよい家に住もうとする。庭がある家を求め，近くに自然の多い地域に住もうとする。古民家を改装して住もうとする人もいる。 |
| 趣味とレジャー | 効率よく短時間で楽しもうとする。長く時間のかかるレジャーを敬遠する。 | 経済力や文化的素養を示せるような趣味やレジャーを求める。流行の音楽，テレビ番組，映画などを次々に追いかける。 | 好きなレジャーや趣味に喜びを見出し時間を惜しみなく注ぐ。自分自身が製作者（制作者）となる創作的趣味に喜びを感じる。 |
| 教　育 | 教育を資格獲得や就職のための手段と考える傾向が強く，そのために成績の向上に熱心。 | 教育を自分の地位を示し，他者と差別化するためのものと考える。在学中の勉強よりも，どの学校に入学し卒業したかを気にする。 | 教育の価値が知識を身につけること自体，あるいはそれを通じて知的関心を満たすことにあると考えて，就職などの結果にこだわらない。 |

| 関連する価値観 | 第一の消費文化 | 第二の消費文化 | 第三の消費文化 |
|---|---|---|---|
| 自　然 | 自然を，目的実現のための原料，素材，場所を提供するものと見なし，機能的価値に注目する。役に立つ自然に対しては積極的に働きかけるが，役に立たない自然は放置。前者の場合，加工，開発によって自然を改変する。自然保護への関心は乏しく，自然破壊には無頓着。 | 全般的には自然に無関心。宝石，貴金属，特定の動物の皮革などの関係的価値を生むものに関心を集中。役に立つ自然については，採取，加工，開発によって改変。自然保護への関心は乏しく，自然破壊には無頓着。 | 自然は文化的価値を実現し，レジャー活動の場，気分転換，精神的癒し，探検的関心，目標の成就（高い山への登山など）などの意味をもつ。また自然は社会的配慮の対象となり，環境保護の一環として自然をそのままに近い形で残そうとする。この2つの原則は齟齬を生じる可能性がある。 |
| 消費の時間 | 時間は基本的に稀少で，消費行為の時間を短縮することが価値をもつ。時間を短縮するためのさまざまな消費財が生産される。消費者も，そういった消費財を歓迎し，また自ら消費の時間を短縮しようとする。 | 時間の短縮は特に求められないが，変化のない単調な時間であることは敬遠。時間の流れが何らかの変化をもたらすことが求められ，時間とともに消費財や消費行為が変化すること自体に価値が見出される。 | 時間は文化的価値を実現するため必要であり，短縮の対象とならない。十分時間をかけ，ゆっくり楽しむことが求められる。忙しい買い物や移動を伴わない買い物は好まれない。 |
| グローバルな消費文化 | 文化的な差異が意味を失い性能や機能，価格に還元される。外部の消費財やサービスは，それがより便利で，より機能が優れ，より安いという理由で求められる。少しでも安いものを求め，消費財が輸入され，サービス産業の労働者が流入する。 | 関係的価値と結びつけられ，それをもたらす外部の消費財やその原料が珍重される。関係的価値は，特定の国や地域が「本場」であるとか，その国あるいは地域が特に権威や魅力をもっているといった理由により発生し，ブランド的価値が与えられる。 | 外部の消費財・サービスは，機能や価格ではなく，品質の良さゆえに求められる。文化的差異が，そのまま文化的価値として認められることもある。国や地域による違いは，それ自体が楽しみをもたらし，好奇心を満足させるものとして歓迎される。 |
| 伝統と過去 | 過去のものは劣ったものであり，価格も高いので尊重されない。伝統は一部を除いて機能的価値に劣るので，切り捨てられ，衰えるに任される。 | 伝統的なものは手工芸的価値があり高価であれば関係的価値を生むので尊重される。第二原則では，伝統的なもの，古いものは否定されるが，それが逆に新鮮さを与える場合は繰り返し復活する。 | 伝統的なものは手工芸的な存在感，刻まれた歴史的背景，時代を経たことによる落ち着き，風格などにより尊重される。手作りのものも尊重され，レトロな消費財や，リメイク版なども求められる。 |
| デザイン感覚（デザイン全般） | シンプル，無装飾 | 豪華絢爛，派手，デザインの変更が頻繁 | 審美性，心地よさ，飽きのこない落ち着いたもの，長持ちするもの |
| （色彩） | 無彩色 | カラフル，原色 | 中間色，自然の色に近いもの |
| （素材） | 鉄，コンクリート，板ガラス，プラスチック | 貴金属，稀少鉱物，動植物由来のもの | 自然素材，再生素材，耐久性のある素材 |
| （形） | 直線的，直方体的 | 曲線的，非対称的 | 自然で無理がなくバランスのとれたもの |

| 商業施設と都市空間 | 第一の消費文化 | 第二の消費文化 | 第三の消費文化 |
|---|---|---|---|
| 商業施設 | スーパーマーケット，コンビニエンスストア，ファストフード店，チェーン店カフェ，オンラインショップ，自動販売機，巨大ショッピングモール，郊外の大型専門店，ドライブスルーの店，100円ショップ，ディスカウントショップ，アウトレット，インターネットオークション | 高級ブランド品専門店，宝石店，外国車販売店，エステサロン，美容整形外科，高級料亭，ラグジュアリーホテル，流行を追うファッションビルや雑貨店，テーマレストラン | 高品質商品の専門店，特定の趣味に沿った専門店，素材や調理法にこだわった飲食店，古着屋，古書店，骨董品店，リサイクルショップ，フリーマーケット，リペアショップ，レンタルショップ，古民家再生による飲食店，自然食品店，ファーマーズマーケット，国産小麦・天然酵母のベーカリー，文化的消費財を扱う書店など，文化的サービス業（美術館，映画館など） |
| 都市空間 | 鉄道ターミナル駅周辺（都心，郊外），郊外主要道路のロードサイド | 高級イメージのある街，ファッション性の高い街 | 大都市の中心部を離れた文化的基盤のある地域 |
| 該当する地区（首都圏の例） | 国道16号線沿い，多摩センター，港北ニュータウン，越谷レイクタウン | 六本木，赤坂，青山，代官山 | 谷根千（谷中・根津・千駄木），神楽坂，下北沢，西荻窪 |
| 都市的魅力を感じる街の条件 | 大きなショッピングモール，ファストフード店，専門チェーン店などが立ち並ぶ郊外の街 | 高級ブランド品店や最新ファッションの店が連なり，高級レストランがあるような街 | 個性あふれる個人営業の店，こだわった飲食店が点在し，できれば伝統や地域性を大事にした街並みが残り，ゆっくり散歩できるような街 |

| その他 | 第一の消費文化 | 第二の消費文化 | 第三の消費文化 |
|---|---|---|---|
| 象徴するキーワード | 合理化，効率化，画一化，マクドナルド化，チェーンストア，便利さ，機能性，機械，マニュアル，モダンデザイン，モダニズム建築，大量消費，巨大化，成長，T型フォード，爆買い，ギネス記録 | 顕示的（誇示的）消費，成金趣味，婆娑羅，セレブ，流行，記号的消費，差異化，モデルチェンジ，ポストモダン，戯れ，キッチュ，グロテスク | こだわり，本物志向，職人技，着こなし・使いこなし，美意識，シック，通，粋（いき），洒脱，風流，目利き，見巧者，老舗，街歩き，探索的旅行，異文化体験，コレクション，創作的趣味，手作り，スローフード，プロシューマー，DIY，ロングライフ，もったいない，省資源・省エネルギー，エコ，ロハス |

出典：筆者作成。

「生活が豊かになることによって、人びとの関心が主として財とサーヴィスの消費に向けられ、消費を通じて顕在化するライフスタイルが人びとの社会的な違いを識別する主要な基準となる社会的生活様式。とくにマス・メディアの提供する情報が、たえず新しい生活イメージを形成し、人びとがそれを適応すべき環境として捉えつづけることによって、消費文化には変化が与えられる。」

二章で述べたように（二章1節「第二の消費文化を論ずる意味」）、これは、基本的には第二の消費文化について述べたもので、その中核部分がややあいまいに表現されている。消費文化の全体をとらえようとする意思は感じられず、当時流行していた見方に沿って適宜その特徴を拾い上げたという印象がある。しかし、消費文化といってもさまざまなタイプが存在するのであり、少なくとも三つの異なる消費文化を設定できることは、本書のこれまでの記述から明らかであろう。その点で、右記のようなとらえ方は一方的で視野の狭いものと言わざるをえない。

消費文化は、確かに消費に対する関心や熱心さを含むものであるが、これまでも述べてきたように、その内容はさまざまで、その多様なあり方を考慮に入れないと、その全体像はつかめない。本節のテーマである消費文化の動態についても、消費文化の多様なあり方に注目することなしには適切な分析を行なうことはできない。右記のような狭い概念のもとでは、消費文化の全体的動向をとらえ損なってしまうだろう。

現在、消費文化がどのような方向に変化しており、これからどうなるのかを明らかにするためには、消費文化のさまざまなタイプがどのように複合し、せめぎ合って消費文化の全体を形作っていくかに注目することが不可欠である。消費文化とは、単一の原則に従って秩序づけられたものではなく、このような複合とせめぎ合いの混沌とした場にほかならないのである。

筆者の消費三相理論は、このような複雑な消費文化の状況を整理するための理論枠組であるが、そのもとで、消費文化の動態については膨大な研究課題が発見されることだろう。個別の消費分野において、各消費文化のタイプがどのような状況にあり、関係しあってどのように変化しているかを調べていけば、興味深いがほとんど果てしのない消費文化の研究が可能になる。

本書では、その一環として、六章と七章で第三の消費文化に関する具体的な分析を行なうが、それに先立って、本節では三つの消費文化が実際にどのように関連しあって二一世紀の消費が展開していくかについて、簡単なスケッチを描くことにしよう。1節で消費文化間の三つの相互関係については示したが、次項では、それらが三つ合わさってどのように消費文化全体を形作っていくかを考えてみたい。そして次々項では、外部にあるさまざまな要因によって、三つの消費文化がどのような影響を受けるかについて考えることにしよう。

### 消費三相理論における消費文化の構図

三つの消費文化の第一原則で追求される三つの価値、つまり機能的価値、関係的価値、文化的価値に注目するとき、最もわかりやすく、目に見えやすい形で消費文化を変容させていくのは、機能的価値であろう。新しい機能を備えた機械類を発明し、新しい生産システムによってより安価で大量生産的な製品を供給し、ＩＴ技術を駆使して便利なサービスを作り出すといったさまざまな技術的イノベーションは、二〇世紀の消費生活を劇的に変化させた。二一世紀において、これと同規模のイノベーションが生じるかどうかはまだわからないが、当分の間このような機能的価値の追求と消費の合理化が進行していくことは間違いないだろう。イノベーションの進行には波があるが、長い目で見れば、第一の消費文化は、引き続き拡大していくものと思われる。

このような動向は、リッツァによってマクドナルド化や「無」（nothing）の蔓延としてとらえられ、マックス・ウェーバーにならって、無味乾燥で脱人間的な合理化の「鉄の檻」が支配的となった消費社会として、悲観的に語られた。本書の用語に翻訳すれば、第一の消費文化が支配的となり、他の消費文化を圧倒していくというとらえ方である（一章2節を参照）。リッツァは、第一の消費文化が目に見えて消費者の生活を豊かにしたことを認めているが、それが第三の

消費文化の一部である「存在」(something)を衰退させることを強く憂えているのである。(31)

しかし本書は、これとははっきり異なる立場に立っている。

本書の見方は、最も要約的に述べるならば、第一の消費文化が拡大していくにせよ、同時に第三の消費文化も拡大していくはずであり、(正確に数量化することは不可能であるが)近年ではむしろ第三の消費文化の拡大の方が顕著である、というものである。

この見方には二つの内容が含まれている。一つは、第一の消費文化は、機能的価値の実現を通じて、むしろ文化的価値の実現を促進する条件を整えるということである。一章3節「第一の消費文化が創り出すもの」や本章2節「第一の消費文化と第三の消費文化」で示したように、機能的価値の実現によって、文化的消費のための自由時間が増大し、さまざまな消費財の価格が下がって所得を文化的消費に回す余裕につながり、文化的消費のための道具や機械が発明ないし改良され、さらには新しい文化的消費のジャンル自体が生み出されるなど、さまざまな変化が生じて、文化的価値の追求を助け、第三の消費文化を拡大させていくことになる。

機能的価値は、もともと手段的なものであり、その目的は何らかの形で他の人間活動のゆとりを生み出すことにあった。そのゆとりは、さらなる労働につながることがあり、さまざまな社会活動に向けられることもあるが、文化的消費を促進する方向に生かされることも多いのである。

もう一つは、第一の消費文化は、確かに、リッツァが指摘するように文化的価値を実現することが期待される分野にまで入り込み、第三の消費文化を侵蝕する傾向があるが、それに対する第三の消費文化の対抗的な動きは十分発生しうるし、すでに発生しているということである。

侵蝕される分野は、リッツァが指摘したように、外食産業のほか、住宅、医療、教育などにも及ぶが、一章3節「消費合理化論の限界」で述べた通り、また前節の具体例に示した通り、それに対抗するさまざまな動きが生じている。それがどの程度広がりうるかは、今後の研究に委ねられるべきものであるが、少なくとも第一の消費文化が一方的に拡大を続けているという状況にないことは確かである。また、第一の消費文化と第三の消費文化の調整をはかろうとして、二つの消費文化の中間的性格をもつような消費財、サービスが増える傾向も生じている。

第一の消費文化と第三の消費文化の対抗関係は、第二原則にも現われている。第一の消費文化は、序章で示した成長主義的消費観が想定した通り、ひたすら無謀な量的拡大を続ける。それに対して、第三の消費文化は社会的配慮、特に環境への配慮によって何とかそれを食い止めようとするのである。ただし、この対抗関係については、社会的配慮（第二原則）が活発化するより先に、文化的価値への関心のシフト（第一原則）によって、量的拡大の限界が見えつつあるように思われる。近年の脱物質主義の傾向はそれを示すものと言えるだろう。

第三の消費文化は、今後は、第一の消費文化によって促進されるとともに、第一の消費文化が発達した後の消費者欲求の自然な発達によって、強く求められるようになり、自律的に拡大していくものと思われる。

それでは、残る第二の消費文化は、これら二つの消費文化の動きとどのように関わるのだろうか。

第二の消費文化は二つの原則からなるが、そのうち関係的価値の追求は、すでに述べたように（序章3節「関係的価値」、二章3節「批判的消費文化論の社会的影響」）、機能的価値または文化的価値を実現する消費から派生する（あるいはそれに随伴する）ものであり、機能的価値も文化的価値もない消費財が関係的価値をもつことは、ウソや勘違いによる場合以外にはありえないであろう。

したがって、関係的価値が実現され、第二の消費文化が成り立つためには、機能的価値か文化的価値を実現できるようなものであることが前提となる。

実際、自動車の場合は高速走行という機能的価値をもつからこそ、その保有がステータスシンボルになりえたのだし、大学への進学は、知識、教養を増し、文化的価値をもつからこそ、また、将来の地位の高さや高収入をもたらすからこそ、誇示や自己顕示の意味をもつようになる。

当該消費者が、必ずしも機能的価値、文化的価値を実現しないとしても、一般的にそれが可能な消費であることによって、関係的価値が生まれるのである。

そう考えると、第一の消費文化、第三の消費文化が発展する社会では、同時並行的に第二の消費文化（の第一原則）も発展していくと考えるのが自然な考え方であろう。そしてそれは、おそらく消費社会の成長期においては妥当する見方であっただろう。

一九世紀後半から二〇世紀中頃まで、先進各国では次々に機能的価値を実現する消費財が発明され、普及し、それと並行して経済全体が拡大し、それに伴って文化的価値の実現も次第に可能になっていった。そしてそれとともに、機能的価値や文化的価値からさまざまな関係的価値が派生し、第二の消費文化も拡大していった。消費財は、周囲の人と差をつけ、自分の地位をひけらかし、流行の先端を行き、人並みの生活を実現するなど、さまざまな関係的価値をもつようになった。そして、「批判的消費文化論」（二章3節参照）のように、関係的価値こそ消費の本質であるかのように考える立場も現われたのである。

しかし、その後の消費文化の状況は、必ずしも関係的価値の追求に適したものとはならなかった。その状況とは、一口で言えば「大衆消費社会化」が生じたということである。

工業および農業の生産力上昇とともに、多くの消費財は広く普及し、しかも価格の低下によって短期間で広まって、狭い意味での顕示的消費、つまり優位を示すという意味での関係的価値をもつ消費財とはなりにくくなった。たとえば、自動車や一時期の電気冷蔵庫は関係的価値をもったかもしれないが、携帯電話やパソコンは、多くの人が買おうと思えば買え、しかも急速に普及したので、ほとんど関係的価値をもたなかったのである。

文化的価値をもつ消費財についても事情は同じであった。さまざまな情報財、趣味的消費財、レジャー関係のサービス等は、大量供給され、手に入りやすくなり、幅広く普及した。そのため、文化的消費を行なうことが関係的価値をもたらすことも少なくなった。誰もがＣＤソフトを買い、カメラを買い、テニスをするようになったのである。

優位を示すという意味での関係的価値ではなく、同調を示すような関係的価値は、大衆消費社会でも残ると思われるかもしれない。リースマンの言うスタンダードパッケージは、確かに大衆消費社会における関係的価値を示したものであった。しかし、多くの消費財が苦もなく手に入ってしまう消費社会では、他者並みの消費をしているかどうかを気にすることさえも、ほとんどなくなるだろう。大衆消費社会化した二〇世紀末以降の消費社会に生きる普通の生活水準の（普通の生活水準と思っている）人々は、関係的価値を意識し求めることが、全般的に少なくなってきたと考えられる。

それに加えて、平等主義的イデオロギーの普及がある。実際の平等度はともかく、消費社会化と並行して生じた平等主義の普及は、これみよがしに富を見せびらかし、地位を誇示することを好ましくないこととする風潮を強めた。特に、結果の平等を重視する社会では、狭義の顕示的消費は成金趣味、もったいぶっているなどと陰口を叩かれ、嫌悪されるようになり、消費を通じての関係的価値の追求は、目立たない形でなされる傾向が生じた(32)。

大衆消費社会化した社会においては、関係的価値の追求という意味での第二の消費文化（つまり第一原則）が、促進されるのではなく、むしろ抑制される方向に向かったと考えられるのである。

しかしながら、このような大衆消費社会は必ずしも安定的なものではなく、経済成長の鈍化や所得・資産格差の拡大、雇用不安定化など、先進社会特有のさまざまな状況の変化が生じている。

そういった状況のもとで、第二の消費文化がたどる方向については、おそらく三つの可能性がある。

一つめは、関係的価値は放置して、縮小するなら縮小するに任せ、第二の消費文化の第二原則、つまり非機能的・非慣習的な差異化を目指す方向にシフトする可能性である。これは、企業から見れば、関係的価値に訴えるマーケティングから、単なる差異化を訴えるマーケティングに切り替えるということである。たとえば、新車を作る際に、ステータスシンボルへの欲求に訴えるのではなく、ちょっとしたモデルチェンジで人々の気を引く、といった方向にシフトするのである。消費者側から見れば、あまり興味のなくなった関係的価値ではなく、刻々と変化する差異化された商品に何らかの刺激を感じて、それを求めるようになるということである。

二つめは、関係的価値の根拠となる価値が変化し、おもに文化的価値を通じて関係的価値が与えられるようになるという可能性である。

関係的価値の根拠を機能的価値や量的多さに求めようとしても、大衆化が激しい社会ではうまく関係的に結びつかなかったり、平等主義イデオロギーのために批判されたりする。また文化的価値が高いとしても、同時に高価さや豪華さが目立つ場合には、やはり顕示的消費と解釈され批判の対象となってしまう。そこで、機能や量ではなく、高級感とも結びつかないような純粋な文化的価値に、関係的価値の根拠が求められるようになる。

優れた文化的感受性や文化的能力をもっていて、高度な文化的消費を実現できるような人が尊敬され、そのことによって関係的価値を与えられる。できのよい陶磁器、高品質のコーヒー、シックな色合いのコート、大ヒットしてはいないが質の高い音楽や映画、小説など、優れた文化的価値をもつ消費財を見分け、消費できることが関係的価値に結びつけられるのである。

三つめは、消費が関係的価値の追求（第一原則）、単なる差異化の追求（第二原則）のいずれからも離れて、第二の消費文化全体が縮小する方向である。右に示した関係的価値抑制の方向がそのまま進行し、第二原則による刺激もあまり活発でなくなり、これまで第二の消費文化の要素をもっていた消費財が、次第にその要素を失っていくということである。リッツァがマクドナルド化や「無」の蔓延と呼んだものには、一部このようなものが含まれているし、経営学でコモディティ化と呼ばれるものにも、分析の視点は違うものの、同様の内容を示すものが含まれている[33]。

このうち、一つめの方向は、日本をはじめ多くの国で、すでに十分過ぎるほど行なわれてきたものであり、だからこそ、二章で示したように、第二の消費文化では第一原則から第二原則へのシフトが生じたと考えられてきた（二章3節「第二の消費文化の実像」参照）。しかし、こういった方向を目指す生産と消費は今後も続くものの、すでにその限界は見えており、今後ますます活発化するというものではないように思われる。さまざまなあまり意味のない、非機能的、非慣習的な差異の創出が、一時的で部分的な需要創出をもたらすにせよ、経済全体としての活性化につながるものでないことには、皆気づきはじめている[34]。消費者は、差異の創出が繰り返されることに対して、一定の反応は示すものの、企業の安定的な売上高増大につながるような消費者行動はとらないと考えられるのである。

二つめの方向は、関係的価値の根拠や内容が変わるということであるが、そのことによって、関係的価値の発生が増大するというわけではない。むしろ、単純な関係的価値は発生しにくくなり、特殊なタイプの関係的価値が中心となる。そこでの関係的価値は、誇示や地位の表示ということではなく、むしろ消費者としてより高い水準にあり、消費財を判断する能力が高いことを意味するようになる。二章1節「第二の消費文化の原則」で述べたように、「消費自体についての社会的地位」を示すものとなるのである。(35) 食生活で言えば、舌が肥えた食通であり、衣生活で言えば、センスがよく巧みに着こなすおしゃれ上手として評価される。このような傾向は、確かに強まる可能性があるが、それは第二の消費文化を広げるというよりは限定するものであろう。

そして三つめの方向は、多くの消費分野で起こりうるものであり、すでに一部の分野ではその方向に向かっている。第二の消費文化は、さまざまな関係的価値（第一原則）、あるいはさまざまな差異（第二原則）を追求してきたが、それが飽和状態に達したと見るや、全く逆の方向に進み出すことがある。これまで消費者の自尊心をくすぐり、ささいな付加価値をつける戦略をとってきた企業は、一転して、商品のシンプル化、低価格化、大量販売などに活路を見出そうとする。また、消費者の方も、これまで述べてきたような状況の中で、第二の消費文化のための経済的負担は意味がないと考えるようになり、しばしばシンプルな価格でほどほどの品質の消費財で間に合わせてしまう。

商品の中身のほか、ネーミングやパッケージにさまざまな小さな差異が施され、盛んに第二の消費文化に消費者を誘っていた加工食品が、シンプルで低価格のＰＢ（プライベートブランド）商品中心となること、年々発売される新しい化粧品を追い求めていた消費者が、ベーシックで安価な化粧品で間に合わせるようになることなどが、現実に起こっているのである。

以上、少々第二の消費文化についての記述が長くなったが、これは序章で述べた批判的消費観に基づき、第二の消費文化について過剰な思い入れをもち、それが消費社会のおもな動向であると見なす「批判的消費文化論」が、日本の社会学分野で有力であったことに対する反省的意味を込めていたからである。

これまで述べてきたように、第二の消費文化も、さまざまな社会の動きや消費文化の発展に影響を受けて変化するものであり、これからの方向についてはさまざまな可能性がある。第二の消費文化が大きな意味をもち、拡大を続けるという可能性も無くはないが、それが正しいという根拠は決して多くない。筆者自身はむしろ逆の可能性が高く、第二の消費文化が全体として収縮していく可能性が十分あると考えているのである。

さて、本項でこれまで述べてきた三つの消費文化の今後の見通しは次のようなものであった。

第一の消費文化のうち、機能的価値の追求は、その程度はともかく今後も続いていき、それが第三の消費文化を促進するが、部分的には逆に侵蝕する。第三の消費文化も同時に自律的に広がっていくものと思われるが、第一の消費文化によって侵蝕される部分があるので、それを回復する動きが生じる。第一の消費文化の第二原則（量的拡大への志向）は、第三の消費文化の成長によって抑えられる。第二の消費文化は、それを今まで以上に促進する要因は見当たらず、どちらかと言えば縮小していくと考えられる。社会生活における必要上、それが消滅することはありえないが、相対的には重要なものでなくなっていく可能性がある。

こういった見通しは、従来の消費文化論の常識とは大きく異なっている。しかし、三つの消費文化の性格とそれらの相互関係、そして消費文化自体の成熟を考え合わせれば、二一世紀を通じて、漸次このような方向に進むであろう。ただし、それがどのくらいのスピードで、どのような過程を経て進行していくかについては、消費社会の外にある、さまざまな要因の影響を受けるであろう。最後に、その点について考えてみよう。

### 消費文化への影響要因

まず、消費と密接に関係すると思われる経済的要因から考えてみよう。

これまでの消費社会が、産業化と経済成長によってもたらされたことは間違いないが、三つの消費文化の中では、特に第一の消費文化の拡大と最も密接に結びついてきたと言える。二〇世紀後半の消費社会の拡大期、特に日本の場合には、経済成長の基本的要因は資源採取や侵略ではなく科学技術の発展にあり、それがさまざまな便利な消費財の開発、低価格化、サービスのスピードアップなど、機能的価値の実現をもたらし、第一の消費文化を拡大させてきた。

しかし、この傾向はこれからも続くものの、今後はそれとは別の方向、つまり、科学技術の発展が、第三の消費文化を成長させるような道筋も拡大していくであろう。

科学技術による経済の発展は、必ずしも第一の消費文化的な便利さ、スピード、価格抑制などと結びつくものではなく、省エネルギー、代替エネルギーの開発、環境汚染の軽減、緑化推進などにもつながるものである。グリーン経済（green economy）と呼ばれるこのような経済発展の方向は、すでに着実に拡大しており、第一の消費文化ではなく、第三の消費文化を拡大させる効果をもつことであろう。(36) 量的な発展、つまり経済成長率がどうなるかはともかく、消費文化への影響としては、環境配慮につながる消費を容易にし、第三の消費文化の活性化につながるものとなるであろう。

第三の消費文化のもう一つの柱である文化的価値についても、文化産業を中心とする経済発展の道筋を描くことができる。文化の消費は、三章で示したように現代消費社会の大きな関心事であり、それを供給する文化産業は基本的に成長産業である。その成長は、国内経済を拡大させるとともに、文化輸出や文化を通じた外貨獲得も可能にし、それを通じた経済発展をもたらしうる。すでに、文化輸出が高度消費社会における有力な輸出分野であることは各国で認識されており、さまざまな戦略が試みられている。(37)

こういった経済成長と第三の消費文化の結びつきは、どちらが原因でどちらが結果とも言えず、並行して進展していくものである。かつては経済成長が外生的、独立的な要因であり、それに依存して消費文化が発展していったと考えられるが、現在のように生産力が過大であり、それに見合う需要が乏しい消費社会では、消費者に求められるものを通じて経済成長を目指すことが一つの重要な方策となっており、かつてのような依存関係は見られなくなっている。現在では、経済成長によって消費文化が発展すると同時に、消費文化の発展によって経済成長が生じると考えられるのである。

それに対して、消費文化の発展上求められない経済成長の方策、たとえば過剰な公共事業や武器・兵器の製造、輸出や海外投資への依存などは、一般市民が求めるものと結びつかず、消費者に成長の恩恵を与えないから、歪んだ経済構造をもたらす危険性が大きいものと言えよう。

次に、同じく経済学的要因で、所得格差の問題を取り上げてみよう。

グローバル化の進展や新自由主義的な経済政策は、一般に所得格差を拡大するものと言われており、実際、二〇世紀末以降、多くの国で所得格差の拡大が生じている(38)。

所得格差の拡大は、一見すると第二の消費文化の拡大につながるように思われる。所得格差は、消費水準の格差に直結し、自分がその格差の序列中どこにいるかについて敏感にさせる。また、より上位の階層に向かおうとする動機づけを高めて、それに向かって人々の競争心を高めていくように思われる。そこで消費財は、格差を反映したものとなり、階層序列を表示するような作り方をされる可能性が高まり、消費者もそれを求めるようになると考えられる。そうだとすれば、第二の消費文化は拡大していくことになろう。

このような方向への変化が生じる可能性は、確かに否定はできない。しかし、これとは別のシナリオも描けることには注意する必要がある。そもそも、所得格差が第二の消費文化を活性化させるという見方では、ある種の上昇志向、つまり、自分より上の階層の生活を羨望し、あるいは目標として、それにキャッチアップしようとする意欲（追いつこうとする意欲）が前提とされている。たとえ格差が大きくても、そこに安住してしまうようだと第二の消費文化にはつながらないであろう。そして、このようなキャッチアップの意欲は、消費水準がまだ低いが経済成長が著しく、階層上昇の可能性が高い社会において強まり、消費水準が高く成長が停滞した経済では弱まることが予想される。

そう考えると、現代の先進諸国のように経済成長が鈍化し、成熟した消費社会において、どれだけ階層上昇志向が発生し、第二の消費文化を活性化させるかは疑問に思えてくる。考えてみれば、第二の消費文化を強調したヴェブレンの顕示的消費の理論も、ボードリヤールの記号消費論も、拡大期の資本主義経済を前提としたものであったから、その条件を失った時、彼らの指摘したような第二の消費文化がどれだけ広がるかは疑問なのである。

そして、所得分布がどうなるのかも問題である。所得が正規分布的に（つまり平均的な所得の人が多い形で）分布していればこのようなことが生じるかもしれないが、いわゆる二極分化型、つまり高所得層が一部に過ぎず、彼らが極端に多い所得を得て、他の大部分の人の所得は似たような低い水準になった場合、低位の所得の人々のほとんどは、おそらく上昇志向の意欲をもたず、その所得水準での生活に安住してしまうことが予想される。

先進消費社会の中・低所得層は、最下層を除いては、現在グローバル化とマクドナルド化によって、それなりに便利で一通りの物資が手に入る状態にあり、特により豊かな生活を目指す意欲をもたず、そこそこの生活水準で不満を抱かなくなる可能性が十分ある。それに対して、企業側は上昇志向への誘惑（第一原則）、差異化された商品による刺激（第二原則）を盛んに仕掛けるであろうが、それが必ずしも成功をおさめないことは、最近の個人消費の動向が示す通りである。[39]そういった場合には、第二の消費文化よりもむしろ第一の消費文化が促進されることになると考えられる。

次に社会的要因に目を移そう。

まず生活時間の問題がある。労働時間が長く、通勤や子供の送り迎え等の時間も必要で、自由時間が確保できないような生活時間構造の場合は、当然のことながら、時間短縮型の第一の消費文化中心の消費をもたらしやすい。食事は外食や惣菜、弁当などで済ませ、休日は車で移動し、何でも一通り揃ったショッピングモールで買い物を済ませ、あるいはオンラインショッピングを多用し、レジャー活動は短時間で済ませるような生活になりがちであろう。

それとは対照的に、第三の消費文化は前節で示したように時間消費型の消費文化であるから、自由時間が多いほどその普及が促進されるであろう。自由時間が多いことは、ゆっくり本を読む、音楽を聴く、習い事をするといった、いわゆる文化的活動や趣味のための時間を十分とることにつながり、（狭義の）文化的消費を活性化させる。また、手作りの料理、自家菜園での野菜作り、手縫いのニット製品、ＤＩＹ（do it yourself）による車や住宅の改良など、衣食住をより第三の消費文化的なライフスタイルにすることを可能にする。さらには、買い物を慎重に、かつ十分吟味して行なって浪費的な消費を回避するとともに、気に入った製品や、価格が同じでも優れた製品など、文化的価値の高い物財を選ぶことを可能にする。

近年スローライフ、スロームーブメント（slow movement）が注目を浴びたのも、このような時間的余裕のある生活が、単にゆったり暮らせるだけではなく、精神的満足感をもたらす第三の消費文化につながることを、人々が視野に入れているからであろう(40)。

このような生活時間との関係のため、第三の消費文化は、社会的属性別に見れば、時間にゆとりのある学生、専業主婦、退職した高齢者などが担い手となることが多い。それに対して、長時間労働が当たり前となった日本の勤労者や自営業者は、第三の消費文化になじみにくく、第一の消費文化に染まりやすい。今後どれだけ長時間労働が是正されるかは不明であるが、その条件なしには、第三の消費文化は働く人々の間で十分に広がらないかもしれない。

ただし、生活時間は、必ずしも一方的に消費文化に影響を与える外生的要因ではないことに注意する必要がある。第三の消費文化を求めるがゆえに、それに適した職業や就労形態を選び、生活時間を確保するといった行動も可能であり、一部ではあるが、脱サラ、早期退職、Uターン就職、離島への移住などによって、ゆったりした生活時間を求める動きも生じている。

専業主婦の例が出たところで、ジェンダー役割と女性の就労についても述べておこう。

従来の性別役割分業観は、一般的には男は仕事に女は家庭にというものであり、消費財の選択や買い物、使用は女性中心に行なわれることが多かった。消費という行為自体が女性のものとされる傾向が生じ、男性が消費に対して熱心であることは不要で、軽んじられる風潮もあった。（外部での）仕事から疎外された女性は、消費を通じて満足を得るほかなく、満足や充実感の源泉として文化的価値を追求する傾向にあり、食べ物、衣服、室内装飾品、習い事などに対する感受性を養っていった。特に専業主婦の場合は、その感受性を高めていく時間的余裕ももっていた。それに対して男性は（外部での）仕事役割を引き受けていることから、能率や機能性を重視する傾向をもち、消費においても、機能的価値の実現に関心を寄せることが多かった(41)。

このような次第で、狭義の文化的消費（芸術、書物、教育など）はさておいて、日常的な物的消費財を中心とする消費に関する限り、女性が第三の消費文化、男性が第一の消費文化に沿ったライフスタイルをもつ傾向が生じた(42)。

性別役割分業が批判的に評価され、女性の就労、特に企業組織での労働が盛んになった現在では、女性はその立場上従来の男性に見られた第一の消費文化に近づく傾向をもつ。忙しく、能率と成果を重視する仕事に合わせて、時間と手間を省く、機能重視の消費生活を送らなければならなくなる。

そのことは、これまで女性が求めてきた第三の消費文化の実現を妨げることになりかねないから、それを強く求める女性の場合には、葛藤が生じることになる。本来は、男女ともに第三の消費文化に沿った消費生活を実現するゆとりがあるべきなのであるが、日本における一般的な就業のあり方が続けば、男女ともにそれを妨げることになってしまうのである。

次に、話題を転じて都市化について考えてみよう。

今日に至るまで、多くの消費社会では、都市への、特に大都市への人口集中傾向を示してきた。それは、一方では都市化が経済発展にとって好都合であり、就労機会も多かったためであるが、他方では、都市化が消費者にとって歓迎されることだったためでもある。大都市に住むことは便利で豊かな消費生活の恩恵に浴すことを可能にし、消費の楽しみを実現できるから、人々は大都市への移動を望んだのである。

三つの消費文化との関係で言えば、二〇世紀中葉までの大都市はその三つを同時に実現するものであった。大都市は多数の商業施設を有し、便利な消費財を手に入れることができるところであり（第一の消費文化）、にぎわう街角で富の見せびらかし、自己顕示、流行の先取りなどを実現できるところであり（第二の消費文化）、文化施設が集まり、高品質の専門店や美味しい飲食店の集まるところでもあった（第三の消費文化）。そしてそういった機能が中心繁華街に集中していた。しかし、人口が大幅に増え、大都市圏の範囲が広がるにつれ、大都市は、3節「商業施設と都市空間」に示したように、多様な都市空間をもたらす。特に、三つの消費文化に応じた分化した都市空間が見られるようになる。

第一の消費文化については、大型の商業施設を郊外や町村部にも作ることが可能になり、大都市中心部でなくとも十分実現できるようになった。そのため現在では、大都市中心部よりも、むしろ郊外ターミナルやロードサイドがその拠点となる傾向が続いている。

他方、第二の消費文化は、雑多な人々が集まる中心繁華街でも栄えるが、そこを離れた特定の街路周辺が、集中的に関係的価値実現の場となる場合もある。ある程度空間的にゆとりがあり、雑多なものを排除した、街自体がきれいでまとまっているところで、そこに集って消費すること自体が関係的価値を生むような地区が発達してくる(43)。それが3節「商業施設と都市空間」に示したような地区であり、海外でも、ローマのコンドッティ通り、パリのサントノレ通り、ニューヨークの五番街、上海の淮海路（ホワイハイルー）周辺などがそれにあたるであろう。

そして第三の消費文化については、3節「商業施設と都市空間」に示した通り、中心部を離れた文化的基盤のある地区に発達する傾向があるが、これは文化的価値の供給を小規模経営の店が担っており、その小規模店舗が何とか店を出せる程度に地価（賃貸価格）の安い地域でなければならないという事情があり、また消費者からすると、便利さよりもそこでゆっくり過ごすことを求めているので、あまり人が多く忙しい雰囲気の地区を避けたいという気持ちがあるためだと思われる。

このように、消費社会化とそれに並行する大都市化の進展は、従来の単調な大都市繁華街のイメージとは異なって、都市の中の都市というべき、消費文化のタイプに応じた分化した地区を生み出すように思われる。そして、第一の消費文化は、そこから飛び出して、どこにでもある脱都市的な文化となっていく。それまで消費文化を支えていた中心繁華街は、相変わらず人が集まるものの、性格のあいまいな場所となっていくであろう。

以上、いくつかの影響要因を取り上げたが、そのほかにも、IT技術の進化、高齢化、グローバリゼーションの進展など多くの要因がありうるだろう。しかし、筆者が検討したところ、今のところそれほどはっきりした結論が得られるものはなかったので、ここでは省略することにしよう。

本項での検討の結果、さまざまな要因が三つの消費文化に影響を与えることがわかったが、全体としては、特に前項の見通しの変更につながるような強い影響要因はないように思われる。また、影響要因でありながら影響される要因でもあるもの、つまり三つの消費文化のどれが盛んになるかによって影響を受けるものも多く、一方的な因果関係というよりは相互に影響を与え合うようなものが多いと言えそうである。

本章では、三つの消費文化を含めた現代消費文化の全体を考察の対象とし、さまざまなことを論じてきた。しかし、まだまだ詳細に検討すべきことが残っており、明らかになったことよりも、むしろこれからの研究課題の方が多いという印象を与えたかもしれない。消費三相理論は、視野狭窄に陥っていたこれまでの消費文化論を相対化することによって、多くの未検討領域を示し、今後の研究課題を与えるものなのである。

本書では、消費三相理論が示すさまざまな課題の中で、このあと第三の消費文化に限定して、さらに立ち入った分析を加えることにしたい。他の二つの消費文化や三つの消費文化の相互関係も興味深いテーマであるが、それについては今後の研究に委ね、筆者としては、消費文化の中で最も注目に値する第三の消費文化に、研究のエネルギーを集中させることにしたい。

第三の消費文化は、具体的にどのような形で現われており、どのような方向性をもっているのか。それを現実と照らし合わせながら検討するのが、六章以降の課題となる。

## 注

（1）次の文献を参照。Lippmann, W., (1922) 1954, *Public Opinion*, Macmillan. 掛川トミ子訳、一九八七、『世論』（上・下）岩波書店（文庫）。Allport, G. W., (1954) 1958, *The Nature of Prejudice*, Doubleday & Company. 原谷達夫・野村昭訳、（一九六

一）一九六八、『偏見の心理』培風館。ただし、オルポートの著作では、対人的偏見に限定して論じられている。

（2）Mannheim, K., (1929) 1952, *Ideologie und Utopie*, Schulte Bulmke. 徳永恂訳、一九七一、「イデオロギーとユートピア」高橋徹編『マンハイム・オルテガ』（世界の名著五六）中央公論社。Kuhn, T. S., 1962, *The Structure of Scientific Revolutions*, University of Chicago Press. 中山茂訳、一九七一、『科学革命の構造』みすず書房。

（3）消費三相理論は、このような大きな問題に対応するだけでなく、個別の消費現象を分析する上でも、新鮮な視点を提供し、さまざまな発見をもたらすであろう。

（4）一章1節「第一の消費文化の原則」で示したように、リッツァ自身も量や大きさへの志向性という特徴に気づいていたが、マクドナルド化論の中でそれを軽くあいまいに取り上げるにとどまった。Ritzer, G., 1993, *The McDonaldization of Society*, Pine Forge Press. 正岡寛司監訳、一九九九、『マクドナルド化する社会』早稲田大学出版部、一〇六～一一二頁。

（5）ただし、消費三相理論は開かれた理論であるから、現実の変化や理論研究の進歩に伴って、原則の数（二つ）やその内容については、今後適宜変更する可能性がある。

（6）ゼロの消費文化の場合には、第二原則が過程で第一原則が結果という関係にあり、過程、結果ともにゼロの消費文化と見なされるから、「または」で結ばれていると言える。ただし、第一原則に向かわない第二原則はありえないから、第二原則だけを追求し続けることはできないはずである。両者をバラバラにすることは、そもそも不可能なのである。

（7）序章では、機能的価値、関係的価値、文化的価値のほかに、生理的価値、道具的価値、精神的価値の三つを示したが、生理的価値、道具的価値は機能的価値に含まれるので、これらを追求する消費文化は、原則的に第一の消費文化の一部となる。また、文化的価値に含まれない精神的価値は、反社会的なものを含むことから、③の中に含めることができるだろう。なお、生理的価値の一部と交流的価値と称したものについては、第三の消費文化に近いものとなることがある。これについては、六章3節を参照されたい。

（8）見田宗介、一九九六、『現代社会の理論』岩波書店（新書）、一九～二七頁など。

（9）Ritzer, G., (1999) 2010, *Enchanting a Disenchanted World* (3rd ed.), Sage, pp. 187–193.

（10）これらは、経営学で「コモディティ」と呼ばれる商品とほぼ重なり合うものである。また、最近注目された開発途上国のB

ＯＰ（base of the pyramid）層向け商品も、これらと類似した性格をもつと言えるだろう。

(11)　自動車が第二の消費文化と疎遠になる状況を描いたものとしては、次の文献を参照されたい。山岡拓、二〇〇九、『欲しがらない若者たち』日本経済新聞出版社、一五～三一頁。

(12)　たとえば、日本の伝統工芸品について見ると、一九八〇年代以降、機械による大量生産品に置き換えられて生産額が一貫して減少し、最近では下げ止まりの傾向も見られるものの、一九八〇年代前半の四分の一程度になっている。経済産業省製造産業局伝統的工芸品産業室、二〇一一、「伝統的工芸品産業をめぐる現状と今後の振興施策について」インターネット公開資料、四頁。（資料名にて検索可能）

(13)　一章でも紹介した、リッツァが「無」の蔓延に対して感じている不満あるいは不快感は、アメリカにおいて第一の消費文化が優越し、第三の消費文化については単調でレベルが低いことから生じたものであろう。しかし、その議論は単純化し過ぎているし、アメリカの現実を無理やりグローバルな現実に当てはめようとするきらいがある。日本の消費文化については、機能への極端な特化は嫌われ、文化的価値の要素を多く取り入れる傾向があるように思われる。Ritzer, G., 2004, *The Globalization of Nothing*, Pine Forge Press. 正岡寛司監訳、二〇〇五、『無のグローバル化』明石書店、二七八～二九一頁。

(14)　消費のもつ主観的な意味を、本書のようにより細かく分節していこうとする試みは、わずかに次の文献に見られる。Gabriel, Y. and T. Lang, 2006, *The Unmanageable Consumer* (2nd ed.), Sage. 筆者自身、前著ではこの二つをまとめて「文化的価値」と呼んで、ある程度共通点をもつものとして扱っていた。間々田孝夫、二〇〇七、『第三の消費文化論――モダンでもポストモダンでもなく』ミネルヴァ書房、一九二～一九三、二二五頁。

(15)　ここで研究者というのは、批判的消費観に基づき、消費記号論を喧伝した論者たちを想定している。日本の社会学における消費文化研究では、これまで消費記号論の影響が極めて強かった。ただし、社会学の外、および海外の社会学に目を向ければ、文化的価値に目を向けた研究の流れが確固として存在していることは、三章２節に示した通りである。

(16)　ここでは、消費文化論でよく取り上げられる差別化的な関係的価値、つまり優位を示すとか、自己顕示をするといったことに限定している。それに対して、関係的価値が機能的価値から派生する場合もなお多く存在しているが、それはたいていの場合、同調的な関係的価値、つまり隣人や仲間と同調していることを示す意味合いをもった消費についてである。たとえば、一通りの電化製品と自家用車の保有、粗末でない戸建住宅やマンション所有などは、今でも「スタンダードパッケージ」的な関係的価値をもっているであろう。

(17) それに対して、庶民が日常使用している物の中に、高い文化的価値を見出したものとして、柳宗悦の民藝論がある。次の文献を参照。柳宗悦、(一九二八) 二〇〇五、『工藝の道』講談社(学術文庫)、三一～五七頁。

(18) 本項では第三の消費文化の第二原則、つまり消費における社会的配慮については言及しなかった。それは、本項が、第一原則の文化的価値に注目し、それと混同されやすい第二の消費文化との区別をつけ、その分離傾向に注目することを目的としていたからである。第三の消費文化の第二原則は、第二の消費文化には全く含まれないから、それを加えれば、第三の消費文化が第二の消費文化と大きく異なるものであることは、なおのこと明らかであろう。

(19) この点については、次の文献を参照されたい。Linton, R., 1945, *The Cultural Background of Personality*, Appleton-Century Company. 清水幾太郎・犬飼康彦訳、一九五二、『文化人類学入門』東京創元社、四四～七三頁。

(20) 内向的消費財についても、時々知人が訪れるとか、会話の中で話題にせざるをえないなど、外からの視線を無視できない場合はあり、全く関係的価値と無関係ということはない。しかし、相対的にそのような機会が少ないことは確かであろう。寝衣や寝具について、街を歩く時のように周囲に気を使う人は少ないということである。

(21) 三章の注(85)でも紹介したが、スペシャルティコーヒーとは、豆の生産段階から適切に管理された良質のコーヒーを示す。次の文献で解説されている。堀口俊英、二〇〇五、『スペシャルティコーヒーの本』旭屋出版。

(22) 今の日本では考えにくいが、一九九〇年代、経済発展の著しかった中国では、「爆発戸」と呼ばれる急速に富裕になった人々が、料理店で大盤振舞いの競争をする光景が話題になったという。呉金海、二〇〇八、『中国消費文化研究――消費主義への理解と消費文化問題』(立教大学社会学研究科博士論文)、二〇五～二〇六頁。

(23) リッツァは、『無のグローバル化』の中で、消費者のジーンズ加工などの例をあげつつ、同様のことを「無」から「存在」の方向に近づける試みとして説明している。Ritzer, 2004, op. cit. 訳書、二九七～二九九頁。

(24) 世界遺産における観光と自然保護の矛盾を描いたものとして、次の著作がある。野口健、二〇一四、『世界遺産にされて富士山は泣いている』ＰＨＰ研究所(新書)。自然に対する二つの関わり方について一般的に考察したものとしては、次の文献を参照されたい。間々田孝夫、二〇〇五、『消費社会のゆくえ——記号消費と脱物質主義』有斐閣、二〇九～二二三頁。

(25) 次の文献を参照。山崎正和、(一九八四) 一九八七、『柔らかい個人主義の誕生』中央公論社(文庫)、一六一～一六四頁。また、それに対するコメントとしては、間々田孝夫、二〇〇五、前掲書、五三～六六頁を参照。

(26) ただし、このような文化的価値は、それを通じて、しばしば第二の消費文化の関係的価値をもたらすことになる。

(27) 観光旅行や物品の輸入を通じたこのような消費については、ポストコロニアリズムの立場からは、ステレオタイプ化し、権力関係を伴うものとして、またマルクス主義的立場からは、空間的距離を利潤に結びつけるものとして、批判的にとらえられることがある。しかし、そのような見方の妥当性はともかく、消費文化論的には、消費者がエキゾチックなものに文化的価値を見出し、それを求めて消費していることは確かである。次の文献を参照。落合一泰、一九九六、「《南》を求めて——情報資本主義と観光イメージ」山下晋司編、『観光人類学』新曜社、五六～六五頁。江口信清、一九九八、『観光と権力——カリブ海地域社会の観光現象』多賀出版、一八七～二一三頁。

(28) なお、かつては消費文化の象徴であったデパート(百貨店)は、どの消費文化に近いかがそれほど明確でない。第二の消費文化の要素がやや強いとは言えるかもしれないが、第三の消費文化の要素も弱くはなく、一部は第一の消費文化的なものも含んでいる。

(29) ロードサイドの消費文化を批判的にとらえたものとして、次の文献がある。三浦展、二〇〇四、『ファスト風土化する日本——郊外化とその病理』洋泉社(新書)。

(30) これについては、序章4節「消費文化とは何か」、二章1節「第二の消費文化を論ずる意味」、二章3節「批判的消費文化論の社会的影響」でも取り上げている。濱嶋朗ほか編、一九九七、『社会学小辞典』(新版)有斐閣、三〇五～三〇六頁。

(31) リッツァの著作『無のグローバル化』には、よく読むと、「存在」が減少するのではなくそれなりに増大しているが、「無」が圧倒的に増大しているので、相対的に衰退すると明記した箇所がある。しかし、本当にそのように考えていたにしては、「存在」の衰退の例を多く示し過ぎているように思われる。Ritzer, 2004, op. cit. 訳書、二七二頁。

(32) 目立たない形での顕示的消費については、顕示的消費についての代表的論者であるヴェブレンやボードリヤールも指摘しているが、その解釈は異なっているようである。Veblen, T., 1899, *The Theory of Leisure Class: An Economic Study in the*

*Evolution of Institutions*, Modern Library. 高哲男訳、一九九八、『有閑階級の理論』筑摩書房、一五六頁。Baudrillard, J., 1970, *La société de consommation: Ses mythes, ses structures*, Éditions Denoël. 今村仁司・塚原史訳、一九七九、『消費社会の神話と構造』紀伊國屋書店、一一六頁。

(33) コモディティ化については、次のような文献がある。恩蔵直人、二〇〇七、『コモディティ化市場のマーケティング論理』有斐閣。青木幸弘編著、二〇一一、『価値共創時代のブランド戦略――脱コモディティ化への挑戦』ミネルヴァ書房。

(34) このことを論じたものとしては、次の文献を参照。Kotler, P. and G. Armstrong, 2001, *Principles of Marketing* (9th ed.), Prentice Hall. 和田充夫訳、二〇〇三、『マーケティング原理』(第9版) ダイヤモンド社、四二一～四三四頁。間々田孝夫、二〇〇七、前掲書、一八四～一九一頁。

(35) ブルデューの大著『ディスタンクシオン』は、同じように文化的価値と関係的価値の関連を扱っているが、文化的価値を追求する消費が、経済的な意味での「階級」とはっきり結びつくことを主張している点で、筆者とは大きく異なる見方を示している。Bourdieu, P., (1979) 1982, *La distinction: Critique sociale du jugement*, Minuit. 石井洋二郎訳、一九九〇、『ディスタンクシオン』(Ⅰ・Ⅱ) 藤原書店。

(36) グリーン経済については、UNEP（国連環境計画）の次のウェブサイトを参照されたい。(http://www.unep.org/greeneconomy/)

(37) 次の文献を参照。経済産業省編、二〇一〇、『産業構造ビジョン二〇一〇～我々はこれから何で稼ぎ、何で雇用するか～』経済産業調査会、一一六～一三三頁。チョン・ソンウ監修、酒井美絵子、二〇一二、『なぜK－POPスターは次から次に来るのか――韓国の恐るべき輸出戦略』朝日新聞出版（新書）、七九～八八頁。

(38) 格差拡大については、次の文献を参照。OECD, 2008, *Divided We Stand: Why Inequality Keeps Rising*, OECD. 小島克久・金子能宏訳、二〇一四、『格差拡大の真実――二極化の要因を解き明かす』明石書店、特に二六～五三頁。Piketty, T., 2013, *Le capital au XXI^e^ siècle*, Seuil. 山形浩生・守岡桜・森本正史訳、二〇一四、『二一世紀の資本』みすず書房。

(39) 総務省家計調査をもとにして物価と世帯人数を調整した消費水準指数（総合）は、二〇一〇年（基準年）を一〇〇・〇とすると、一九九五年が一〇七・五、二〇〇〇年が一〇三・九、二〇〇五年が一〇二・六、最近の二〇一三年は一〇〇・二となっており（二人以上世帯の場合）、減少傾向をたどっている。総務省統計局編、二〇一五、『日本の統計〈二〇一五年版〉』日本統計協会。

(40) スローライフ、スロームーブメントについては、七章2節「スローフードにおける快楽的要素」でも論じている。おもな文献としては次のものがある。Honoré, C. 2005, *In Praise of Slow*, Orion Publishing. 鈴木彩織訳、二〇〇五、『スローライフ入門』ソニー・マガジンズ。なお、スロームーブメントは、必ずしも時間をかけるというだけではなく、コミュニティの重視、地域性の復権、多様性の確保、自然志向など、さまざまな意味合いを併せもっている。

(41) 本来なら、仕事と消費生活は補い合うべきものであり、特に第三の消費文化によって仕事の疲れや単調さを補い、生活に潤いを与えるべきであるが、現実には仕事の原則が消費生活にも持ち込まれることが多いようである。

(42) これに関連して、やや特殊な側面に限定されているが、筆者たちは第三の消費文化の一部をなす「真物質主義」（物の消費を質的に高度化していこうとする価値観、三章5節「真物質主義についての覚え書き」を参照）について、社会調査データによる分析を行なった。その結果、真物質主義的態度は男性よりも女性に多く見られた。間々田孝夫・遠藤智世、二〇一四、「『真物質主義』の担い手は誰か？」『応用社会学研究』（立教大学社会学部）五六号、四七〜六一頁。

(43) そのような地域を具体的に描いたものとして、次の文献がある。吉見俊哉、（一九八七）二〇〇八、『都市のドラマトゥルギー――東京・盛り場の社会史』河出書房新社。

# 第六章　文化的価値を求める消費

本書では、現代消費社会における最も注目すべき動向であり、今後の消費文化の理念となりうる「第三の消費文化」について、多くの紙数を割いて論じてきた。その中心となったのは三章であったが、そのほか、序章、四章、五章でも、それぞれ別の角度から第三の消費文化を取り上げた。しかし、第三の消費文化について検討すべきことは、まだ多く残されている。本章と次章では、三章を承け、第三の消費文化の二原則のそれぞれに焦点を合わせ、それらが現代社会において具体的にどのような形で現われているか、そして今後どのような方向に向かうかについて考えてみたい。

本章では、まず第三の消費文化の第一原則である文化的価値を求める消費、すなわち文化的消費について検討することにしよう。また、それと併せて、文化的消費に類似したいくつかの消費動向についても検討することにしたい。

## 1　文化的消費の増勢と方向性

### 文化的消費の活発化

これまで述べてきたように（序章4節、三章1節）、消費の「文化的価値」とは、消費が何らかの実用的な目的を実現するのではなく、他者との関係を調整するという意味でもなく、主観的に好ましい精神状態を実現するという意味をもっている時、そのような消費の価値を示すものであった。そして筆者は、文化的価値を実現しようとする消費を「文化的消費」と呼んできた。

文化的消費は、長期的に見ると、次第にそれが活発化する傾向にあるものと思われる。先進諸国では、二〇世紀以降、文化的消費財が市場を通じて盛んに供給されるようになり、消費者の主要支出項目の一つとなった。そして、特に二〇世紀後半以降は、生理的価値と道具的価値の達成度が著しく高まり、脱物質主義的状況が生じるとともに、文化的消費は、それに代わる有力な消費分野として脚光を浴びるようになった。

三章2節で述べたように、この時期、欧米各国では芸術的文化の消費拡大、余暇活動の活発化、快楽主義的消費傾向などが見られたが、それらは、いずれも文化的消費の拡大につながった。文化的消費は、さまざまな内容を含み、その一部は退潮傾向にあるものの、全体としては、一貫して拡大する傾向を示してきたように思われる。

日本においても、太平洋戦争後の経済成長期にあたる二〇世紀後半には、顕著な文化的消費の拡大が見られた。戦後日本の経済成長期は、物質的消費が増大し、電化製品や自動車など、機能的消費の拡大した時期としてイメージされることが多いが、実際には、一貫して文化的消費が活性化した時期でもあった。出版や放送の量的拡大、音楽市場や美術市場の活性化、高等教育への進学率の高まり、旅行やスポーツなど余暇関連支出の拡大、趣味的消費の全般的活発化など、文化的消費が拡大する傾向が極めてはっきり見られた。

この時期の文化的消費拡大については、あまりに自明であり、統計的根拠を示す必要もないであろうが、[1] 注目すべきは、その後二〇世紀末にいわゆるバブル崩壊が生じ、全般的に消費の停滞が生じたにもかかわらず、文化的消費は拡大を続けてきたことである。

総務庁家計調査に基づく「消費水準指数」を見ると、そのほとんどが文化的消費にあたると考えられる「教養娯楽費」の消費水準は、二〇一〇年を一〇〇とする時、一九九二年が八三・八であり、バブル崩壊が始まった一九九二年から二〇一〇年までに一九パーセント以上の増加を示している。この増加率は、家計調査の一〇大費目の中では、携帯電話の普及によって大幅な伸びを示した交通通信費、世帯の小規模化や価格低下の影響で消費水準指数が上昇した家具・家事用品費についで、三番目に大きい(2)。消費支出中の教養娯楽費の構成比は、時系列データで遡れる最も古い時点である一九六三年には七・二パーセントであったが、漸次増加し、最新の二〇一三年のデータでは、一〇・八パーセントを占めるに至っている(3)。

それ以外にも、さまざまな分野で、二次的な文化的消費が行なわれている。

文化的消費には、文化的価値の実現が消費のおもな動機である一次的なものと、どちらかといえば他の価値の実現が主であり、それに付随して文化的価値を実現しようとする二次的なものとがある。美術鑑賞、観光旅行などは前者に属し、食生活における味のよさや楽しさの追求、衣服、家具、雑貨におけるデザインや風合いの追求などは後者に属する。これまで文化的消費は前者が中心であったが、近年では後者においても強く求められるようになった。一部の食べ物や衣服については、文化的価値の重視が進んで、一次的価値（機能的価値）にとって代わった観さえある。

二次的な文化的消費は、食べ物や衣服にとどまらず、従来文化的価値があまり顧慮されなかった下着、文房具、電化製品、薬品、病院の施設などにも広がる傾向にある。その内容には、フェザーストンが「日常生活の審美化」として指摘したように(4)、三章3節の六類型における「美感」に関わるものが多い。しかし、そのほかに「知識」、「愉楽」、「新境」、「成就」、「安楽」に関わるものもあり、多様な二次的文化的価値が追求されるようになった(5)。それを考え合せれば、文化的消費はさらに大きく広がっている。

文化的消費は、それを行なったかどうか客観的にとらえることのできない部分を含んでおり、量的拡大を明言することには慎重でなければならないが、少なくとも、消費文化の重要な構成要素として次第に活発に消費されるようになり、その存在感を高めているとは言えるであろう。

文化的消費は、単に全体として活発化しているだけでなく、階層的に見ても、範囲を広げ、大衆化する傾向にある。文化産業の発展とともに、文化的消費財はますます大量に、低価格で供給されるようになり、文化的消費を享受する階層は、従来のエリート層、富裕層から漸次拡大し、一般庶民にまで広がった。音楽を楽しみ、旅行に行き、自分らしい趣味をもち、インターネットを娯楽的に使用するといった消費者は、着実に増加していった。

## 文化的消費の五つの論点

量的変化はおおよそ以上の通りであるが、次に文化的消費の質的変化について考えてみよう。文化的消費は、質的にはどのように変化し、どのような方向に向かっているのだろうか。

これまで本書では、文化的消費を第三の消費文化の構成要素として扱ってきた。そして第三の消費文化における文化的消費は、より深く、より広く追求されるというのが基本原則であった（第一原則）。したがって、第三の消費文化が広がっていけば、質的により優れた、あるいはより好ましいものが求められるようになり、またさまざまな分野で、多様な文化的消費が行なわれるようになる、と考えられた。

しかし、このような見通しは、実は必ずしも通説であったわけではない。むしろ、それとは相容れないような傾向が、しばしば指摘されてきたのである。そのおもな論点を五つあげてみよう。

まず、文化的消費の質的低下という傾向がしばしば指摘される。文化的消費は、しばしば大量生産されることによって広がり、大衆化していくが、その過程で、「広く浅く」の傾向をもたらし、文化の消費によって実現される精神的充足を、深く充実したものとすることを妨げられると言われる。かつて文化という言葉が、人間の精神生活の結晶であり、優れたものという含意をもっていたのに対して、現代の拡大した文化的消費は、広く受け入れられてはいるが、深遠でも優れたものでもなく、底の浅いものになるということが、よく指摘される。

第二の傾向は、画一化である。生産側では大量生産化し、消費側では広い階層に亘って普及した文化的消費は、とかく、多くの消費者が共通して画一的に消費するものとなりがちだ、と考えられることが多い。映画、ポピュラー音楽、小説などの中には、確かに、爆発的に多くの消費者に受け入れられ消費されている作品が多い。また、観光地としてのハワイ、見るスポーツとしての野球やサッカー、娯楽施設としての東京ディズニーランドなど、大量で画一的な消費の様相を呈するものが、現代では広く見受けられるのも事実である。

第三の傾向は、文化的消費財の消耗品化である。かつての文化的消費財は、顧客が限られ、手工業的に作られ、製品（作品）の製造（制作）期間も寿命も比較的長かった。しかし、文化の産業化が進み、大量生産化し、競争も激しくなった今日では、他の消費財と同じように文化的消費財も消耗品化し、粗製乱造され、流行性で、使い捨てられていると言われる。嗜好性食品、ファッション衣料、雑貨、音楽、小説などがその例にあげられよう。他方、古いもの、伝統的なもの、クラシックなものは尊重されず、価値の乏しいものとして文化的消費の市場から姿を消していくと考えられる。

第四の傾向は、文化的消費の受動化である。文化的消費は、もともとはその供給が少なかったため、消費者の自家生産、つまり手間をかけて自分で行なう部分が多いものであった。たとえば、数十年前まで、美味しい食事は手料理で作られ、ファッション衣料は自分で（あるいは家族が）縫製したものであった。歌や踊りは、祭礼やたまの休日に人々が集まって、自分たちで行ない、楽しむものだった。それが文化産業の発達とともに、グルメ向け外食店、レディーメイドの洋服、音楽ディスク、パック旅行などが発達して、文化的消費は、お金さえ出せば何もしなくても済む受動的なものになっていった。こういった点も、しばしば指摘されるところである。

第五に、文化的消費は代用体験に向かう傾向があると言われる。文化の消費は、商業的に供給され、その裾野を広げるにつれ、近代的技術、特に情報技術を利用することが多くなった。たとえば、音楽におけるディスクと再生機、美術におけるカラー印刷、旅行における旅行番組、戦闘的遊戯に対するテレビゲーム上の戦闘などである。これらによって、文化的価値を実現する方法は、直接の体験から情報メディアを介した代用体験に移行したものと考えられる。このような代用体験が増加し、優位を占めるようになることは、メディア論、消費論を通じて、二〇世紀後半に盛んに指摘されてきたものである。

以上五つの傾向は、しばしば指摘されるものであるが、いずれも、第三の消費文化が目指す方向とは異なるように思われる。特にはじめの二つは、第三の消費文化の定義とは、明らかに相容れない現象であろう。
次節では、これらの論点について、順次検討しながら、文化的消費の方向性について考えていくことにしよう。

## 2　文化的消費の複合的展開

### 深化する文化的消費

三章の冒頭では、第三の消費文化の第一原則は「文化的価値をより深く、あるいはより幅広く追求しようとする」ことだと定義されている。この書き方からわかるように、筆者は、第三の消費文化とは文化的消費の量ではなく質を追求するものだと考えてきた。具体的に言えば、人々が美術や演劇の鑑賞眼を発達させ、ステレオ装置の音質に敏感になり、さまざまな分野で「物知り」となり、美食を求め、服装のセンスにこだわるようになり、温泉の選び方が上手になるといったことが、第三の消費文化の方向性を示すと考えた。

このような変化は、質的高度化、高質化、進化などと呼ぶこともできるだろうが、機能的合理化や効率化とは全く違うものである。そこで、それとはっきり区別するため、本書では、それらとはニュアンスの異なる「深化」という言葉を用いることにした。文化的消費が深化していくことが、第三の消費文化の重要な特徴なのである。

しかるに、右に示した文化的消費の最初の傾向は、その正反対の内容を示している。文化的消費は、量的には拡大するが、多くの場合、質的低下をもたらすと考えられている。具体的に言えば、粗雑なポピュラー音楽がクラシック音楽にとって代わり、単純なミステリーやハーレクインロマンスが純文学にとって代わり、低品質のファストファッションがていねいに作られたブランド品の衣服にとって代わるといったイメージである。それゆえ、文化的消費の拡大は、第三の消費文化ではなく、低俗な大衆文化をもたらすに過ぎないと考えられる。

近代西欧文化を信奉する知識人たちは、しばしばこういった見方を示し(6)、それが、二〇世紀中葉までは文化的消費についての主流の見方となっていたように思われる。

しかし、そのような見方は、いくつかの大きな問題を含んだものであった。

第一に何と何を比べるかという問題がある。文化という言葉は、「優れた価値をもつもの」という意味と、「精神的充足を求めて行なう人々の活動やその手段の全体」という意味との、両方の意味で用いられてきた(7)。前者に該当するのは後者のほんの一部に過ぎず、後者の多くは前者には含まれない。

現代の文化的消費と近代の文化を比較する場合には、後者の意味での文化に注目し、優れたものだけでなく優れていないものも含めて文化を比較しなければ不公平であろう。しかし、そのような比較がなされたとは考えられない。近代については最も優れたもの（前者）だけを取り上げ、現代については、視野に入るすべての文化的消費（後者）を取り上げて比較がなされてきたように思われる。このような比較をすれば、後者の質が劣り、低俗であるという結論に至るのは、ある意味で当然であろう。

第二に、前節「文化的消費の活発化」で述べたように、現代の文化的消費は階層的に広がったものとなっている。そして、一般庶民向けの文化的消費は、もともと文化を享受していた近代エリート層のものと比較すると、素朴で洗練されないものとなりがちである。そのため、両者を比較すると、前者はとかく質の低いものと判断されるであろう。しかし、考えてみると前者はもともと文化の乏しいところに文化的消費が加わったものだから、当事者にとっては、文化は深化の方向にあると言える。それを従来から文化的消費を享受していた階層の文化と比較するのは、高校生が小学生の描いた絵を下手だと評するようなものであり、意味がないことであろう。

第三に、重点の移行の問題がある。現代の文化的消費は、社会情勢の変化やテクノロジーの進歩によって、逐次そのジャンルを変えている。たとえば同じ視覚的鑑賞文化の中でも、手書きの絵画から写真、映画、テレビ、ＰＣやスマートフォン上の映像へと、文化的消費の重点は移行している。このような変化の中で、特定のジャンルにおいて低質化の傾向が見られたとしても、それが文化全体の動向と一致する保証は何もない。人々が重点をおかなくなったジャンルでは質が低下するかもしれないが、別のジャンルでは著しい深化が見られる可能性が十分ある。文化の質が低下したという言説は、前者に注目した場合に多いように思われるのである。

第四に、ジャンルあるいは種別ごとに、文化的価値の評価基準は異なることが多く、それらに共通の評価基準を見つけることは容易でないということがある。クラシック音楽の評価基準とジャズの評価基準は大きく異なるし、フランス料理と日本料理の評価基準も異なる。それらを一つのものさしで測り、音楽としての質の上下、料理としての水準の高低を論じることは困難であろう。しかるに、文化の低質化言説は、他のジャンルについて、自分のジャンルの基準、おもに近代西欧的基準で強引に判断を下しているというきらいがある。

以上のような問題点を考え合わせると、全体として文化的消費の質が低下したという判断を下すのは、容易でないように思われる(8)。

筆者自身は、その逆に、現代社会においては、衰退しつつあるジャンルを除く多くのジャンルで、文化的消費の「深化」が生じていると考えている。

そう考えるのは、文化の生産者、およびそれを消費する消費者の一人一人に注目するならば、その消費をより高度、あるいは深化したものにしようとするのはごく自然なことだからである。人々が機能的価値を高度化しようとする自然の傾向をもつのと同様に、人々は文化的価値を深化させようとする自然の傾向をもっている。音楽を聞いて心地よいと思う人はさらに心地よい音楽を求め、旅行して風景に感動した人はさらに感動的な風景を求め、美しいバラを咲かせた人はもっと美しいバラを咲かせようとする。

このような傾向は、文化的消費に熱心に取り組んだ経験のある人なら十分に了解できるものであるし、現実のさまざまな文化現象から、無理なく推論されるものでもある。

このような深化は、誰でもひとしなみに求めるものではなく、強く求める人は一部にとどまるが、彼らが中心となって、特に強く深化を求めていなかった人も巻き込んだ、文化的消費の深化の動きが発生している。

こういった動きは、二〇世紀の末からは特に広く見られるようになり、「消費の高度化」や「高品質化」は、ほとんどすべての消費分野で求められるキャッチフレーズとなった[9]。供給側では、音楽の演奏技術が高度化し、映画は着実に表現技法と演出法を発達させていった。ワイン、コーヒー、嗜好性食品などは味と風味に磨きをかけるようになり、衣服は次第に微妙なデザインや色彩の違いを競うものとなった。さまざまな雑貨、文房具、食器などは、ただ使用に耐えるだけでなく、見た目の美しさや楽しさを兼ね備えるようになった。

供給側の変化に対応して、消費者の品質への「こだわり」はますます強まって、鑑賞文化においては手ごわい観衆（聴衆）、食生活においてはグルメ、趣味においては該博な専門的知識を有するマニアを多数生み出すようになった。このようなマニアたちは、文化的消費をリードして一般の消費者に影響を与え、深化に貢献しているが、近年はインターネットを通じた情報発信により、ますますその影響力を強めている。

そして、消費者は色彩、音色、味わい、香り、触感など、感覚的な鋭敏さを発達させ、粗悪な文化を見抜くようになり、制作法、物的消費財の素材などについて「本物志向」の傾向を示すようになった。さらに、消費者は風合いや風趣、シック、クールなどといった「感覚を超越した感性」を身につけるようになり、その観点からライブ性、自然素材、手作り（クラフト）などが見直されるようになってきた。

こういったさまざまな動きは、現代日本の消費社会において、大量生産・大量販売の場面を離れ、熱心に文化的消費を行なっている人々や場所に注目すれば、容易に見つけ出すことができる。そして、このような深化過程を伴う文化的消費こそが、現代の消費者に精神的な充実感や幸福感を与えている。また、現代の消費を活性化させ、消費生活に積極的な価値をもたらしている。このことにぜひ着目しなければならない。

先に述べたように、文化的消費の量的拡大、階層的広がりは、かつては文化の質の低下をもたらすものと考えられていた。しかし、そのような見方はもはや適切なものとは言えない。むしろ、文化的消費の深化過程に着目することこそ、現代の消費文化を正しく理解するカギとなるであろう。

### 文化的消費の多様性

文化的消費は、もともとは個人または小規模企業の小規模生産により供給されていたが、次第に工業化され、いわゆる文化産業によって大量に製造・販売されるようになった。それとともに、かつてはこぢんまりとした集団の中で享受されていた文化が、何万、何十万の人々によって消費されるようになり、画一化の傾向が進んでいった。

このような現象は、二〇世紀前半に、すでに大衆社会論の論者によって指摘されていたが[10]、ハリウッド映画が世界中に同一の娯楽作品を供給し、大手出版社の週刊誌が何十万部もの売れ行きを示し、似たようなファッションに身を包んだ若者が街中至る所に見られ、流行のおもちゃが爆発的に広がるなど、二〇世紀後半には至るところに見られるものとなった。

しかし、消費社会の成熟期であった一九八〇年代になると、これに対抗する言説が現われ、多くの支持を集めるようになった。消費者は単調で画一的な商品には飽き足らなくなっており、多様な商品群を必要としている、それゆえ、消費社会は多様化の方向に向かっている、といった見方である。当時は、製品差別化、流行の短期化や小粒化、消費者の個性追求など、多様化につながるさまざまな傾向が指摘された。時代が進んで一九九〇年代に至ると、今度は逆に、「再画一化論」とでも呼ぶべき見方が現われた。当時の大ヒット映画や大ヒット曲、人気の集中した高級ブランド品などに注目し、一方的に多様化が進んでいるという言説が必ずしも正しくないことが指摘された[11]。

ところが、このような指摘にもかかわらず、現在でも、文化的消費について、多様化の傾向に向かっているとする指摘はあとを絶たない。

かつて筆者が論じたように、この種の多様化 - 画一化の論争については、何を対象とし、何を基準とするかによってどちらとも言えるし、どちらの現象も見つけることができるというのが結論である。全体としてどちらが正しいか、といった問題の立て方は不適切であり、容易に実証的な結論を出すことができないのである[12]。それゆえ、筆者は本書で画一化と多様化のどちらが正しいかといった問題に拘泥することは差し控えたい。それに代わって、ここでは画一化、多様化の両方の傾向が存在することを認めた上で、後者の動きがどんな意味をもつかを考えてみたい。

現代の消費には、一方では大衆消費的な、無難で万人に受容されるような商品を求める消費傾向が確かに存在している。しかし他方では、多くの消費分野で、極めて多様で細分化された消費が見られる。たとえば、音楽や小説のジャンルは次第に細分化され、ファッション衣料では消費者の趣味に応じて驚くほど多様なデザインのブランドが展開されるようになり、飲食店はますます多様な食材やさまざまな文化圏の料理を扱い、グローバル化の傾向を示している。

多くの消費財産業において、景気の動向によって左右される部分はあるものの、長期的に見て商品の種類は増える傾向にあり、消費者はそのことを当然のこととして受け止めている。消費の選択肢の乏しい小都市や村落での生活は、消費に熱心な人からは敬遠される傾向にあり、それを補うかのように、インターネットを通じた商品の売買が盛んになっている。

こういった現象について、従来の消費文化研究は、第二の消費文化の観点から解釈を行なった。つまり、消費の多様化をもたらしたのは、消費者が他者に自分の個性（自分らしさ）を表現しようとしたから、あるいは商品の差異を自己目的的に追求したからだと考えられた。消費者は、他者への配慮や、いささか不条理な新奇性を求める衝動に駆られて、多様な消費財を求めると解釈されたのである。

また、もう一つの解釈図式として、企業側の商品差別化戦略に原因を求めるものもあった。需要の限界に達していた大量生産体制（フォーディズム）は、二〇世紀後半からの生産技術や流通システムの進歩によって、ポスト・フォーディズムと呼ばれる多様な仕様の消費財を低コストで供給する生産システムに移行することによって危機を免れたとされた。消費の多様化は、その結果として生じたものと解釈された。消費者側ではなく生産者側の要因が強調されたのである。(13)

しかしこういった解釈は、確かに一面の真実を語っているものの、それだけでは決して現在の消費多様化現象をとらえきれないように思われる。これらは、筆者の見るところでは、一つの重要な着眼点を欠いている。それは、消費の文化的価値を追求する限り、消費者は、自然的過程として多様性を求めるということである。

文化的価値はもともと個別的なものであり、消費者が何によって精神的に満たされるかについては、非常に多様な可能性がある。消費者が美しい、楽しい、面白い、癒されるなどと感じる現象は、消費者の生来の嗜好や、それまで生きてきた環境条件によってさまざまであり、消費者によって異なっている。機能的価値と異なって、文化的価値は微妙な精神的充足という現象に関わるものであるだけに、それを満たすためには、消費者の個性の違いに対応した、より多様な選択肢が求められるのである(14)。

供給に制限がある場合や消費者の経済力に限界のある場合は、そのような多様性はあまり求められない。また、消費者の文化的消費の経験が乏しい場合、個別の価値観の違いはあまり自覚されない。しかし、豊かな社会になり、企業側にも消費者側にもゆとりの生じた場合には、文化的価値は次第に多様で個性的な形で追求されるようになるであろう。消費者はさまざまな消費財の中から自分の嗜好や価値観に合ったものを選び、そのことによって精神的充足感を得るようになる。また、同じ消費者でも時と場合によって求める消費財は変化するから、それに応じて選ぶものを変え、そのこともまた精神的充足を高めるようになる。そのため、文化的価値の追求が活発化するにつれて、一つの社会で文化的消費には多様性がより強く求められるようになり、実際多様化が進行するようになる(15)。

本書の三章で、第三の消費文化の第一原則に「文化的価値を幅広く追求」という言葉を入れたのは、このように文化的消費の活発化と多様化は同時進行すると考えたからであった。

こういった見方は、消費者が自らの消費体験から実感できるものであり、決して目新しいものでもないが、先述の二つのとらえ方は、おそらくイデオロギー的な先入観から、それを故意に黙殺し、消費多様化の意味を単純化しようとした。しかし、そのような単純化は、さまざまな注目すべき現象を見逃し、現代の消費文化の意味を誤って解釈してしまうという、大きな問題をもたらしたように思われる。

現代の文化的消費においては、ポスト・フォーディズム的生産システムとは縁のない多様な消費財の供給が行なわれており、それが消費者の支持を集めている。多様なマイナーレーベルの音楽、小劇場的演劇、各国料理店、各地の伝統野菜、趣向を凝らしたカフェ、さまざまな個性的な雑貨店、特定の趣味を共有する人向けの専門店（骨董、鉄道、アニメ）などの多くは、小企業や個人業主によって供給されており、ポスト・フォーディズム的生産システムとは無関係に発生しているものであろう。

そしてそのような消費現象は、確かにファッション、装身具、車など、顕示的消費や自己目的的差異の追求として解釈できる場合もあるが、それとは無関係な分野、たとえば雑誌出版、マンガ本、ライブ演奏、嗜好性食品、古着、雑貨、宿泊施設などでも幅広く発生している。また、ネットオークションなど、インターネットによるCtoC的取引を通じて、[16]消費者はそのような多様な消費を活発に行なうようになった。こういった消費は、第二の消費文化として解釈するのは困難であり、文化的価値を求める消費として解釈せざるをえないものである。第二の消費文化が「個性を表現する」ことを求めたのに対して、これらは「個性に対応する」、あるいは「個性を実現する」消費だと言えるだろう。

文化的価値の追求に伴う消費の多様性は、次第に消費者にとって大きな意味をもつようになり、現在では精神的充足感にとって欠かせない条件になっているように思われる。このような動きに注目することなしには、現在および今後の消費文化について理解することは不可能であろう。

## 文化的消費における新しさと古さ

次に検討すべきは、第三の傾向として示した文化的消費の消耗品化である。

これは、もちろん物的に消耗するという意味ではなく、文化的消費において絶えず新しいものが求められ、その反面、長く消費されるものが少なくなり、古いものが見捨てられていくということを意味している。

音楽や映画、小説などが流行と密接に結びつき、衣服は流行とほとんど同義であるファッションという言葉で置き換えられ、食べ物や住宅、趣味や娯楽の分野にもしばしば「はやりすたり」が見られるなど、文化的消費において消耗品的に扱われている分野、商品は枚挙にいとまがない。筆者が身をおく大学においてすら、変わらぬ普遍的真理を教えるというイメージに反して、カリキュラムや授業内容を絶え間なく変え、消耗品化する傾向が強まっている。

このような傾向は、文化的消費が活発化するにつれ、ますます強まっているようにも思える。それとはウラハラに、伝統工芸品や伝統食品、古典的な鑑賞文化、古典文学や古典的な学問、昔ながらのデザインの日用品などは、一般的に押され気味であり、衰退の方向に向かっているように見える。

かつて手工業的な制作によるものであった文化的消費財は、現代ではその多くが資本主義的企業の大量生産によって供給されるようになり、機械化や情報技術の導入も進んできた。その結果、生産と消費は著しく拡大したものの、やがてそれに伴う需要の頭打ち傾向が生じ、生産者側は次々に目新しい文化的消費財を作り出して、需要のテコ入れを図るようになった。

また、二〇世紀中葉以降は、第三の消費文化に属する文化的消費の分野に、第二の消費文化の第二原則が侵入し、文化的消費財についても、変化を自己目的化する傾向が生じた。消費者は、なぜか不思議な情熱に囚われて、必要以上に目新しいもの、少しでも違ったものを求めるようになった。流行的であることが流行するようになったのである。

以上の二つの要因が重なって、これまで文化的消費は極めて流動的で、消耗品的な扱われ方をする方向に向かってきたと考えられる。

しかし、ここで指摘しなければならないのは、一方でそのような方向を示しつつも、長く続くもの、古いものが見捨てられる傾向はすでに底を打ったようであり、二〇世紀末からは、むしろそれを見直そうとする動きがさまざまな分野で現われているということである。

一つのわかりやすい例は観光の分野に見られる。観光地としては、長く続くもの、古いものがますます人気を博しており、ローマ、パリ、イスタンブール、京都など伝統的都市がその評価を高めている。世界文化遺産は、年々その数を増加させるとともに、多くの人々を惹きつけるようになった。観光の対象のみならず宿泊施設についても、古い建築を活かした宿泊施設が人気を集め、各所に作られるようになった(17)。また、土産物に関する限り、伝統工芸や伝統的食品は人気を保ち続けている。

こういった傾向は、観光旅行という非日常的体験だからこそ見られるものだと思われるかもしれないが、実際には、日常生活でも同様の傾向が多数発生している。東京やニューヨークなどの現代的都市においても、古い建物や昔ながらの街並みは、その価値を再認識される方向に向かっており、外装や内装を活かしたリノベーション建築、街並み保存などが盛んに行なわれるようになっている。

伝統食は、一般的には需要が停滞する傾向にあったが、機能的に劣るもの、適さないものは仕方ないとしても、機能的に遜色のない、あるいは優れているようなものについては、再評価される傾向が見られる。栄養価の高い伝統野菜、栄養バランスにすぐれた和食、脂肪分の少ない和菓子などである(18)。また伝統工芸品は、一般的には衰退傾向にあるが、文化的価値の優れたものについては、需要を保ち続けているものが少なくない。

鑑賞文化に目を転じると、近代およびそれ以前の美術、音楽、演劇等の古典的文化は、価値を評価されつつも全体としては退潮傾向にあるが、それと入れ替わるかのように、現代の鑑賞文化の中から、古典化するものが多く現われている。古典的名画、スタンダードナンバーとされた名曲、名作と評されるマンガやアニメなど、消耗品的文化の代表と考えられるポピュラーな鑑賞文化の中から、消耗品とならず、長く残され、消費され続けるものが次々と現われるようになった。このことは、文化的消費が際限なく古いものを捨て去っていくという見通しが、決して正しくないことを示している。

このような状況は、流行性の強い衣服や日用雑貨にも見られる。確かに新しいデザインの衣服や雑貨類は絶えず作り出されているが、その一方で、定番化して長く愛用されたり、レトロなデザインとして喜ばれ、古着店や古物店でもてはやされたりするものが少なくない。近年では、長年愛用されるすぐれたデザイン（ロングライフデザインと呼ばれる）を、保存し見直していこうとする動きも現われている(19)。

そして、衣服のデザインに代表されるように、そういった文化的な消費財は、しばらく時をおいて、アレンジされた上でリバイバルし、新しいものとして世に出されることも多い。アレンジという操作が加わることによって、現在では古い、新しいといった区別自体が明確さを失っている。過去のものは、文化のストック、現在と未来のための一種の「資源」として残されるようになり、古いものは、ただ消えゆくだけのものとは言えなくなっている(20)。

人々の意識の中でも、日本における和風再評価の動きに見られるように(21)、古いものは不要なものであるといった見方は減少し、ある種の魅力があるもの、好ましいものとして認識される傾向が強まっている。

古いものに対するノスタルジーは、かつてはいかがわしいもの、厭うべきものとされたが、現在では大手を振って求められるものとなっており、ノスタルジー的空間、ノスタルジー商品、ノスタルジックなデザインが世にあふれるようになった。

以上のように、現在の文化的消費の動向は、せわしなく新しいものが古いものに置き換わっていくという単調なプロセスとして記述することは、もはやできないものとなっている。過去と現在、古いものと新しいものは、しばしば共存し、融合し、時には競いあう状況となっているのである。

このような事態は、先に示した企業側の戦略や第二の消費文化（の第二原則）の影響としてとらえる立場からは全く理解できないものであろう。しかし、第三の消費文化としての文化的価値の追求という観点からすれば、十分理解可能なものである。

文化的価値の高さは、もともと古い、新しいに関係ないものであり、機能的価値のように、性能がより優れたものが現われることにより古いものが衰退していくという類いのものではない。嗜好の変化という要素はあるだろうが、古いこと自体は文化的価値を損なうものではなく、新しいこと自体がより優れた文化的価値を生み出すというわけでもない。古くていいものは時間を超越した価値をもち、新しいものに伍して生き残るであろう。

さらに、五章3節「関連する価値観」で示したように、手工芸的存在感、歴史的な重み、落ち着き、風格など、古いことによって文化的価値が加わることも少なくない。

それゆえ、古くていいものは、当然のように維持・保存され、あるいは復活する。その結果、文化的消費は常に新旧混交的なものになるはずである。

それにもかかわらず、二〇世紀の後半に、新しいものが常に求められ、古いものはすべて排除されていくように見えたのは、消費社会に第二の消費文化の第二原則、すなわち新しいということ自体が価値を生むような傾向が、過度に蔓延していたためであろう。しかし、今やその流れは大きく変わりつつあるように思われる。

## 文化的消費の受動性と創造性

消費行為は生産的行為とひと続きのものであり、多かれ少なかれ、生産と消費の中間にある「消費者の生産的行為」と呼ぶべきものを伴っている。リンゴという農産物は、洗って皮をむくという行為を必要とし、工業製品である自転車は、タイヤに空気を入れたり、オイルを差したりする行為なしではうまく走らない。

これは、文化的消費についても同じように言えることである。かつては、音楽を楽しむためには自分で歌を歌うか楽器を演奏するほかなかったし、踊りも仲間と一緒に自分で踊るものであった。美食を楽しもうとすれば、自分で（あるいは家族や使用人が）作らなければ実現しなかったし、自分好みの洋服は自分で（あるいは家族が）縫うものであった。趣味的消費においても、花は自分で種まきから始めて手をかけて育てるものであったし、旅行や行楽は自分の足で歩くことの多いものであった。

しかし、産業の発展と消費社会化の進行につれ、こういった部分は次第に狭められ、可能ならば完全に省かれる方向をたどった。消費の前段階にある生産に近い部分は非効率的なものであり、めんどうで文化的消費の楽しさを減じるものと考えられたからである。かつての王侯貴族は、この部分を使用人に肩代わりさせたのだが、現代社会においては、工業製品やサービス産業の労働がそれを担うようになった。

文化的消費の中で、音楽や舞踊は見世物化し、のちには複製のディスク等におさめられ、自宅で容易に鑑賞できるようになった。外食産業の発展は、美食を手軽に味わうことを可能にした。既製服（レディーメイドの洋服）はその言葉が死語になるほど当たり前のものとなり、自ら縫製して衣服を作る者は激減した。趣味的消費に対しては、至れり尽くせりの用品やサービスが提供され、花はすでに開花したものを買うのが常識になったし、旅行はさまざまな乗り物を乗り継いで、ほとんど足を使わなくても可能なものとなった。

このように消費者による生産の部分が削られるにつれ、自らの活動を通じて実現しなければならないという意味での「創造性」を必要とした文化的消費は、次第に、対価を払って最後の消費の段階だけを享受するものとなり、生産的行為に携わらず、人任せにするという意味で受動的なものとなっていった。

こういった傾向は、確かに現在も続いている。

しかし、筆者の見るところでは、文化的消費を熱心に追求しようとする人々の間では、すでにその逆の傾向、つまり生産的部分への関わりと創造性の発揮を求める傾向が、はっきりと姿を現わしている。

一九八〇年代のはじめに、トフラーはプロシューマー（生産－消費者）という概念を用いて、消費者の生産への関わりが強まることを予測したが[22]、その事例としてあげたものには、住宅の修理などのＤＩＹ（do it yourself）的行為や、医療における自助グループなど、機能的価値に関するものが多かった。しかし現在では、大量生産的な味を嫌った調理や食品づくり、衣服の加工やリフォーム、自作の音楽（作詞、作曲、アレンジ）、マンガの二次創作、自分でプランニングした旅行など、文化的消費に関して、さまざまなプロシューマー的活動が広がっている。

そして、それらの活動は、インターネットを介して消費者間のコミュニケーションを促し、文化的消費のコミュニティを作り出している[23]。また、そういった消費者の中から小規模経営の生産者に転じる者が次々と現われ、消費者と生産者の垣根が低くなる傾向が見られる。

このような傾向が生じているのは、一つには、生産的行為によってより多様で個別的な消費が可能となるからである。本節「文化的消費の多様性」で、筆者は消費者が求める文化的価値は、多様で個別的であることを指摘した。このことは、消費財の多様性をもたらす要因となっているが、それにとどまらず、消費者が消費に伴ってさまざまな生産的行為に携わる動機ともなるものである。

いかに多様化し、消費者の個別性に配慮した文化的消費財でも、完全に消費者を満足させることは容易でない。消費者は多様な商品の中から、自分の嗜好、趣味、理想に合った商品を選択するであろうが、それだけでは十分満たされず、生産過程に参与することによってその不足を補う。

たとえば、味にうるさい消費者は、市販の鍋物セットに飽き足らず、自分で具材と調味料を揃えて自分好みの鍋料理を作るし、おしゃれな人は、買ってきた服を加工して飾りを貼り付けたり、サイズを調節したりする。音楽好きの人は気に入らない曲の入ったCDを編集して好きな曲を好きな順に並べて楽しむことだろうし、マンガオタクの一部は、ただマンガを読むだけでなく二次創作を行なって、主人公を自分の理想的なイメージに近づけようとするだろう。そして、旅行好きの人は、パックツアーでは物足りず、自分で観光地の回り方を工夫して最も満足できるツアーを組み立てることだろう。

このような創造的行為は、消費者が文化的価値を真摯に追求すればするほど盛んになるものと考えられる。

もう一つ生産的行為に向かわせる理由となるのは、文化的価値自体の中に、生産的行為の要素が含まれているからである。三章3節で示した「成就」という文化的価値は、まさにこのような生産的行為自体によって実現されるものであって、それを省いてしまうと、他の文化的価値のタイプは実現したとしても、「成就」が実現されないために、ある種の物足りなさや不満足感を感じる可能性がある。文化的消費が生産的行為を切り詰めれば切り詰めるほど、文化的価値は狭く単調なものになってしまうのである。

消費者は、一面では確かにそのような切り詰めを望んでいる。他のタイプ、特に「美感」や「愉楽」、「新境」への関心が特に強い場合には、途中経過を極力省いて、早く最終結果に到達したいという思いは強いであろう。

また、生産的行為の切り詰めは、文化的消費財を供給する企業にとって好都合なものである。消費者が生産的行為を切り詰めれば切り詰めるほど、企業はそれを肩代わりして生産の範囲を広げ、商品として売れるものを増やし、より大きな利益を得ることができる。それゆえ、企業は極力消費者の生産的行為を省くように、至れり尽くせりの商品とサービスを供給しようとする。

しかしながら、消費者の文化的価値実現という観点から見ると、「成就」を求める傾向が存在する限り、消費者の生産的行為への関心も、実際の関わりもなくならないであろう。単調に、一方的に、文化的消費の受動化が進むとは考えられないのである。

個別化の動機のみならず、成就への関心が加わるため、現代の文化的消費においては、いっそう消費に伴う生産的行為への意欲は高まり、消費者が創造性を発揮する機会が多くなるであろう。

一見すると、完成されたものを購入し、受動的ではあるが効率的に消費しようとする傾向が支配的であるように見えながら、他方では、その逆に、生産的行為を引き受けて創造性を発揮する傾向も静かに広がっていくという、複雑な様相を呈するのが、現代の文化的消費の姿なのである。

### 文化的消費における代用体験と真正体験

最後に、文化的消費の代用体験と真正の体験について論じることにしよう。

文化的消費は、もともとは直接に体験するものが多かった。鑑賞文化の例をあげると、音楽はホールで生演奏を聴いて楽しみ、絵画は美術館へ行って現物を鑑賞するものだった。演劇は、俳優たちがまさにその場で演じていたし、落語は寄席に陣取り、落語家の噺に耳を傾けるものだった。

しかし、情報テクノロジーの発達とともに、それらは次々に、メディアを通じた代用体験に道を譲っていった。音楽は生演奏からレコード、CDなどディスクによるものとなり、絵画は画集や複製で楽しめるようになった。演劇は類似のストーリーが映画やテレビドラマで演じられ、落語はテレビやDVDで楽しめるようになった。現在では、インターネットを通じたオンデマンド配信などによって、さらにその可能性が広がっている。

このような代用体験は、はるかに安価で、手軽に、いつでも鑑賞文化を楽しむことを可能にし、文化を消費する階層の拡大に大きく貢献した。

そしてそれは、鑑賞文化のみならず、さまざまな分野に広がっている。旅行は、大型テレビで旅行番組を見ることによって、実際に行ったのと同じような臨場感を味わうことができ、花見や花火も、テレビ中継でその美しさを楽しむことができる。美食やファッションといった現物なしにはありえないような経験でさえ、その視覚に関する部分は、雑誌の巧みなグラビア写真で代用できてしまう。そして、学校の授業も一部は録画に置き換えられている。

代用体験には、情報メディアにおける二次元映像だけでなく、テーマパークの三次元空間、模型や複製品、代用品など、三次元の立体による体験も含めることができるだろう。これらは本物ではないが、元になる本物の空間や本物のモノのさまざまな性質を再現しており、本物に接した時の喜びや満足感の一部を実現することができる。

かつてボードリヤールは、こういった代用体験をもたらす事物をシミュラークルと呼び、その爆発的な広がりを現代文化の大きな特徴としてとらえた(24)。そして、本物とシミュラークルとの区別がつかないような状況が生じることに注目した。代用体験は、情報技術や生産技術の著しい発展によって、ますます容易になっている。そして、先述の通り、代用体験化することは、文化的消費を格段に低コストで、大量に供給することを可能にし、企業にも消費者にも歓迎される。そのため、文化的消費が代用体験に置き換わっていくことは、現代社会において避けられない傾向のように思われる。

そして、同じ代用体験と言っても、その技術水準は日進月歩で高度化しており、シミュラークルはますますリアルで魅力的になっている。同じ旅行体験でも、紀行文に始まって、浮世絵の旅行風景、観光地の写真、テレビ画像へと次第に高度化し、同じテレビ画像でも、次第に高画質となり、大きなサイズで再現される傾向にある。そのため、本物はもはや不要であり、人々がシミュラークルで十分満足するようになるという予測も可能になった。実際、いわゆるオタクたちが二次元映像にのめり込む様子や、子供がシミュレーションゲームに熱中する姿は、このような時代の到来を物語るように見えたのである。

けれども、文化的価値の実現という観点に立つと、この予測は少々単純過ぎるように思われる。確かに、現代のシミュラークルはリアルで魅力的かもしれない。しかしそのことは、却って本物を求める動きを促進する可能性がある。消費者は、高度化したシミュラークルを消費して満足する場合もあるだろうが、逆にそれが本物を越えられないことに気づきやすくし、やはり本物を求めたいという思いを募らせる場合も少なくないであろう。

このような傾向が明確に現われているのは、鑑賞文化の分野であろう。この分野では、一方ではＣＤやＤＶＤなど、代用体験をもたらすメディア商品が発達してきたが、他方ではライブコンサートや絵画・彫刻展、演劇など直接的体験を実現する分野の消費が堅調であり、特にライブコンサートはＣＤ売上げの減少を尻目に、近年好調な売上げを示している。(25)

他の分野では、テレビで十分情報が得られるにもかかわらず、プロ野球やサッカーの国際試合（とりわけワールドカップ）の直接観戦は盛んであり、旅行は依然として人気のあるレジャーであり続けている。

物的消費財に目を転じると、回転寿司における代用魚、厨房での料理に対する冷凍食品を解凍した食材、生ジュースに代わる濃縮還元ジュース、天然石の代用としてのタイル製品、天然宝石の廉価版としての人工宝石、羊毛に代わるアクリルなど、代用的な消費財を通じて文化的価値を実現しようとするものは数多く存在し、大量に消費されているものの、本物の地位を脅かすに至っていない。価格と供給量では代用品が優位に立っているにせよ、文化的価値の点では、本物の方が高く評価されているのが現状であろう。

かつてベンヤミンは、オリジナルの芸術作品の特徴を「アウラ」（aura）と呼び、(26)複製品に代えがたい特性をもつことを指摘した。これまで紹介したさまざまな本物および真正の体験は、さまざまな分野に及び、その性質もさまざまであるが、共通してこのアウラに類する、シミュラークルや代用体験によっては越えがたい特性をもっている。その魅力ゆえに、シミュラークルや代用体験と並行して人気を集め、消費され続けるであろう。

本物であることの魅力については、その本質が何であるかについて、今日に至るまで明確にされていない。本物は、おそらくシミュラークルにない新鮮さ、生々しさ、存在感、微妙な感覚的特徴を備えたものであるからこそ愛好されるのだろうが、その内容の詳細については、まだ明らかにされていない。

本書では、この点について詳しく分析することはできないが、一つだけ明言できることがある。それは、文化的価値とは、対象となる事物の全体からもたらされるということである。

たとえば、絵画の魅力は色や形だけではなく、凹凸や素材感からももたらされ、料理の美味しさは、素材や味つけだけでなく、その鮮度や温度、香り、手仕事の痕跡などからももたらされる。それに対してシミュラークルは、それらの一部を切り取って本物に近づけたものにとどまる。機能的価値を求めるのなら、必要な機能を果たすだけで十分だが、文化的価値に関しては、一部だけ切り取られたものであることによって価値が減じてしまうことが多い。

文化的価値はデリケートなものであり、大部分を再現したと思っても、わずかな部分を取り残すだけで、魅力を失ってしまうのである。

文化的消費が盛んになっている今日、一方ではシミュラークルが大量に生産され、手に入りやすい代用体験が普及していく。しかし、文化的価値に目覚め、その体験を深めようとすればするほど、本物の魅力が強く感じられるようになり、真正の体験を求める傾向も強まっていく。前者だけを見ていては、文化的消費の動向を正しくとらえることはできないであろう。

### 文化的消費の二つの流れ

本節では、これまで現代の文化的消費に関する五つの論点について検討してきた。そこで得られた結論は、現代の文化的消費には、確かに第三の消費文化の定義に沿った深化と多様性の傾向が見られ、またそれと関連する、古いものの再発見、消費における創造性、本物志向なども追求されているということである。ただし、すべての文化的消費がその方向に向かっているとは言えず、それとは反対と言えるような方向への動きも、同時に生じていた。

こういった両方向への動きを通じて、われわれは、現代の文化的消費には、二つの大きな流れがあるということに気づくであろう。

一方には、文化的消費の対象が産業的、商業的に供給され、消費という行為を通じて実現される状況から生じる、一つの流れがある。この流れにおいて、文化的消費は大量生産、大量販売、大量消費を旨とするようになり、文化的消費の質にはそれほど関心がもたれない。したがって、しばしば文化の低質化が叫ばれることになる。そして、大量消費に伴って文化的消費は画一化の方向に向かう。現代では多品種化も比較的容易になってはいるが、基本的に画一的大量生産が求められることに変わりはない。また、消費量の増大を目指して商品は頻繁に新しいものへと入れ替えられ、消耗品と化し、古いものは半ば意図的に排除されていく。文化的価値をもたらす商品は、なるべく手軽で消費者が受動的に消費できるような形が求められ、その分、企業側が担う部分が拡大していく。そして、産業化、情報化が進行する中で、最新テクノロジーを駆使したシミュラークルが多数生産されるようになり、文化的消費は代用体験化されていく。

以上のような産業化、商業化の方向については、すでに消費財全般について二〇世紀を通じて指摘され続けてきたことであるが、文化的消費についても、同じように産業化、商業化のメカニズムが忍び込み、文化的消費にいくつかの特徴的な傾向をもたらしている。

ただ、ここで注意すべきは、消費者の側でも、ある程度までこういった傾向が歓迎されてきたということである。以上のような傾向を通じて、文化的消費ははるかに入手しやすく、わかりやすく、扱いやすいものになったから、消費者はそれを快く受け入れてきた。それによって、文化的消費は従来よりもはるかに大きく広がり、普及していった。

したがってこれらの傾向は、もっぱら企業や資本主義に帰すべき現象というよりは、量的拡大と広がりを目指す一つの文化的動向と考えるべきものである。本書のこれまでの概念で言えば、第一の消費文化に近い文化的消費、あるいは第一の消費文化の影響を受けた第三の消費文化ということになる。それらは、従来文化的消費が可能でなかった人々に、さまざまな文化的消費をもたらしたという意味では第三の消費文化であったが、既に存在し享受されていた文化的消費を深化させ、多様化するという意味では、必ずしも第三の消費文化とは言えなかったのである。

しかし、文化的消費がただひたすらこういった方向に向かったかと言えば、答えは否である。

文化的価値は、消費者に直接的な精神的充足を与えるものであり、その内容は複雑で多彩である。そして、生理的価値のようにある程度満たされると飽和感をもたらすものではなく、機能的価値のように物的な制約があるものでもなく、その追求には特に限界は見出せない。それゆえ、文化的消費は、その文化的価値、すなわち精神的な充足感の程度を高めていこうとする、自律的な傾向をもつと考えられる。

そこで、右記の一連の傾向とは異なる、次のような傾向が現われる。

まず、個々の消費者に関する限り、好き好んで文化的価値の質を低下させようとする者はいない。文化的消費の経験をつむほど、消費者はその質を上げ、文化的消費を深化させようとする。消費者の精神的充足は個別的なものであり、それぞれ異なる嗜好や欲求をもっているから、文化的消費はなるべく多様で個別的であることが求められる。消費者は、満足のいくものは評価し、大事にし続けるから、すべてのものが消耗品化されるのではなく、残され、尊重されるものが多数現われてくる。古いものが単純に排除され続けることはない。消費者の充足感は、文化的消費に関わること自体、つまり「成就」にも依存し、また、消費者は単なる多様性ではなく、なるべく自分の個性に対応した文化的価値を実現しようとすることから、文化的消費には消費者による生産的行為、すなわち創造性が求められる。そして、文化的価値による精神的充足度は、代用ではなく真正の体験、あるいはシミュラークルではなく本物の消費の方が高まることが多いので、真正の体験と本物の文化的消費財は高い価値を持ち続け、消費され続ける。

こういった方向性は、先ほどの方向性が産業化や商業化によるものとすれば、文化的価値固有の法則（自律的な変化の道筋）に従うものと言えるだろう。(27) また、第一の消費文化の影響を強く受けた文化的消費に対して、第三の消費文化を純粋に追求しようとする文化的消費だと言えるだろう。

第一の消費文化に影響される流れと、文化的消費における文化的価値固有の方向性を追求する流れとは、ともに現代社会に広がっており、そのどちらが中心であるとも言えないところがある。急速な消費社会の拡大期には前者の動きが目立つし、マーケティング論的見地からは、当然前者の方が関心の的となるであろう。しかし、文化的消費が広がり、消費者がそれを享受し経験を積むにつれ、後者の流れが強まり、文化的消費の成熟というべき傾向が現われるというのが、筆者の基本仮説である。

後者は前者に比べて経済活動としてのスケールが小さく、経営的には魅力が乏しい。しかし、消費者の立場からすれば、一定程度文化的消費が普及すると、次第に後者を求めるようになると考えられ、後者の重要度は非常に高い。それゆえ、消費文化研究という立場からは、前者にばかり力点をおくことなく、むしろ後者に注目することが重要となる。[28] そして、これからの消費社会には、前者をやみくもに推進するのではなく、後者を育み、支援するような政策や企業の努力が強く求められる。

前者も文化的消費を広め、拡大する動きの一つであり、決して否定されるべきものではない。しかし、文化的消費を人間にとってさらに望ましいものとするためには、後者、つまり文化的価値固有の方向性を追求することが必要であり、成熟した消費社会においては、これを前者以上に重視しなければならないであろう。

## 3　文化的消費の周辺

### 自己実現と文化的消費

二〇世紀後半、「自己実現」という思想が普及した。自己実現とは、一般には自己の潜在的可能性を十分に実現していくことであり、自己実現の思想とは、人間は自己実現によって充実し幸福な状態に達すると考え、それを人生の目的として生きることを勧めるものである。

自己実現の心理学的研究を進め、またその思想を広めた立役者はマズローであった。自己実現という概念は、それに先立って存在していたが、マズローはそれを自分の心理学の中心に据え、影響力のある書物（邦訳名『人間性の心理学』）に著して、自己実現の概念を普及させた(29)。それを契機として、自己実現は、次第に幅広い関心を集め、人々が実現すべき理想として認識されるようになった。

ここで注目すべきは、自己実現が人々の関心を集めるようになった時期は、先進諸国が消費社会化していった時期と重なっていたということである。マズローが自己実現理論を唱えた時期は、アメリカが史上空前の豊かな消費社会となった時期とほぼ同じであり、その後両者はほぼ並行して注目を集めている。

これは、一見偶然のように思えるかもしれないが、実はそうではない。産業化が進み、経済的ゆとりの生じた社会では、一方では、人々の関心が経済的安定の確保から自己実現という言葉が示すような精神的欲求へとシフトし、他方では消費の重点が生活の必要を満たすことから、消費を通じた豊かな生活の実現へとシフトした。両者は、豊かな社会の両面であり、共通の社会背景から生じた現象だと考えられるのである。

マズロー自身は、消費には全くと言っていいほど言及していないが、こういった社会背景から、その後の消費研究においては、自己実現と消費が結びつけられることが多くなった。有名なマズローの欲求五段階説の中では、人々の欲求は生理的欲求、安全の欲求、所属と愛の欲求、承認の欲求のあと、最後の自己実現の欲求の段階へと進むと考えられている(30)。そこで、マーケティング学者たちは、マズローの図式に対応して、消費の力点が、衣食住など基礎的な消費から同調的あるいは顕示的な消費を経て、自己実現のための消費に至ると考えるようになった(31)。

そこで問題になるのは、このような自己実現を目指す消費は、これまで本書で論じてきた文化的消費とどのような関係にあるかということである。

これまで繰り返し述べてきたように、文化的消費は、生理的価値や関係的価値ではなく文化的価値、すなわち精神的充足を求めるものだった。そして筆者は、消費者の関心が、生理的価値や関係的価値から、次第に文化的価値に移行すると考えてきた。

他方、マズローの自己実現理論は、人間の欲求の五つの発展段階を想定し、その最後が自己実現の欲求となっている。筆者のいう生理的価値がマズローの生理的欲求に、関係的価値が所属と愛、承認の欲求に対応すると考え、文化的価値が最後の自己実現の欲求に対応すると考えれば、二つの理論図式は、一般的欲求か消費が目指す価値かの違いはあるものの、ほぼ対応することになる。

そうすると、筆者の言う文化的消費は、自己実現欲求を満たすための消費と言ってもいいように思える。あるいは、消費を通じて自己実現を実現するのが文化的消費だということになる。

果たして、そのような対応関係があると言えるのだろうか。

結論から先に述べると、筆者は、自己実現という言葉は多義的で、消費現象にあてはめると、どのような消費現象を示すかがあいまいであり、また、どの意味で用いたとしても、文化的消費と一致するものではないと考えている。

まず、自己実現という概念は、思いのほかあいまいで多義的だということを指摘しよう。

自己実現とは、辞書的に言えば、先に述べたように自分の潜在的可能性を十分に実現することであり、マズロー自身も、自己実現の欲求とは、「その人が潜在的にもっているものを実現しようとする傾向」だと述べている。[32]

潜在的にもっているものとは何かと言えば、それに先立って「人間は自分に適していることをしていないと不満が生じる」といった記述がなされ、「適していること」の例として、音楽家、理想的母親、運動競技などの例が示されていることから、[33]それぞれの人間がもっている適性を示しているようであり、結局のところマズローは、自己実現とは、自分に適性のある分野を伸ばすことだと考えているようである。

しかし、この「適している」ということの内容は今一つあいまいで、狭い意味で能力的適性だけを意味するのか、好みや理想、使命感、野心なども含むのかどうか、あまりはっきりしない。また、実現ということが、成功を意味するのか、単に好ましい行為をするだけでいいのかも明確でない。

さらに、自己実現という言葉がマズローの心理学を離れ、他の学問分野や一般社会で用いられるようになるにつれ、大幅な概念の広がり、あるいはズレが生じるようになった。

この言葉は、マーケティング論では、適性についての含意は軽視されて、単に自分が趣味としてしたいことをして充実感を味わう、といった程度の意味で用いられることがある(34)。社会学やその関連分野では、自分のしたいことを貫き通して生きがいを得るといった意味で用いられたり(35)、アイデンティティ論の影響で、自分らしさや個性を発揮することとしてとらえられたりする(36)。また、いわゆる自己啓発本では、目的の如何を問わず、金銭欲まで含めて、目標に向かって自分の力を最大限に発揮し、成功することを指しているようである(37)。

このように、自己実現は振幅の大きい概念であり、論者によってその内容が異なっている。これをそのまま何となく消費の分析に用いると、漠然とした、よく考えると意味が不明の言説となるおそれがある。

たとえば、「日本経済が好調の時期には人々は消費によって自己実現しようとしたが、その後の不況期には労働による自己実現を目指すようになった」という分析がなされたことがある(38)。しかし、ここで自己実現とは何かは非常にあいまいで、この見方は、単に「消費より労働に対して熱心になった」ということとどう違うのかよくわからない。また、ここでの消費による自己実現が文化的消費を意味するのかどうかもわからない。

それでは、マズローに戻って、本来の狭い意味、つまり能力的適性を伸ばすような消費という意味に限定したらどうだろうか。

しかしながら、その場合には、自己実現をもたらすような消費行為は少なく、文化的消費の多くが含まれないことになる。

そもそも消費行為は、マズローが考えたような適性とか潜在的可能性を考慮しないことが多い。機能的な消費は必要性や便利さへの配慮に基づいて行なわれるし、関係的価値を求める消費は、他者や社会への配慮に基づいて行なわれる。

それでは文化的消費はどうかといえば、自分の適性や潜在的可能性ではなく、単にそれが好きかどうか、興味をそそれるかどうか、その場で気が向くかどうかといったことが動機となる場合が多い。マズローのような狭い意味での自己実現は、本来消費ではなく、職業生活に求められることが多いものであろう。職業生活が自己実現的でない場合に、文化的消費がその代償としてなされることはあるが、それは文化的消費のごく一部にとどまるものであろう。

また、マズローの考えたような自己実現は、それを実現しようとすれば、自分のさまざまな行為を関連づけ、特定の目標の達成に振り向けることを必要とする。運動選手が、練習のほか食事や睡眠も含めて、競技の記録が伸びるように日常生活を律する場合のように、生活全体を体系的に秩序づけなければならないだろう。このような秩序づけは、職業生活ならば可能であろうが、消費という行為は、一般には断片的で細分化されたものである。それらが体系的に関連づけられていることは少なく、時系列的にも一貫しないことが多い。消費においてマズローが想定した意味での自己実現が生じるのは、得意な趣味に日夜打ち込んでいるような場合のみであろうが、そういったケースは決して頻繁に見られるものではない。

それでは、自己実現という言葉を、最近しばしば見られるように、生きがいの実現、生活の積極的充実といった意味に広げた場合はどうであろうか。筆者が文化的消費と呼んでいるものに近いものとなるだろうか。

しかし、筆者はそれでもなお、自己実現という言葉は、文化的消費の一部しかすくいとれないように思われる。自己実現は、このように意味を広げたとしても、なお右に示した体系的な生活や、まとまった目標達成的な行為を必要とするであろう。(39) 集団活動に定期的に参加したり、趣味に打ち込んだり、長年特定のモノを収集し続けたりといったことである。しかし、実際の消費行為には、瞬間的な高揚、単なる気晴らし、静かにしていることによる癒しなどが含まれており、文化的価値の六類型のうち、「美感」、「愉楽」、「平安」、「新境」にあたるような消費行為の多くは、自己実現のための消費という見方では漏れ落ちてしまうだろう。

文化的消費には、日常生活を送っていく間に、刻々と変化する精神状態を良好に維持し、その安定をはかるための、多種多様な、ささやかな行為が多く含まれている。それらは、意図的で目標達成的というよりは、無計画にその場その場の状況に応じて発生するものであり、人間にとって重要ではあるものの、自己実現という言葉に含められないものが多いのである。

マズローの自己実現は、欲求の発展段階論の最後の段階（五番目の段階）であり、これによって最も人間的で水準の高い生き方が実現されるものと考えられている。人間の高度の欲求を実現する営為を、自己実現という言葉で代表させているのである。しかし、こと消費に関する限り、高度の欲求を満たす消費の中で、自己実現という言葉に該当するものは、ほんの一部に過ぎない。

それはおそらく、消費という現象が、本来断片的で細かい行為の集まりであり、自己実現という統合された営為とは次元の違うものだからであろう。消費に関してマズローのように五番目の欲求段階を設定するなら、「自己実現」ではなく、「文化的価値の実現」とすべきなのである。

結局のところ、自己実現という言葉は、意味を限定せず漠然と使用すると、多様な消費現象が含まれてあいまいな議論にしかならず、意味を限定しようとすると、文化的消費のわずかな部分にしか該当しないものになってしまう。消費の分析で自己実現という言葉を用いる場合には、その意味を明確にしなければならないこと、そして文化的消費の全体を示すものとはなりえないことを、よく弁えるべきであろう。

## リスクと文化的消費

本書では、文化的消費を精神的な充足感をもたらすような消費としてとらえている。三章で示したように、その意味は明確で限定されているものの、精神的充足感という言葉は、なおいささかあいまいであり、何がそこに含まれるか、判断に迷うケースが存在する。本項では、その中の一つである「リスクを避けるための消費」を取り上げ、文化的消費との関係について考察しよう。

リスクという概念は、ドイツの著名な社会学者ベックが「リスク社会」を論じてから、急速に注目を浴びるようになった(40)。その定義としては、将来被害（損害や心身の苦難）が発生しうる可能性があるという、一般的な意味での危険性を示す場合と、その中でも特に自分自身の行為や態度がもたらす危険性を意味する場合とがあるが、ここでは、前者の意味で用いることにしたい。

リスクの発生する単位は国家、地域、企業などさまざまであるが、本書に関係の深い個人にとってのリスクを考えると、そこには健康、衛生、身体的安全、経済的安全、環境保全に関わるさまざまなリスクがある。健康に対して病気、身体的安全に対して自然災害、犯罪、交通事故、戦争などによる被害、経済的安全に対して失業、倒産、環境保全に対して公害、地球温暖化など、さまざまな被害が発生する可能性がある。

こういったリスクに対して、近年では、消費を通じて対処しようとする傾向が強まっている。よく知られているように、健康食品、健康のためのスポーツ、各種民間療法など、健康に関する消費はたいへん活発であり、自然災害に備えた非常食や非常用品、防犯用品や警備サービス、浄水器や空気清浄器、マスクなど環境対応の用品、そしてさまざまなリスクに対処しうる保険商品など、リスクに対応する消費分野は大きく成長してきた。

このような事態に至った要因については、大きく分けてリスクそのものの増加や深刻化をもたらした要因と、リスクを消費によって解消しようとする傾向が生じた要因の二つを考える必要がある。

前者としては、豊かさをもたらすはずの科学技術の進歩と経済発展が、環境問題や化学物質による健康被害など、むしろ深刻なリスクをもたらしているという事情があげられるだろう(41)。また、客観的なリスクというよりは、リスク処理に対する要求水準が高まっているということもある。細菌が気になりだすと、あらゆる場所の細菌を完璧に除去したくなるように、リスクは気にし出すとますます気になるし、満たされるとさらに高水準で満たそうとする傾向にあり、リスク回避はエスカレートしていく(42)。このような傾向は、健康、防犯、災害への対処などについてしばしば見られる。安全への欲求は、マズローが考えたほど、容易に実現できるものではないのである。

そして、リスクへの対応を他の手段、たとえば公共政策による対応に任せるのではなく、個人消費による対応に向かわせている要因としては、新自由主義的政策が普及し、リスクへの対処が自己責任とされる傾向が強まったこと、防犯対策に見られるように、コミュニティの相互扶助機能が弱まり、個人的に対処せざるをえない分野が増えたこと、さまざまな分野の企業が、リスク対応商品の需要が旺盛であることに目をつけ、盛んにマーケティング攻勢をかけていることがあげられるだろう。

ここでは、このようなリスクに対処する消費行為を「抗リスク消費」と呼ぶことにしよう。

本書では、抗リスク消費の実態や要因について詳しく検討する余裕はないが、これまで取り上げなかった消費分野なので、本書の理論図式におさまるかどうか、それとどのような関係にあるかを考えてみたい。抗リスク消費は、本書で論じてきた生理的価値、道具的価値、関係的価値、文化的価値のどれを実現するものなのだろうか。

抗リスク消費が実現する価値は、一見すると機能的価値のように思われる。身体的な抗リスクの場合は、生理的価値を実現し、経済的抗リスクの場合は道具的価値を実現すると考えられる。いずれにせよ、抗リスク消費は被害を回避するという消費者の目的にとって手段的な意味をもっており、抗リスク消費によってリスクが回避されるという因果関係が想定される。洗濯機のスイッチを押すと衣類がきれいに洗われるのと同じように、家の警報器のスイッチを押すと盗難の被害が防がれる。その意味では、序章や一章で示した機能的価値の定義に沿っているように思われる。

しかし、ここで問題なのは、その因果関係の確実性である。序章や一章では、消費は、手段として目的達成に役立つことが客観的に判断可能な場合に機能的価値をもつと明言したのだが、抗リスク消費の場合には、その条件を満たしているだろうか。

結論から言えば、その条件を満たしていない場合が少なくない。効能が確証された薬品のような場合もあるが、抗リスク消費の中には、本当にリスクを避けられるかどうか不明なものがむしろ多い。多くの健康によいとされる食品が、その科学的裏づけが不十分であることはよく知られているし、犯罪防止のためのさまざまな機器や設備が、本当に抑止効果をもつかどうかも、あまり明確でない。そのため、抗リスク消費は、しばしば消費者自身によっても、「安心のため」、「気休めかもしれないが」といった思いでなされるのである。

そうであるなら、抗リスク消費の中には、客観的な成果を生む機能的価値ではなく、安心や気休めなど精神的な満足感を得るためのものが含まれていることになる。そして、精神的な満足感というのは文化的価値にほかならないから、結局のところ、抗リスク消費は文化的消費（文化的価値を求める消費）に含まれることがある、という結論に至るであろう。

文化的消費に含まれる抗リスク消費は、これまで論じてきた文化的消費が、積極的でプラスの価値をもつ場合であったのに対して、被害を防ぎマイナスの状態になるのを防ぐという意味で、消極的なものである。三章で示した六つのタイプにあてはめるとすれば「平安」であり、その中でも消極性の強いものと考えられるだろう。

ただし、抗リスク消費の中には、相対的に積極的で、ほとんど一般の文化的消費との区別がつかないようなものも含まれている。特に不健康でないのに、さらに健康になろうとして毎日ジョギングに励む人、実際の効果がどれくらいあるのか不明だが、農薬や添加物の使用を避けた自然食品を好んで消費する人など、結果よりもそのこと自体に満足を覚える様子がうかがわれる場合が少なくない。特に、健康や環境に関する抗リスク消費には、その傾向が強いように思われる。(43)

このように、抗リスク消費は、機能的価値を実現することもあれば、文化的価値に近い価値を実現することもあり、そのどちらともつかないような場合もある。第一の消費文化と第三の消費文化の中間にあるが、一定の独自性をもった消費のあり方だと考えられる。

今後、抗リスク消費の社会的重要性がさらに高まった場合には、機能的価値と文化的価値のいずれにも属さないものとして、たとえば「予防的価値」といった独立のカテゴリーを設けて分析することが必要になるかもしれない。

## 「つながり」と文化的消費

二一世紀の日本では、人間同士のつながりや交流を、消費と結びつけようとする言説が盛んになっている。消費の基本的イメージは、これまでモノの獲得や使用というところにあり、モノではなく他者が関係する場合でも、その多くは他者のサービス労働によるものであった。あるいはまた、第二の消費文化に見られるように、他者という存在は、自分と比較したり、その人との関係を調整したりするものであった。

しかし最近では、そのどちらとも違って、他者は自分とつながり、交流し、喜びや楽しみをもたらす存在であり、そのような存在として消費に関わると考えられるようになった。

「つながり消費」と呼ばれるこのような動きは、さまざまな内容を含んでいるが、その代表的なものは、Eメールやフェイスブック、ツイッター、ライン（LINE）などによる電子的コミュニケーションであろう。現在では通信料金の上限が設けられ、費用が抑えられるようになったとはいえ、現代人（特に若者）の電子的コミュニケーションへの傾倒ぶりは著しく、関連する消費の伸びも大きい。1節「文化的消費の活発化」に示したように、バブル崩壊後の消費の伸びは、教養娯楽費よりも交通通信費、とりわけ通信費の方が大きいのである。電子コミュニケーションという消費行為を通じて、人々は常に他者とつながり、交流するようになった。

電子的なつながり以外にも、現代の消費文化には人間のつながりに関連するさまざまな動きが見られる。たとえば、最近増加し、注目されているシェアハウスは、経済的メリットをもつものではあるが、居住者間のコミュニケーションや相互扶助を目指した、新しい居住のあり方と見ることもできる。[44] 日本では特にシェアハウスに注目が集まってきたが、世界各国でそれ以外のさまざまな「共同消費」が発展しており、経済的メリットだけでなく、人間関係とコミュニティ意識の強化、資源節約による持続可能性の回復が期待されている。[45] 二一世紀のはじめ頃から盛んに試みられるようになった地域通貨も、それを使用した消費（購買）行為は、地域の人々との一定のつながりをもたらすものと考えられている。[46]

最近の消費者は、お土産やプレゼントに積極的にお金を使うことが指摘されるが[47]、これも人とのつながりを促進することを意識的に、あるいは無意識のうちに求めるものであろう。

若者が、宴会や団体旅行を敬遠するようになったという話は旧聞に属するが、小グループでの交流は決して衰退したとは言えず、ネット上で交流のある人々が直接顔を合わせるオフ会、女性たちの気のおけない宴会である女子会など、人間同士のつながりを求めた新しい消費のスタイルが次々に生まれている。また最近では、スポーツ観戦、ライブコンサート、成人式や卒業式などで集団的に盛り上がり、一時的な人間のつながりを実感しようとする動きも盛んである。

このようなつながりを求める消費のあり方は、何らかの肯定的な結果が実現され、そのことが消費の一つの動機となっているという意味で、生理的価値、道具的価値、関係的価値、文化的価値と同様に、ある種の価値を実現していると言える。序章3節「その他の価値」では、こういった価値を「交流的価値」と呼んだ。最近の日本でしばしば指摘される「つながり消費」、「絆消費」などの消費現象は、交流的価値を求める消費だと考えることができるだろう。

この交流的価値は、文化的価値と共通点をもっている。文化的価値も交流的価値も、機能的価値と関係的価値という、これまで過剰なまでに強調されてきた消費の価値とは異なる方向を目指すものであり、そのやり方は異なるものの、何らかの精神的な充足を求めるという点で一致している。

そして、両者は同時に追求され、同じ消費行為によって、両方の価値が同時に実現されることがしばしばある[48]。

文化的消費は、自分が楽しむだけでなく、それを他者と分かちあうことによって楽しみが増すものである。そのため、映画や音楽の鑑賞に同伴者と出かけたり、美味しいレストランに親しい仲間が集まって食事を楽しんだりといったことが、しばしば行なわれる。また交流的価値は、余暇活動などにおいて、文化的価値を媒介にすることによってその機会が増え、また話題が盛り上がって実現しやすくなるだろう。そのため、祭礼、茶会、酒宴、趣味のサークル、団体旅行など文化的消費のさまざまな機会を利用して、交流的価値の実現が図られてきたのである。

そうは言っても、両者はそれぞれ独立に追求される場合も多い。

文化的価値は、もともと消費者が一人でも実現することが可能なものであり、おもにモノやサービスの消費を通じて実現される。それに対して交流的価値は、他者とのコミュニケーションや心理的なつながりなくしては成り立たないが、その代わりに、消費が伴わなくても実現することが可能である。こういった点で、両者は性格が異なるものであり、そのため、別々の行為によって実現される場合も多い。文化的価値は、人との交流が苦手な孤独な人々が、家にこもって趣味的な消費に没頭することによって実現できるし、交流的価値は、消費の楽しみが不可能な場合でも、ただおしゃべりをしているだけで実現できるものである(49)。

こういった両者の特徴をふまえた上で、検討しなければならないのは、交流的価値およびそれを実現するつながり消費を、消費三相理論の中にどのように位置づけるかという問題である。交流的価値とつながり消費は、これまでの三つの消費文化に含めることができるのだろうか。

一つの考え方は、第三の消費文化における文化的価値の概念を広げ、そこに交流的価値を含めるというものであろう。交流的価値は、文化的価値と同じように機能的価値でも関係的価値でもない価値であり、文化的価値と同じように精神的な充足感をもたらすもので、同じ消費行為によって両方が実現されることも多いからである。

しかし筆者は、これまでの章から明らかなように、今のところこの考え方を採用していない。その理由は、文化的価値と交流的価値とは、序章3節「その他の価値」および右に示したように、対人関係を必要とするかどうかという点で、大きく性格が異なるものだからである。交流的価値の実現を文化的消費に含めるとすれば、三章3節の類型で言えば、美感、知識、愉楽、新境、成就、平安に続くものとして、「交流」という第七のカテゴリーを設けるといったことになるだろうが、それだけが対人関係を含むことになり、いささか違和感がある。また、それが文化的価値と言えるのかどうかも疑問である。

つながり消費の位置づけについては、もう一つ、交流的価値を格上げして、文化的価値と並ぶ第三の消費文化の構成要素とするという考え方があるだろう。つまり、第三の消費文化の原則を、文化的価値の追求、交流的価値の追求、社会的配慮の三つとするということである。

これは、一つのもっともな考え方ではあるが、筆者は今のところ、この図式を採用すべきかどうかについての結論を保留することにしたい。その理由は、現在、交流的価値とつながり消費が、文化的消費と並ぶだけの広がりと重要性をもっているかどうかは疑問であるし、今後、文化的消費のように活発化し、新しい消費の理念となるかどうかもはっきりしないからである。

確かに、先述のように、つながり消費の目立った事例を列挙することはできる。しかし、全体としてつながり消費が活発化しているかどうかについては、まだ十分な事例やデータが蓄積されたとは言えない。

近年は通信関係の消費の著しい増加が見られるが、それはインターネット接続や携帯電話という画期的な技術革新が生じたことによるものであり、今後も継続的に増加が続くかどうかは定かでない。

それ以外の対面的なつながり消費については、先述のような例があげられるものの、何か新しい消費傾向が現われたというよりは、従来から存在したさまざまなつながり消費が衰退し、それを補う形で生じたに過ぎないかもしれない。地域社会でのつながり消費が衰退したのを補うために地域通貨が作られ、会社の宴会の代わりに友人との飲み会が盛んになり、日常的な家族や友人とのつき合いが減っているから、プレゼントに熱が入るのかもしれないのである。

交流的価値を求めるつながり消費（あるいは絆消費）は、確かに注目すべき消費現象である。しかし、現在のところはまだその動向が不明であり、その性格も十分に解明されたとは言えない。今後は、その動向と性格を見定めながら、また諸外国や歴史的事例とも比較検討しつつ、現代消費文化における位置づけを明らかにしていくべきであろう(50)。

とはいえ、つながり消費は、精神的な充足感をもたらすという意味で第三の消費文化と共通点があり、しばしばそれと同時に発生するものである。当面は第三の消費文化と親近性のある消費現象として、十分目配りしていく必要があるだろう。

## 注

（1）その概要については、総務省統計局編『日本統計年鑑』（毎日新聞社）の「文化」の章（平成二七年版では第二三章）からうかがい知ることができる。なお、日本統計年鑑の最近のデータについては、インターネット上でも閲覧可能である。（http://www.stat.go.jp/data/nenkan/23.htm）

（2）注（1）の『日本統計年鑑』の「家計」の章より。なお、消費水準指数は、世帯人数二人以上の非農家世帯についての家計調査データを基にしており、消費金額を物価と世帯人員について調整して求められるものである。文化的消費には教育費支出も含まれるが、これについては、バブル崩壊後伸び悩み、消費水準は増加していない。

（3）注（1）の『日本統計年鑑』、および次の文献による。総務庁統計局、一九八八、『家計調査総合報告書』日本統計協会。

（4）Featherstone, M. 1991, *Consumer Culture and Postmodernism*, Sage. 川崎賢一・小川葉子編訳、一九九九・二〇〇三、『消費文化とポストモダニズム』恒星社厚生閣、（下）八一～八四頁。

（5）三章2節「消費経験と文化的価値」で示したように、経験価値論では、むしろこのような二次的な文化的消費に関心をもつ傾向が強かった。

（6）トフラーは、文化的消費が急速に増大しつつあった第二次世界大戦後のアメリカで見られた、文化の大衆化が低俗化につながっているとするさまざまな言説を紹介している。Toffler, A., 1964, *The Culture Consumers: A Study of Art and Affluence in America*, St. Martin's Press. 岡村次郎監訳、一九九七、『文化の消費者』勁草書房、二三九～二六三頁。

（7）日本では、前者はドイツ系の文化概念、後者は英米系の文化概念と考えられてきた。下記文献を参照のこと。堀喜望、一九五八、「文化の構成要素とメカニズム」福武直・日高六郎・高橋徹共編、『社會と文化』（講座社会學学第三巻）東京大學出版會、六～八頁。

（8）以上のような反論とは別に、文化に序列はなく、低下も深化もともに判断不可能であるという相対主義的な見方も有力である。しかし筆者は、ジャンル間や文化圏間の比較は可能でないとしても、限られたジャンル内の、特定の文化的消費に注目すると、その深化（あるいはその逆に質の低下）を判断することは可能だと考えている。それを無理に否定すると、文化的消費の本質をとらえ損なうように思われる。

（9）次のような文献で論じられている。肥田日出生、一九八〇、『高品質の時代』日本経済新聞社、一一八～二〇〇頁。山口貴久男、一九八五、『消費者の変化をどう読むか』中央経済社、五二～六三頁。

（10）代表的なものとして、次の文献が有名である。Horkheimer, M. and T. W. Adorno, 1947, *Dialektik der Aufklärung: Philosophische Fragmente*, Querido. 徳永恂訳、（一九九〇）二〇〇七、『啓蒙の弁証法——哲学的断想』岩波書店（文庫）、二五一～二五八頁。ただし、この著者たちは、実質的には画一的だが、見た目は多様性が生じうることを指摘しており、それほど単純な画一化論とは言えない。

（11）画一化と多様化を巡るさまざまな言説については、間々田孝夫、二〇〇五、『消費社会のゆくえ——記号消費と脱物質主義』有斐閣、第二章を参照されたい。

（12）同右、二六～二九頁。

（13）Slater, D., 1997, *Consumer Culture and Modernity*, Polity, pp. 189-193.

（14）これとは正反対に、消費者にはもともと個別化、多様化の傾向はなく、企業のマーケティング戦略などによって誘導されたものに過ぎないとする見方もある。しかし、これはかつての行動主義心理学のような単純な客観主義と呼ぶべきものであり、現実的妥当性があるとは考えられない。単純な客観主義の問題点については、次の拙著を参照。間々田孝夫、一九九一、『行動理論の再構成——心理主義と客観主義を超えて』福村出版、二二～四〇頁。

（15）一章で検討したリッツァの「無」の議論は、このような多様化について無理解であり、逆に画一化が進むというシナリオを描いたものであるが、日本の文化的消費の現実を見る限り、一面的なものと評せざるをえない。

（16）C to Cとは、consumer to consumerの略で、ネットオークションなど、消費者間で行なわれる取引を意味する。従来型の流通を越える新しい流通の形態として注目されている。

（17）スペインのパラドール、ポルトガルのポサーダ、ドイツやフランスの古城ホテルなどに見られる。

（18）総務省家計調査の長期時系列データによれば（一世帯当たり年間の品目別支出金額および購入数量、二人以上の非農林漁家世帯、全国）、米、魚類、しょうゆ、みそなど伝統食品の消費は、一九六〇年代前半から趨勢的に減少しているが、和生菓子については、逆に増加傾向を示している。（http://www.stat.go.jp/data/chouki/20.htm）また、実際の需要が停滞しているものの、健康的な食事として、また海外での人気に触発されて、和食が見直される傾向にあることは周知の事実であろう。農林水産省ＨＰの食文化キャンペーンを参照されたい。（http://www.maff.go.jp/j/keikaku/syokubunka/）

（19）デザイナーで多面的な活躍を見せているナガオカケンメイによって推進されている。ナガオカケンメイ、二〇〇八、『ロクマルビジョン——企業の原点を売り続けるブランディング』美術出版社。

（20）三浦展、二〇〇六、『「自由な時代」の「不安な自分」——消費社会の脱神話化』晶文社、二五頁。三浦は、この現象をもっぱら企業側から論じているが、過去のものは消費者にとっても資源となるものであろう。なお、この種の論点は、ポストモダニズムの論者もしばしば取り上げたものである。Harvey, D., 1990, *The Condition of Postmodernity: An Enquiry into the Origins of Cultural Change*, Blackwell. 吉原直樹監訳、一九九九、『ポストモダニティの条件』青木書店、八三頁。

（21）次の文献を参照されたい。間々田孝夫・寺島拓幸、二〇〇七、「グローバル化の中の『和風』——変容する消費志向の実証分析」『応用社会学研究』（立教大学社会学部）四九号、一一七～一三五頁。

（22）Toffler, A., 1980, *The Third Wave*, Morrow. 徳岡孝夫監訳、一九八二、『第三の波』中央公論社、三五二～三八〇頁。

（23）（必ずしもプロシューマー的なものだけではないが）大量生産的マーケティングに従わず、能動的に行動する消費者の創造的コミュニティ、あるいは集まりに注目したものとして、次の文献がある。この書物で著者たちは、フランスの社会学者マフェゾリの用語に倣って、そういった集まりを consumer tribe（消費の部族）と呼んでいる。Cova, B., R. V. Kozinets and A. Shankar (eds.), 2007, *Consumer Tribes*, Elsevier.

（24）Baudrillard, J., 1981, *Simulacres et simulation*, Éditions Galilée. 竹原あき子訳、一九八四、『シミュラークルとシミュレーション』法政大学出版局。

（25）一般社団法人コンサートプロモーターズ協会が、全国各地の正会員社を対象に行なった調査によれば、音楽を中心とするライブ・エンタテインメントの入場者数は、一九八九年から二〇一四年までの二五年間に、約二・八倍増加している。（http://www.acpc.or.jp/marketing/transition/）

（26）Benjamin, W., 1936, *Das Kunstwerk im Zeitalter Seiner Technischen Reproduzierbarkeit das Kunstwerk*, Werke Band 2. Suhrkamp. 高木久雄・高原宏平訳、一九九九、「複製技術の時代における芸術作品」、佐々木基一編、『複製技術時代の芸術』

晶文社、一〇～二〇頁。ただし、ベンヤミン自身は、アウラのあるオリジナルよりもシミュラークルの方に現代芸術の可能性を見出していた。

(27) 三章3節の表3－1では、文化的価値をさまざまな基準で分類したが、その左側はほぼ文化的価値固有の法則に従うもの、右側はほぼ産業化、商業化によって生じるものとなっている。

(28) マーケティング関係者は、前者の流れに沿った消費が続くことが好都合な立場にいるものの、現実の消費の動きが後者の方向に向かっていることに、すでに気づき始めている。たとえば、ルイスとブリッジャーは、真正さ（authenticity）を求め、個人主義的で（individual）、関与的（involved）であるような、後者の流れに近い特徴をもった消費者の台頭を指摘し、そのような消費者を「新しい消費者」（the new consumer）と呼んでいる。Lewis, D. and D. Bridger, 2001, *The Soul of the New Consumer*, Nicholas Brealey, pp. 1-21.

(29) Maslow, A. H., (1954) 1970, *Motivation and Personality* (2nd ed.), revised by R. Frager, Harper. 小口忠彦訳、一九八七、『人間性の心理学――モチベーションとパーソナリティー』（改定新版）産能大学出版部、五五～六一頁。なお、マズロー以前の自己実現思想の流れについては、次の文献でまとめられている。小林司、一九八九、『「生きがい」とは何か――自己実現へのみち』日本放送出版協会、一〇七～一三三頁。

(30) Maslow, op. cit. 訳書、三一～九〇頁。

(31) マーケティング分野における自己実現概念の影響については、次の文献を参照されたい。松井剛、二〇〇〇、「消費社会の進歩主義的理解の再検討」『一橋ビジネスレビュー』四八巻一・二号、一五六～一六七頁。松井剛、二〇〇一、「マズローの欲求階層理論とマーケティング・コンセプト」『一橋論叢』一二六巻五号、四九五～五一〇頁。

(32) Maslow, op. cit. 訳書、七二頁。

(33) 同右。

(34) たとえば、次の文献に見られる。Kotler, P., (1967) 2000, *Marketing Management* (10th ed.), Prentice Hall. 恩蔵直人監修、月谷真紀訳、二〇〇一、『コトラーのマーケティング・マネジメント ミレニアム版』ピアソン・エデュケーション、一九一頁。Hawkins, D. I., R. J. Best and K. A. Coney, (1980) 2004, *Consumer Behavior, Building Marketing Strategy* (9th ed.), McGraw-

Hill, p. 364. この見方に従えば、自分の能力に合ったことだけでなく、単に好きなこと、興味があることをすることも自己実現に含められる。したがって、非常に下手な演奏しかできない人でも（適性の欠如）、ギターを弾くのが好きでそれを楽しんでいれば、自己実現していることになる。

(35) たとえば、梶原公子、二〇〇八、『自己実現シンドローム』長崎出版、三四〜四八頁。このような意味を示す言葉には、自己充足、自己達成、自己成就などもあるが、社会科学諸分野ではほとんど区別されていない。

(36) 土井隆義、二〇〇四、『「個性」を煽られる子どもたち――親密圏の変容を考える』岩波書店（ブックレット）、三八頁。

(37) たとえば、ナポレオン・ヒル、田中孝顕訳、二〇〇一、『自己実現』きこ書房。この書物は、原題が *You Can Work Your Own Miracles*（1971）であり、邦訳と全く異なっている。本文には自己実現という言葉はほとんど登場せず、訳者と出版社が、自己実現という言葉をいわゆる「成功」の意味で解釈して、タイトルに用いたものと思われる。

(38) 新雅史、二〇〇八、「コンビニ店員　消費と労働による『自己実現』の果てに」『論座』朝日新聞社、二〇〇八年一〇月号、一八六〜一九一頁。

(39) たとえば、次の文献に、そのような含意が示されている。御堂岡潔、一九九一、「キーワードは〝多様な自己実現〟」『月刊中小企業』四三巻五号、一三頁。

(40) Beck, U., 1986, *Risikogesellschaft: Auf dem Weg In Eine Andere Moderne*, Suhrkamp. 東廉・伊藤美登里訳、一九九八、『危険社会――新しい近代への道』法政大学出版局。

(41) 同右、七七〜一三四頁。

(42) 本柳亨は、このようなエスカレートの傾向を、リチャード・セネットの理論を援用しつつ、ナルシシズムの一種として理解しようとしている。本柳亨、二〇一五、「『抗リスク消費』と自己充足的消費――リスク社会における『健康リスク』の分析を通じて」間々田孝夫編、『消費社会の新潮流――ソーシャルな視点　リスクへの対応』立教大学出版会、九七〜一一四頁。

(43) もちろん、すべての人がそのような行動をとるわけではない。藤岡真之は、現代日本の消費者が、健康リスクに関して、メディア情報等によって不安を高めるが積極的にリスク回避を行なわない者と、不安感が少なく、積極的、自律的なリスク回避を行なう者とに分化する傾向があることを指摘している。藤岡真之、二〇一五、『消費社会の変容と健康志向――脱物質主義と曖昧さ耐性』ハーベスト社、四一六～四二六頁。

(44) 三浦展、二〇一二、『第四の消費――つながりを生み出す社会へ』朝日新聞出版（新書）、一四〇～一七一頁。

(45) 共同消費（collaborative consumption）については、次の文献を参照。共同消費の内容としては、物々交換、土地共有、衣服の交換、カーシェアリング、カウチサーフィン（個人宅での短期無料宿泊のシステム）などがあげられている。Botsman, R. and R. Rogers, 2010, *What's Mine is Yours: The Rise of Collaborative Consumption*, Harper. 小林弘人監修、関美和訳、二〇一〇、『シェア――〈共有〉からビジネスを生みだす新戦略』NHK出版、九六～一一七頁。

(46) 亀岡誠、二〇一一、『現代日本人の絆――「ちょっとしたつながり」の消費社会論』日本経済新聞社、一二一～一三〇頁。

(47) 山田昌弘・電通チームハピネス、二〇〇九、『幸福の方程式――新しい消費のカタチを探る』ディスカヴァー・トゥエンティワン、一八九～一九四頁。

(48) 交流的価値は、関係的価値と同時に実現されることも少なくない。人々は交流しつつその集団の常識に同調し、またその集団の中で自分を目立たせようとすることもある。単純に仲良くつながるだけでなく、常にその集団と自分の関係を調整しているのである。ＳＮＳの場合も、つながりや連帯の場であると同時に、自己顕示や他者との差別化の場でもある。つながり消費が、人と仲良くしたいという素朴な動機では割り切れない複雑な現象であることは、弁えておいた方がいいだろう。

(49) かつては、野良仕事の合間や井戸端会議の時など、消費とは無関係に人々の交流が行なわれていた。また昔の学生は、何も消費しないで「だべる」と称する単なるおしゃべりを、交流の機会として楽しんだものである。最近のＳＮＳの隆盛はそれらに近い面があり、交流やつながりが、むしろ消費を介さないで実現される方向を示しているようにも思える。

(50) さらにもう一つ、交流的価値とつながり消費が、三つの消費文化とは異なる四番目の消費文化を形成しているとする考え方もあるが、この考え方は、なおさら交流的価値とつながり消費の実態を見定めなければ採用できないだろう。

# 第七章　社会的影響に配慮する消費

本章では、文化的消費と並ぶ「第三の消費文化」の中心テーマである、社会的影響に配慮する消費（社会的消費）について検討することにしよう。

三章4節で示したように、現代の消費社会は、無謀にもあらゆる欲望を際限なく追求し、あまりにも大量の消費財を消費したため、環境問題をはじめとするさまざまな深刻な社会問題を引き起こすようになった。

それを解決しようとして、二〇世紀末からさまざまな動きが生じてきたが、その中には生産する側からではなく、消費する側からそれに対処しようとするもの、つまり消費者の消費行為自体を通じて、負の社会的影響を回避しようとするものが現われてきた。第三の消費文化の第二原則は、そのような動きを示すものである。

本章では、三章を承けて、このような消費者の動きが具体的にどのように現われており、どんな方向を目指しているか、また、そういった動きがどんな問題を抱えていて、どのような点について再検討しなければならないかを考えてみたい。そして最後に、社会的消費が文化的消費と関連しつつ、今後どのような消費文化を形成しうるかについて筆者の見解を示すこととしたい。

## 1　社会的消費の展開

### 社会的消費の発生とその背景

現代消費社会における消費は、三章で示したように、さまざまな好ましくない社会的影響をもたらしている。その中には、特定の消費財だけに関わるものもあれば、多数の不特定の消費財に関係するものも含まれている。たとえば、バイクの暴走音や酒に酔った人の迷惑行為は前者であり、ごみ問題や地球温暖化に関わる消費は後者にあたる。本書では、この二つのうちでは後者を中心に論じることにしよう。後者は、消費全般に関わるだけに、大きな社会問題をもたらすことが多く、その解決に向けて多くの消費者による対応を必要とするからである。

後者のような意味で消費が悪影響を及ぼすことについては、比較的最近まで認識されていなかったと言えるだろう。そういった影響は、身近な目に見えるところで起こることが少なく、消費者は実体験を通じて認識することが容易でない。また消費という行為は、消費社会の成長期において生活の豊かさ、便利さ、楽しい時間などをもたらしたから、それが逆に好ましくない事態をもたらすということには、なかなか気づきにくかったのである。

しかし、やがて消費社会はさまざまな問題を生じさせるようになり、人々は、それを否応なく認識することとなった。その最初の大きなきっかけは、資源問題であったように思われる。一九七二年に出版されたローマクラブの報告書『成長の限界』(1)と、その翌年に起こった石油ショックは、エネルギー資源や金属資源の有限性について人々に警鐘を鳴らした。このまま大量消費を続ければ、エネルギー資源も金属資源もなくなってしまうという危機感が人々に共有されるようになった。また、それと並行して深刻化していったのがごみ問題である。膨張する大都市では、ごみが急増してその処理に困難を来たすようになり、新しいごみ処理施設の設置が計画されたが、各地で反対運動が起き、ごみの減量が課題とされるようになった(2)。

資源問題とごみ問題に対処するための方策として考えられたのがリサイクルであった。リサイクルによって資源を節約し、また処理すべきごみの量を減らすことが目指されたのである。リサイクルは、当初は企業側の課題と考えられることが多かったが、資源問題やごみ問題が深刻に受け止められるにつれ、消費者もまたリサイクル活動に携わるべきだという風潮が高まり、さまざまな行政上の取り組みや市民運動が盛んになっていった(3)。これが、日本では初めての本格的な社会的消費の取り組みであったと思われる。

しかし、今から考えると、リサイクルは社会的消費としては初期段階のものであった。なぜなら、リサイクルは消費者が何を買って何を買わないかという、消費の中心部分には直接関わらないものだったからである。

消費がもたらしたさらに深刻な問題は、地球環境問題であった。

地球温暖化問題をはじめとする地球環境問題は、オゾン層破壊など一部を除いては、特定の消費財や素材に限定されず、人類の消費、とりわけ先進諸国の消費が全般的に過剰であることから生じたという面がある。そのため、消費者が無節操に大量のモノを買って消費するということ自体を見直さなければ、地球環境問題は解決しないことを、人々に実感させたように思われる。そこで、地球環境問題が深刻化した一九八〇年代後半には、消費者の消費行為自体に抑制と方向転換を求めようとする、グリーンコンシューマリズム（green consumerism）という新しい社会的消費の動きが発生した。

地球環境問題と並んでもう一つ注目されたのは、南北問題であった。第二次世界大戦後、開発途上国の中には、植民地支配からは脱したものの、経済の停滞や後退を経験する社会が多く見られ、特に一九八〇年代以降は、先進消費社会と開発途上社会の格差が拡大する傾向がはっきりした。そして、その大きな原因の一つとして、先進諸国と開発途上国の間に、不公正な貿易関係が存在することが盛んに指摘されるようになった。

そこで、このような関係を解消することを目指し、現在フェアトレード（公正貿易）と呼ばれるさまざまな動きが発生してきた。フェアトレードの原型は第二次世界大戦後間もなくにさかのぼるが、本格的に多くの消費者を巻き込むようになったのは一九九〇年代以降である。この時期以降、消費者は開発途上国住民の暮らしに配慮した、フェアトレード商品の購入者という役割を引き受けるようになっていく。これもまた、新しい社会的消費の動きであった。

このように、現代消費社会は、消費による深刻な社会問題を経験するにつれ、それに対処しようとする新しい動きを生み出していった。そのような消費のあり方を、本書では社会的消費と呼ぶが、そのほかに、社会的倫理を求めるという意味ではエシカル消費（ethical consumption）と呼ばれ、現在の多数派の消費スタイルに代わるものという意味で、代替的消費（alternative consumption）とも呼ばれ、主流の大量消費に反対するという意味で対抗的消費（confronting consumption）と呼ばれることもある。(4)

現在では、このような動きは、世界各国で、もはや単純に整理できないほど多様な形で展開されている。

## 社会的消費の多様性

社会的消費は、消費が社会に与えるさまざまな好ましくない影響を回避しようとする消費を意味するが、このような一般的な定義に当てはまる消費行為には、その主体、過程、目的などについて、さまざまなものがありうる。

社会的消費の主体について言えば、まず、消費者自身が自発的に社会的配慮を含む消費行為を行なう場合が考えられる。現在では、環境問題、南北問題など、消費に関連するさまざまな問題は広く知られているから、消費者は個人的かつ自発的に、社会的消費を行なうことができる。

二〇世紀末以降は、このような社会的消費に関わる消費者層が顕在化するようになり、アメリカでは、積極的な脱物質主義的価値観をもつカルチュラル・クリエイティブス、ゼロの消費文化に近い自発的簡素化運動（voluntary simplicity）の支持層、表面的な生活水準低下を厭わず生活の質を向上させようとするダウンシフター、富裕な環境配慮層であるボボズなどが注目され、最近では、充実した人生のために過剰消費を改めるスペンド・シフト層という概念も生まれた。(5)イギリスでは、特に環境問題に配慮する消費者に対し、グリーンコンシューマーという名称が与えられた。

現在では、そのような特定の消費者層を指摘するまでもなく、社会的消費を行なう消費者層は大きく広がっている。環境問題を例にとると、内閣府の環境問題に関する世論調査（二〇一二）では、ごみを少なくするために行なっている行動として、「レジ袋をもらわない、簡易包装を店に求める」という人は六六・〇パーセント、「使い捨て製品を買わない」人は三三・六パーセント、「友人や知人などと、不用品を融通し合う」という人は二一・二パーセントという結果が得られる(6)。

しかし、消費者の社会的消費は自発的に行なわれているばかりではない。現実には、むしろそれを促進するさまざまな主体の活動によって啓発され、促進される場合が多いと言えるだろう。

直接的に大きな役割を果たしているのは、消費社会がもたらす問題を熟知し、それに向けて社会的消費を推進しようとする非営利団体と、それを伝えるメディアや教育関係者である。たとえば、フェアトレード（当時はオルタナティブ・トレード）は、グローバル資本主義に対抗する社会運動組織が熱心に取り組んだ結果広がったものだし、グリーンコンシューマリズムは、*The Green Consumer Guide* という出版物の影響で注目されるようになったものである(7)。

企業と行政機関の活動も忘れてはならない。

社会的消費に関心のある消費者が増えたとしても、現実にそれを供給する企業活動がなされない限り、消費者は社会的消費を行なえない場合がある。消費者のフェアトレードへの協力は、フェアトレードによって輸入された商品がなければ始まらないし、グリーンコンシューマー的行為は、企業が環境配慮的商品をどれだけ供給するかによって、その広がりが左右される。企業の関与が不要な、消費の削減やリサイクルの活動もあるが、企業の協力が必要なものもまた少なくないのである。

また、政府、地方自治体など行政機関は、キャンペーンや行政指導、そして法的措置を通じて、社会的消費を推進することができる。リサイクルが現在行政と深く関わっていることは、その典型例であろう。

以上さまざまな主体の相互関係を通じて、社会的消費は成り立っている。

社会的消費がなされる消費の過程については、消費の主体以上にさまざまな場合がありうる。

消費には、消費欲求の発生、購入の決定、情報収集、購入、運搬、使用、補修、廃棄といったさまざまな過程があり、そのどの部分で社会的配慮がなされるかによって、社会的消費には、さまざまなものがありうる。

社会的消費の先駆をなしたリサイクルについて言えば、明らかに廃棄の段階に照準を合わせ、消費財を単純に廃棄するのではなく、その再利用によって資源や環境への負荷を低下させようとするものであった。

二〇〇〇年代半ばに注目された「もったいない」の考え方は、概念が次第に拡張されているとはいえ、もともとは使用と廃棄の段階に関係するものと考えられる。米粒を残さず、「おさがり」を利用するといったことは、まだ使えるものを使い切るという使用段階についての考え方であるし、着物を仕立て直して何世代も利用するという考え方は、一種のリサイクルであり、廃棄段階のものであった(8)。

しかしながら、そういった消費の下流（終わりの段階）での対応には限界がある。環境問題については、使用や廃棄の前にある購入の段階で、すでに大きな環境負荷が生じてしまうという問題があるし、環境問題以外では、そもそも下流での対応が困難な場合が多いという事情がある。そこで一九九〇年代以降は、むしろ購入の段階に主眼をおく傾向が強まってきた。2節で取り上げるグリーンコンシューマリズムも、フェアトレードも、購入の段階を中心とするものである。また、二〇〇〇年の「循環型社会形成推進基本法」制定以来、環境政策の基本となった3R（reduce, reuse, recycle）の考え方は、廃棄段階だけでなく、使用や購入の方向にも配慮を広げていこうとするものと言えよう。

そして、さらに考えを進めると、購入以前の段階でも対応が必要であるとの結論に導かれる。

購入の段階での社会的配慮は、確かに決定的に重要なものであるが、購入の意思決定は購入（買い物）の場面より先に、当該消費者がどのような生活を送りたいか、送ろうとするかによって大きく左右される。そこでむしろ、生活の仕方自体を変えて、消費の欲求の発生を根元から絶つ方が有効な場合も存在するであろう。

たとえば、車に依存した生活を送っている人が、少々燃費のいい車に買い換えたからといって、決定的にガソリンの消費量が減少するわけではない。むしろ、車の必要性自体が減るような生活、たとえば都心部での居住、近距離の通勤、近距離型のレジャーなどを実践した方が、車による資源問題や環境問題の解消には有効かもしれない。

また、最新の流行を追うことが生きがいになっている人にとっては、購入段階で無駄な物を買わないことを唱えたとしても効果はないであろう。なぜなら、無駄な物を買うこと自体が楽しみだからである。このような人については、流行を追うという行為自体に関心がなくなるような、何らかのライフスタイルの変革がなされなければ、過剰消費による問題は解消されないだろう。

以上のように、消費の過程のどこに焦点をおくかによって、社会的消費にはさまざまなものがありうる。

そして、何より社会的消費を多様化させているのは、その目的、つまりどのような社会問題を解消しようとするかということである。現代消費社会では、これまで取り上げてきた地球環境問題、南北問題、資源・エネルギーの枯渇問題、ごみ問題のほか、原発問題、動物愛護の問題、消費者の自損的消費行為の問題など、さまざまなものがある（三章4節）。そのどれを解消しようとするかによって、社会的消費には多様なスタイルのものが生まれるであろう。

その中で、グリーンコンシューマリズムは地球環境問題をおもな目的とするものであり、フェアトレード（の製品の購入）は南北問題、特に開発途上国の生産者や労働者の低所得問題に向けたものであって、いずれも特定の問題に焦点を合わせたものであった。そのほか、先に述べたように、タバコの害を防ごうとする禁煙・分煙運動（行動）のように、さらに特定の消費財に限定したものもありうる。

以上のように、社会的消費にはさまざまなものが存在しており、その多様性は、社会的消費全体についての認識を困難にするほどである。

次節では、社会的消費の中でも、普及が進み、大きな影響を与えた四つの動向について検討し、そこから社会的消費の全体像をつかむとともに、今後の方向性についてのヒントを得ることにしたい。

## 2　社会的消費の諸相

### グリーンコンシューマリズムの性格

グリーンコンシューマリズム（green consumerism）とは、これまですでに紹介してきた通り、環境に配慮した消費行為を促す思想、およびその実践活動を意味している。グリーンコンシューマーとは、言うまでもなく、グリーンコンシューマリズムを実行する消費者のことを示している。

グリーンコンシューマリズムは、環境問題の深刻化に伴って消費者の側に生じてきた「何かをしなければならない」という気持ちに、具体的に答えようとするものであり、これを促進しようとする日本のＮＰＯは、現在次のようなグリーンコンシューマーの行動原則を掲げている。(9)

1　必要なものだけを必要な量だけ買う
2　使い捨て商品ではなく、長く使えるものを選ぶ
3　容器や包装はないものを最優先し、次に最小限のもの、容器は再使用できるものを選ぶ
4　作るとき、使うとき、捨てるときに、資源とエネルギー消費の少ないものを選ぶ
5　化学物質による環境汚染と健康への影響の少ないものを選ぶ
6　自然と生物多様性をそこなわないものを選ぶ
7　近くで生産・製造されたものを選ぶ
8　作る人に公正な分配が保証されるものを選ぶ
9　リサイクルされたもの、リサイクルシステムのあるものを選ぶ

10　環境問題に熱心に取り組み、環境情報を公開しているメーカーや店を選ぶ

この一〇原則は、買い物（購入）における商品の選択についての原則であり、環境問題に配慮する購買行動として、われわれが想像しうるものをほぼ網羅していると言えるだろう。

グリーンコンシューマリズムは、一九八八年にイギリスで出版されたエルキントンとヘイルズによる *The Green Consumer Guide* によって広まったと言われている。[10] この書物は、地球環境問題に対して危機感を表明しつつ、[11] 人々の日常の消費行為の指針を、具体的な商品名や店舗名もあげつつ、極めて具体的に示したものである。

この書物が好評を博するとともに、各国で類似の出版物が発行され、また各種ＮＰＯが立ち上げられて、グリーンコンシューマリズムの普及啓発活動が活発に行なわれるようになった。その活動を通じて、グリーンコンシューマリズムは着実に先進消費社会に広がってきた。

グリーンコンシューマリズムは、消費者が活動するという意味では一種の消費者運動と言えるだろうが、従来の消費者運動とは異なって、消費者が自らの消費行為（買物行動）を変えようとするものである。したがって、行政に対して何かを強く求めたり、企業を告発したりといった性格をもっていない。[12] 行政や企業とは、一定の連携や要望、情報交換といった形で結びつきがあるものの、基本的には消費者自身に向けられた運動である。

また、グリーンコンシューマリズムは、必ずしも、買い物をがまんし質素な生活に甘んじるといった禁欲的な生活を求めるものではない。[13] その立場は、消費欲求に対して否定的であるとは言えず、その欲求を、いかに環境負荷のない形で実現するかを問題にするものである。そして、消費者が誰でも気楽に始められることを目指しており、消費者団体への加入を促したり、資格を求めたりするものでもない。こういった点で、穏健な市民運動として展開されてきたものと言えるだろう。

グリーンコンシューマリズムが登場してから二〇数年が経過したが、それが社会的消費の発展に対して大きく貢献し

たことは間違いない。それまで使用や廃棄の段階でしか考えられていなかった社会的消費を、発想を転換し、消費の流れの最も中心にある、購入という段階での社会的消費に切り替えた点で画期的なものであり、それ以降の環境問題、とりわけ地球環境問題に対処する消費のあり方を、大きく方向づけたものと言えるだろう。

しかしながら、環境問題が専門家だけでなく一般市民にも広く認知され、企業や政府もその対策に深く関わるようになった現在では、グリーンコンシューマリズムは、いささかその性格があいまいになってきたように思われる。

まず、そもそもグリーンコンシューマーとは誰か、という問題がある。

抽象的な定義としては先述の通りであるが、具体的にある消費者がグリーンコンシューマーであるのかどうかについては、その判断が難しい。現在では、多くの消費者が多少なりとも環境に配慮した消費生活を送っていると言え、前節「社会的消費の多様性」で示したような調査で、いくつ○をつけるかを考えてみればわかるように、「グリーンさ」の程度は連続的である。どこまではっきり環境配慮すればグリーンコンシューマーと言えるのか、その基準を設定するのは困難であろう。

そうだとすると、グリーンコンシューマーという消費者のタイプが実在するというよりは、一種の抽象的なモデル（社会学でいう理念型）として、グリーンコンシューマーという概念が設けられているだけ、ということになる。

日本では、グリーンコンシューマーより、個別の環境に配慮した消費行為を示す「エコ」という言葉の方がはるかに普及している。それは、日本語では「グリーン」が環境配慮という意味であまり使われないことにもよるが、現在では、環境に配慮した「エコな」消費行為が、至る所に断片的に存在しており、それに多くの消費者が関わっていて、グリーンコンシューマーという実体的な消費者像が認識されにくいためではないかと思われるのである。

次に、グリーンコンシューマーは、消費という行為だけでなく、請願や要求、政治的活動などをする必要があるのかという問題がある。

消費者は、言うまでもなくグリーンコンシューマリズムの有力な主体である。しかし、前節で述べたように、環境に配慮した消費は、消費者だけでは十分実現できないものである。NPO、マスメディア、教育関係者など消費者に近い立場からの啓発のほか、企業の製品やサービスの提供、行政の法令上および予算的な措置を伴って、ようやく成果を生み出せるものであろう。グリーンコンシューマーは、グリーンコンシューマリズムの唯一の主体ではないのである。(14) そうだとすれば、グリーンコンシューマーはどれだけのイニシアティブを発揮すればいいのだろうか。

環境に配慮した消費社会のために、消費者の役割が重要であることは疑いない。たとえば、消費者が無駄な包装が少ない商品を買えば買うほど、企業は包装を簡略化するようになるし、消費者が省エネ型の電化製品を買えば買うほど、政府は省エネの基準を厳しくしやすくなるだろう。こういった身近な購入の場面で、消費者が大きな役割を果たすべきことは、先に示した一〇原則が示すとおりである。しかし、グリーンコンシューマリズムのテーマの中には、消費者だけによっては実現できず、企業や政府がどこまで真剣に取り組むかに依存するものも少なくない。

そうだとすれば、消費者は、企業の環境配慮製品の供給が少ない時、それを要求する活動をしたり、政府の省エネ対策に注文をつけたりといった、消費者運動的なことをしなければならないのだろうか。それとも、それは消費者の責任ではなく、企業や行政機関が率先して行なうべきことなのだろうか。企業や行政機関という組織的活動主体に対して、消費者がどこまでイニシアティブを発揮すべきかについては、あまりはっきりしないのである。

さらに、グリーンコンシューマーの活動が、環境問題の解決にとってどの程度の役割を果たしうるのか、また果たすべきなのかという問題がある。

現在の環境問題は、確かにそのほとんどが、直接、間接に消費を通じて発生しているものである。しかし、そのことは消費を通じて発生している環境問題を、すべてグリーンコンシューマー的行為によって解決しなければならないということを意味するものではない。よく指摘されるように、環境問題の深刻さは、消費だけでなく、技術水準、人口によって大きく左右されるものであり、(15) 消費量が多いことだけに原因を求めることはできない。技術が発達し、人口が減少すれば、エアコンを無節操に使っても、何の問題も生じなくなる可能性がある。

また、グリーンコンシューマー的行為によって対処せざるをえないことが明らかな場合でも、誰がどこまで削減すべきであるかについては、明確にならない場合が多い。特に、地球温暖化問題のような地球規模の問題については、国際的な負担の分担が大きな問題となる。四章3節「原理主義モデルから寛容モデルへ」に示したように、そもそも地球温暖化に対して、先進国の消費の抑制が効果をもつのかどうか、という疑問さえ生じている。

こういったことから、グリーンコンシューマー的行為は、何をどこまで実行すればいいのかが、イメージとして描きにくいものとなる。消費者の立場としては、何かはっきりした目標があれば取り組みやすいのだが、その目標は与えられていないのである。

以上、グリーンコンシューマリズムの性格のあいまいさとして指摘したことをまとめると、この運動は、どんな消費行為をすれば環境によいかを明示することができ、消費者にそれを呼びかけることもできる。しかし、消費者がどの程度までそういった行為をして、どこまで活動の範囲を広げればいいかは明らかでないし、どうすればグリーンコンシューマーと言えるのかもはっきりしない。

グリーンコンシューマリズムは、環境によくない買い物の仕方を回避するという、極めてわかりやすく、参加しやすい活動である。しかし、一旦それに関わり始めると、消費者は、方向性と目標を定めがたいことによる浮遊感、あるいは落ち着かない状態を経験するようになる。未知の原野に分け入ったのはいいが、どの方向へどこまで歩けばいいかがわからずに、途方に暮れるようなものである。そのため、多くの消費者は、環境に配慮した消費行為を多少は経験したとしても、それを積極的に進めるには至らず、あいまいな態度にとどまってしまうのである。

このような状況を指摘したからといって、筆者は決してグリーンコンシューマリズムを否定するものではない。現代の環境問題の解決にとって、消費者のグリーンコンシューマー的行為は欠かせないものである。しかし、そのさらなる発展のためには、いくつかの課題を解決することが必要である。

まず考えなければならないことは、企業と行政機関の参加、および協力である。これまで、グリーンコンシューマリズムは、ＮＰＯと一般消費者だけが担うかのようなイメージでとらえられてきたが、先述の通り、企業は商品を通じてその機会を提供し、行政機関はその目標設定や制度的支援を行なうという役割を担っている。そういった活動が適切になされない限り、環境に配慮した消費は十分実現できない。関係主体の連携と協力がそのカギを握っているのである。

そして筆者には、その前提として、グリーンコンシューマリズムの理論的、概念的な検討が不可欠であるように思われる。先に述べたように、グリーンコンシューマリズムは極めてわかりやすいものであるだけに、これまで立ち入った理論的考察がなされておらず、単刀直入に実践活動を進める傾向にあった。グリーンコンシューマーという言葉が、今でもグリーンコンシューマリズムという言葉よりずっと多く使われていることが、それを物語っている。今後は、グリーンコンシューマリズムとは、誰が何をどこまで進めるものであり、他の環境関連の活動、すなわち企業のＣＳＲ（企業の社会的責任）、環境行政、大規模組織によるグリーン購入、環境教育などとどのような関係にあり、その中でどんな役割を果たすべきかを、きちんと検討する必要があるだろう。

また、グリーンコンシューマー自体については、その行動についての実証研究を進め、どのような商品を、どのような形で提供すれば消費者の動機づけを高められるか、どのようなグループを通じてそれを進めていくか、行政機関は消費者の動機づけにおいてどのような役割を果たしうるか、といったことを明らかにしていく必要がある[16]。

グリーンコンシューマリズムは、その必要性が広く知られるようになり、少しずつ実行されているという意味では進展しているが、画期的な成果を上げているとは言えず、方向と目標を見失いがちであるという意味では停滞している。今後さらに発展させるためには、一度立ち止まって、右記の点についてじっくり検討する必要があるように思われるのである。

## スローフードにおける快楽的要素

スローフードの運動は、一九八〇年代のイタリアで誕生し、その後世界中に広がった文化運動であり、同時に社会的消費を目指す社会運動でもあって、反新自由主義、反グローバル資本主義、環境主義の性格を併せもつものである。

この運動は、カルロ・ペトリーニを中心とし、本部をイタリアのブラにおく国際的組織スローフード協会（Slow Food International）が一貫してリードしている。この協会は、反グローバル資本主義を掲げる組織としては異例の成功を収めており、現在では一五〇か国に支部をもつまでに広がっている(17)。

魅力的なイメージをもち、食生活という現代人の関心を集める分野に関わることから、スローフードは日本で二〇〇〇年代に大きな注目を浴びた。現在では一時的なブームは去ったが、食生活のあるべき姿を示すものとして、この言葉はすっかり定着している。

しかし、魅力的なイメージにもかかわらず、スローフードはたいへんわかりにくく、多様な要素を含んだものである。三〇年ほどの間に、その力点に変化が生じているものの、スローフードには次のような活動が含まれている。

1　スローフードは、農村地域活性化の運動であり、特に伝統的農畜産業を復興することを通じて、地域の発展をはかろうとするものである。

2　スローフードは、味覚教育を行なう運動であり、画一的な大量生産の食事によって衰えた味覚を回復させようとするものである。

3　スローフードは、自由主義化とグローバル化の中で、絶滅の危機に瀕している稀少で優れた農畜産物を救おうとする文化運動である。

4　スローフードは、豊かな食生活を取り戻し、人生の楽しみ方を教える文化運動である。

5　スローフードは、農地や牧場を中心として、地域の環境が汚染され、それを通じて健康も脅かされることに反対する環境主義の運動である。

6　スローフードは、グローバル化の中で圧迫され、生活基盤を失いがちな開発途上国の農業や畜産業の従事者を支援しようとする、反グローバリズムの運動である。

この中で、1の活動については、スローフード協会の協力によって、実際に農業や食品産業の経営改善と商品開発、市場開拓が行なわれてきた。2の活動については、味覚の基礎ができあがる前の子供と、大人の味覚の再教育の両方が行なわれ、「味覚の生涯教育」がうたわれている。3の活動としては、「味の方舟」と呼ばれる絶滅に瀕した食材を保護し、食の多様性を守ろうとする努力が続けられている(18)。

以上三つの活動が、明示的にスローフードの活動として行なわれてきたのに対して、4の活動は、具体的な活動として存在しているというよりも、スローフードの前提となる基本思想として、折にふれ推奨されるようなものである。これについてはあとで取り上げることにしよう。

そして、5、6の活動は、二一世紀になってから掲げられるようになったもので(19)、サローネ・デル・グストと呼ばれる食品展示会と、テッラ・マードレと呼ばれる国際会議を中心に、有機栽培の農産物やフェアトレードを促進する国際的なネットワークを作り、それを通じて活動を広げていこうとしている。

六つの活動のうち、最近では、4、5、6の活動が強調されることが多くなり、それに対応した「おいしい、きれい、ただしい」(buono, pulito, giusto) がスローフードのスローガンとなっている(20)。

スローフードは、意図的にファストフードのさかさまのネーミングを採用したものであるが、ファストフードを排斥しようとする運動ではない。また、ファストフードとは正反対のスローフードという料理が作られるわけではないし、ゆっくりと食事することを主眼とする運動でもない。料理や食事のレベルよりは、食材の生産と流通に力点がおかれた運動である。

しかしながら、食材の生産と流通に関して、右記のような目標を実現するためには、スローフードを消費者が受け入れなければならない。つまり、国内外の消費者がそれを直接買って食べるか、スローフードを使う飲食店などを利用しなければならない。たとえば、質はいいが稀少なチーズをわざわざ買うような消費者がいなければならないし、アグリツーリスモ（自家農場で採れた農産物による料理を出す田舎の宿）に、消費者が関心をもたなければならない。消費者がそっぽを向けば、零細な農業や牧畜業がスローフードの担い手となることは不可能である。

この点で、スローフードはグリーンコンシューマリズムと同様、消費者の行為に依存した社会問題への対処方法であると言える。スローフードにおいては、生産、流通のあり方を変えるだけでなく、消費者の社会的消費の力を借りて、問題を解決しようとするのである。

それでは、スローフードが解決しようとする社会問題とは何なのか。また、スローフードを受け入れる消費者の行為は、どのような意味で社会的消費なのだろうか。

この点について言えば、もちろん、スローフードは消費による社会問題全般を対象とするものではない。名前の通り、食品や食生活に関するものに限定されている。

そして具体的な問題とされるのは、先述のように、先進国の農地や牧場の環境汚染、畜産動物の不適切な飼育法、遺伝子組み換え作物の危険性、その他食品の安全性を損ねる生産法、食材となる動植物の生物多様性の喪失、食料品の貿易を通じた開発途上国の搾取と環境破壊などである。これらの多くは、機械化し大量生産化した農畜産業、食品工業、飲食店などがもたらしたものであり、それを象徴するのがファストフードであった。

そこで、スローフードは、ファストフード的な食の原理を離れ、その逆のシステムを作ろうとする。生産者への働きかけと消費者の食行為を通じて、ファストフード的原理である大量生産、過度の機械化、無節操な利潤追求、効率性やスピードへの執着などを回避し、それを通じて右記のような食分野での社会問題を解決していこうとする。

このように消費社会によって生じた問題に焦点をあて、それを生産者側の努力のみならず消費を通じて解決しようとする点で、スローフードは社会的消費としての側面を強くもつのである。

それにしても、消費者は何ゆえにそういった食消費の問題に関心をもち、協力するのだろうか。食生活の原点にある農業や牧場についての消費者の知識は一般的には乏しい。そういった消費者に、農畜産業の現場に生じた問題の解決の一端を担ってもらうことは容易ではない。どうすれば、消費者の動機づけを確保できるのだろうか。

この点については、グリーンコンシューマリズム的に消費者に訴えかけるやり方もある。農業や畜産業の環境がこのように悪化しているから、それをもたらすファストな食生活をやめよう、と消費者に呼びかけるのである。しかし、右記のような諸問題は、消費社会の問題ではあっても、ごみや二酸化炭素の排出のように、直接消費者が手を下したものではないから、消費者のうしろめたさ（加害者意識）には訴えにくく、グリーンコンシューマリズム的なやり方ではあまり効果がなさそうである。

そこで、スローフード運動は、それとは全く異なる方向に向かった。スローフード運動では、社会問題の深刻さを強調するよりは、社会的消費の楽しさの方に訴えたのである。

もちろん、決して社会問題の深刻さが重視されていないわけではなく、スローフードの活動家はそのことをよく理解している。しかし、一般消費者向けには、スローフードの食材や、それを用いた料理がいかに美味しいか、そしてスローフードをじっくり味わうことが、いかに生活を豊かにし人間性の回復につながるかということをより前面に押し出すのが、スローフード運動の大きな特徴となった[21]。それが、先述した4の活動にほかならない。

そして、活動家自身も、スローフードを楽しむことに大きな関心を抱いている。スローフード協会は、イタリア共産党の美食家グループから発展したものであり、当初から美味しく楽しい食事は大きな関心事であった[22]。現在のスローガン「おいしい、きれい、ただしい」でも、最初に「おいしい」が来ていることが、それを物語っている。

環境に優しく、地域に貢献し、途上国を搾取しないスローフードは、同時にことのほか美味しく楽しい。「きれい」、「ただしい」は同時に「おいしい」でもある（少なくともおいしくなりうる）[23]。それがスローフードの前提である。素材の良さや新鮮さが料理を美味しくすることを弁えた和食の伝統からすれば、このようなとらえ方は決して不自然なものではなく、日本人にも無理なく理解できるものであろう。

この美味しく楽しいということを大きな誘因として消費者を引き入れ(24)、同時に生産者側から「きれい」、「ただしい」を実現して、反ファストフード的な食のシステムを成り立たせようとするのが、スローフード運動である。スローフードは、その中核部分に快楽の追求を含んでいるのである。

これまで、消費社会については、快楽の追求がさまざまな社会問題を発生させるというとらえ方が常識となっていた。無節操な快楽の追求が莫大な浪費を生み出し、また他者に配慮しない利己的な消費に走らせたと考えられてきた。それに対してスローフードは、消費者が「おいしい」という快楽を追求することが、むしろ「きれい」、「ただしい」という社会的消費につながるという、思いがけない考え方を示した。そして、快楽を抑え、断念することによって消費社会の問題を解決しようとする「ゼロの消費文化」的な発想を捨て、快楽と社会的消費の両立を図るという、従来とは一八〇度方向を異にする戦略を描いた。この点がスローフードの最大かつ画期的な特徴となっている(25)。

もちろん、スローフードもすべての快楽追求が好ましいと考えているわけではない。スローフードが求める快楽は、一定の節度をもった落ち着いたものであり、精神的で優れた感性を必要とするものである。それは、筆者の図式に引きつけて解釈すれば、文化的価値を深いレベルで実現しようとするものと言えよう。快楽という言葉は、日本語では破滅的なニュアンスを含んでしまうが、文化的価値の追求全般を快楽と考えれば、破滅的な快楽はそのほんの一部に過ぎない。そのような快楽ではなく、社会的配慮と十分両立するような快楽を追求しようとするのが、スローフードの基本的な考え方なのである(26)。

このような行き方は、特に食生活の分野ではわかりすく、実現しやすいように思われる。右に示したように、新鮮で、安全で、きちんと手間をかけた食材は美味しく、同時に環境に優しく、開発途上国を搾取するようなものでないことが多い。食の快楽の中には、地球の裏側から莫大なエネルギーをかけて運んできた海産物や、健康を害しかねない刺激の強い香辛料など、社会的配慮と両立しないようなものも含まれているが、社会的配慮と両立するものだけでも、われわれの生活は十分成り立ち、また満たされるであろう。

このように、スローフードは食材の美味しさと食事の楽しさを追求するものであるが、その背景には、生き方、暮らし方についての暗黙の思想が存在している。この思想は、明確に理論化されたものではないが、日本人がイタリア人的なライフスタイルとしてイメージする、人生をゆったりと十分に楽しむような生き方がそれにあたると言っていいだろう。具体的には、現在の生活を存分に楽しむべきこと、あくせくせずゆったりと過ごすこと、衣食住という生活の基本を重視すべきこと、多様性を尊重すること[27]、他者とのコミュニケーションを大切にすること、自然に親しむことなどを含んでいる。

それが食生活の場面に適用されたのがスローフードであるが、このような生き方は、美味しさを抜きにしても実現可能であるため、スローフードの普及後は、同じ思想をほかの生活分野にも適用しようとする動きが生じてきた。伝統と自然を活かしつつ多様な街づくりを目指すスローシティ（イタリア語でチッタスロー citta slow）、手作り品重視、環境配慮、動物愛護などを含むスローファッション、旅行先のコミュニティとの触れ合いを重視するスロートラベル、子供に伸び伸びとした時間を過ごさせようとするスローペアレンティング（スローな子育て）などである。

これらはいずれも、スピードと効率を重視し、せわしなく拡大と成長を目指す現代資本主義のライフスタイルの対極にあるものであり、現代の文明に対する代替案を示すものであった。このような思想に基づいて穏やかな快楽を追求する生活こそ、人々に充実感と幸福をもたらすと考えられたのである。

こういった生活を求める動きは、英語圏ではスロームーブメント（slow movement）と呼ばれた[28]。また日本では、スローライフと呼ばれるライフスタイルとして、メディアやＮＰＯ活動を通じて、盛んに紹介され、奨められた[29]。

食生活という特定の生活分野で始まったものであったが、表面的な消費行為のレベルを超えて、より根源的なライフスタイルの変革思想を含んでいたため、スローフードは、思いのほか大きな文化的影響力を発揮した。グリーンコンシューマリズムがこのような思想を含まず、実用的、手段的色彩が強かったため、文化運動としてはあまり世間の関心を引かなかったのとは対照的だったのである。

## ロハスが歩んだ道

ロハス（LOHAS）とは、Lifestyles of Health and Sustainability の頭文字をとった略語であり、内容に沿って意訳すれば、健康と環境に配慮するライフスタイルということになる。

ロハスという言葉の歴史は、ポール・レイとシェリー・アンダーソンが、多数のアメリカ人の生活意識を調査した結果、特定の新しい価値観をもつ一群の人々を発見し、カルチュラル・クリエイティブス（Cultural Creatives 文化創造者）と名づけたことから始まる。

アメリカは、主流の物質主義的文化一色に塗りつぶされているようなイメージがあるが、実際にはそれとは対照的な文化も根強いところである。その中から、一九六〇年代のカウンターカルチャーが発生し、一九七〇年代以降は、自発的簡素化運動（voluntary simplicity）、ダウンシフター、精神世界を重視するニューエイジなどの動きが現われ、また一九八〇年代後半からは、環境保護の運動も盛んになってきた。そういった脱物質主義的な動き、あるいはいわゆる「新しい社会運動」の延長線上にあるのが、カルチュラル・クリエイティブスと呼ばれる人々である。[30]

カルチュラル・クリエイティブスは、レイとアンダーソンのデータによれば、Traditionals（伝統主義者）および Moderns（近代主義者）と名づけられた他の二つの人間類型と比べて、環境問題、グローバルな諸問題、男女の平等などに関心があり、「成功」への関心が乏しく、理想主義的で愛他的である。[31] 概して言えば、イングルハートが脱物質主義者と見なした人々に近く、[32] またいわゆる進歩的（リベラル）な価値観をもつ人々とも重なり合う。ただし彼らは、宗教的奇跡を信じるなど非合理的なものへの関心も高い。レイたちによれば、カルチュラル・クリエイティブスは全米で約五〇〇〇万人（人口の二六パーセント）にも及ぶとされ、[33] それが正しいとすれば、アメリカにおいて無視できないほど大きい比重を占めていることになる。

レイたちの研究は、消費を中心にしたものではなかったが、このような人間類型は新鮮で刺激的なものであり、マーケティング関係者の注目を集めた。そしてその中の一人が、この人間類型に対してどのようにマーケティング活動を仕向ければいいかについて、レイに相談をもちかけた。その過程で、カルチュラル・クリエイティブスに対応する消費者ライフスタイルをどう名づけるかについて議論がなされ、最終的にLifestyles of Health and Sustainabilityと呼ぶことになったとのことである。[34]それがロハスの始まりであった。

端的に言えば、ロハスとは、カルチュラル・クリエイティブスと呼ばれる新しい価値観をもった人々の消費者ライフスタイルのことだと言えよう。

言葉の発生過程からもわかるように、ロハスは当初から企業のマーケティング活動と密接に結びついたものであった。[35]この概念は、環境問題等に関心のある進歩的な人々のライフスタイルを示す、マーケティング業界の専門用語として普及していき、ロハス層向けのマーケティングは、ロハス・フォーラムと呼ばれる国際会議などを中心に関心を集め、隆盛の一途をたどっていった。

ただし、アメリカでは、出版物などから判断する限り、ロハスが一般の消費者向けに紹介されたり推奨されたりすることはほとんどなかったようである。[36]ロハスはあくまで業界用語であり、企業側から見たマーケティングセグメントの一つだったのである。

それに対して、日本の事情は少々異なっていた。日本でも、ロハスがマーケティング上の概念として導入され、ロハス層がマーケティング活動の対象となった点では変わりがない。しかし日本では、それに加えてロハスが消費者向けのスローガンとなった点が、アメリカとは異なっていた。

雑誌『ソトコト』を中心として、日本ではロハスが消費者にとって魅力的なライフスタイルとして紹介され、企業も関連する商品の開発やイベントを盛んに行なうようになった。『ソトコト』は、ファッショナブルな誌面の中で、さまざまな商品、サービス、イベント、人物などを紹介し、それまで地味で禁欲的なイメージを伴っていた健康や環境に配慮する行動を、明るくおしゃれなイメージに描いていった。これが反響を呼び、ロハスは二〇〇五年には消費者を巻き込んだブームとなり、新語・流行語大賞の候補となるに至った。

もちろん、それまでも、企業は消費者をとらえる魅力的な健康関連商品や環境配慮商品を作ろうとしてきたし、消費者も、生活の中に何とか無理なく、気軽に健康志向や環境配慮を取り入れたいという意識はもっていたと思われる。『ソトコト』をはじめとするロハスのキャンペーンは、その両者を結びつけ、命名し、表面に押し出して、一つの消費スタイルを確立する役割を果たしたものと考えられる。

ロハスは、しばしば企業側から見たセグメントに過ぎず、ロハス層は受動的な商品購入者に過ぎないと言われる。しかし、日本の場合には、企業側にマーケティングの対象を与えたのみならず、消費者に好ましいライフスタイルとして認知され、消費者を社会的消費に誘引する役割を果たしたように思われる。筆者は、日本の消費者の中には、ロハスのキャンペーンによって、自発的にロハスなライフスタイルを目指す人が、少なからず出現したと考えている。

その後ロハスは、あまりにもブーム的にもてはやされ過ぎたこと、ロハスの登録商標化が不評だったことなどのため、次第に言葉としては用いられなくなり、ロハスを正面に掲げた商品企画やイベントは減少していった。しかし、現時点で振り返ってみると、消費の楽しさや高揚感を保ちつつ、健康と環境に配慮した消費生活を実現しようとするロハス的な消費は、日本に（そして先進各国に）広く浸透し、社会的消費の一つのスタイルとして定着したように思われる。ロハスという言葉は一時的なブームに終わった感があるが[37]、それが代表していた一つの消費文化は、着実に根を下ろしていったのである。

ロハスに対しては、ブームになっていた当時から、疑いや批判の目が向けられていた。環境に配慮するといっても、所詮は気分だけのもので実効性に乏しいのではないか、また、ロハスを謳って商品を買わせ、企業が儲けるだけなのではないか[38]、といった批判がその代表的なものであろう。

しかし、ロハス的な消費文化の動きとともに、社会的消費のすそ野が広がったことはおそらく事実であり、筆者は決してこの動きを否定的にとらえる必要はないと考えている。むしろ、なぜロハスのような消費スタイルによって社会的消費のすそ野が広がるかを分析し、社会的消費についてのより深い理解に達することが重要であろう。

前項で見た農畜産物についてもそうであったが、一般的に言って、社会的消費に向かって消費者を動機づけるのは容易でない。最も正統的な動機づけ方は、その消費は○○に悪影響を与えるということを諄々と説き聞かせて、その消費を控えさせることである。しかし、地球環境問題をはじめとして、さまざまな消費社会の問題は、一九八〇年代後半から約三〇年間指摘され続けており、ある程度の知識と理解力のある人々には、すでによく知られている。問題は、わかってはいても容易に実行しないということであり、消費者（特に日本の消費者）に対しては、それ以外にさまざまな動機づけ方を総動員しなければ、社会的消費は盛んにならないであろう。

そういった動機づけの仕方において、ロハス・マーケティング（ロハス層に向けたマーケティング）は巧みであり、一定の成功を収めたように思われる。

成功要因の一つは、健康と環境をドッキングしたことであった。

ロハスは健康と環境（元の言葉は持続可能性）に配慮するライフスタイルであるが、実は、その元となったカルチュラル・クリエイティブスと比べてみると、強調点がかなり大きくずれている。レイたちのカルチュラル・クリエイティブスに関する書物からは、確かに環境問題に強い関心をもつ消費者の像が浮かび上がってくるが、[39]健康に関しては、彼らが全体論的な（holistic）健康観をもち、自然食品の消費に積極的であるという程度の記述しかなく、決してカルチュラル・クリエイティブスの中心的関心事とはされていない。

ロハスは、確かにカルチュラル・クリエイティブスの研究から抽出されたライフスタイルであるが、そのさまざまな特徴の中から、「環境」だけを取り出し、そこに本来その特徴であるかどうかさえはっきりしない「健康」を加えたものであり、内容の大幅な切り捨てと改変がなされている。カルチュラル・クリエイティブスと呼ばれる人々とロハス層（健康と環境に関心のある層）が一致するかどうかは、相当に疑わしいことなのである。

このような改変は、どれだけ意図的になされたものか不明であるが、結果的には、環境に配慮した消費行為を動機づけるのに一役買うことになった。

ロハス以前には、環境問題への関心は健康志向とあまり結びつけられていなかったが、考えてみれば両者には少なからぬ関連がある。

たとえば、大気汚染の進んだ都市生活では人は健康でいられないし、温暖化の進行は熱中症や害虫の被害を増やし、オゾン層破壊は皮膚がんを増加させることだろう。そういった意味で、多くの環境破壊は健康への悪影響をもたらす。したがって、健康であるためには環境に配慮した生活は欠かせないものとなる。また、健康への配慮は、しばしば環境への好影響をもたらす。健康に配慮した、肉や魚を控えて植物性食品を大量に摂取する食事は、牧畜業や漁業による環境破壊を緩和し、フードマイレージを減少させるであろう。また、健康増進を目指すランニング、サイクリング、ヨガなどの流行は、相対的に環境負荷の少ないレジャー活動の比重を高め、資源消費を減少させることにつながる。

ロハス・マーケティングは、健康と環境を特に区別なく混在して扱うことを通じて、このような両者の結びつきを、自然に消費者に理解させた。現代人は、もともと健康に対して強い関心をもっているから、その延長線上に環境を位置づけるという行き方は、人々を無理なく自然に環境配慮へと導く有効な方法であった。ロハス・マーケティングは社会的消費（特に環境に配慮した消費）へと人々を動機づける、一つの新しい道を拓いたのである。

そしてもう一つの成功要因は、ロハスが禁欲主義を離れ、むしろある種の快楽主義を強調したことであった。先述のように、『ソトコト』をはじめとして、日本のロハス・マーケティングは、健康と環境に配慮した消費に対して、禁欲的でなく、明るくおしゃれなイメージを与えた。[40] また元祖アメリカでも、大成功を収めたオーガニック食品チェーン「ホールフーズマーケット」に代表されるように、[41] ロハス・マーケティングは、禁欲的雰囲気を消し去り、消費の肯定的側面を強調する戦略をとっている。

ただし、その具体的な方法は、必ずしも単純ではない。まず、スローフードやサイクリングのように、その消費自体が感覚的に心地よい場合があり、第二に、消費（財）自体としては必ずしも楽しいものではないが、パッケージや商品のデザイン、店舗設計などによって付加価値をつけ、肯定的な感覚を与える場合がある。たとえば、魅力的な包装紙に包まれた無添加の化粧品、優れたデザインのエコバッグなどである。そして第三には、特定のロハス的消費行為、たとえば田舎暮らしや古着の着用などを、かっこいいライフスタイルとして意味づけるような広告や報道を行ないイメージアップする場合がある。さらには、LED電球やハイブリッドカーなど、省エネルギー的で環境配慮に適した消費財を、未来的な商品として盛んに宣伝する場合もある。

このようなさまざまなやり方を通じて、社会的消費（特に環境配慮消費）を魅力あるものとし、参加しやすい雰囲気を作り出したところに、ロハス・マーケティングのもう一つの成功要因があった。

このようなやり方に対しては、社会的消費からその純粋さを奪い、商業主義に毒された軽薄な環境主義をもたらすだけだ、という批判もありうるだろう。しかし、そもそも、社会的消費が、純粋に社会問題解決への貢献だけを目指す、生真面目で禁欲的なものであるべきか否かは、次節で論じるように、重要だが論争的で、未解決の問題である。ロハス・マーケティングは、一方の極、すなわち徹底的に非禁欲的な立場に立つことによって、この問題に一石を投じ、少なからぬ影響力を発揮した。おそらく関係者はそれほど自覚的でなかったと思われるが、ロハス・マーケティングのこのような行き方は、社会的消費をどのように促進すべきか、社会的消費とはどのようなものでありうるかについて、避けて通れない重要な問題を提起したのである。

## フェアトレードとその消費者

これまで本節では、おもに環境配慮を中心とした社会的消費について検討してきた。それに対して、環境問題も一部含むものの、おもに開発途上国における経済的諸問題の解決に志向したのが、フェアトレード商品の消費である。

三章4節「開発途上国と消費社会」で述べたように、先進消費社会は開発途上国にさまざまな社会問題をもたらしている。それらは、地球環境問題よりも以前に認識され、欧米を中心に、問題解決を目指した活動が始められた。その中心となったのがフェアトレード（fair trade 公正貿易）の運動であった。

現在用いられる意味での「フェアトレード」は、交易条件や交易慣行における不平等を改善しつつ、先進国が開発途上国の物資を輸入・販売して、現地の生産者や労働者の利益を守ろうとするものである[42]。具体的には、現地生産者に経済的および非経済的なさまざまな支援を行なう、現地と長期的で安定的な取引関係を結ぶ、輸出される商品および現地の労働力に対して公正な対価を支払う、その他の交易条件を改善する、産地で健全な労働条件を実現するなどの内容を含んでいる。

フェアトレードは、世界的には第二次世界大戦後間もなく始まったとされる。はじめは慈善活動に近く、開発途上国の手工業品を買いつけ、先進国で販売するという形で細々と始められたが、その後多国籍企業の進出が進み、南北問題が深刻化するとともに、反資本主義的な「連帯貿易」という形で拡大した。また、単に買いつけるだけでなく、現地の生産者を支援し、現地の開発を促進する「開発貿易」も、組織的な運動へと発展していった。これらさまざまな動きは、当時はオルタナティブ・トレード（alternative trade）と呼ばれていたが、それが発展したのが、現在のフェアトレードである。

一九九〇年代以降になると、フェアトレード取引の急速な拡大が始まった。フェアトレードの諸団体は市場志向を強め、商品を一般の流通ルートにのせるために認証ラベルが作られ、大手企業が次々にフェアトレード商品を扱うようになった。また、一般消費者に受け入れられるよう、優れた品質やブランド価値をもつ商品を作ろうとする動きが生じ、フェアトレード専門の社会的企業が育っていった。このように市場化が進められたことにより、フェアトレード商品の売上高は飛躍的に増大していった[43]。

日本でも、欧米に比べるとその広がりが小さいものの、一九七〇年代からフェアトレードの動きが始まって、次第に盛んになり、二〇〇〇年代後半からは特に社会的に注目されるようになった[44]。

このように発展著しいフェアトレードであるが、本項で扱いたいのは、これまでと同様、消費者がそれにどう関わるかという問題である。

フェアトレードは、それを実現させるために、供給側の大きな努力を必要とする。先進国のフェアトレード団体が現地と交渉し、多くの場合は現地で技術指導や監督、検査などを行ない、現地の企業家と労働者が物を作り、輸入契約を交わして実際に物を運び、国内の流通ルートにのせる。かつての素朴なやり方とは違って、現在のように大規模化したフェアトレードは、それらのプロセスが複雑にシステム化され、膨大な数の人々が関わるものとなっている。

そのような事情から、フェアトレードは圧倒的に大きな関心が、フェアトレード商品の供給側に寄せられてきた。しかし、それらの商品は、最終段階で消費者に買ってもらえなければ意味をもたない。売れないフェアトレード商品は、フェアトレードとしての機能を果たすことができない。消費者がフェアトレード商品を買うということは極めて重要な意味をもっており、どのような動機で、またどのような条件のもとで消費者がフェアトレード商品を買うかは、フェアトレードの発展に大きく関わっているのである。

フェアトレード商品を買う消費者は、一般にフェアトレードの趣旨を理解した上で購入するものと想定されている。フェアトレード団体（先進国の関係団体）と同じく、貿易の不公正状態を認識し、開発途上国の利益を守ろうとする利他的動機が働いて購入すると考えられている。これは言うまでもなく社会的消費の一種と言えるだろう。

しかしながら、フェアトレード商品の消費は、これまで扱ってきた環境関連の社会的消費とは異なる困難さを抱えているように思われる。環境関連の消費では、被害が自分の身に、あるいは家族や子孫の身にふりかかってくるという感覚をもつことができ、自分にとっての価値をもっていた。それに対してフェアトレードの場合には、自分の身に関わってくるという面もないではないが、ほとんどの場合は、開発途上国の住民に被害が生じるのであり、それに対する利他的な行為となる。その点で、これまで論じてきたグリーンコンシューマー、スローフード、ロハスの場合よりも、さらに動機づけが難しいものと言えるだろう。

また、環境問題に関しては、近年、環境教育が盛んに行なわれ、省エネやリサイクルの運動が盛んになるにつれ、十分ではないにせよ、過剰な消費と環境問題の関連が認識されるようになってきた。それに対して、先進消費社会と開発途上国の関連、とりわけ貿易の不公正に関しては、それを知る機会が乏しい。大学の経済学部の講義などに触れない限り、また大きな書店でのみ販売されている関連の書物を読まない限り、なかなか一般消費者の耳には届かない。そのため、フェアトレードの趣旨は一般消費者にはあまりよく理解されていない。自分の身にふりかかる問題でないということ以前に、そもそも今までの貿易がフェアでなく、開発途上国に問題が生じているということ自体が、あまり知られていないのである。

さらに、フェアトレード商品の場合、消費を控えるという形では参加できないという特徴がある。環境問題の場合には、何かを積極的に消費することによって貢献できる場合もあるが、消費を控えることによって貢献できる場合も多く、後者の場合にはコストがかからない。それに対して、フェアトレードの場合には、もっぱら製品を買うということによってしか実現できず、節約を兼ねた社会的消費とすることができないものである。

必要なものを同じ価格で買うだけなら特に損をするとは言えないのだが、フェアトレード商品の価格は、同じ一般的商品より高いことが多く、消費者はその価格差を負担することなしには、社会的消費を実現できない。こういった点でも、不利な条件にあると言えるだろう。

フェアトレードは、以上のような構造的困難さにさまざまな経済条件が加わって、一九八〇年代末に伸び悩むようになった(45)。そこで、それに対応して、「市場化」を目指すさまざまな動きが発生した。

その一つは、フェアトレード商品の認証ラベルの制度化である。これによって、生産者と輸入業者、消費者の間に直接的な結びつきがなくとも、フェアトレード商品を安心して一般市場で取引することができるようになった。これは、生産者側からすれば、フェアトレードの市場化であり、メインストリーム化であるが、消費者からすれば、特に強い動機がなくとも、何らかの社会的貢献につながるという意味を感じるだけで、簡単にフェアトレード商品を買うことができるようになったことを示している。

もう一つは、フェアトレード商品の一般消費財としての価値づけである。フェアトレード商品は、一般に価格の割に品質は十分でないと言われていたが、これでは特に社会貢献に関心のある消費者の範囲を越えて、一般消費者に広がることは期待できなかった。そこで、一般消費財並みの品質を備え、可能ならばそれ以上の付加価値を持った商品の開発が目指されるようになった。たとえばコーヒー豆であれば、まず味が一般のコーヒー並みによいことが目指され、次には一般のコーヒーより美味しい、産地の環境に配慮している、といったことまで求められるようになった。

それがさらに進むと、美しく魅力的な商品パッケージ、高潔で先進的なブランドイメージなどが求められるようになり、ファッション性の必要とされるアパレルや雑貨の分野では、デザインが優れ、現代人の好みにあう商品を作ることに、大きなエネルギーが割かれるようになった。たとえば、社会的企業として大きな成功を収めてきたアパレルブランド「ピープルツリー」の場合には、フェアトレードによるだけでなく、ファッション性があり現代人の衣服への需要に合致した商品を作ることが、重要な経営方針となっている[46]。

元来のフェアトレード商品の消費者は、先述の通り、開発途上国の諸問題に関心をもち、慈善の意識や連帯の意識によって購入することが前提とされていた。それに対して、このように一般商品としての魅力に富んだものが作られるようになるにつれ、フェアトレードに対してそれほど強い関心のない人でも、その商品を買い、フェアトレードの運動に参加できるようになった。

以上のような市場化路線により、フェアトレード商品への需要は回復し、その後大幅な伸びを示してきたのである。

市場化への路線変更は、市場規模を拡大させたという点からすれば大成功であったが、多くの批判を浴びるものでもあった。もともとフェアトレードは、グローバル化する資本主義への異議申し立てという色彩をもった運動であり、特に先述の連帯貿易の伝統を引き継ぐ「提携型フェアトレード」を支持する立場からは、市場化への反発が強かった。この立場からは、フェアトレードの取引金額が、今後も劇的に増加するとは予想できず、むしろグローバル企業に認証ラベルという免罪符を与えるにとどまってしまうだろう、といった批判がなされた。また、認証ラベルを獲得する基準が厳しいので、開発途上国の零細な生産者や労働者は参加できず、それゆえ、最も貧困な人々を救うことにつながらないという批判もなされている[47]。

しかしながら、このような論争は、おもに認証ラベルによってフェアトレード商品が一般市場に広がった点を巡るものであった。それに対してもう一つの点、つまりフェアトレードが幅広い消費者を巻き込むために、一般消費財と同等またはそれ以上の価値をもつ商品を目指し始めた点(付加価値化)をどう考えるべきかについては、特に立ち入った議論はなされていないようである。

筆者は、この問題についても、現在のフェアトレードは論争の余地を残しているように思われる。

一方では、フェアトレード商品は、フェアトレードの趣旨をよく理解した消費者によって消費されなければならないという考え方があるだろう。フェアトレードは、先進国の消費者の社会貢献として存在しているものであり、その意識がはっきりしていないなら意味がないと考えるのである。この考え方に立つなら、フェアトレード商品は「フェア」であることを何より重視すべきであり、一般的商品としての価値には特段の配慮はなくてもよいことになるかもしれない。一般的な商品のように、見た目やブランドイメージなどにこだわることは、フェアトレードの本来の趣旨を捻じ曲げるものと見なされるだろう。

しかし他方では、フェアトレードはその認知度を高め、社会的に広がることが何より重要であるという考え方も存在する。より多くの人に買ってもらうことによって、開発途上国への実質的な貢献は増大するし、売上げを増やす過程で、フェアトレードの考え方を広めることにもつながると考えられるのである。こちらの考え方を支持するなら、一般的商品としての魅力を備え、消費者に喜ばれるものでなければならないという結論に至るだろう。

フェアトレードの付加価値化は、このような論点を投げかけており、それを真剣に考えて答えを出すことなしには、フェアトレードの商品設計や販売方法の方向は定めがたいであろう。そして、このような論点は、フェアトレード商品に対してのみならず、他の社会的消費に対しても、同様に投げかけられているのである。

## 社会的消費の全貌

これまで本節では、グリーンコンシューマー、スローフード、ロハス、フェアトレードという四つの動きについて検討してきた。これらのうち三つは自発的な社会運動を基盤としているが、ロハスは、マーケティングのコンセプトとして生まれてきたものである。また、多くは環境問題の解決に志向しているが、フェアトレードは開発途上国の問題に照準を合わせたものである。そして、グリーンコンシューマリズムのように趣旨が明快なものもあれば、スローフードのように多様な活動を含み、とらえにくいものもある。

しかし、この四つは決して恣意的に選んだものではなく、社会的消費、特に購買行動をはっきりその内に含んだ社会動向であり、組織的に広められ、一定の社会的反響を呼んで広がったもの、という点で共通点をもっている。このような基準で選ぶ限り、そして日本の現状に関する限り、この四つを取り上げるのは妥当なところであろう。

これらは、発生の経緯と活動の力点の置き方など、異なる部分も少なくないが、内容的には重複する部分も多い。グリーンコンシューマリズムは、最近では公正性への配慮を謳っているし[48]、「スローフードにおける快楽的要素」で示したように、スローフードは開発途上国に配慮する「ただしい」をスローガンに掲げている。他方、フェアトレードの認証は、最近では環境への配慮も基準に含めるようになった[49]。

こういったことから、社会的配慮のおもな内容については、共通認識が高まっているように思われる。また、右記の通り、消費者の購買行動を中心にして社会的消費を進めようとしている点でも共通の志向性が見られる。現代の社会的消費は、そのルーツや強調点が多様であったにもかかわらず収斂の方向に向かっており、何が社会的消費であり、どんな内容を含むかについては、統一的なイメージが形成されつつあると言える。

社会的消費の動きとしては、これらのほかにもいくつかのものがある。

まず、欧米の一部でよく知られる「オーガニックライフスタイル」がある。「オーガニック」（organic）とは、元は農業における無農薬有機栽培を示す形容詞である。オーガニックな農業（有機農業）は、はじめは土壌の保全と作物の収穫確保を目指す技術的な試みにとどまっていた。しかしながら、一九六〇年代から一九七〇年代にかけて、次第に環境保護運動との結びつきを強め、代替的なフードシステムを目指す運動へと発展した。[50] さらに、一九八〇年代以降は、消費者の安全欲求や高品質志向が高まり、多くの企業が参入してそれに応えるようになって、消費者ライフスタイルとしての意味を強めてきた。

近年では、「オーガニック」は農産物に限定されず、食品全般、衣服、住宅、化粧品、薬品など消費財全般を含むものとなっている。[51] 現在アメリカやイギリスでは、オーガニックという言葉は、先進的なライフスタイルを示すキャッチフレーズとなっており、一般的に認知され、一部の市民によって強く支持されているという点では、日本におけるロハス以上の広がりを見せている。

しかしながら、オーガニックライフスタイルは、現在消費者の意識の上では必ずしも社会的消費が中心とは言えず、どちらかと言えば個人の健康や精神的充足を目指す面が強くなっている。そのことから、ここでは取り上げなかった。また、同じく欧米で話題になった自発的簡素化運動（voluntary simplicity）やダウンシフティングも、基本的には個人生活の充実を目指すものであり、社会的消費を優先したものとは言い難い。そして、これらはすべて英語圏での動きであり、日本ではあまり認知されていない点からも、詳論するのを避けた次第である。

それに対して、社会的消費の色彩を強くもち、社会的消費と重なる部分の大きいものとして、「エシカル消費」（ethical consumption 倫理的消費）がある。[52] エシカル消費は、イギリスでは早くから注目され、消費者にエシカル消費の情報を届ける *Ethical Consumer* 誌が、一九八九年に発刊された。

エシカル消費には、具体的には、開発途上国の生産者や労働者の人権擁護、[53] 先進国の下層階層への配慮、環境保全や自然保護、動物愛護など、筆者が社会的消費と呼ぶもののほとんどが含まれる。[54] そして、購買行動を通じた場合のほか、特定企業の商品のボイコット、企業への抗議や要求なども含まれている。

エシカル消費は企業側にも影響を与え、エシカル・ファッション、エシカル・ジュエリー、エシカル・シューズなど、エシカル消費に導くようなモノづくりが始まっている[55]。

しかしながら、エシカル消費は、動物愛護のように、社会的消費と言えるかどうかはっきりしないようなものまで含むより包括的な概念であり、また、特定の団体や思想家によってではなく、多様な主体によって担われているので、社会的消費の一タイプとして扱うことはできないものであろう。

社会的消費は、以上示したようなさまざまな運動、あるいは活動を通じて認知され、広まっていったが、現実の消費行為は、一部その影響を受けながらも、個々の消費者が自発的に行なうものであり、必ずしも特定の立場が意識されたもの、つまり、自分はグリーンコンシューマーであるとか、フェアトレード参加者だとかいった自覚を伴うものではない。消費者は、社会的消費に関するさまざまな断片的な観念を、教育やマスメディアを通じて受け取り、それに影響されつつ、さまざまな程度、頻度で社会的消費を実行しているのである。

社会的消費の内容が収斂傾向を示すのに伴って、現代の消費者は特定の内容に集中する傾向、つまりリサイクルだけ実行するとか、オーガニック野菜にだけ熱心だというよりは、負の社会的影響を伴わないような消費全般を実行する傾向が強くなっているようである。筆者の携わった調査からは、たとえば、フェアトレードへの関心をもつ人は、グリーンコンシューマー的行動にも熱心であるといった結論が得られる[56]。

このことから、近年では消費者の間で、漠然とした「よい消費」のイメージが形成されつつあるように思われる。そのイメージに従った、まだ断片的でとりとめがないが、ある程度の方向性をもった消費傾向こそが、現代の社会的消費の実態なのである。

社会的消費は、二〇世紀中葉には、ほとんど影も形もないものであった。それが、現在のようなさまざまな具体的な動きが生じ、さまざまな議論がなされ、消費者も多かれ少なかれ関わるようになったことから、社会的消費の動きは大きく広がったと判断できるだろう。

しかしそれは、いまだに現代経済の流れをはっきり変えるほどのインパクトをもつものではなく、最近では、むしろ社会的消費の意識が停滞する傾向も見られる。たとえば、環境省の「環境にやさしいライフスタイル実態調査」でさまざまな環境配慮行動を実施している人の割合を見ると、ここ数年（二〇〇八年から二〇一三年まで）、項目によって数値が上昇しているものと下落しているものとがまちまちであり、全体として、社会的消費が捗々しく進んでいるとは判断できない(57)。

おそらくそれと関係することであろうが、本節でこれまで断片的に述べてきたように、社会的消費については、その経験を積む中でいくつかの検討すべき課題が発生しているように思われる。それらを真摯に受け止め、検討し、必要に応じて何らかの軌道修正や発想の転換をしなければ、社会的消費は現在以下の水準で停滞してしまう可能性がある。次節では、それらの課題について改めて検討することにしよう。

## 3　社会的消費の再検討

### 社会的消費の検討課題

**目標設定の困難さ**　まず検討しなければならないのは、社会的消費は、目標水準をどこにおき、どこまでそれを実現すればいいのかという問題である。この問題については、すでに前節でグリーンコンシューマーについて指摘しておいた。

環境問題に限らず、社会的消費は一般的に言って取りかかることは容易であり、何百円かを支出するか、逆に何百円分かの節約をすれば、社会的消費という行為をしたことになる。しかし、どこまでそれを進めればいいのかについては、あまり論じられることがない。そのために、社会的消費を推進する立場にある人々も、一般消費者も、その動きが少し進んでいくと、いささか宙に浮いて、立場が定まらないもどかしさを感じることになる。

もう少し正確に言うと、当該目的（たとえば地球温暖化防止）のために、消費者が全体としてどこまで消費に配慮すればいいか（たとえばどれだけ二酸化炭素等の排出を抑えればいいか）がはっきりしないし、さらに個々人が、どこまでそれに協力すればいいかもわからないのである。

果たしてこの問題に対して回答は与えられるのだろうか。

結論から言えば、回答は与えられない。恣意的に目標水準を決めることはできるが、それは根拠のはっきりしたものとはなりえない。その理由は、一般的に言えば、次のようなことである（地球温暖化問題については四章3節「原理主義モデルから寛容モデルへ」に示した）。第一に、当該社会問題自体をどこまで解決すればよいのかがはっきりしない。第二に、その解決のために、消費の仕方を変えることがどこまで必要かがわからない（ほかに技術的解決や財政的措置、法的措置などもありうる）。第三に、世界中の国のどこが、どれだけ社会的消費を担うかはっきりせず、ましてや個々人の割り当てについては不明確である。

同じ社会的消費でも、タバコの害を防ぐ、バイク暴走による騒音を防ぐといった身近な問題であれば、もっとはっきりした目標が立てられるだろう。しかし不都合なことに、現在、特に社会的消費が求められているのは、環境問題や開発途上国への配慮など、目標設定を困難にする右記のような条件を、十分に備えた分野においてなのである。

それゆえ、消費者としては、何らかの根拠の乏しい目標をたて、それを実現する方針をとるか、目標を立てず、何らかの社会的消費に参加しているということだけで満足するほかはない。

いずれにせよ、社会的消費は、明確な根拠がなく主観的なものにとどまることを弁えた上で、そのあり方を考えなければならないものであろう。

**隠れた目的への着目**　次に検討すべきは、そもそも社会的消費の目的や意義はどこにあるのかという問題である。この問題に対する当然過ぎるほど当然の答えは、社会的消費の目的は当該社会問題を解決することであり、それに向けて実質的な成果を重ねていくことだ、というものであろう。しかしながら、右に示したように、それが目的だとすると、社会的消費の諸行為は少なからず手段と目的の結びつきが頼りないものである。社会的消費を推進しようとする立場（NPO、マスメディア、専門研究者）から見ると、成果が実感できず張り合いがないものであり、消費者から見れば、結果がわからず空しさを感じるものと言えるだろう。

この点について筆者は、長期的には実質的成果を目指し、それが期待できるとしても、現状では、むしろ実質的成果以外の目的を追求していると考える方が、社会的消費を正しくとらえているように思われる。

社会学には、マートンが定式化した「顕在的機能」と「潜在的機能」という対の概念がある。顕在的機能とは、意図されはっきり認識されたような社会的活動の意味であり、目的として掲げられるようなものである。それに対して潜在的機能とは、多くの人の意識にはのぼらないが、実際にはその活動が果たしている機能、役割であり、その行為の隠された目的と考えることができるものである[58]。

社会的消費においても、このような潜在的機能が存在しているように思われる。その一つは社会的消費の広報であり、社会的消費が必要であることを周知させ、その趣旨を理解してもらうということである。社会的消費については、そもそもその考え方自体を全く認知していない人々が多数存在する。実質的成果が確認できなくても、社会的消費という動きがあり、それは何を目指すのか、ということを理解してもらうだけでも、社会的消費を呼びかけることには意義があると言えるだろう。もちろん、一部の人がそれを実行してくれれば、それに越したことはない。

もう一つは、社会的消費に向けての態度形成である。単に周知・理解するだけでなく、実際にある程度社会的消費を経験してもらうことによって、その様子を知り、心理的抵抗感を低くして、社会的消費への心構えをしてもらう（消費者側から見れば心構えをする）ということである。これは、周知・理解よりは一歩進んだ段階だと言えるだろう。

そして消費者から見ると、社会的消費は実質的に社会的貢献をなすものであるだけでなく、直接的には公共的な活動に参加しているという充足感や、環境の悪化や開発途上国の搾取を招いてきたといった「うしろめたさ」の解消をもたらす。ある種の充実感を感じる魅力的な行為であり、社会的貢献という目的に役立つだけでなく、それ自体がある種の文化的価値をもつ行為ともなっているのである（本節「第三の消費文化における社会的消費と文化的価値」を参照）。

以上のような潜在的機能（ただし一部の人にとってはすでに顕在的機能であるかもしれない）があればこそ、実質的成果が実感できなくても、社会的消費を推進する立場の人、一般消費者ともに、張り合いをもって社会的消費にコミットすることができると考えられる。

社会的消費の目的や機能、そして動機は単一ではなく複合的であり、現状では、実質的成果よりも内面的な変化に重点をおいているという面がある。このことを認識すると、社会的消費の広め方、それへの取り組み方は、おのずと違ってくるであろう。

**企業・行政機関との関わり**

三つめに検討すべきは、社会的消費はだれが担うものか、という問題である。

社会的消費は、確かに直接的には一般消費者が実行するものであり、消費者の動機づけと積極的行為なしには生じえない。しかし他方では、前節でグリーンコンシューマーについて述べたように、消費者以外のさまざまな主体が協力しなければ、十分な形で実現できないことも事実である。その意味では、社会的消費の主体は消費者に限られるものではなく、多元的である。

社会的消費は、それを推進しようとするＮＰＯやマスメディア、専門研究者と一般消費者のみによって実現できるものではなく、企業や行政機関を含めたさまざまな主体が、足並みを揃えて取り組まないと進まないものである。

特に供給側の企業と行政機関に注目すると、社会的消費の対象となる消費財を作るのは企業であり、その行為の制度的および政策的枠組を作るのは行政機関である。それらのあり方次第では、いかに消費者が熱心であっても社会的消費の成果は乏しくなる。たとえば、フェアトレード商品の供給が乏しければその成果は限られたものとなるし、政府が売電の制度や補助金制度などを整えなければ、太陽光発電は広まらないであろう。

かつては、企業にも、行政機関にも、社会的消費への取り組みに消極的となる理由が存在していた。

企業側からすれば、社会的消費につながる商品（製品）は、一般的にコストがかかり、価格に上乗せしなければ利幅が縮小しかねない。また、耐久性のある商品の場合には売上げが減少しかねない。企業は利益の増加につながる製品に対しては熱心だが、利益の減少を伴うような製品は忌避する傾向にあった。

行政機関について言えば、政府も地方自治体も、社会的消費の拡大は、景気や雇用の維持という重要な課題を妨げかねない。また、社会的消費は、先述の通り、その目標を設定することが難しいため、行政機関としては、政策課題として取り上げにくい面があった。

このような要因が作用するため、企業と行政機関は、必ずしも積極的に社会的消費を推進する立場に立ってこなかった。そのため、ＮＰＯや専門研究者の中には、あまり企業や行政機関に期待せず、自分たちと協力的な消費者だけで社会的消費を推進しようとすることも多かった。

しかし、企業や行政機関の社会的消費への関わりは、右記のような阻害要因にもかかわらず、漸次、不可逆的に進行してきた。エコ商品や、環境に配慮した省エネ製品などの生産は、この三〇年ほどの間に著しく増加した。また、欧米諸国主要国では、ＣＳＲ（corporate social responsibility 企業の社会的責任）の活動が盛んになり[59]、政府や自治体の環境政策等も充実してきた。世界的な動向を見れば、企業や行政機関が社会的消費に関わりえないという見方は、もはや全く現実に合わないものとなった。

こういった動向については、さまざまな問題点も指摘されている。

特に企業のグリーンビジネス、あるいはエコビジネスについては、企業の見せかけだけの社会的配慮、すなわちグリーンウォッシュ（環境保護の場合）や、エシカルウォッシュ（フェアトレードの場合）を招くだけだという批判や、本格的な社会的消費にまで至らず、実質的な効果は得られないといった批判がなされてきた[60]。

しかし、一部でそのような問題が発生しているからといって、企業や行政機関の関わりが不要であるとする議論は今では全く成り立たないものであり、それを主張する者もいないであろう。もしそうなったとしたら、社会的消費の可能性は著しく狭まってしまうことだろう。

社会的消費に関連する各主体が、どのような立場に立ち、どのような形で協力すれば社会的消費が発展するか、今や、そのことを真剣に検討しなければならない時期に差しかかっているのである。

**生活理念からのアプローチ**

次に検討すべきは、社会的消費はあくまで具体的な購買行動のレベルで進めるべきものなのか、という問題である。

社会的消費に向けての運動は、グリーンコンシューマリズムに典型的に見られるように、具体的な購買行動を中心に進められてきた。具体的な購買行動は、確かにわかりやすく、参加しやすく、結果もはっきりしている。しかし、先述のように、社会的消費は、身近な消費行為が本来解決すべき問題にどう結びつくのかが見えにくく、必ずしも目標達成的行為とは言えないものであった。それゆえ、目標を掲げ、その達成を目指すという形で消費者を動機づけることが容易でなく、始めてしばらくすると、士気が低下し、行き詰まりの傾向を示すようになる。

それを避けようとすれば、社会的消費に対する、全く異なるアプローチ（進め方）が必要となってくる。その中で特に有力なのは、具体的な消費行為を変えるのではなく、その前提となる根本的な価値観、すなわち、日常生活で何を求め、何を重視するかという「生活理念」を変化させるというアプローチである。

おそらくそれを無意識的に採用したのが、前節で論じたスローフードおよびその他のスロームーブメントであろう。これらの運動は、衣食住や人々とのつながりを中心に、日常生活をあくせくせず楽しもうとする「スロー」という生活理念を訴えるものであった。スローの理念は、決して具体的なものではないが、それが浸透することは、おそらく環境問題その他の消費社会の問題に対する好影響をもたらすことだろう。決して即効的なものではないが、漢方薬の薬効のように、ゆっくりと消費の内容や量を変え、社会的消費につながる可能性がある。

「スロー」以外にも、自発的簡素化運動（voluntary simplicity）などに見られる「シンプル」、英語圏で盛んな「オーガニック」、日本で伝えられてきた「もったいない」の精神などは、こういった生活理念に含められるだろう。

生活理念の変化は、一方で社会的消費に結びつくだけでなく、消費以外の面で生活を充実させ、消費者に精神的な充足感をもたらすことができる。それゆえ、消費者を惹きつけ、持続的な動機づけを与えるには、具体的な購買行動への働きかけよりも強力なものとなりうる。[61] 将来的な成果においては、却って優るかもしれない。

グリーンコンシューマリズムなど、具体的な購買行動への働きかけも、決して否定されるべきものではない。しかし社会的消費を目指す上では、生活理念の変化を目指すことも、それと並んで有力なアプローチなのである。

**消費主義的動機づけの問題**　最後に考えなければならないのは、社会的消費は、社会的動機、つまり社会問題の解決に向けての配慮だけをおもな動機としなければならないのか、という問題である。

社会的消費の古典的イメージは、もっぱら環境に配慮して無駄なものを買わず、環境汚染の少ないものを選び、開発途上国の住民を慮ってフェアトレード製品も積極的に購入するという、社会的配慮を主要な動機とする消費のあり方である。そこでは、その消費財が消費者にとってどれだけ価値をもつかは考慮されていないように思われる。

しかし、現実の社会的消費は、そのようなイメージから正反対の方向に向かっている。スローフードの「美味しさ」へのこだわり、ロハスにおける明るさやおしゃれの強調、フェアトレードにおける高品質やファッション性の追求など、むしろ社会的消費を、通常の消費の価値と両立させようとする傾向にある。これは、言い方を換えれば、利他的な動機と利己的な動機が併存した消費者イメージを前提としているということになるだろう。

このような形で社会的消費を広げようとする考え方は、どのように理解し、評価すべきだろうか。

この問題は、本書の中心となる「第三の消費文化」の根幹に触れるものなので、以下二つの項で、詳しく検討することにしよう。

### 社会的消費と消費者の価値実現

社会的消費という行為は、複合的な性格をもつものである。一方では、「社会的」という言葉に示されるように、社会的な配慮や貢献という意味合いをもっているが、他方ではあくまで「消費」であり、自分の欲望を追求し、何らかの個人的な価値を実現しようとするものである。文字通り、その両方の要素を合わせたのが社会的消費なのである。

純然たる社会的貢献である無償のボランティア活動や金銭の寄付の場合には、自分にとっての価値実現はなくてもよいし、社会的消費でない通常の消費の場合には、社会的配慮は念頭になくてよい。それに対して両方を考え合わせなければならないことから、社会的消費は、二つの要素をどう調整するかという問題に直面する。そのどちらをどの程度優先するかによって、社会的消費についての考え方は二つに分かれることになる。

一つの考え方は、社会的消費はもっぱら社会的貢献のための消費であって、機能的価値、関係的価値、文化的価値など、自己にとっての価値への特段の配慮なしになされるべき消費だ、というものであろう。ここでは、それを「社会的消費の原理主義」と呼ぶことにしよう。

原理主義の立場からは、商品に一般消費財としての価値を付加する必要はなく、せいぜい機能的価値を一通り果たせればいいことになる。再生紙は紙として機能すれば十分で、見た目が美しくなくてもいいし、フェアトレードコーヒーは特に美味しくなくても飲めれば十分である。ロハスやフェアトレードの一部に見られるような、ことさらに商品のおしゃれさや美的価値にこだわるような傾向は邪道であり、社会的消費の本来の趣旨を逸脱し、（否定的に評価される限りでの）消費主義に堕するものと見なされる。

それに対してもう一方の考え方は、社会的消費とは、通常の消費に社会性が加わったものであって、社会的貢献と自己の価値実現を同時に達成しようとする消費である、というものであろう。これについては、「社会的消費の調和主義」と呼ぶことにしよう。

調和主義の立場に立つと、一般消費財としての価値を実現しないような商品は消費財とは見なしがたいものであり、供給するのがはばかられるものとなる。商品である以上、最低限の機能を備えるだけでなく、使い勝手、性能の高さ、見た目の美しさ、美味しさなどに最大限配慮し、一般消費財にひけを取らない商品価値をもったものとすべきである、と考えられる。有機栽培の紅茶は、美味しいものでなければならないし、フェアトレードのニット製品は、スタイリッシュで魅力的なものでなければならないのである。

実際には、この二つの中間にさまざまな立場があろうが、社会的消費は、その複合的性格から、方針がこの二つの方向に分かれる傾向にある。

この両者のうち、社会的消費のもともとの発想は、先述のように前者に近かったようである。何より重要なのは消費の負の影響に配慮し、社会問題を解決することであるとされ、商品であるという側面にはあまり関心がもたれなかった。社会的消費は、ボランティア活動や寄付に近いものと考えられたのである。

しかし、このような立場からの社会的消費はそう容易に成立するものではない。それが成り立つためには、同じように考える消費者が十分多く存在していなければならない。つまり、消費財としての価値は必ずしも高くなくても、社会貢献だと思って買ってくれる消費者によって支えられなければ成り立たないということである。

現実には、幸いにしてそのような消費者をある程度確保することができた。一方では社会貢献に熱心な消費者が存在し、他方では、消費財に多くを求めず、ほどほどの品質にとどまるものであっても意に介さない消費者が存在した。その両方に該当する一部の消費者を動員することによって、ある程度まで原理主義の社会的消費を実現することができた。

ところが、その市場がある程度の広がりをもつようになると、原理主義になじむ消費者の動員は限界に達した。また、その間、消費社会の成長につれて消費者はより高度の消費欲求をもつようになり、従来のような社会的消費の商品は相対的に魅力のないものとなっていった。そのため、原理主義の社会的消費は、次第に停滞感を強めるようになった。

そこで、その状況を打開するために採用されたのが調和主義であった。この立場からは、さらなる社会的消費の拡大に向けて消費者を動機づけるため、先述のようなさまざまな商品価値の追求が進められた。性能や品質が一般商品に劣らないように配慮し、商品デザインやパッケージも十分魅力的であるような商品が作られるようになった。

二つの立場の選択にあたってポイントとなるのは、結局消費者が買うか買わないかという問題であった。より多くの消費者を動員するためには、調和主義の方向をとらざるをえないのである。

しかしながら、このような考え方に対しては、原理主義の立場から、いくつかの疑問が寄せられる可能性がある。

その一つは、そもそもそういうことをして社会的消費を増やすことが必要なのかという疑問であろう。できるだけ多くの消費者を巻き込み、売上げを伸ばそうとすることが本当に必要なのか、それは結局商品を売れるだけ売ろうとする商業主義に陥ってしまうものであり、社会的消費の本来の趣旨にそぐわないのではないか、停滞しているように見えても、社会的消費をよく理解し協力してくれる消費者を少しずつ増やしながら、草の根的に、じっくりと進めていく方がよいのではないか、という考え方である。

このような立場を貫くのも、確かに一つの選択肢ではある。しかし、筆者には、このような考え方は、社会的消費における商業主義と、消費財の「高価値化」（消費財の通常の意味での価値を高めること）を混同しているように思われる。社会的消費に携わる企業がいたずらに利益拡大を追い求め、その手段として過剰なまでに高価値化を進めていこうとするならば、それは確かに好ましくないことであろう。しかし、そういう場合があるからといって、高価値化のすべてが必要でないという結論には決して至らないはずである。

社会的消費のための消費財は、とかくコストがかかり、価格が高くなることが多い。それにもかかわらず、これまでの社会的消費の消費財の中には、むしろ通常の消費財としての価値を無視して、あるいは犠牲にして社会的消費を実現させてきたものもあった。高いのに品質は悪いというのでは、一般の消費者が敬遠し、広がっていかないのは当然であろう。少なくとも一般消費財並みに高価値化しなければ、一般消費者は納得しないはずである。

それゆえ、一般消費者が購入する意欲をもつように、適度の高価値化を進め、社会的消費を拡大していくのは、至極当然のことであろう。それは何ら批判すべきことではないし、それなしには、社会的消費の広がりは、あまりにも遅々としたものになってしまうだろう。

現在の日本の消費財は、機能的価値においても、文化的価値においても、驚くべき高い水準に達しており、それに足並みを揃えた商品を作るには努力を要するが、その努力なしには、社会的消費の底辺の拡大はありえないであろう。

次に予想されるのは、高価値化が社会的貢献の実質を損なわないかという疑問である。高価値化の道を歩むと、社会的消費の供給者はとかく消費者に受け入れられるかどうかだけを気にするようになり、社会的貢献を二の次にしてしまうおそれがある。たとえば、見栄えのいい再生紙であるが環境負担は却って大きくなってしまうとか、美味しいフェアトレードコーヒーではあるが、もともと労働者が貧困でない農園で生産したものであり、現地の貧困を救う役割を果たさなくなる、といった事態が起こる。まさに、グリーンウォッシュやエシカルウォッシュが生じてしまうのである。

この点については、確かにそういった事態は生じうるが、そのことは高価値化自体が引き起こしたものではないことに注意しなければならない。社会的貢献が十分実現されないとすれば、それは高価値化のせいではなく、社会的貢献自体について、十分な配慮がなされなかったためであろう。順序としては、まず社会的貢献の意思をしっかりともち、それを実現することを確認した上で、可能な限り高価値を付加しつつ、商品を作るべきなのであり、その優先順位を弁えている限り、社会的貢献と高価値化を両立させることは十分可能なはずである。

この二つの問題を整理した上でも、なお高価値化に対する漠然とした違和感が表明されることがあるかもしれない。そのような反応は、おそらく、四章で述べたゼロの消費文化（の原理主義モデル）に近い立場に立ち、現代の消費が機能的価値、関係的価値、文化的価値など、さまざまな価値を追求していること自体に違和感をもっていることから生じるものであろう。このような立場では、そもそも現代の消費社会の消費は、その多くが必要ないものとされる。それゆえ、一般の消費財について高価値化が必要ないのと同じように、社会的消費を実現する消費財についても、高価値化は必要がないと考えられる。

しかしながら、多くの消費者がこのような方向を歓迎していないことは、本書のこれまでの記述から明らかであろう。それゆえ、このような違和感が表明されることがあっても、それはあくまで言説のレベルにとどまるものである。現実の社会においては、このような方向で社会的消費を推進しようとする動きは、ほとんど存在していないのである[62]。

以上のことから、筆者は、調和主義の方が、現代消費社会の実状に即していると判断する。社会的消費のための商品作りにおいては、社会的消費としての実質を確保しつつ、過度な商業主義に走らない限りで高価値化を進め、一般消費財と同等以上の品質の商品を作っていくのが自然であり、また望ましい行き方であろうと考えられる。

社会的消費が社会的貢献につながるものであることは当然であり、それをきちんと実現することは欠かせない。しかしそれを前提とした上で、同時に消費者の他のさまざまな欲求を満たすよう配慮しなければ、社会的消費の発展はありえないように思われる。

## 第三の消費文化における社会的消費と文化的価値

最後に、第三の消費文化の二原則の一つである社会的消費が、文化的消費というもう一つの原則と関係しあって、どのように一まとまりの消費文化を形成するかについて考えてみたい。

これまで本章で見てきたように、社会的消費は高価値化（消費財の通常の意味での価値を高めること）の過程で、消費者の個人的価値の実現と結びつく。その価値とは、機能的価値、関係的価値、文化的価値など、五章までで論じてきたさまざまな消費の価値にほかならない。

社会的消費は、機能的価値と結びつく場合には、使いやすい水筒（飲料用ボトル）、栄養のある無農薬野菜、燃費のいいハイブリッドカーといったものになるだろう。関係的価値と結びつく場合としては、大手海外ブランドのエコバッグ、流行のデザインに従ったフェアトレードのアクセサリーといったものがあげられるだろう。そして、文化的価値と結びつく場合としては、美味しい有機栽培の紅茶、エキゾチックな魅力に富んだフェアトレードの雑貨、美しいパッケージの天然化粧品といったものが考えられる。

このように、社会的消費をもたらす消費財は、いずれの価値とも結びつくが、本書の中心テーマである第三の消費文化は、その中で特に社会的消費と文化的価値の結びつきを強調したものであった。

それでは、社会的消費を特に文化的価値と強く結びつける根拠はあるのだろうか。社会的消費と文化的消費は、なぜ一体的に考えられるのだろうか。

社会的消費と三つの消費の価値の関係を考えてみると、まず機能的価値との結びつきは、その消費が社会的消費であるだけでなく、その消費財本来の機能をきちんと果たし、場合によっては一般消費財以上にそれを果たす、ということを意味している。このような関係は、確かに望ましいことではあるが、機能的価値が消費財の基本的価値となる場合が多いことから、そうでなければ困るのであり、ある意味で当たり前のことである。そして、その結びつきが新しい消費文化を作り出すというものでもない。

社会的消費が関係的価値と結びつくのは、社会的消費が同時に地位の誇示や虚栄、あるいは流行などの意味をもつといった場合であり、社会的消費の利他的イメージと、関係的価値の自己中心的イメージが矛盾しているように思われることから、しばしば揶揄や批判の的となってきた。五章3節「消費行為とライフスタイル」に示した誇示的な意味で用いられるエコバッグやフェアトレードのファッション衣料などがその典型であろう。筆者は、前項の論旨に沿って考える限り、これも特に批判されるべきものではないと考えるが、それはともかく、社会的消費と関係的価値が結びつくケースはあまり多いとは言えないし、あえて注目するほど大きな意味をもったものでもない。

それに対して、文化的価値の場合には、社会的消費とより密接で複雑な関連をもっているように思われる。

社会的消費は、まず消費財に二次的な価値を付加するという形で、文化的価値と結びつく。おしゃれな自然食レストラン、デザインの優れたフェアトレード製品、パッケージに工夫を凝らした無添加せっけんといったものである。これらは、いずれも、一般消費財がふんだんに二次的な文化的価値を付加しているのと同じか、それ以上の水準で文化的価値を付加しようとするものであり、社会的消費の各分野に広く見られるものであった。

しかし、社会的消費はそれとは異なる形でも文化的価値と結びついている。それは、スローフードが美味しいと同時に環境にもよい、といった例に代表されるように、特に何も付加しなくても、社会的消費がそれ自体として文化的価値をもたらすという場合である(63)。

一般に環境によい農産物は味もよいことが多く、環境に配慮したオーガニックコットンは、肌に優しく気持ちがいい。

こういった関係は、特に農業、牧畜業、水産業、林業など第一次産業の製品に多く、社会的消費が好意的に受けとめられる要因となっている。また、フェアトレードの場合には、開発途上国で作った雑貨が、製法は素朴でも民族的文化の魅力をたたえていて人気があるといった場合がある。

さらに、環境にはいいが時間のかかる自転車通勤が、同時に爽快でストレスを忘れさせるとか、冷暖房を弱くしてエネルギーを節約し、昔からの風鈴、すだれ、湯たんぽなどを用いる方が、季節感を感じて豊かな気分を味わえるといったこともある。(64)

このように、社会的消費と文化的消費が同時的に発生することが多いからこそ、本節「社会的消費の検討課題」で示したように、スローフード、オーガニックライフ、自発的簡素化運動（voluntary simplicity）、もったいない運動など生活理念に訴える運動が、共感を呼んだのであろう。

そしてさらに、社会的消費はその行為自体が文化的価値をもつことがある。同じく「社会的消費の検討課題」で示したように、社会的消費は、社会貢献をしていることによる満足感や、消費の悪影響（たとえば環境の悪化）についてのうしろめたさからの解放感をもたらすことができる。また、フェアトレード製品の購入、家庭ごみの再利用など、日常生活の中で行なえることから、他の社会貢献よりは、気楽で楽しい行為となることがある。三章3節で示した愉楽、新境、成就、平安などの文化的価値をもつ行為となりうるのである。

以上のようにさまざまな文化的価値をもつことにより、社会的消費は、社会貢献という意味と魅力ある消費行為であるという意味とが重なり、より強い動機づけをもたらす。映画やドラマに登場する「正義の味方」が、英雄的であると同時にかっこいい存在として人々を魅了するように、人々はよい消費であると同時に魅力的な消費である社会的消費に惹かれるであろう。しかも、正義の味方とは違って、このような消費は消費者自らが容易に実行できるものなのである。

最後に、文化的価値によって社会的消費が促進されるのではなく、社会的消費によって文化的価値が促進されることもある。それは、文化的価値を保つために、社会的消費が必要となるような場合である。

たとえば、自然環境のもつ文化的価値を保つためには、旅行において自然環境を破壊しないようにする必要がある。富士登山の魅力を保つには、登山時にごみを捨てないようにしなければならないのである。また、高度の文化的価値をもったコーヒーを作るためには、開発途上国での栽培段階からていねいに作る必要があり、搾取的でなく、労働意欲のわく職場環境を整えなければならないであろう。

社会的消費と文化的価値（文化的消費）はさまざまな形で結びついており、また結びつきうる。その結びつき方は、機能的価値、関係的価値の場合より複雑であり、密接なように思われる。特に、社会的消費を促進する上で、文化的価値の果たす役割は大きい。社会的配慮と文化的価値の追求が一体化することによって、前者のみでは十分実現できない社会的消費の活性化と裾野の拡大が可能になるであろう。

このような結びつきは、これまで改めて論じられることがなかったし、人々の意識にものぼらなかった。しかし、二〇世紀の終わり頃からは、ほとんど無意識的に、人々はそのような結びつきを求めるようになったものと思われる。[65]だからこそ、スローフード、ロハス、フェアトレードなどにおいて、文化的価値と社会貢献を同時に追求するライフスタイルが、盛んに提唱されるようになったのだと考えられる。

筆者は、現代の消費文化の動きを調べる中で、このような社会的消費と文化的消費との結びつきが非常に重要であることを直感した。まさにこの直感に基づいて、筆者は第三の消費文化という概念を構想したのである。

## 注

（1）Meadows, D. H. (et al.), 1972, *The Limits to Growth: A Report for the Club of Rome's Project on the Predicament of Mankind*, Universe Books. 大来佐武郎監訳、一九七二、『成長の限界――ローマ・クラブ「人類の危機」レポート』ダイヤモンド社。

（2）当時のごみ問題の状況については、次の文献を参照。寄本勝美、一九九〇、『ごみとリサイクル』岩波書店（新書）。

(3) リサイクルを中心とするものではあったが、社会的消費を目指す初めての本格的な非営利組織である日本リサイクル運動市民の会が、一九八〇年に誕生している。

(4) エシカル消費については2節「社会的消費の全貌」で再度言及する。代替的消費については、次の二つの文献を参照。Gabriel, Y. & T. Lang, 2006, *The Unmanageable Consumer: Contemporary Consumption and Its Fragmentations* (2nd ed.), Sage, pp. 166-169. Sassatelli, R., 2007, *Consumer Culture: History, Theory and Politics*, Sage, pp. 182-189. 対抗的消費のさまざまな動きについては、次の文献で論じられている。Princen, T., M. Maniates and K. Conca (eds.), 2002, *Confronting Consumption*, MIT Press, pp. 317-328.

(5) ボボズについては次の文献を参照されたい。Brooks, D., 2000, *Bobos in Paradise: The New Upper Class and How They Got There*, Simon & Schuster. セビル楓訳、二〇〇二、『アメリカ新上流階級ボボズ――ニューリッチたちの優雅な生き方』光文社。スペンド・シフト層については、次の文献で論じられている。Gerzema, J. and M. D'Antonio, foreword by P. Kotler, 2010, *Spend Shift: How the Post-Crisis Values Revolution Is Changing the Way We Buy, Sell, and Live*, Jossey-Bass. 有賀裕子訳、二〇一一、『スペンド・シフト――〈希望〉をもたらす消費』プレジデント社。なお、その他の消費者層についての文献は2節で紹介する。

(6) 内閣府大臣官房広報室のウェブ公開資料より。(http://survey.gov-online.go.jp/h24/h24-kankyou/index.html)

(7) Elkington, J. and J. Hailes, 1988, *The Green Consumer Guide: from Shampoo to Champagne: High-Street Shopping for a Better Environment*, V. Gollancz.

(8) プラネット・リンク編、(二〇〇五) 二〇〇八、『もったいない［完全保存版］』マガジンハウス、一六～四五頁。

(9) 枚本育生、二〇〇六、『グリーンコンシューマー――世界をエコにする買い物のススメ』昭和堂、八四～八七頁。なお、この一〇原則はこれ以前に少なくとも二回改定されているし、他のＮＰＯでは少し内容が異なる場合もある。

(10) Elkington and Hailes, op. cit.

(11) Ibid. pp. 13-35.

(12) ただし、企業の環境配慮についてのランク付けは行なっている。次の文献を参照。グリーンコンシューマー・ネットワーク、

一九九四、『地球にやさしい買い物ガイド』講談社。グリーンコンシューマー全国ネットワーク、一九九九、『グリーンコンシューマーになる買い物ガイド』小学館。

(13) たとえば、ヘイルズによる新グリーンコンシューマーガイドでの、化粧品やファッションについての記述を参照されたい。Hailes, J., 2007, *The New Green Consumer Guide*, Simon & Schuster, pp. 195–211.

(14) グリーンコンシューマリズムの運動には、グリーンコンシューマーだけでなく、さまざまな組織が関与しているという点については、次の文献でも解説されている。Rands, G. P. and P. J. Rands, 2011, "Green Consumerism Organizations," Mansvelt, J. (ed.), *Green Consumerism: An A-to-Z Guide*, Sage, pp. 196–202.

(15) Ehrlich, P. R. and A. H. Ehrlich, 1990, *The Population Explosion*, Simon and Schuster, p. 58.

(16) グリーンコンシューマー行動についての研究としては、次の文献を参照。船橋晴俊、二〇〇一、「グリーンコンシューマー運動普及のための提案」東京都生活文化局消費生活部企画調整課、『循環型社会をめざす消費生活推進協議会報告書——グリーンコンシューマリズムの普及をめざして』東京都生活文化局消費生活部企画調整課、一〇～二九頁。Wagner, S. A., 2003, *Understanding Green Consumer Behaviour: A Qualitative Cognitive Approach*, Routledge. Awan, U. and M. A. Raza, 2012, *Green Consumer Behavior and Environmental Sustainability*, Lambert Academic Publishing. なお、後者はスウェーデンにおける研究である。

(17) スローフード協会の現状については、同協会英語版ホームページを参照されたい。(http://www.slowfood.com/)

(18) Petrini, C., 2001, *Slow food: Le ragioni del gusto*, Editori Laterza. 中村浩子訳、二〇〇二、『スローフード・バイブル』NHK出版。この書物の二～四章がこの三つの活動に対応している。

(19) 石田雅芳、二〇一三、「国際スローフード運動——生物多様性プロジェクトと協会の発展」碓井崧・松宮朝編著、『食と農のコミュニティ論——地域活性化の戦略』創元社、一四九頁。

(20) 次の書物で詳細に論じられている。Petrini, C., 2005, *Buono, pulito e giusto: Principi di nuova gastronomia*, Giulio Einaudi Editore. 石田雅芳訳、二〇〇九、『スローフードの奇跡——おいしい、きれい、ただしい』三修社。

(21) スローフードのこのような特徴は、次の書物で巧みに描かれている。島村菜津、二〇〇〇、『スローフードな人生！——イタリアの食卓から始まる』新潮社。

(22) Petrini, 2001, op. cit. 訳書、三五～五七頁。ただし、成立の背景からわかるように、スローフードは、美食と言っても上流階級的高級料理を目指すものではなかった。

(23) Petrini, 2005, op. cit. 訳書、一六七頁。

(24) ペトリーニは、こういった消費者をエコロジー的美食家（ecological gastronome）と表現している。Petrini, C., 2003, *Slow Food*, Columbia University Press, p. 16 (Petrini, 2001, op. cit. の英訳).

(25) スローフード運動の特徴は、環境主義という社会運動的要素と食の喜びの希求という快楽主義的要素が結合しているところにあることを指摘し、このような非禁欲的な文化運動が広がる可能性に注目したものとして、次の二つの文献がある。Pietrykowski, B., 2008, "You Are What You Eat: The Social Economy of the Slow Food Movement," Dolfsma, W. (ed.), *Consuming Symbolic Goods: Identity and Commitment, Values and Economics*, Routledge, pp. 33-47. Sassatelli, R. and F. Davolio, 2010, "Consumption, Pleasure and Politics: Slow Food and the Politico-Aesthetic Problematization of food," *Journal of Consumer Culture*, vol. 10, no. 2, pp. 202-232.

(26) Petrini, 2005, op. cit. 訳書、一二一～一八七頁。

(27) 先述の六つの特徴には含めなかったが、スローフードにおいても、多様性はサブテーマとして追求されている。Petrini, 2001, op. cit. 訳書、七四～八〇頁。なお、スローフードが追求する多様性は、リッツァが求める「存在」に相当するものであることから、リッツァはスローフードに関心を寄せている。Ritzer, G., 2013, *The McDonaldization of Society* (20th anniversary ed., 7th ed.), Pine Forge Press, pp. 148-150.

(28) スロームーブメントについては、次の文献を参照。Honoré, C., 2005, *In Praise of Slow*, Orion Publishing. 鈴木彩織訳、二〇〇五、『スローライフ入門』ソニー・マガジンズ。

(29) 辻信一、二〇〇一、『スロー・イズ・ビューティフル――遅さとしての文化』平凡社。筑紫哲也、二〇〇六、『スローライフ――緩急自在のすすめ』岩波書店（文庫）など。

(30) カルチュラル・クリエイティブスが登場するまでのアメリカ文化の流れについては、次の箇所に記述がある。Ray, P. H.

and S. R. Anderson, 2000, *The Cultural Creatives: How 50 Million People Are Changing the World*, Three Rivers Press, pp. 107-138.

(31) Ibid. pp. 8-30.

(32) Inglehart, R., 1977, *The Silent Revolution: Changing Values and Political Styles among Western Publics*, Princeton University Press. 三宅一郎ほか訳、一九七八、『静かなる革命――政治意識と行動様式の変化』東洋経済新報社。

(33) Ray and Anderson, op. cit., p. 4.

(34) P・D・ピーダーセン、二〇〇六、『LOHASに暮らす』ビジネス社、五三～五四頁。

(35) レイたち自身は市場調査会社の役員であり、最初からそれを意識してこの本を書いた面があるようで、消費行動についての記述が散見される。次の箇所を参照されたい。Ray and Anderson, op. cit. pp. 35-37.

(36) 筆者自身は直接の経験がないが、アメリカでの長期滞在者に聞いた限りでは、ロハスは一般人には知られていない。なお、ヨーロッパ諸国では、ドイツでロハスに関する出版物が多い。

(37) ブームが終わったと言っても、ロハスという言葉が消滅したわけではない。現在でもしばしば用いられているし、社団法人ロハスクラブが主催する「ロハスデザイン大賞」のイベントは現在も続けられている。

(38) 枚本育生、前掲書、八九～九二頁。

(39) Ray and Anderson, op. cit., p. 37.

(40) 日本でロハスがどのようなイメージで受け止められたかについては、次の書物が参考になる。能町みね子編、二〇〇九、『ロハす事典』ブックマン社。

(41) 英語表記は、Whole Foods Marketである。アメリカの食品スーパーチェーンで、オーガニック食品や健康関連の商品に力をいれている。一九九〇年代以降、大幅に売上げを伸ばしてきた。このスーパーは日本の自然食品店と比べて一店舗の規模が格段に大きく、ロハス・ビジネスの強大さを実感することができる。

(42) ただし、現在では、国内の不公正な取引を是正しようとする国内フェアトレードの動きも見られる。

(43) 長坂寿久編著、国際貿易投資研究所企画、二〇〇九、『世界と日本のフェアトレード市場』明石書店、一一七頁。渡辺龍也、二〇一〇、『フェアトレード学――私たちが創る新経済秩序』新評論、一一二〜一一九頁。

(44) フェアトレードに関する書物は、二〇〇〇年代後半から急激に増えた。これは、この時期にフェアトレードへの関心が高まるとともに、認知度も高まっていったことを示すものと考えられる。

(45) 次の文献による。Low, W. and E. Davenport. 2005. "Postcards from the Edge: Maintaining the 'Alternative' Character of Fair Trade." *Sustainable Development*, vol. 13, pp. 146-147. Zadek, S. and P. Tiffen. 1996. "Fair Trade: Business or Campaign?." *Development*, vol. 122, no. 3, pp. 48-53.

(46) サフィア・ミニー、二〇〇八、『おしゃれなエコが世界を救う』日経ＢＰ社、九七頁。なお、筆者がピープルツリーの商品を販売するフェアトレードカンパニー株式会社の広報担当小野倫子氏に直接インタビューした際にも、同様の方針が確認された（二〇一〇年一二月一八日）。

(47) フェアトレードの市場化への批判については、次の文献で適確にまとめられている。畑山要介、二〇一四、『〈倫理の市場〉の台頭とその展開――フェアトレードの「転換」をめぐる社会学的分析』（早稲田大学文学研究科博士論文）、一四九〜一六二頁。

(48) 本節「グリーンコンシューマリズムの性格」のグリーンコンシューマーの行動原則８を参照。また、国際的動向については、次の文献を参照されたい。高岡伸行、二〇〇三、「コンシューマリズムとグリーンコンシューマリズム」『長崎大学東南アジア研究年報』四四巻、五三〜五四頁。

(49) 渡辺龍也、前掲書、八四、九一頁。

(50) オーガニック農業と環境主義の結びつきについては、次の文献を参照されたい。Reed, M. 2010. *Rebels for the Soil: The Rise of the Global Organic Food and Farming Movement*, Earthscan, pp. 71-90.

(51) さらにごく最近では、非物的な事物にさえ、この言葉が適用されることもある。たとえば、オーガニック化粧品やオーガニックな住宅のほか、オーガニック・デザイン、オーガニック・ミュージックといったものも現われている。オーガニック概念の広がりについては次の文献を参照。高木剛、二〇一〇、『オーガニック革命』集英社（新書）。

(52) エシカル消費の考え方については次の文献を参照。Harrison, R., T. Newholm and D. Shaw (eds.). 2005. *The Ethical Con-*

*sumer*, Sage. また、批判的に考察したものとしては次のものがある。Lewis, T. and E. Potter (eds.), 2011, *Ethical Consumption: A Critical Introduction*, Routledge. Carrier, J. G. and P. G. Luetchford (eds.), 2012, *Ethical Consumption: Social Value and Economic Practice*, Berghahn Books.

(53) エシカル消費の具体例にはさまざまなものをあげることができる。しかし、その一般的な定義はまだ定まっていないようである。最も抽象的な定義としては次のようなものがある。「遠く離れた、あるいはまだ存在しない他者への明確に表明されたコミットメントが、それに参加する行為者の行為の意味の重要な特質となるような消費実践」（筆者訳）。Barnett, C., P. Cloke, N. Clarke and A. Malpass, 2005, "Consuming Ethics: Articulating the Subjects and Spaces of Ethical Consumption," *Antipode*, vol. 37, no. 1, p. 29.

(54) Clouder, S. and R. Harrison, 2005, "The Effectiveness of Ethical Consumer Behaviour," Harrison, R. (et al.), op. cit., pp. 89-104.

(55) 日本では、エシカル消費については最近ようやく紹介されるようになったところである。次の文献を参照。デルフィス エシカル・プロジェクト編著、二〇一二、『〝エシカル〟を知らないあなたへ』産業能率大学出版部。中野香織、二〇一〇、『モードとエロスと資本』集英社（新書）、一九～四三頁。

(56) 筆者の研究グループが文部科学省科学研究費補助金を得て行なった「多様化する消費生活に関する調査」（二〇一〇）のデータを筆者自身が分析したところ、ふだんの買い物で「フェアトレードの商品を選んでいる」と答えた人のうち、四五・八パーセントの人が「エコマークなどの環境ラベルがついた商品を選ぶ」と答えており、フェアトレード商品を選んでいない人については、環境ラベルが付いた商品を選ぶ人が二〇・七パーセントに過ぎないのと比べて、大幅に高い比率を示していることがわかった。この調査の概要については、次の文献を参照されたい。間々田孝夫編、二〇一五、『消費社会の新潮流――ソーシャルな視点 リスクへの対応』立教大学出版会。

(57) 環境省ＨＰより。(http://www.env.go.jp/policy/kihon_keikaku/lifestyle/h2604_01.html) 調査名のみの入力で検索可能である。

(58) Merton, R. K., (1949) 1957, *Social Theory and Social Structure*, Free Press. 森東吾ほか訳、一九六一、『社会理論と社会構

造』みすず書房、四六頁。

(59) CSRの動向については、たとえば雑誌『オルタナ』（株式会社オルタナ、二〇〇六〜）を参照されたい。

(60) グリーンウォッシュ（green washing）とは、広告やパッケージなどで環境配慮を装うが、実はその見せかけとは異なって環境に配慮していない、あるいは環境破壊的であるような製品、あるいは企業行動を示すものである。グリーンウォッシュの問題については、すでに三〇年ほど前から指摘されている。ただし、グリーンウォッシュであるか否かの判断は厳密に考えると容易でないことが多い。初期の文献としては次のものを参照。Greer, J. and K. Bruno, 1997, *Greenwash: The Reality Behind Corporate Environmentalism*, Apex Press. また、エシカルウォッシュも同様に、倫理的な企業であるように見せかけることを意味する。エシカルウォッシュについては、次の文献を参照。Barrientos, S., M. E. Conroy and E. Jones, 2007, "Northern Social Movements and Fair Trade," Raynolds, L. T., D. Murray and J. Wilkinson (eds.), *Fair Trade: The Challenges of Transforming Globalization*, Routledge, pp. 51-62. そして、企業によるグリーンな商品の提供は、表面的な消費の変更にとどまり、本格的な社会的消費にまで至らず、実質的な効果は得られていないという批判については、次の文献を参照。Rogers, H., 2010, *Green Gone Wrong: How Our Economy Is Undermining the Environmental Revolution*, VERSO, pp. 179-194.

(61) この論点については、四章3節「原理主義モデルから寛容モデルへ」を合わせて参照されたい。

(62) 日本におけるロハスの主導者ピーダーセンは、グリーンコンシューマリズムがこのようなゼロの消費文化の立場に立っていると解釈したが、それは明らかに誤解であり、枡本育生によって反論がなされている。P・D・ピーダーセン、前掲書、一三〜二五頁。枡本育生、前掲書、五〜六、八九〜九〇頁。

(63) イギリスの環境哲学者ソーパーは、このような形で文化的価値と結びついた社会的消費に注目し、そのあり方をalternative hedonism（もう一つの快楽主義）と呼んだ。そして、それが社会的消費において大きな役割を果たすことを強調している。Soper, K., 2011, "Alternative Hedonism, Cultural Theory and the Role of Aesthetic Revisioning," Binkley, S. and J. Litter (eds.), *Cultural Studies and Anti-Consumerism: A Critical Encounter*, Routledge, pp. 49-69.

(64) 昔の日本の生活様式が、環境にやさしいと同時にある種の心地よさや快適さを伴っていたという見方は繰り返し語られてきた。たとえば次の文献を参照。市橋芳則、二〇〇八、『昭和に学ぶエコ生活——日本らしさにヒントを探る』河出書房新社。

(65) 環境問題に関する社会的消費と文化的価値の結びつきについては、欧米でもすでによく知られており、green chic あるいは eco chic といった言葉が用いられている。環境によくシック、あるいはエコでシックということであろう。下記を参照されたい。Tanqueray, R., 2000, *Eco Chic: Organic Living*, Carlton Books. Matheson, C., 2008, *Green Chic: Saving the Earth in Style*, Sourcebooks. こういった現象に対して批判的な見解を示した次のような文献もある。Barendregt, B. and R. Jaffe (eds.), 2014, *Green Consumption: Global Rise of Eco Chic*, Bloomsbury Academic.

# 第八章　消費文化の将来像

本書では、これまで二つの研究課題を追究してきた。

一つは、消費文化の複数のタイプを区別することによって、現代＝二一世紀の消費を偏らず多元的にとらえる視点を確立することであった。この課題は、一章から四章で消費文化の四つのタイプを個別に検討し、五章でそれらの相互関係を明らかにすることによって、一通り達成された。もう一つは、現代消費社会において明らかに活性化しているにもかかわらず、これまで学問的に論じられることのなかった「第三の消費文化」を中心として、現代の消費文化のあり方を分析することである。この課題については、三章で第三の消費文化の概念について明らかにしたのち、六章、七章でさらに詳細に分析した。

この章では、まず後者の流れを承けて、第三の消費文化が消費文化の中でどのような意味をもち、これまでの消費観をどのように変化させるかについて論じることにしよう。そのあとで、第三の消費文化が現代社会にどのような影響を与えるかについて検討することにしよう。

これまでのまとめと結論を含むこの章で、本書はようやく完結することになる。

# 1　第三の消費文化の意義

## 第一の消費文化の限界

およそ半世紀に及ぶ消費文化研究の中では、第一の消費文化あるいは第二の消費文化の発達こそが現代消費社会の本質的特徴であり、それらが現代消費社会を主導、牽引しているという見方が主流であった。

第一の消費文化とは、消費生活における合理化（機能的価値の追求）と、量的拡大を追求するものである。

第一の消費文化については、一章で紹介した通り、それとほぼ同じものをリッツァが詳細に分析している。リッツァは、マクドナルド化や「無」（nothing）の蔓延こそ、消費文化の主導的な変化だと見なし、第三の消費文化の一部と考えられる「存在」（something）は、圧迫され縮小するという見通しを示した。(1)

確かに、第一の消費文化は強い拡大傾向をもっている。現代消費社会では、ますます規模を拡大するグローバル企業が、合理化された大量生産により、便利だが比較的画一化された商品を作り続け、また販売し続けている。そして、従来第一の消費文化の中心であった道具や機械の分野だけでなく、食品や衣料、教育や医療、そして文化の領域までをも第一の消費文化に巻き込んでいる。このような動きを消費文化研究の中心におくリッツァの発想法は、説得力があり有力なものであろう。

しかし筆者は、生産面では従来通り拡大を続けているものの、消費者の立場に立って考えてみると、第一の消費文化は従来とは異なる意味合いをもつようになったと考えている。

第一の消費文化の二原則のうち、第二原則（量的拡大を目指すこと）については、消費社会があふれるほどの物量を実現したため、消費者はもはや物量の追求に重点をおかなくなり、脱物質主義の傾向が生じていることが、すでに繰り返し指摘されてきた。(2)物質主義の本場ともいうべきアメリカでは、相も変わらず莫大な消費が続けられているが、他の先進諸国で同様の物量の追求が続いているかどうかは大いに疑問である。

第一原則（便利さや効率を求めること）については、確かにその実現は歓迎されるものであるが、高度の消費水準に達した現代の先進諸国では、その性格を変容させている。第一原則を実現する消費財は、かつては洗濯機、掃除機、エアコンなど身体的安楽をもたらすものと、自家用車、電話、時計など便利で効率的な生活を実現するものが中心であり、それまでになかった大きな生活上の利点をもたらした。しかし現在では、映像処理、音楽鑑賞、通信、趣味的創作、美容など高度な精神的欲求の実現を助けるものに重点が移っており、第一の消費文化が新たな文化的価値の実現を促すという結果をもたらしている(3)。言い換えれば、第一の消費文化（第一原則）は、第三の消費文化（第一原則）を実現するための手段としての役割を果たすようになった。すでに述べたように（一章3節「第一の消費文化が創り出すもの」、五章2節「第一の消費文化と第三の消費文化」）、第一の消費文化は、第三の消費文化を圧迫するのではなく、それと親和的関係に立つことになる。

そこでは、最終的に求められているのは新たな文化的価値であって、文化的価値を実現するために第一の消費文化（第一原則）が利用されている。文化的価値が存在しない限り第一原則が成り立たないという意味では、第三の消費文化が主導し、第一の消費文化はそれに依存していると考えられる(4)。それらの中には、かつてのウォークマンやゲーム機のように熱狂的に求められるものもあるが、その動機が機能的価値にあるのか、文化的価値にあるのかと言えば、最終的には文化的価値にあると言わざるをえないのである。

第一の消費文化の中には、文化的価値の手段としてではなく、便利さや効率性ゆえに消費されているものも少なくはなく、確かにリッツァの言うマクドナルド化も同時並行的に進んでいる。その中には、ファストフード、食器洗い機、交通系ＩＣカード、コンビニエンスストアなどに見られるように、消費者に歓迎され、急速に普及したものも少なくない。しかしこれらは、消費者の側から見れば、便利でしばしば生活上不可欠と感じられるものではあっても、それによって生活が充実し、幸福感が得られるようなものではない。

かつて家庭電化製品や自家用車が急速に普及した時代には、それらの製品は、第一の消費文化第一原則に沿ったものでありながら、人生にとって大きな意味をもち、幸福や生きがいの源であった。しかし現在のマクドナルド化には、そのような大きな意味は伴っていない。利用はされるものの、単なる便利なものであり、特に精神的に重要な意味をもったものではない。リッツァの用語法で言えば、魅惑を解かれた（disenchanted）ものにとどまっている[5]。

それにもかかわらず、こういった第一の消費文化の動きが極めて大きな力をもっているのは、消費者の側からではなく企業の側から見た時、それが大量生産、大量販売を実現し、巨大な利益をもたらすからである。それゆえ、現代消費社会においては、企業（特に大企業）は消費者が求めるよりもはるかに熱心に第一の消費文化を促進しようとする。消費者もまた、便利さや安さなどの効用をもたらすことから、ある程度積極的に、時には熱心に、それを受け入れる。しかしそのことは、消費者が第一の消費文化に最大の価値をおいているということを決して意味しないのである[6]。

他方、これらの消費合理化は、リッツァが強調したような「無」の蔓延をもたらす。すなわち、消費を画一化、単純化し、人間関係の一部を損なう傾向をもつ。特に、外食産業、サービス業、大型商業施設などでその傾向は著しい。しかし、こういった傾向に対しては、すでにさまざまな対抗的な動きが生じている（一章3節「消費合理化論の限界」、五章4節「消費三相理論における消費文化の構図」）。その動きは、第三の消費文化の一部をなしており、第一の消費文化だけに注目する限り力が弱く感じられるが、三章以降の章からわかるように、その動きは幅広く、最近では勢いを増している。

以上、消費者の量的拡大への志向性が失われつつあること、第一の消費文化は文化的価値の手段となることが多くなったこと、またそれは従来のように最大の価値が置かれるものでなくなっていること、合理化がもたらす「無」に対抗する動きが盛んになっていることを示したが、これらのことから、第一の消費文化が現在置かれている状況が浮かび上がってくる。

第一の消費文化は、現在では主導的消費文化とは言えず、第三の消費文化との関係で言えば、第一の消費文化が一方的に第三の消費文化を押し退けていく、という状況にはない。

### 第二の消費文化の幻想

第二の消費文化とは、関係的価値を追求して人間関係の調整をはかるか（第一原則）、あるいは従来の消費との差異を自己目的的に追求する（第二原則）というものである。

日本では、およそ一九八〇年代頃に、ボードリヤールらの記号論的消費論が盛んになり、人並みの便利で豊かな生活（第一の消費文化）が実現された後には、人々は社会的地位の誇示や流行への追随を求めて（第二の消費文化第一原則）、あるいは単に差異自体を求めて（同第二原則）、消費行為に邁進するという漠然とした見方が広まった。消費文化の流れとしては、まず第一の消費文化の盛んな時代があり、それが成熟したのちには、第二の消費文化が中心となるという発展段階図式が有力となった。

現在でも日本では、消費文化の発展の中心にあるのは第二の消費文化であり、第二の消費文化が顕著な拡大を続けていると考える人が多いように思われる。

このような見方を広めたのは、右記のボードリヤールを含む、筆者が批判的消費文化論と称した立場の人々であった。この立場では、第一の消費文化と第二の消費文化を二項対立的にとらえる思考法が見られ（二章2節「第二の消費文化の論点」）、右記のような消費文化の変化の道筋は、そのような思考法の一環と言える。

この思考法に従えば、第一の消費文化はあまり注目に値しないものとして無視されるか、あるいはすでに勢いを失ったものと見なされることになる。そして第三の消費文化は、そもそもその存在を認められていないようである。したがって、消費文化はひたすら第二の消費文化が主導して拡大していくものと考えられ、消費文化全体と第二の消費文化はほとんど等置されたのである。

しかし、そもそもこのような二項対立的図式が適切でないことは、二章3節で詳しく検討した通りである。二項対立的図式は、もっぱら第二の消費文化に注目し、その隆盛ぶりを強調することによって、それ以外の消費文化、特に機能的価値を高度な水準に実現しようとする消費文化と、さまざまな文化的価値を実現しようとする消費（文化的消費）を押し隠し、見えなくしてしまった。そして、第二の消費文化ではないものも、いささか強引に第二の消費文化として解釈してしまう傾向にあった(7)。

このようなパラダイム的呪縛から逃れ、いったん真摯に第一の消費文化、第三の消費文化に向き合えば、それらが現代社会において目覚ましく拡大していること、それゆえ、第二の消費文化が消費文化全体を牽引している、といった見方が偏狭なものであることは一目瞭然であろう。

そして、批判的消費文化論は、他の消費文化を見失っただけでなく、第二の消費文化それ自体の動静についても十分フォローしていなかった。

五章で述べたように（4節「消費三相理論における消費文化の構図」）、確かに二〇世紀中葉までは、第一の消費文化、第三の消費文化の拡大につれて、第二の消費文化も拡大していく傾向にあった。自家用車は豊かな生活の記号であったし、大学への進学は知識階級への帰属を示すものだった。しかし、その後、第一の消費文化、第三の消費文化の大衆化によって、それらが関係的価値をもたらすことは少なくなり、関係的価値の追求が頭打ちになる傾向が生じてきた。それに加えて、平等主義イデオロギーが浸透し、顕示的消費は抑制の方向に向かった。

他方、それにとって代わるかのように、第二の消費文化の第二原則、つまり自己目的化された差異を追求する動きも盛んになり、機能的に役に立たず、慣習から外れ、ただ差異をもたらすことを自己目的としているとしか思えないようなさまざまな消費財、消費スタイルが多く発生するようになった。

しかし、それらも現代の消費の中心となるものではなかった。そういった消費スタイルは、特に企業の需要喚起手段として求められ、消費者にも一部受け入れられて、現代消費社会の一部をなしているが、経済全体の活性化をもたらし、長期的に広がっていくというものでないことは、最近三〇～四〇年の消費社会の動向が如実に物語っている（五章4節「消費三相理論における消費文化の構図」）。

以上のことから、第二の消費文化が拡大しているという見方は疑わしいのだが、そのことを、批判的消費文化論の論者たちは十分理解していないようである。

結局のところ、現代の消費社会では、第一の消費文化、第三の消費文化が無視しえないほど活性化しているという意味でも、第二の消費文化が頭打ちになっているという意味でも、批判的消費文化論は現実を見失ったように思われる。第二の消費文化が消費文化の中心にあり、主導的な役割を果たすという見方は、もはや適切なものとは言えないのである。

## 第三の消費文化の主導性

それに対して、第三の消費文化は、二〇世紀末以降の消費社会の中で、力強く発展している。

第三の消費文化とは、文化的価値を追求するとともに（第一原則）、消費における社会的配慮を求めるものである（第二原則）。

従来、文化的価値はほとんどの場合関係的価値と混同されていたが、それを切り離し、その代わりに、従来あまり注目されなかった社会的配慮と連結させるという、これまでにない独特なとらえ方をしたのが、第三の消費文化の概念であった。

生産力が増大し、消費水準が上昇する限り、第三の消費文化は趨勢的に拡大していくと考えられ、他の消費文化よりも活発な動きが見られ、次第にその影響力を強めていくものと予想される。

第一原則については、六章で、文化的価値の追求が着実に活性化していることを確認した。文化的消費、すなわち文化的価値を実現しようとする消費は、教養娯楽費や教育費などの統計的数値によって近似的に把握する限りでは明らかに増大しており、それに物的消費における文化的側面の増大を含めれば、次第にその消費が活発化し、消費文化の重要な構成要素となりつつあることは疑いないであろう。

文化的消費の中には、大量生産的で、商業主義的性格をもつものも少なくない。しかし、純粋に文化的価値の質的深化を求める流れも確固として存在しており、今後は、むしろそのような流れが強まって、商業主義的要素を抑制し、文化的消費の成熟が実現される可能性が十分ある。

また、現代の消費文化において注目されているリスクに対抗する消費（健康増進、防犯など）や、つながり消費（他者との交流を求める消費）は、その実質を見ると文化的消費に近いものとなっているが、それらもまた、量的および質的に活性化の傾向が見られる。

他方、第三の消費文化のもう一つの原則である、社会的消費（社会的配慮を伴った消費）についても、七章で論じたように、グリーンコンシューマリズム、スローフードやその他のスロームーブメント、ロハス、フェアトレード消費など、多様な目標とスタイルに分化しつつ、全体としては活性化する傾向にある。現在、その広がりは十分大きいとは言いがたいが、二〇世紀中葉には存在しないに等しかったことを考えれば、二一世紀初頭までに驚くほど大きく成長を遂げたと言えるであろう。その後は、一部で成長が鈍化する傾向も見られるものの、今後もこの種の社会的消費は着実に普及の方向に向かうものと考えられる。

そして、社会的消費は文化的価値の追求と関係しあって発展する傾向にある。消費における社会的配慮と文化的価値の追求は、もともと別個のものであるが、しばしば同じ消費行為が両方の意味をもつ場合が存在し、また意図的にその両者を実現する消費財が供給されることも多い。二つの原則が重なり合うことにより、まさに第三の消費文化らしい消費文化が形成されつつある（三章5節「第三の消費文化の統合イメージ」、七章3節「第三の消費文化における社会的消費と文化的価値」）。そして、そのことによって社会的消費は促進されており、より広範な消費者の関心を呼び起こしている。

以上のように、第三の消費文化は、数値としては明示しがたいものの発展を続けており、そのことが、第一の消費文化（機能的価値と量的拡大を追求する消費文化）と第二の消費文化（社会関係の調整と消費スタイルの差異や変化を求める消費文化）にも影響を及ぼしている。

第一の消費文化は、機能的価値を通じて文化的価値を実現することが多くなっており、また、追求する機能的合理化の重点を、スピードや利便性から、耐久性や資源消費の効率、環境負荷の低減などに移す傾向も強まっている。第二の消費文化については、関係的価値の元となる消費の価値として、所有量の多さ、単純な豪華さ、権威あるブランドの価値などから離れて、文化的価値の高さや社会的配慮など、第三の消費文化に関するものに基づこうとする傾向が見られる。つまり、深い文化的価値をもったり（五章4節「消費三相理論における消費文化の構図」）、社会的配慮を伴う消費財を消費していることが、誇示や競争の対象とされるようになってきた。原料を吟味していねいに作られた地酒、環境性能に優れたハイブリッドカーなどがそれにあたるものであろう。

第三の消費文化は、それ自体が自律的に活性化し、普及するとともに、第一、第二の消費文化にも大きな影響を与えているという意味で、現代消費社会において主導的な役割を果たしているのである。

## 理念としての第三の消費文化

第三の消費文化は、このように実態的に消費文化を主導しているだけでなく、理念的にも主導性を発揮している。消費文化の理念、すなわち消費がどのようなものであるべきか、どのような消費が好ましいかについては、従来、第一の消費文化がそれを示していたと言える。第一の消費文化が目指す便利で豊富な消費生活は、ある時期、おそらく二〇世紀中葉までは多数の人が賛同しうる消費の理念であった。

しかし、現在の日本のように、それが人口の多くの部分に対して実現されると、第一の消費文化的な理念は、理念としての意味が乏しくなり、その後、消費が何を目指すべきかがわからなくなってきた。第二の消費文化は、第一の消費文化が充足されるにつれ、広く一般に広がっていったものの、しばしばその存在が批判や揶揄の対象となるものであり、消費が実現すべき理念とは見なされなかった。

そこで、先進諸国で、二〇世紀後半のある時期に、消費に積極的な意味を見いだせないという事態が発生した。二〇世紀の後半まで、消費の増大が人間の幸福を最も直接的に実現するものと考えられていただけに、幸福追求のための理念が失われるという状況が生じるに至った。これは、筆者の前著での言葉に置き換えれば、「脱物質主義」の状況とも言えるであろう。(8)

この事態に対しては、二種類の対応が考えられる。

一つは、もはや消費を理念とすることはできないと考え、幸福追求のための理念を消費の外に求めるという対応である。つまり、私的な消費が実現してきた物質的価値ではなく、人権の尊重、社会参加、差別の撤廃、多文化の共生、自然の豊かさ、環境の保全、公共施設や公共サービスの充実、人間関係の豊かさ、精神的な充実、時間的なゆとりなど、消費以外の活動によって実現される価値を求めようとするものである。

これらの中には、社会的ないし政治的過程を通じて実現される公共的な価値と、個人の内面的過程に依存する精神的な価値の両方が含まれているが、いずれも個人が金銭を費やして財やサービスを購入し、それを消費するというのではない形で、新しい生活の理念を掲げ、それを実現しようとするものである。

しかし、これらの動きが活発化したからといって、消費の理念の空白が解消されるわけではない。人々は相変わらず所得を得て、購買行動を続け、何かを消費しているのであり、その消費を導く方針、原則、理念といったものは求められるだろう。それがないと、人々は消費生活において戸惑い、既存の消費パターンを惰性的に続けるか、無節操な消費主義に陥るか、消費への倦怠感や脱消費主義に向かうかのいずれかとなり、いずれにせよ消費の充実感は失われるだろう。そして、消費は荒れ地のように意味の乏しい、不毛の領域と化していくことだろう。そのことは決して人々を幸福にしないはずである。

そこで、第二の対応として、消費の外ではなく内にも、何らかの新しい理念が求められることになる。消費をどのような方向に導き、どのような消費をしていくべきかについての新たな方針が必要となるであろう。

消費の外の理念について語られることが多かったのに比して、消費の内側、つまり消費そのものについての理念を語る言説は驚くほど少なかった。今後の消費のあり方についての論評が存在しないわけではなかったが、それらは断片的で、消費の全体像を語るものではなかった。そのような状況は二〇世紀の末から現在まで、およそ三〇～四〇年続いていると考えられる。

しかしながら、その間、個別の消費の中にはすでに新しい方向性を予兆させる現象が噴出している。それらの現象を抽象化して取り出しさえすれば、今後の消費文化に求められる理念は自ずと明らかになるように思われる。

筆者が提唱する第三の消費文化は、こういった新しい消費現象から帰納的に導かれた消費文化の新しい理念である。これまでに再三述べてきたように、現代の消費においては、一方で利便性や量的拡大ではなく精神的な充実を得られるような消費が求められ、他方では、社会問題を回避し、あるいは解決するような消費が求められている。前者は文化的価値の追求であり、後者は消費の社会性の追求である。これらは、右に示したように、すでに現実化しているが、同時に今後の消費社会が追求すべき方向性を示すものでもある。それゆえ、それらを同時に実現しようとし、また実際に実現しうる第三の消費文化は、まさに現代の消費文化を主導する理念だと言えるだろう。

文化的価値が、現代社会の人々が消費を通じて強く実現を求めているものであり、内発的であるのに対して、社会的配慮は、肥大化した消費社会を持続可能なものにするため、否応なく社会的に要請されているものである。前者は消費者が最も「したい」と思うことであり、後者は消費者が最も「すべき」ことである。しかし両者とも異論の余地は極めて小さいものであり、現代の消費が実現すべきものであるという点では共通している。その両者を、一つの消費文化の中で同時に実現しようとする第三の消費文化が、現代の消費の理念としてふさわしいことは、明らかであろう。

これからの社会では、消費の外側では公共的な価値や精神的な価値が、消費の内側では第三の消費文化が求められることになろうが、後者は前者とある意味では軌を一にしているとも言える。

現代社会では個人の私的欲求充足を越えた公共的な価値の実現が重要となるが、その一部を消費の中に取り込んだのが、第三の消費文化の第二原則、つまり社会的消費だと言えるだろう。また、現代社会において求められる精神的充足を、消費以外ではなく消費自体によって実現しようとするのが第三の消費文化の第一原則、つまり文化的消費だと言えるだろう。これらの価値は消費の外部でも内部でも実現することが可能であり、そのどちらで、どれだけ実現すればいいかという点については、欲求や価値の内容ごとに検討しなければならない。しかし、消費の外部のみ、あるいは内部のみでこれらの欲求や価値を実現することができないことは、おそらく確かであろう。

こういった新しい価値は、イングルハートが脱物質主義化の傾向として注目したものであるが、イングルハート自身がそうだったように、脱物質主義的価値を求める動きとしては、環境保護運動、差別反対の社会運動、政治参加、新霊性運動、自己啓発や自己実現の追求など、消費生活の外部で実現されるものが取り上げられることが多かった。(9) そのため、消費は人間にとってあまり重要でない分野であり、欲求や価値を実現するための主要な領域ではなくなったという思い込みが広がっていったように思われる。しかし、公共的な価値にせよ、精神的（文化的）な価値にせよ、消費の内部で追求され、実現されているものも多く、それらは、決して無視、あるいは軽視してはならないものである。(10) 第三の消費文化という概念は、それら消費の内部で実現される新しい価値を、包括的に示すものと言えるだろう。

第三の消費文化は、これからの消費を主導する積極的理念であり、同時に実態的にも広がりを見せており、消費文化全体に影響を与えている。このような特徴をもつからこそ、これからの消費文化は、第三の消費文化を中心に分析していかなければならない。

第三の消費文化の意義は、まさにこのような点に見出されるのである。

## 第三の消費観

この結論を承けて、次に、第三の消費文化を中心に消費文化の全体像をとらえようとする消費の見方、すなわち「第三の消費観」について論じよう。

序章のはじめに述べたように、現代の消費については、これまで二つの見方が有力であった。その一つは「成長主義的消費観」であり、消費の量的増大が単純に人々の幸福や満足感をもたらすという見方であった。またもう一つは「批判的消費観」であり、消費の量的増大を人間にとって好ましくないもの、価値のないものとして、否定的にとらえる見方であった。この両者は、現代の消費に対する評価が正反対であり、対立していたにもかかわらず、共通点もあり、ワンセットで二〇世紀の消費観を形成していたとも言える。その共通点とは、消費の量的拡大を必然的なものとしてとらえること、人間にとっての消費の意味ないし価値を単調にとらえその変化に無自覚であること、消費の社会的影響について鈍感であることであった。

しかし、二〇世紀末以降、さらに消費社会が拡大していくとともに、こういった両者に共通の認識は、いずれもその妥当性を疑われるようになった。

消費の量的拡大については、特に物的消費（物的消費財の消費）に関して、多くの先進国で「脱物質化」の傾向が現われており、単純に物的消費が拡大し続けるという展望は描きにくくなっている。日本の場合はその傾向が著しく、モノ離れが早くから指摘され、最近では若者の消費離れが話題を呼んだ。

消費の意味や価値について言えば、現在の消費は必需的な物質の補給という意味合いが薄くなっており、さらに第二次世界大戦後に特に強まった、機械製品を中心に利便性を追求する傾向も、消費の中心ではなくなった。それに代わって消費行為は、何らかの精神的欲求を満たし、あるいは嗜好を追求するという性格が強まっている。

消費の社会的影響について言えば、三章や七章で詳しく述べたように、現代社会では消費の負の影響がさまざまな場面で現われており、もはやそれを無視して消費社会を語ることはできない。地球温暖化をはじめとするさまざまな環境問題、先進国の消費社会が開発途上国にもたらす歪みやひずみ、都市におけるさまざまな消費に関連する社会問題などが深刻化し、消費社会とそれらの問題との折り合いをどうつけるかが、先進諸国の大きな課題となっている。

以上のような消費社会の変容は、個別的にはすでに三〇～四〇年前から指摘されているものであるが、そのような変化が消費社会についての基本的な認識を揺るがせ、成長主義的消費観や批判的消費観を脱却した新たな消費観をもたらしたかというと、残念ながら全くそうではない。

現在でもなお、消費は量的に拡大し、それを通じて経済成長が実現されるという常識は根強く、成長主義的消費観に立つ人々はそれを積極的に評価し、そのための条件を整えようとしている。新自由主義的な経済政策においては、まさにそのように消費を扱ってきたように思われる。他方、批判的消費観に立つ人々はそれを批判するのだが、消費社会あるいは消費文化というものが、基本的には拡大傾向をもつという認識においては成長主義的消費観と共通しており、現在もなお、その傾向に対して批判を加えている(11)。

しかし現実には、その対立を尻目に、消費は量的拡大とは異なる方向を目指すようになった。消費者は、食物の摂取量や自家用車の台数を増やすといったことにはもはや関心を示さなくなったが、新たな精神的欲求をもつようになり、それを、消費を通じて実現しようとしている。

このような変化は、消費や消費文化の意味を根本的に変容させるほど大きな意味をもっているが、成長主義的消費観はこういった質的変化にあまり関心を示さず、あくまで量的な変化に注目し続けている。そして、現代の消費文化とは第一の消費文化にほかならないと思い込んでいる。

それに対して、批判的消費観の方は、第二の消費文化に注目し、顕示的消費、記号的消費などの概念を通じて、現代における消費の意味の変化を、巧みにとらえてきたように思われている。しかし、批判的消費観は、脱物質化する社会を想定したものではなく、消費の拡大を前提として、それをもたらした歪んだメカニズムを明らかにすることを主眼とするものである。そしてそのねらいは、物的消費の増大が、いかに人々の幸福に結びつかず、無意味であるかを訴えようとするところにある。

しかし、現在の重要問題は、物的消費がなぜ伸びるかではなくなぜ伸びないかを説明することであり、また、物的消費が伸びない中で何が求められ、何が変化しているかを明らかにすることである。しかるに、批判的消費観にはこのような問題への関心が決定的に欠けていた。

消費が新しい欲求に向かう一方で、これまで増大してきた物的消費は、さまざまな環境問題やその他の深刻な社会問題を惹起してきた。それに対して、成長主義的消費観は、基本的に関心が弱く、消費と社会問題とを関連づける思考回路を避けようとしてきた。

基本的に成長主義的消費観に立脚する理論経済学では、それらの社会問題は負の外部性（外部不経済）の問題として取り上げられるが[12]、あくまで主要な社会過程である市場の「外部」として、「付け足し」的に扱われる。消費社会と市場経済のあり方を根本から見直そうとする視点は見られないのである。

また、経済成長を旨とする先進諸国の政府においては、国による違いはあるものの、消費の増大によって生じる環境問題等の社会問題への対処が、最優先の政策課題となることが少ない。

それに対して批判的消費観の方は、一見すると消費と社会問題の関連に敏感であるように思われる。しかし実際には、成長を促すメカニズムをあまりに強固なものととらえてきたためか、あるいは時代の制約のためか、序章でも述べた通り（1節「変わる消費と変わらぬ消費観」）、批判的消費観が消費社会による社会問題に大きな関心を寄せることはなかった。他方で、批判的消費観の論者の中には、四章で示したゼロの消費文化を主張する者もあったが、多くは消費の現実をふまえておらず、消費者が消費に何を求めているかという問題を無視した、空想的な理念に終わってしまった。

以上、成長主義的消費観と批判的消費観が、ともに消費の現実と食い違った認識に囚われ続けていることを示した。現時点では、個別の消費について、新しい現実が生じていることは認識されているが、全体として消費社会と消費文化がどのようなものであるかについての理解（＝消費観）は、その認識を反映していない。新たな現実をふまえた消費観のヴァージョンアップが必要なのに、旧ヴァージョンがそのままになっており、現実と齟齬を来たしている。

消費観が古いままであることは、現実の変化を過小評価させ、学問上、および実践上（政策、企業の対応、社会運動）の遅滞をもたらし、結局のところ現実の消費の変化を妨げる方向に作用することであろう。そのことは、現代社会にとって決して好ましい事態をもたらさないように思われる。

本書が目指したのは、まさにこのような齟齬を解消することであり、現実に合わせた新しい消費観を確立することであった。その消費観は、右記の二つの消費観に代わる「第三の消費観」ということになるだろう。

そのような新しい消費観は、これまでの記述から明らかなように、「第三の消費文化」と強く結びついたものとなるべきであろう。現代の消費の現実と、これからの消費の理念に合致する第三の消費文化は、まさに新しい消費観における中心概念となるべきものであろう。

したがって、第三の消費観は、次のようなものとなる。

**第三の消費観とは、第三の消費文化を中心として消費の現状をとらえ、また、それを通じて社会が幸福で安定的なものとなることを目指す消費観である。**

高度に発達した消費社会は新しい段階を迎えており、さまざまな変容を示すようになる。その変容は、第三の消費文化が活性化する方向に向かい、それを通じて消費社会は発展する。――第三の消費観とは、そのような消費のとらえ方を意味するのである。

この消費観の具体的な内容は、次のようなものである。

1 消費文化はその拡大とともに質的に変化し、単なる物的消費量の増大は消費者に充足感や幸福をもたらさなくなる。それにより脱物質主義的状況が生じて、消費の量的拡大は頭打ちとなり、消費社会は転機を迎える。

2 その間に、人々が求める価値は機能的価値から文化的価値へとその重点を移し、後者を質的により高度に実現する消費が求められるようになる。

3 他方で、拡大した消費社会は社会的不均衡を生じ、さまざまな社会問題を惹起する。そのため、社会的配慮を伴う消費が求められるようになる。

4 高度に発達した消費文化は、この二つの要請を満たす第三の消費文化を中心とするようになり、それを実現する限りで、消費文化は人々にとって好ましく、また社会にとって肯定的価値をもつものとなる。

第三の消費観は、成長主義的消費観とは異なって、消費の量的増大ではなく質的発展に注目する。また、批判的消費観とは異なって、消費が人間を幸福にする側面を重視する。しかし他方では、成長主義的消費観と同じように消費文化を肯定的にとらえ、また批判的消費観と同じように、消費の否定的側面に目を配るのである。

そして、第三の消費観においては、第三の消費文化が中心となるとしても、それが他の消費文化を駆逐するとは考えないという特徴がある。

成長主義的消費観が、単調な消費の伸びと人々の幸福の増大を想定し、単線的な成長モデルを適用していたのに対して、批判的消費観（の多く）では、実用的消費から記号消費へ、効用から差異へ、モダン消費からポストモダン消費へといった発展段階論的見方を導入した。これと同じ発想で考えるならば、第三の消費観は、第三の消費文化が第一の消費文化、第二の消費文化をのりこえ、それらを排除していくと想定するもののように思えるかもしれない。

しかし、第三の消費観においては、第三の消費文化は、他を排除するのではなく変容させるものであり、消費社会が三つの消費文化から構成されることに変わりはないと考えられる。三つの消費文化は、それぞれ異なった価値を実現し、異なる役割を果たしているものであり、第三の消費文化が広がったとしても、第一の消費文化、第二の消費文化は、その姿を変えつつ消費社会に占める位置を見出していく。――第三の消費観は、そのようなとらえ方をする。

これからの消費社会は、第三の消費文化が中心となるものの、第一の消費文化と第二の消費文化を含む多元的なものであり、複数の消費文化が影響しあって、従来の消費文化とは異なった構造と内容をもつようになるであろう。

それゆえ、第三の消費観は、消費文化は多元的であり、多元的なまま変容していくと考える「多元的消費観」を含むものと言える。多元的消費観に基づいていることから、筆者は本書で消費三相理論を提唱し、特に五章を中心に詳しく論じたのである。

## 2　第三の消費文化と現代社会

### 第三の消費文化に対する疑問への回答

第三の消費文化は、以上の通り現在および将来の消費文化を主導するものと考えられるが、それに対して、いくつかの疑問も寄せられた(13)。その中で、消費文化研究上の疑問については、これまでの章で答えているので、ここでは現代社会との関わりについて出された疑問に答えることにしよう。

第一に、第三の消費文化はそれほど大きく広がりうるものなのか、現代社会に強いインパクトを与えるほど、意味のあるものなのか、という素朴な疑問が寄せられた。この疑問には、第一原則、つまり文化的価値の追求と、第二原則、つまり消費における社会的配慮の二つに分けて答えなければならないだろう。

まず文化的価値を追求する消費については、すでに三章、五章、六章、本章1節で論じてきたように、その広がりは大きく、すでに社会に大きなインパクトを与えている。典型的な文化的消費であるものについては、六章に示した通り統計的にその増勢を確認できるし、五章、本章1節で示したように、機能的価値、関係的価値が主と見なされるような消費財であっても、同時に文化的価値が実現されていることが多く、文化的価値によって、その消費財の内容が大きく影響を受けているのである。

それが実感できないとすれば、その人が文化的価値や文化的消費という概念をよく理解していないからであり、その概念を通じて現実を見ることができないからであろう。前節で第三の消費観の重要さを強調したのは、このような消費を見る側のパラダイム的、イデオロギー的、ステレオタイプ的制約を取り払う必要性を感じたからであった。

他方、第二原則については、確かに文化的消費ほどに大きな広がりを見せているとは言えない(14)。七章に示したように、グリーンコンシューマリズム、スローフードなどの運動は、まだ一部の消費者を巻き込んでいるに過ぎず、現在のところ、影響力はそれほど大きいものではない。

しかし、ここで注意すべきは、第二原則は、必ずしも七章に示したような市民運動的なスタイルによって実現されるものではないということである。七章で指摘したように、社会的消費（社会的配慮を伴う消費）は、公的機関や民間企業、教育機関、マスメディアなど、さまざまな主体の参加が必要なものであり、それを通じてより活性化しうるものである。消費者だけでなく、これらの主体が参加した形でなら、社会的消費は十分に潜在的可能性をもったものであると考えられる。そして、そのような形で社会的消費が発展していくとすれば、大きな社会的影響力をもつことは明らかであろう。

また、社会的消費が、普及度は小さくとも、短時日の間に著しい発展を遂げたことにも注目しなければならない。一般に、現在どの程度普及しているかということと、それがどれだけ増加しているかということは別の問題であり、概していえば、社会科学が注目すべきは後者であることが多い。つまり、普及の程度は低くても増加が著しい現象には注目を寄せるべきである。なぜなら、このような現象については、まだ社会全体の対応が十分でないため、今後大きな社会的インパクトを与える可能性が高いからである。

フェミニズム、ボランティア活動、外国人労働者の雇用など、いずれもはじめは極めて限られた範囲で発生したものであったが、その勢いは強く、十数年～数十年のタイムスパンで見ると大きな社会動向となっている。それと同様に、社会的消費も、これから引き続き大きく伸び、社会に大きなインパクトを与えると予想されるのである。

二つめの疑問は、第三の消費文化は限られた社会層に限定されたものなのではないか、というものであった。より具体的に言えば、第三の消費文化は一般市民や下層階層に根ざしたものではなく、むしろ富裕層やエリート階層に限定された現象ではないか、という疑問である。

このような疑問は、確かに生じやすそうなものである。第一原則の文化的消費についても、第二原則の社会的消費についても、それを重視するのは、経済的にゆとりのある階層、あるいは高学歴で知識の豊かなエリート層となりがちのような気がする。社会的消費については、たとえば環境保護は中上層のゆとりのある階層のニーズに応じたものであり、低所得層には関心の薄いものであるといった見方がしばしば示されてきたが(15)、それに類似したものと言える。

このような疑問は、筆者の想像するところでは、次の二つの含意をもっている。一つは、第三の消費文化は大衆に根ざしたものでないために、その広がりと発展が限定されるのではないかという含意であり、もう一つは、そのような限定性のために、第三の消費文化は消費研究の対象としての意味が乏しい、という含意である。

それに対して、筆者は次のことを指摘しておきたい。

まず、第三の消費文化は、その内容上、必ずしも富裕層やエリート層が担い手となることを必要としていないということである。実例として、美食、知的な趣味、（相対的に高価な）自然食品などを想定する限り、確かに右記のような印象を与えるであろうが、第三の消費文化はそれ以外にもさまざまな内容を含んでいる。その中には大衆的なもの、知識や経済力を必要としないものを多く含んでおり、全体としては決して富裕層、エリート層に独占されるものとは言えない。第二の消費文化のように高価であること自体が価値を生むものと比べれば、はるかに大衆的である。また、第三の消費文化は、第一の消費文化ほど低価格を志向しないものの、量的な多さ、大きさを追求しないことから、支出合計（単価×数量）で見ると、第一の消費文化と比べてより多くの費用を要するとは、必ずしも言えないものである。

そして、実際に調査データで確認する限りでも、日本では必ずしも特定階層が第三の消費文化を担っているわけではない。筆者の研究グループは、ほぼ継続的に消費者の消費主義的態度や環境配慮的消費の実態を調査しているが、それによると、所得や学歴が及ぼす影響は限定的で、高所得者や高学歴者が特に強く第三の消費文化にコミットしているという結果は得られない(16)。

さらに、仮に第三の消費文化を相対的に地位の高い階層が多く担う傾向にあったとしても、そのことは社会現象としての重要性を損なうものではない。社会学には、社会の下層にしわ寄せされた社会問題に強い関心をもつ伝統があり、中上層の動向に対しては冷淡な傾向にある。しかし、実際の社会変動を見れば、中上層が時代の新しい問題に直面し、それに取り組む中で、トリクルダウン的に社会に広がっていったものも数多い。したがって、中上層とつながりが深かったとしても、研究対象としての価値が低いということには決してならないであろう。

以上のことから、第二の疑問が指摘していることは正しいとは言えない。その批判的含意について、筆者は首肯しがたいのである。

そして三つめの疑問は、第三の消費文化は、企業の消費財差別化手段の一つとなり、結局企業に利益を回収されてしまうのではないか、また第二の消費文化が資本主義経済の維持・拡大の役割を果たしたのと同じように、資本主義経済の中に、新たな需要拡大策として組み込まれてしまうのではないか、というものであった。

このような疑問はよく出されるものであるが、よく考えてみると特定の前提のもとでのみ意味をもつものだということがわかる。それは、企業が利益を上げることはすべて反社会的であり、消費者にとっても効用を伴わないという前提である。その反対に、企業利益は社会に貢献し、消費者にとって好ましい結果をもたらすという前提をおくと、なぜそれが疑問であり、批判的にとらえなければならないのかが、全くわからなくなる。

無条件に前者の前提をおくのは、反資本主義、あるいは反消費主義の立場に立つ人々であるから、このような疑問は、そういった立場から、消費社会への批判的言説として述べられたものだということがわかる。

しかし、穏やかな実証主義的立場からすれば、企業活動は社会的にも反社会的にもなりうるものであり、消費財の製造・販売を通じた利益獲得が、一方的に悪であったり善であったりすることはない、というのが正しい判断であろう。筆者もその立場を支持しており、その立場からすれば、右記のような疑問は次のような疑問へと翻訳されることになるだろう。

それは、第三の消費文化は、しばしばその実質、つまり文化的価値の実現や社会的配慮を伴わない、見かけだけのものとなりうるのではないか、そういった場合は、消費者と社会にとっての利点をもたず、企業のみを儲けさせるものであるから、批判しなければならないのではないか、ということである。

このような部分的な批判であれば、筆者も特に異存があるわけではない。すでに七章で述べたように、消費の社会的配慮に関しては、いわゆるグリーンウォッシュやエシカルウォッシュがしばしば発生しており、実質のない商品によって、ただ企業が利益を上げるだけに終わっているものが少なくない。〇〇ウォッシュとは言えないまでも、それほど環境保全に貢献しないのにナチュラルなイメージをふりまく加工食品、見た目だけで買われ実際には使われないエコバッグ、本当のフェアトレードコーヒーはほんの一部しか使っていないのにフェアトレードマークを掲げるコーヒーチェーンなど、社会貢献を謳っていながら、その実質に乏しい商品は数多い。

しかし、このようなケースが多いからといって、すべての社会的消費がそうであるというわけでは決してない。誠実に、また熱心に社会的消費に取り組んでいる企業も数多く、それだからこそ、日本の、そして先進各国の社会的配慮商品は消費者の支持を集め、信頼を得て、大幅な伸びを示したと考えるべきであろう。問題は第三の消費文化そのものにあるのではなく、企業モラルと、供給システムの制度化、運営、監督の仕方にある。それ次第で、第三の消費文化は実質を伴うものとも、見かけだけのものにもなりうるのである。

マクロな経済現象についても同じことが言える。つまり、第三の消費文化を実現する消費財が企業によって多数供給され、それが資本主義経済を潤したとしても、そのこと自体は、第三の消費文化を否定的にとらえる根拠にはなりえない。その一部は実質のないものであろうが、全体として意味のないもの、批判すべきものとは決して言えないであろう。

なお、以上の考察は、おもに社会的配慮を伴う消費、つまり第二原則についてのものであったが、同様のことは文化的消費についても生じうる。ただし、文化的消費の場合には、社会的消費とは異なって、消費が文化的価値を生じるかどうかがその場で判明してしまうことが多い。そのため、実質を伴わない消費がまかり通る可能性が、比較的小さいであろう。

## 第三の消費文化と現代経済

前項のはじめに、筆者は第三の消費文化が消費社会に大きなインパクトを与えることを示唆した。それでは、その具体的内容はどのようなものだろうか。本項と次項で検討してみることにしよう。

まず、直接関連のある産業構造と企業形態について考えてみよう。

第三の消費文化の発展は、当然のことながら、それを生産する産業の成長を促す。文化的価値に関連する文化産業、情報産業、人的サービス産業、環境関連産業などは、程度の差こそあれ現代消費社会で着実に成長を遂げ、全産業に占める比重を高めていくであろう。また、食品、衣服、住宅、機械製品、道具類などの物的消費財に文化的価値を付与する産業であるグルメ向け飲食店、嗜好品産業、各種デザイン業なども、あわせて発展していくだろう。

また、社会的配慮に関しては、リペア産業、リユーズ業（古物店、古書店など）、省エネルギー関連産業、自然エネルギー産業などが成長していくであろう。

文化的価値に関連した産業については、一九六〇年代にトフラーが先駆的な研究を行ない[17]、日本でも、一九七〇年代後半から日下公人や星野克美らがその可能性を指摘してきた[18]。この当時は、まだ第二の消費文化と第三の消費文化が区別されていないものの[19]、非機能的、非物的な経済価値が高まり、有力な産業分野となり、輸出産業としても大きな可能性をもっていることが指摘され、現実はほぼその方向に進んでいった。

その後、機械産業の好調（電機、自動車、精密機械など）、バブル景気、バブル崩壊後の不況などの中で、文化的価値に関わる産業が注目される機会は減少してしまったが、その間も、この分野の産業は着実に成長を続けていった。

他方、社会的配慮に関連する産業分野についても、地球温暖化問題が注目された一九八〇年代以降、環境に配慮し、循環型経済の中で成長を実現しようとするグリーンエコノミーの考え方が広まり[20]、現実に、環境配慮や省エネルギーに関連する産業は、漸次その規模を増大させている。

それでは、このような産業構造の変化は、生産体制と企業のあり方にどのような変化をもたらすのだろうか。

現代の主要な生産体制は、言うまでもなく大企業による機械化され合理化された生産体制である。この体制は、特定の機能を果たす財やサービスを、大量に低コストで生産することに長けており、リッツァが指摘するようなマクドナルド化された消費、つまり第一の消費文化に適合したものである。そこでは、機能的価値は追求されるが、大量生産のために消費財は規格化され単純化されるとともに、コストへの配慮から文化的価値は徹底的には追求されず、ほどほどのレベルに留められることがほとんどである。

それに対して、第三の消費文化の第一原則、すなわち文化的価値の追求は、それとは全く逆の生産と流通のあり方を要請する。第三の消費文化では、精神的充足を求めるために文化的価値を優先し、それを高度に達成できるような消費財が求められる。また、その過程で、消費者ごとの個性や生活体験の相違が顕在化し、価値観と嗜好の多様化が生じるため、規格化されたものではなく、個別の価値観、嗜好に対応した多様な消費財が求められる。[21]

このようなニーズに対して、大企業の大量生産的、マクドナルド的な供給システムは、十分対応することができない。たとえば、文化的価値の高い美味な料理は、工場化したファミリーレストランでは供給できないし、より水準の高い教育は、マスプロ教育では実現できない。大手アパレルメーカーは、高度の感性をもった若者たちの服飾ニーズに十分対応することはできないであろう。高度な文化的価値を実現し、また多様なニーズに応えるためには、より手間のかかった手作業中心の生産、あるいは特定の仕様に特化した専門的な生産を必要とするのである。

かつて盛んに論じられたポスト・フォーディズムという新しい生産体制は、一見するとそのようなニーズに対応しているようにも見える。[22]しかし、消費者の高度な文化的価値の追求を前提とすると、規格化された大量生産に少々の差異を付加するだけのポスト・フォーディズム的生産によって、現代の消費者のニーズにかなう財の供給をまかないきれるかどうかは、大いに疑わしい。

その後、生産技術はさらに進化し、最近では個別の消費者が自分の特徴や嗜好に合わせて製品をカスタマイズする（特注する）ことが可能になってきた。[23]しかも、その価格は大量生産品とそれほど変わらず、製作期間もますます短縮されている。しかし、それが本当の意味で多様性のある製品となりうるかどうかは未知数であるし、高品質のものとなりうるかどうかも疑問である。

そこで、第三の消費文化が強まる社会では、小規模の企業（製造業、流通業、サービス業）が活性化し、大企業が満たしえないこのような高度で多様なニーズに応えることになる。

実際、現代日本の製造業においては、多種多様な文化的価値を満たすために、嗜好品、服飾、家具などの分野で、小規模なメーカーあるいは製造小売業が重要な役割を果たすようになった(24)。これらの企業は資本や売上高は圧倒的に小さいが、消費者にとっては大きな意味をもち、高い知名度を誇っている。

流通業とサービス業においても、小回りがきき、高品質の商品を供給し、多様なニーズに対応する小規模店舗が支持を集めている。

現に大都市部では、第一、第二の消費文化に飽き足らない消費者が、より水準の高い、あるいは自分の嗜好に合った食料品、衣服、雑貨、家具、古書店などを探して、またより多様なニーズに応えられる飲食店、美容室、代替医療などのサービスを求めて、大企業が占拠する大きな盛り場ではなく、周辺の小規模店舗や個性的な街に流れ込むという現象が定着している(25)。

また、インターネット上の専門化した小売サイトやネットオークション、物々交換、消費者自身による製品の加工・改変（いわゆるプロシューマー的行為）などが盛んになっている(26)。

もちろん、大企業もこういった動きに気づいていないわけではなく、さまざまな形で文化的価値の追求に対応しようとしている。たとえば、成功した小規模企業による製品の模倣、成功した店舗の百貨店やショッピングセンターへの取り込み（食品、雑貨など）、デザイナーやプランナーへの業務委託（アパレル産業など）が行なわれているし(27)、大企業自体も製品の多様化、カスタム化、高品質化を極力進めようとし、時には社内ベンチャーを立ち上げて、新しい個別的ニーズに対応しようとしている。

こういった大企業の第三の消費文化への参入は、現代消費社会において消費者が何を求めているかを、如実に物語るものと言えよう。どの分野でも、売上高やシェアでは圧倒的に大企業が優位に立つが、小さな店で腕のいいシェフが作る中華料理が、大規模チェーン店の中華料理より上位に評価されるように、消費者の評価の序列においては、しばしば小規模企業の供給する商品が優位に立ち、大企業の商品は劣位に甘んじることになる(28)。

このような状況をふまえると、現代の生産体制については、次のような見取り図を描くことができるだろう。

まず、第一の消費文化に適し、機能的価値の実現、大量生産、大量販売、コスト削減を得意とする大企業は、基礎的なニーズに応えることができるために消費社会において大きな成長を遂げる。しかし、消費者が文化的価値をより強く求めるようになると、大企業の生産、販売体制は消費者のニーズと乖離するようになってくる。そこで、第三の消費文化（の第一原則）に適し、文化的価値の実現、消費者の高品質、多様な商品へのニーズに応えられる小規模企業が、その活躍の場を広げ、成長を遂げるようになる(29)。

かくして、多くの消費分野において、第一の消費文化に志向する大企業的な供給と第三の消費文化に志向する小規模企業からの供給が併存することになる。チェーン店のカフェと個人店カフェ、アパレル産業における大手ブランドと小規模ブランド、大手ハリウッド映画と独立系映画、大型食品スーパーと特殊な食品に特化した専門小売店などである。

このような状況は、平和な棲み分けとなる場合もあるが、しばしば緊張とコンフリクトを伴うものともなる。大企業は機会さえあれば第三の消費文化の市場に参入しようとし、品質の向上、多様化の促進、個別化したサービスなどを進めていく。しかし、それはあくまでも経営上の動機に基づくものであるから、完璧に消費者のニーズに合ったものを供給することは困難である。それほど強く文化的価値にこだわらない消費者には歓迎されるが、強く文化的価値を求める消費者は、さらに高度な消費財を求めて、小規模に供給される商品を求め続けることだろう。それゆえ、小規模な企業は、さらなる品質の向上や多様化、専門化を進め、大企業の商品に対抗することになる。

今後、文化的価値をもつ消費財の分野では、効率化と大量生産、大量販売を旨とする大企業と、文化的価値の高度な達成、個別的対応、そして先取りに長けた小規模企業の複雑なせめぎ合いの中で、財とサービスの供給が行なわれていくことだろう。リッツァは、そのせめぎ合いにおいて大企業が圧倒的な優位に立つというシナリオを描いているが(30)、筆者は、日本の現実を見る限り、そのような予断は、現実を見誤るように思えてならないのである。

最後に、これまで第一原則（文化的価値の追求）に関わる変化のみを論じてきたので、第二原則に関わる変化についてもふれておきたい。

社会的消費を実現する消費財の生産は、環境技術に見られるように、大規模な技術開発を必要とする場合が多いことから、第一原則の場合よりははるかに大企業が活躍する領域が多いと言えるだろう。しかし、有機農産物の生産・流通、地産池消の推進、修理業、古着などリユーズ品の流通に見られるように、小規模の企業が活躍しており[31]、今後も活躍の余地が大きいと思われる分野は少なくないであろう。

社会的消費に関しては、市場規模が小さいため、今のところ大企業の参入が十分可能な分野と、小規模企業に適した分野とがはっきり見分けられていない。今後、前者の分野では大企業体制が確立されていくであろうが、後者の分野も決して少なくはないと思われる。そこでは、新しい分野を開拓し、質的により高度な商品を供給し、多様なニーズに応えるという、文化的価値の場合と同様の、小規模企業の活性化が予想されるのである。

## 第三の消費文化の社会的影響

第三の消費文化の発展は、産業構造や企業のあり方のみならず、幅広い社会的影響を与える。そして、その影響は第一原則（文化的価値の追求）によるものが多いように思われる。

まず、右記のような文化的価値に関わる産業の発展は、当該産業への評価を上昇させ、関連する職業の人気を高める。そしてそれを通じて、職業生活に対するイメージを変えていく。

実際、日本の子供になりたい職業を聞いた調査では、女子の一位にパティシエ、四位に芸能人、六位に花屋、七位にピアニスト、一〇位に料理人と漫画家、一二位にファッションデザイナーと、文化的価値に関連する職業がずらりと並ぶ。男子でも、二位に学者・研究者、七位にゲームクリエイター等、九位に料理人、一二位に漫画家が入っている[32]。

人気が出たものと考えられる。

これらの職業は、現代社会のニーズに沿っているという意味で関心が高く、やりがいがあると考えられ、それゆえに人気が出たものと考えられる。

年齢を経るにつれて現実的配慮が働くことから、高校生、大学生対象の調査では、これらは人気の上位から姿を消す。しかし潜在的に人気があることに変わりはなく、これらの分野には豊富な人材が供給されているものと考えられる。

文化的価値に関わる職業の労働条件は必ずしも恵まれたものではない。成功した場合には生きがいと自己実現につながるが、一般には労働時間が長い傾向にあり、いわゆる「やりがいの搾取」に陥る危険性を多分に含んでいる[33]。雇用と収入は不安定で、平均的には決して収入は高くない。さらに、生きがいや自己実現につながるような中核的な業務に就けず、アシスタント的な業務に甘んじる者も多い。

しかしそれにもかかわらず、これらの職業は、現代において人々が高い価値をおく文化的消費に関わるものであるため、花形の職業であり続けるのである。

文化的消費の活発化は、仕事の場面以上に、余暇の場面で大きな影響を与える。

余暇生活は、多くの場合、文化的価値の実現に関わるものであり、まるごと第三の消費文化に含まれると言っても過言ではない分野である。ところが、そうは言いながら、これまでの余暇は、すでに述べたように（五章3節「消費行為とライフスタイル」、六章二節）、多分に第一の消費文化、第二の消費文化の影響を受けてきた。手早く多くの観光地をめぐるパックツアー、大きさや豪華さを競う文化施設、流行したためにそれほど好きでない人まで大量に動員した映画や音楽CDなど、本来の文化的価値の追求から離れ、また資源消費や環境負荷の大きいレジャー行動が多く見られた。

しかし、第三の消費文化が発展すると、これら第一、第二の消費文化の要素は弱まり、第三の消費文化に純化する傾向が見られるであろう。人々は、自分の求める文化的価値に沿ったレジャー行動をとり、またそれをじっくりと、最も充足感の大きい形で行なおうとする。そのため、マスレジャー、あるいはマクドナルド化したレジャーは相対的に人気を失い、個性的なレジャーとスローレジャーが活発化する方向に向かう[34]。そしてそれは、第二原則の社会的配慮、特に環境への配慮と親和的なものでもある。

その中には、手工芸、料理や菓子の手作り、芸術的創作、メディア情報の二次創作など、消費者自身が創作活動をする「プロシューマー」的なものも多く含まれるようになり[35]、余暇生活と消費の結びつきが弱まる方向に向かう。

第三の消費文化の影響は、もともと消費とは縁の遠かった精神生活の分野にも現われる。

従来、非物質的で純粋に精神的な価値の実現は、宗教が担っていた。俗世間で満たされない心の空白をうめ、悩みや葛藤を鎮め、精神の平安を保つのが宗教であった。しかし、第三の消費文化が発展すると、そういった宗教の役割の一部を消費が担うようになってくる。二〇世紀の後半から、精神医学、臨床心理学などが宗教の代替的な役割を担う傾向が強まり、また宗教と類似してはいるが宗教とは言えないニューエイジ、精神世界などと呼ばれる文化的な動きが広ったが、それらの動きは、次第に消費と結びついていった[36]。

具体的に言えば、各種カウンセリングや精神科医での診療、自己実現や自己啓発に関わる出版物、あるいはセミナー、占いやチャネリングなど精神的癒しに関わるサービス、ヒーリングミュージック、ヒーリンググッズなどが消費支出の対象となり、科学的なものと非合理的なもの、有効なものと効力の疑われるものが入り混じりつつ、その規模が拡大していった。

それに対して従来の宗教は、冠婚葬祭での謝礼、お布施、賽銭、墓地経営、宗教と直接関係のない幼稚園や学校経営等の事業によって収入を得ているものの、宗教本来の役割については、決して十分な機能を果たしているとは言えない。非物質的で純粋に精神的な価値の実現という、従来から宗教が果たしてきた役割が、第三の消費文化的な消費にとって代わられる傾向が進んでいるのである。

次に、空間的な影響に目を転じると、第三の消費文化は、それを実現する特有の空間を生み出すようになる。五章3節「消費行為とライフスタイル」に示したように、大都市には、大量消費的な、あるいは顕示的消費のための都市空間とは別に、第三の消費文化に適した、文化的基盤をもち、小規模で品質が高い多様な商品を扱い、劇場や映画館など文化施設に恵まれ、ゆったりした遊歩空間をもち、さらには第二原則の要素を取り入れて緑地や自然空間にも恵まれた街が、その内部に発達してきた。そういった街は、大量消費的な消費空間に飽き足らず、また顕示的消費や目まぐるしい流行に嫌気のさした消費者を惹きつけ、活況を呈している。

最近では、都心繁華街や郊外ショッピングモールも、こういった第三の消費空間の要素、すなわち高品質で個性的な店、文化施設、ゆったりした空間、緑地やくつろぎのスペースなどを取り入れることによって、その魅力を高めようとする傾向が見られる。それによって、最近では「街」や「消費空間」というものの意味自体が、変更を迫られるようになった。

他方、消費空間に乏しかった地方都市や農村部では、二〇世紀末から、突然第一の消費文化中心の大型ショッピングモールが続々と進出するようになり、住民をいわゆる「消費主義」に巻き込んでいった。

しかし、おもに大都市に居住し、外部からその地を観察する人々（来訪者あるいは旅行者）にとっては、こういった空間は魅力に乏しいものである。彼らから見れば、伝統と地域的特色に富み、地場産の食品や特産の軽工業製品などが豊富で、遊歩空間が確保され、環境への配慮が行き届いた第三の消費文化的地域こそが魅力的なのである。

そのような評価を受けて、最近の地方都市や村落の中には、大都市居住者のまなざしを取り入れたまちづくり、村づくりをしようとする動きも見られるようになった(37)。現在のところ、地域住民の多くは第一の消費文化的空間に惹きつけられているが、消費文化が成熟していけば、地域住民自身も、次第に第三の消費文化的な空間の魅力を発見していく可能性は十分ある。

最後に、最も社会学的なテーマである階層について考えてみよう。

本節「第三の消費文化に対する疑問への回答」に示した通り、第三の消費文化は、特定階層に普及し、特定階層によって担われているものではなく、今後も各階層でその普及が進んでいくことだろう。現在、所得階層の二極分解が進んでいると言われるが、極端な貧困増大や戦争、内乱などが伴わない限り、消費経験の蓄積に伴って、第三の消費文化は高所得層から低所得層まで、各階層に広がっていくことだろう(38)。

現代人の消費は階層別にある程度分化しており、ブルデューが論じたほど明確なものではないにせよ(39)、文化的消費のあり方は階層ごとに異なっている。しかし、そのことは、文化的消費が特定の階層に限られていることを意味するものではないし、文化的消費が特定の階層の中だけで発展することを意味するものでもない。あらゆる階層で文化的消費が広がっているのであり、各階層が、各階層なりの文化的消費を発展させている。そしてそのことは、社会的消費についても同様に言えることである。

さらに、特定階層と結びつかない没階層的な文化的消費、社会的消費も数多く存在し、それらもまた発展している。第三の消費文化は、決して特定の階層を象徴するものとはなっていないのである。

ただし、だからといって、誰もが同じように第三の消費文化を実現できるというわけではない。第三の消費文化は、特定の階層（高所得層、エリート層など）に集中することなく広がっているが、個人別に見れば、それを享受できる人とできない人の違いは発生している。言い換えれば、第三の消費文化の享受能力に格差が生じている。

第三の消費文化のうち文化的な消費は、精神的な充足と深く関わるものであるから、その享受能力の格差は、消費から充足感を得て幸福になる力の差につながる。同じ所得水準や教育水準であっても、文化的消費の享受能力によって、その人の幸福感、あるいは生活の質の高さは大きく違ってくる。いくら金持ちであっても、無節操に大量消費を繰り返したり、果てしない顕示的消費に追われたりしていては、決して生活の質は高くならないであろう(40)。

このような享受能力の格差は、所得、資産、教育水準など、既存の階層要因とは強く結びついていないが、意外にもジェンダーと結びついている。

一般に、文化的消費に高い関心を示し、その顧客になるのは女性が多く、最近では、文化的価値の生産側についても女性の進出が著しいというのが日本の現状である。男性は、男性優位社会の恩恵で女性より平均所得が高く、また権力・権限を握ることが多いにもかかわらず、平均的には消費への欲求が単調なものにとどまり、文化的価値に疎く、消費を通じた生活の質の向上を図るのが苦手なように思われる(41)。筆者は、このような状況が第三の消費文化の発展を妨げ、経済活動の方向を偏らせているのではないかと危惧する次第である。

**第三の消費文化の発展に向けて**

これまで述べてきた通り、第三の消費文化は着実に広がり、社会に影響を与えている。その動きは自生的なものであり、特に何もしなくても静かに浸透していくことだろう。しかし、第三の消費文化はこれからの消費文化を主導すべきものであり、現代消費社会にとって必要なものでもあるから、何もしないのではなく、その普及をさらに速め、促進することが望ましいであろう。

そのような動きは、すでに始まっている。

まず、政策を通じて文化的消費（文化的価値を実現する消費）や社会的消費（社会的影響に配慮した消費）を活発化させようとする動きが見られる。

先述の通り、文化的消費の伸びが期待され、文化産業を育てることが重要であることは、一九七〇年代から認識されていた。しかし、そのためのはっきりした政策が打ち出されないまま、第二の消費文化、第一の消費文化の優勢な時代が続き、二一世紀に至ってしまった。ところが最近になって、日本の産業の国際競争力が陰りを見せ、新たな産業の台頭が望まれるようになると、文化産業は再び脚光を浴びるようになった。

二〇世紀末以降、世界的に情報コンテンツや芸能、観光、エスニックな消費財など、文化的消費に関わる産業が大きく成長するという状況があり、その中で、日本のマンガやアニメ、キャラクター商品、和食、伝統工芸品などがもてはやされ、いわゆるクールジャパン現象として注目された。それを承けて、二一世紀に入ると、経済産業省を中心に文化産業を有力な産業分野の一つに育てようとする動きが発生した。そして、文化的価値の一部をなす「感性価値」を重視したモノ作りや、「文化産業立国」が唱えられ(42)、それを支援する政策が開始された。

他方、社会的配慮に関するものとしては、特に環境分野で社会的関心が高まってきた。まず、二〇〇〇年の「循環型社会形成推進基本法」の施行とともに、資源と環境に配慮した社会の実現を目指すさまざまな政策が実施され、企業および消費者の行動を方向づけるようになった。

またその後、環境関連の産業振興と経済成長を両立させようとする「グリーンニューディール政策」が提唱されるようになり[43]、日本の環境省は、再生可能エネルギー等導入推進基金（グリーンニューディール基金）を設け、特定分野に限定されてはいるが、環境関連の産業と消費を支援する動きを見せている。資源エネルギー庁は、二〇一二年に再生可能エネルギー固定価格買取制度を作り、太陽光発電を中心に、直接消費者の環境配慮消費を促進しようとしている。

こういった政策は、いずれもまだ始まってから間がないが、今後十分な予算を投入し、本格的に実施されるようになれば、第三の消費文化を促進するものとなるだろう。

ただし、現在のところそれらの政策は、生産者の側に働きかけて、第三の消費文化的商品の供給を増やそうとするものが中心であり、消費者に対する働きかけは弱い傾向にある。また、大きなヴィジョンを描いた上で計画的に実施されるのではなく、断片的でバラバラに行なわれているように思われる。

政策によるのではなく、「文化運動」的に第三の消費文化を後押ししようとする動きも広がっている。

「文化運動」的とは、ここではメディアや教育を通じて伝達し、普及させようとすることを意味している。文化的消費については、可能な選択肢、その魅力、人生に対する意味、それを実現するための知識や技術などを伝え、社会的消費については、社会的配慮の必要性、その社会背景、実現するための方法などについて伝えるのである。

まず、文化的消費については、専門雑誌や専門書籍、ＢＳ放送、ブログなど比較的小規模なメディアが、すでに数多くの情報を発信している。絵画の楽しみ方、注目すべき旅行先、美味しいレストランやコーヒー店、魅力ある工芸品などについての情報が、量的には十分過ぎるくらい消費者のもとへ届けられている。それらは、年を追うごとに多様化し、また高度な専門知識を含むものになっている。マスメディアも、その中で人気を博しそうなものには目をつけ、適宜取り入れようとしている。

また、いわゆる社会教育の分野では、カルチャーセンターなどにおいて、文化的消費の仕方、たとえば生け花の基礎、フラメンコ入門、カラオケの歌い方など、さまざまな知識や技能が教えられ、それを通じて、人々を文化的消費に誘っている。

社会的消費に目を転じると、積極的に消費者を喜ばすものではないだけに、社会的消費へのマスメディアの関わりは深くないが、やはり比較的小規模なメディアが、文化的価値、健康、節約など、他の価値と結びつけて、社会的消費を普及させようとする活動を続けている。スローフードについて紹介するテレビ番組、からだと環境に優しい料理を紹介する雑誌、エコな電化製品を紹介するインターネットサイトなどである。

また、社会教育の分野でも、生活に密着した問題であるだけに、環境問題やフェアトレードについては比較的取り上げられやすく、教えられる機会が増えているように思われる(44)。

以上のように、第三の消費文化については、政策的あるいは文化運動的に後押しするさまざまな動きが見られ、企業の生産・流通、消費者の消費が第三の消費文化に向かう傾向を、さらに促進する役割を果たしている。

しかし、第三の消費文化の促進のためには、こういった実際的な活動のほかに、もう一つ理論的な活動と呼ぶべきものが必要となる。

政策的、文化運動的な動きは確かに広がっているが、その当事者たちは、消費文化についての全体的理解や、確固とした理念に基づいて活動しているわけではない。関心があり、重要と思われる消費分野について、断片的に取り上げるにとどまっている。そのため、こういった動きは統合されておらず、時おり方向がそれたり、無駄な動きをしたりする傾向がある。また、それぞれの動きが全体的な理解や理念と結びついていないために、当事者は自分のしていることの意味がよくわからず、強い意欲をもち続けられなかったり、それを普及させることをためらったりすることがある。

そこで、さまざまな新しい消費文化の動きを、より一般的で抽象的な枠組の中に位置づけ、それを方向づけ、また鼓舞するような理論的な営みが必要になるであろう。

今までも、新しい消費のあり方をとらえ、概念化し、それを通じて消費のあり方を方向づけようとする試みは、数多くなされてきた。

これまで、新しいライフスタイルの実践者たちは、グリーンコンシューマー、スローフード、ロハス、エシカル消費など、さまざまな概念を駆使して、消費の向かうべき方向を示してきた。またマーケティング関係者は、エコ消費、こだわり消費、経験的消費、プレミアム消費、つながり消費、コト消費などの概念を考案し、メディアを通じて伝えてきた。それらは人々に新しい観念を吹き込み、新しい消費文化に導くのに大きな役割を果たしてきたと考えられる。

けれども筆者は、それらがなお部分的なものにとどまり、全体的な認識には至っていないのではないかという疑問を抱いてきた。消費文化はどんな状況にあり、現在活性化しつつある新しい消費はどのようなものなのか、またその新しい消費は、これまでの消費と比べてどこが決定的に違うのか、といったことが十分理論的に把握されておらず、最も全体的なとらえ方ができていないように思われるのである。

本書の意義、そして第三の消費文化という概念の存在理由は、まさにそこに存在している。本書は最も一般的で抽象的なレベルで、現在＝二一世紀の消費文化に起こっていること、消費文化が目指すべき方向を考察したものであり、消費文化の最も縮尺が小さい（つまり範囲の広い）見取り図を描いたものである。

本書によって、新しい消費の動きは文化的価値を実現する消費と社会的影響に配慮した消費としてとらえられ、それらの結びついたものが第三の消費文化としてまとめられた。そして、それと従来の消費のあり方（第一の消費文化、第二の消費文化、ゼロの消費文化）との相違が明らかにされ、消費文化の相互関係についての考察もなされた。こういった研究を通じて、二一世紀の消費の基本構造、今後予想される道筋、実現すべき理念が、ようやく明らかになったと言えるだろう。

従来の消費文化研究は、消費文化を虚無的にとらえ、矛盾に満ちたものとして描くことに終始した。消費文化が目指すべき方向や、実現すべき理念については何も語らなかった。しかし、消費という分野は、そのように突き放して放置してしまうには、あまりにも巨大であり、あまりにも社会的影響の大きい分野である。そしてまた、あまりにも魅力的で、可能性と希望に満ちた分野でもある。

それゆえ本書では、意図的に消費文化の理念についての記述を手厚くし、現状と理念を同時並行的に論じていった。そして、消費文化の将来像が明瞭となるよう心がけた。本書は、消費を通じて社会を幸福なものにしようとする人々にとって、「道しるべ」の役割を果たすことを目指して書かれたものなのである。

## 注

(1) ただしリッツァは、『無のグローバル化』の改訂版において、スローフード等の「存在」を維持・回復させようとする動きについて、より多くの紙数を費やしている。そういった動きが活発化することに対して、より強い期待を抱くようになったのかもしれない。Ritzer, G., 2007, *The Globalization of Nothing 2*, Pine Forge Press, pp. 202-216.

(2) アメリカでも脱物質主義的傾向が進んでいることは、七章2節「ロハスが歩んだ道」でも述べた通りであるが、主流派の消費者は引き続き大量消費を続けているというのが常識的な見方のようである。アメリカの有名なマーケティング研究者ラッセル・ベルグは、リーマンショック以前に書かれたものではあるが、次のように述べている。「おそらくいずれは、われわれがこれら（消費財）すべてに飽き、消費文化から逃れようとする日が来るだろう。しかし、欲しい物の宝庫はますます拡大しているから、われわれがもうすぐそれ（消費）をやめそうだとは考えられない。」（筆者訳）Belk, R. W., 2004, "The Human Consequences of Consumer Culture," Ekström, K. M. and H. Brembeck (eds.), *Elusive Consumption*, Berg, p. 81. なお、一章1節「第一の消費文化の原則」および同章注（2）も参照されたい。

(3) 最近のSNS（ソーシャルネットワーキングサービス）に見られるように、文化的価値ではなく、コミュニケーション、社会的つながりなど交流的価値実現のための手段となる場合もある。六章3節「『つながり』と文化的消費」を参照。

(4) 一章3節「第一の消費文化が創り出すもの」に示したように、第一の消費文化によって第三の消費文化が可能になるという面もある。しかしここでは、第三の消費文化として評価されない限り、第一の消費文化として成り立たない、つまり需要がなく消費財として存続できないという点を強調している。

(5) Ritzer, G., 2001, *Explorations in the Sociology of Consumption: Fast Food, Credit Cards and Casinos*, Sage, pp. 127–131.

(6) 世論調査データからは、一九七〇年代後半以降一貫して、物的豊富さや便利さをもたらす消費への消費意欲は強くない、という結果が得られる。内閣府の「国民生活に関する世論調査」などを参照されたい。

(7) ヴェブレンは『有閑階級の理論』で、主婦が家の中を飾り立て、こざっぱりと整理するのは顕示的消費の一種だ、と記述しているが、このような文化的価値を関係的価値に還元する見方がそれにあたる。Veblen, T., 1899, *The Theory of Leisure Class: An Economic Study in the Evolution of Institutions*, Modern Library. 高哲男訳、一九九八、『有閑階級の理論』筑摩書房、九七頁。

(8) 間々田孝夫、二〇〇七、『第三の消費文化論——モダンでもポストモダンでもなく』ミネルヴァ書房、第五章。

(9) Inglehart, R., 1997, *Modernization and Postmodernization: Cultural, Economic and Political Change in 43 Societies*, Princeton University Press, pp. 33-50.

(10) このことに関連して、イングルハート的な意味で脱物質主義的な価値観を強くもつ人ほど、（第一の消費文化および第二の消費文化という意味での）消費主義に反対することが多いという研究結果があり、新しい価値が消費の外部と内部で同時に求められる傾向にあることを示している。Zavestoski, S., 2001, "Environmental Concern and Anti-consumerism in the Self-Concept: Do They Share the Same Basis?," Cohen, M. J. and J. Murphy (eds.), *Exploring Sustainable Consumption: Environmental Policy and the Social Sciences*, Pergamon, pp. 173–189.

(11) たとえば、バウマンの次の文献にその種の批判が見られる。Bauman, Z., 2005, *Liquid Life*, Polity. 長谷川啓介訳、二〇〇八、『リキッド・ライフ——現代における生の諸相』大月書店、一三九～一四二頁。

(12) たとえば、次のテキストを参照。八田達夫、二〇〇八、『ミクロ経済学〈1〉　市場の失敗と政府の失敗への対策』東洋経済新報社、二四〇～二六〇頁。

(13) ここで取り上げる疑問は、おもに関西社会学会第六二回大会（二〇一一年）における、シンポジウム第一部会「社会学が捉える現代資本主義——新しい『経済と社会』の可能性」での筆者の報告に対して寄せられたものである。それに対する筆者の見解は、次の論文にも示されている。間々田孝夫、二〇一二、「第三の消費文化と現代資本主義」『フォーラム 現代社会学』（関西社会学会）一一号、九〇～九九頁。

(14) たとえば、内閣府の「環境問題に関する世論調査」（二〇〇九年六月）によると、環境に優しい製品の購入について「いつも意識している」という回答は一一・一パーセントにとどまり、「概ね意識している」を併せても二九・二パーセントである。（http://survey.gov-online.go.jp/h21/h21-kankyou/index.html）なお三年おきの時系列データが得られる野村総合研究所の「生活者一万人アンケート調査」では、「環境保護に配慮して商品を買う」という人の比率が、二〇〇〇年の一四・四パーセントから、二〇〇九年の一八・二パーセントまで増加し、二〇一二年は一七・〇パーセントへと、やや減少している（調査名でインターネット検索可）。

(15) Thurow, L. C., 1980, *The Zero-Sum Society*, Basic Books. 岸本重陳訳、一九八一、『ゼロサム社会』ＴＢＳブリタニカ、一六〇～一六五頁。

(16) 寺島拓幸、二〇一一、「消費主義は環境行動を阻害するか？——首都圏消費者調査による検討」『経済社会学会年報』（経済社会学会）三三号、五六～六六頁。特に六二、六三頁。

(17) Toffler, A., 1964, *The Culture Consumers: A Study of Art and Affluence in America*, St. Martin's Press. 岡村次郎監訳、一九九七、『文化の消費者』勁草書房。特に第一〇章「文化産業」を参照されたい。

(18) 日下公人、一九七八、『新・文化産業論』東洋経済新報社。星野克美、一九七八、『都市型先端産業』日本経済新聞社。

(19) 日下公人、同右、一〇～一三頁。

(20) たとえば、次のような文献がある。Williams, B., 2013, *Greening the Economy: Integrating Economics and Ecology to Make Effective Change*, Routledge. 佐和隆光訳、二〇〇九、『グリーン資本主義——グローバル「危機」克服の条件』岩波書店（新書）。

(21) 現代の消費者欲求が個別化、多様化していることについてはすでに数多くの指摘がある。藤岡和賀夫、一九八四、『さよなら、大衆——感性時代をどう読むか』ＰＨＰ研究所。博報堂生活総合研究所、一九八五、『分衆の誕生』日本経済新聞社など。

(22) ポスト・フォーディズムの生産体制については、多くの論者が、消費者の文化的価値へのニーズに応えるものというよりは、むしろ、多品種少量生産によって必要のない消費者ニーズを作り出すものと解釈していた。そこでは、第三の消費文化は想定されておらず、ここで想定している企業の生産と消費者ニーズのミスマッチは、はじめから起こりえないことになる。次の文献を参照されたい。Harvey, D., 1990, *The Condition of Postmodernity: An Enquiry into the Origins of Cultural Change*, Blackwell. 吉原直樹監訳、一九九九、『ポストモダニティの条件』青木書店、一九一～二二六頁。

(23) Flynn, A. and V. E. Flynn, 2012, *Custom Nation: Why Customization Is the Future of Business and How to Profit From It*, BenBella Books. 和田美樹訳、二〇一四、『カスタマイズ――【特注】をビジネスにする新戦略』ＣＣＣメディアハウス、三六～五〇頁。

(24) 消費文化の変容と小規模企業の関連については、正面きって研究した文献は見当たらないが、小規模企業が多様化した消費者ニーズに対応した企業形態であることについての漠然とした認識は広がっている。たとえば、次の文献を参照されたい。関西中小企業研究所編、二〇一三、『小企業・自営業がつくる未来社会』晃洋書房、四〇～五三頁。

(25) 五章3節「商業施設と都市空間」を参照されたい。

(26) コリン・キャンベルは、大量生産されたものを「素材」として、自分の嗜好や自己アイデンティティに従ってデザインし、組み合わせ、加工し、装飾するなどさまざまな手を加え、新しい「製品」を作る消費文化が発展していることに注目し、これをクラフト消費、そのような消費を行なう消費者をクラフト消費者と呼んでいる。Campbell, C., 2005, "The Craft Consumer: Culture, Craft and Consumption in a Postmodern Society," *Journal of Consumer Culture*, vol. 5, no. 1, pp. 23-42.

(27) 三田知実、二〇一二、『グローバルな消費下位文化生産と都市細街路の変容過程』(立教大学社会学研究科博士論文)、一一九～一二〇頁。

(28) 序列上優位にあることから、小規模企業の手間ひまかけた商品については、第二の消費文化として、つまり誇示的消費のために消費される可能性が生じる。特にかつての手工芸品についてはそのような傾向が強かった。しかし現代では、誇示的な意味をもたず、消費者が文化的価値の高さゆえにそれを求める場合も多い。それを無視して、単純な誇示的消費論に陥ってはならない。

(29) ただし、このような小規模企業の台頭を統計上確認することは、決して容易ではない。統計上は文化的価値と関係しない在来の小規模企業と一緒になっていて、それだけを取り出すことができない場合が多いからである。

(30) リッツァの「無」が「存在」を駆逐するという見方がそれに当たる。Ritzer, 2007, op. cit., p. 192.

(31) 社会的消費の分野でも、小規模企業によるのではなくプロシューマー的な供給がなされることがある。その例の一つが、自家エネルギー運動（home power movement）である。これは、おもに電力を自給することを通じて、環境への配慮と消費社会というシステムからの離脱を目指すものである。Tatum, J. 2002, "Citizens or Consumers: The Home Power Movement as a New Practice of Technology," Princen, T., M. Maniates and K. Conca (eds.), *Confronting Consumption*, MIT Press, pp. 301-315.

(32) 教育支援の諸事業を展開する企業であるベネッセのオンラインアンケート調査（二〇一三年）による。(http://benesse.jp/blog/20131114/p1.html) 男子については、一位にサッカー選手、三位に野球選手が入っており、これも広い意味では文化的価値に関わる職業と言えるであろう。なお、筆者がふだん学生と接触している限り、企業組織の中でも、商品企画、マーケティングなど、文化的価値の創造に近い部署の人気は高い。

(33) 本田由紀、二〇一一、『軋む社会――教育・仕事・若者の現在』河出書房新社（文庫）、八六～一〇四頁。

(34) 一九八〇年代からいわゆるバブルの時代までの日本のレジャーが活発化した時期には、パックツアー、ゴルフやテニス、スキー、少年漫画週刊誌、テーマパークなどマスレジャー的な消費が全盛を誇ったが、第三の消費文化の浸透につれてレジャー活動は多様化の方向に向かい、これらの多くは一時期の人気を失っていった。なお、スローレジャーについては次の文献を参照されたい。Honoré, C. 2005, *In Praise of Slow*, Orion Publishing. 鈴木彩織訳、二〇〇五、『スローライフ入門』ソニー・マガジンズ、二七三～三一〇頁。

(35) プロシューマーについては次の文献を参照されたい。Toffler, A., 1980, *The Third Wave*, Morrow. 徳岡孝夫監訳、一九八二、『第三の波』中央公論社、三五二～三八〇頁。間々田孝夫、二〇〇五、『消費社会のゆくえ――記号消費と脱物質主義』有斐閣、三九～五二頁。

(36) 島薗進、二〇一二、『現代宗教とスピリチュアリティ』弘文堂、七六～七九頁。

（37）次の文献を参照。松永安光・徳田光弘、二〇〇七、『地域づくりの新潮流――スローシティ／アグリツーリズモ／ネットワーク』彰国社。特に一七三～一九九頁。

（38）所得水準や教育水準によって、第三の消費文化の広がりに全く差がないわけではないが、その差は、第三の消費文化がもっぱら特定の階層に普及したものと見なせるほど大きなものではないであろう。

（39）ブルデューの階層論的消費論は、次の文献で展開されている。Bourdieu, P., (1979) 1982, *La distinction: Critique sociale du jugement*, Minuit. 石井洋二郎訳、一九九〇、『ディスタンクシオン』（I）藤原書店、二五九～三九六頁。

（40）逆に言うと、客観的な格差が大きくても、第三の消費文化の享受能力があれば、ある程度それをカバーして生活の質を保つことができるということである。もちろん、だからといって客観的格差が大きくてもよいということには決してならないのだが……。

（41）五章注（42）でも述べたが、第三の消費文化の一部をなすと考えられる「真物質主義」（三章5節「真物質主義についての覚え書き」を参照）についての筆者らの実証研究によれば、はっきりと真物質主義的態度を示す人は、明らかに女性に多かった。次の文献を参照。間々田孝夫・遠藤智世、二〇一四、「『真物質主義』の担い手は誰か」『応用社会学研究』（立教大学社会学部）五六号、四七～六一頁。

（42）経済産業省編、二〇〇七、『感性価値創造イニシアティブ』経済産業調査会。経済産業省編、二〇一〇、『産業構造ビジョン二〇一〇～我々はこれから何で稼ぎ、何で雇用するか～』経済産業調査会。

（43）グリーンニューディール政策は、二〇〇八年頃から世界的に取り上げられるようになり、アメリカのオバマ大統領が提唱したことにより、一躍有名になった。たとえば、次の文献を参照されたい。Barbier, E. B., 2010, *A Global Green New Deal: Rethinking the Economic Recovery*, Cambridge University Press.

（44）ただし、学校教育に関しては、以上のような動きは今のところ乏しい。文化に関する学校教育は、音楽、美術などの時間に、古典的な文化を中心に教えるにとどまり、広い文化的消費の領域全般をカバーするものとはなっていない。また、環境教育は依然として自然について学ぶことを中心としており、日常の消費と環境の関わりについては、あまり教えられていない。

# あとがき

これまでの消費文化研究、特に社会学的研究は、視野が狭く、消費というものの全体像をとらえ損なっていた。その間にも現実はどんどん変化しており、もはや既存の分析枠組では手に負えないようなものになってしまった。そのことをはっきり自覚し、消費文化を理解し直そうというのが本書のねらいであった。本文を書き終えた今振り返ってみると、そのねらいは何とか達成できたように思われ、ほっとした気持ちである。

本書で取り上げた個々の消費現象には、特に目新しいと言えるものは少ない。しかし、本書が目指したのは、目新しい「素材」を紹介することではなく、その素材を利用し、組み合わせて、新しい消費文化の全体像を描くことであった。つまり、さまざまな消費現象を整理しながら、現在＝二一世紀の消費文化は全体としてどのようなものであるかを明らかにし、それを通じて今後の消費文化のヴィジョンを描くことが目的だった。このような課題に真正面から取り組んだ書物は、これまで皆無だったはずである。私は、その点に本書の存在意義があると考えている。

本書では、第三の消費文化という概念が中心となっているが、私の前著が『第三の消費文化論』（二〇〇七、ミネルヴァ書房）というものであったことから、本書は、前著の続編という印象を与えることだろう。

確かに、続編といえば続編なのだが、完成した本書の原稿と比較してみると、前著は思いのほか中途半端で課題を多く残していた。前著では、それまでの消費文化研究が不十分であり、新しい視点が必要であることまでは明らかにしたが、その視点がどんなものであるかについては、あいまいなまま終わってしまった。前著では、とりあえずそれを脱物質主義ととらえたのだが、その内容は今一つはっきりしなかった。本書では、そのはっきりしない状態から出発して、第三の消費観という新しい視点にたどり着き、また、その中心となる第三の消費文化という新しい概念を明示することができた。その意味では、前著は「序説」であり、本書が「本論」にあたると言えるだろう。

本書の内容は、八章の1節にほぼまとめられているが、ここで、それをさらに短く要約しておきたい。

本書では、現代の消費文化について、分析枠組の整備、理念の明確化、現状分析という三つの作業を行なった。まず、分析枠組としては、消費文化を複合的にとらえることを目指し、合理化と消費の量的拡大を旨とする第一の消費文化、顕示的消費や差異の自己目的的追求を含み、従来単に消費文化と呼ばれてきた第二の消費文化、文化的価値の実現と環境等への社会的配慮を同時に追求する第三の消費文化という三つの類型を設定した［一〜三章］。文化的価値を求める消費は、従来顕示的消費、記号的消費等と一緒にされることが多かったが、それらからはっきり切り離し、消費文化研究の中であまり取り上げられなかった社会的配慮と結合させ、第三の消費文化という概念を設定した点が本書の大きな特徴である（なおそのほかに、反（非）消費的なゼロの消費文化という類型も設定した［四章］）。これら三つの消費文化の関連し合う様を分析しつつ、消費文化の全体像を認識しようとする分析枠組を、消費三相理論と称した。現代の複雑化した消費文化は、消費三相理論によって、偏りなく認識することができる［五章］。

第三の消費文化は、精神的充足を求める消費者の動向に合致し、また、現代消費社会の負の影響への対応として不可避であるという点で、今後の消費文化の理念としてふさわしいものであると考えられる［三章、八章］。

消費文化の現状を分析すると、文化的価値を実現する文化的消費が大きく広がっていることは明らかであり、社会的配慮を伴う消費、つまり社会的消費も、十分ではないが着実に広がり始めたと言える。両者は十分両立可能であり、現状はすでに理念に沿った方向に動き始めている［六章、七章］。

こういった分析枠組、理念、現状分析を含んだ「第三の消費観」こそが、今後の消費社会を正しく理解し、人々を幸福へと導くことのできるものと言えるだろう［八章］。

第三の消費文化というアイディアを思いつくまでには、前著執筆から約三年の月日を要した。

前著では脱物質主義化ということを指摘したのだが、その状況のもとで、消費はますます人間にとって大きな意味をもち、深く人間精神のあり方に関わるものとなっている。他方で、消費は歯止めがきかないほど大きな（負の）社会的影響を与えるようになり、消費の暴走を抑制しようとする動きが盛んになってきた。前著出版後は、このどちらが現代消費文化の中心となるのだろうかと、割り切れない思いが続いていた。

そうこうするうち、二〇一〇年四月のある日、突然天啓のようにひらめいたのが、どちらかではなく両方を同時に追求するものこそ現代の消費文化なのだ、という着想だった。その着想を得るやいなや、私には、現代の最先端の消費現象が、目から鱗が落ちたようにすっきりと理解できるようになった。また、従来の消費文化研究が、何を錯覚し何を見落としていたのかもよくわかるようになった。

かくして、そのひらめきから何か月も経たないうちに、本書の骨格はできあがった。その間、ゼミの学生との話し合いの中で、また講義を通じて構想を固めながら、「『第三の消費文化』の概念とその意義」という論文を執筆し、二〇一一年の東日本大震災直後、学内紀要に発表した。その論文が本書の下敷きとなっている。

このように、本書の基礎は四年以上前にできあがっていたものの、当時私は学部長という忙しい立場にあり、授業の準備以外に研究の時間がとれないという情けない状況にあった。さらに、ようやくその立場から解放されようとする時期に、私事ながら不幸なことが起き、約半年の間、何もできない時期が続いた。

しかし幸いなことに、ちょうどさまざまな拘束から解放された時期に、ミネルヴァ書房堀川健太郎氏から本格的研究書の執筆を勧めていただき、鋭意本書の準備に取り掛かることができた。堀川氏からは、四〇〇頁を超えるずっしりした本を書いてほしいとの依頼があり、当初はそんなに書けるだろうかと不安に思いながら取り掛かったのだが、いざ作業を始めると書くことはいくらでもあり、結局ご覧の通り五〇〇頁を超える膨大なものとなってしまった。

本が売れないと言われ続ける今日、このような大部の書物を出す機会を与えていただいた堀川氏には、いくら感謝しても感謝しきれない気持ちである。この場を借りて心から御礼を申し上げたい。

堀川氏からは、本書を私の研究の集大成にするようにと叱咤激励されてきた。でき上がってみると、確かにそれにふさわしいボリュームにはなった。しかし、集大成ではあっても完成では全くないというのが、今の私の心境である。執筆の過程で、さらに深く追究すべき研究テーマを二、三見つけたので、気力と体力の許す限り、それを究めたいと思っている。あと二年足らずの間に勤務先の定年を迎えるが、幸い知的能力に関してはさほど衰えを感じておらず、まだしばらくは研究者生命を保てるような気がする。

最後に、本書の執筆にあたって直接、間接に協力していただいたそのほかの方々に、感謝の言葉を述べておきたい。旧友で東京大学大学院教授、宗教学者の鶴岡賀雄氏には、四章についてさまざまなアドバイスをいただいた。乏しい宗教関係の知識を補っていただいたことに深く感謝を申し上げたい。

消費社会に関心をもつ研究者のグループＧＬＯＣＯＮは、さまざまな新しい研究動向に触れ、学問的刺激を受ける機会を提供してくれ、また私のアイディアを試す場を与えてくれた。メンバー諸氏に感謝を申し上げたい。

ゼミの学生、特に二〇一〇年度以降の学生諸氏には、本書のアイディアについてさまざまな意見をもらい、またフィールドワークを通じて、具体的な消費現象にどれだけ適用できるかを試してもらった。同じく感謝しておきたい。

家族に対してはこれまで謝辞を述べることがなかったが、これまで長い間、陰ながら自宅の研究環境維持に協力してくれた妻と三人の子供に、五冊の著書分まとめて感謝したい。

そして最後に、本書の執筆前に相次いで亡くなった母と姉に、ぜひ本書を捧げ感謝しておきたい。生まれ育った時の家族は皆亡くなってしまったが、その時の家庭環境なしには、現在の私はありえなかったのである。

二〇一五年陽春

咲き誇る山吹を楽しみながら　間々田孝夫

# 人名索引

## あ 行



## か 行



## さ 行



## た 行



## は 行



## ま 行



## や 行



## ら・わ 行

# 事項索引

## あ 行



## か 行

## さ　行

## た　行



## な　行

## は 行



## ま 行

## や　行



## ら・わ　行



## 欧　文

**《著者紹介》**

間々田孝夫（ままだ・たかお）

1952年　生まれ。
1979年　東京大学大学院社会学研究科博士課程単位取得退学。
　　　　金沢大学文学部助教授を経て，
現　在　立教大学社会学部教授。
主　著　『行動理論の再構成』福村出版，1991年。
　　　　『消費社会論』有斐閣，2000年。
　　　　『消費社会のゆくえ』有斐閣，2005年。
　　　　『第三の消費文化論』ミネルヴァ書房，2007年，ほか。

21世紀の消費
――無謀，絶望，そして希望――

2016年２月28日　初版第１刷発行　〈検印省略〉

定価はカバーに
表示しています

著　者　間々田　孝　夫
発行者　杉　田　啓　三
印刷者　中　村　勝　弘

発行所　株式会社　ミネルヴァ書房
607-8494　京都市山科区日ノ岡堤谷町１
電話代表（075）581-5191
振替口座　01020-0-8076



中村印刷・兼文堂

ISBN978-4-623-07539-3

Printed in Japan